专利复审委员会案例诠释

——外观设计

国家知识产权局专利复审委员会　编著

知识产权出版社

内容提要

本书从专利复审委员会20多年来作出的8 000多件外观设计复审、无效已结案件中精选出100多个案例，依法律问题分5章进行了编排，每章节结合所涉及的法律问题和案件的具体情况对案件进行了相应的分析评述。

读者对象：专利审查、专利代理人以及其他专利相关工作人员。

责任编辑：王　欣　黄清明　　**责任校对：**韩秀天
装帧设计：开元图文　　**责任出版：**卢运霞

图书在版编目（CIP）数据

专利复审委员会案例诠释．外观设计/国家知识产权局专利复审委员会编著．—北京：知识产权出版社，2009．8
ISBN 978－7－80247－721－6
Ⅰ．专…　Ⅱ．国…　Ⅲ．造型设计—专利权法—案例—分析—中国
Ⅳ．D923．425
中国版本图书馆 CIP 数据核字（2009）第089805号

专利复审委员会案例诠释
——外观设计
Zhuanli Fushen Weiyuanhui Anli Quanshi——Waiguansheji
国家知识产权局专利复审委员会　编著

出版发行：知识产权出版社
社　　址：	北京海淀区马甸桥马甸南村1号院	**邮　　编：**	100088
网　　址：	http://www.ipph.cn	**邮　　箱：**	bjb@cnipr.com
发行电话：	010－82000893　82000860转8101	**传　　真：**	010－82000893
责编电话：	010－82000887　82000860转8116	**责编邮箱：**	wangxin@cnipr.com
印　　刷：	北京富生印刷厂	**经　　销：**	新华书店及相关销售网点
开　　本：	850mm×1168mm　1/32	**印　　张：**	14
版　　次：	2009年9月第1版	**印　　次：**	2009年9月第1次印刷
字　　数：	340千字	**定　　价：**	36.00元

ISBN 978－7－80247－721－6/D·815（2560）

本书编委会

编著说明

本次即将出版的《专利复审委员会案例诠释——外观设计》，是继《专利复审委员会案例诠释——现有技术与新颖性》和《专利复审委员会案例诠释——创造性》后，专利复审委员会编著的第三本案例诠释丛书。本书从专利复审委员会20多年来作出的8 000多件外观设计复审、无效已结案件中共精选出100多个案例，依法律问题分5章进行了编排，每章节结合所涉及的法律问题和案件的具体情况对案例进行了相应的分析评述。

20多年来，《专利法》及其实施细则历经3次修订，《审查指南》也随之进行了修订，与外观设计专利审查相关的《审查指南》版本涉及1993年之前的版本、1993年版本、2001年版本和2006年版本及其修改公报。鉴于本书的目的在于统一专利复审委员会执法标准以利于今后工作的改进和提高，同时对社会公众也起到一定的指导作用，在案例评析时，对于与现行法律、法规和规章不一致的法律问题，首先结合该案例当时适用的《专利法》及其实施细则和《审查指南》进行了诠释，然后立足于现行法律、法规和规章的相关规定对所涉及的法律问题进行了详细说明，进而阐释了《专利法》及其实施细则和《审查指南》的发展变化过程。为方便读者，本书所选案例的决定原文，附在本书所赠光盘中。相信本书的出版对从事专利审查、专利代理以及与专利有关工作的人员也会有一定的帮助和借鉴意义。

本书从案例搜集、筛选到最终定稿几易其稿，本书的工作组成员、编撰人员大多为专利复审委员会的资深审查员，本书的统稿人员有专利复审委员会委领导和资深审查员，他们在完成繁重工作的同时，占用许多业余时间对书稿进行了编撰和统校，为本书的最终定稿付出了许多心血。本书的顾问均为国家知识产权局的前任和现任局领导，他们更是利用业余时间对本书提出了许多宝贵意见和建议。

由于水平所限，本书错误之处在所难免，为此还望读者能提出宝贵意见和建议。

本书编委会

2009 年 6 月

序　言

中国专利法于1984年3月12日颁布，并于1985年4月1日开始实施，此后又经过两次修改，这标志着现代专利制度在中国的建立并随时代的进步而不断完善。

时至今日，中国专利制度已经走过了20年的历程。20年在历史的长河中犹如白驹过隙，但我国专利事业在这短暂的20年中却取得了令世人瞩目的辉煌成就，其直接例证就是专利法律体系日趋完善，专利保护工作逐步加强，专利工作队伍不断壮大，专利申请量和授权量迅速增长，专利审批实践经验的积累日渐丰富，专利制度对科技进步和经济发展的促进作用日益明显。

复审与无效程序是专利制度的重要组成部分，既是专利申请审查与授权程序的延续，又是保障专利申请人和专利权人以及广大公众合法权益的必要行政救济途径。伴随着我国专利事业的蓬勃发展，专利复审和无效案件数量逐年上升。至今，国家知识产权局专利复审委员会审结的案件已经达到一万六千多件，这些案件所涉及的法律问题几乎遍及专利法及其实施细则以及审查指南的方方面面。专利复审委员会所作出的复审和无效宣告审查决定，是对专利法律法规的具体运用；其典型案例有助于正确理解专利法及其实施细则以及审查指南的有关规定。这些复审和无效决定凝聚着审查人员的心血与智慧，是促进我国专利制度不断健全、完善，专利事业不断向前发展的一份宝贵财富。

我国现行法律体系是成文法体系，具有原则性、抽象性和概括性较强的特点。诞生于20世纪80年代初期的我国专利法尤为突出地体现了这些特点。在实践中，将专利法及其实施细则的原则性规定运用于审理各种各样的具体案件时会遇到大量的实际问题，并且由于人们思考问题的角度不同，难免对同一法律问题得出的结论有所差异。事实上，在专利复审委员会以往的审查决定中也曾经出现过对同一类法律问题存在着不同理解的现象。这种情形是很自然的，不足为奇。纵观美、日、欧各国专利制度的发展历程，类似的问题概莫能免。虽然专利复审委员会的各个合议组在审理案件的过程中对法律、法规的理解和适用并没有超越法律法规所允许的范围，但是，由于复审与无效程序是专利审查和专利保护过程中的一个重要环节，专利复审委员会所作的决定直接关系到当事人的切身利益，如果专利复审委员会作为一个整体对不同案件中出现的同类问题的解释缺乏高度的一致性，不仅会影响案件审理的科学性和审理结论的稳定性，甚至会影响广大公众对专利保护的信心。因此，及时地归纳、总结以往的经验和教训，对已经作出的审查决定进行系统的分析和提炼，取其精华，形成具有代表性的解释，用以指导今后的工作，无论对普遍提高审查人员的业务素质、能力和水平，还是对加强专利复审委员会自身业务建设乃至整个专利制度的健全和完善，都具有重要的意义。

为此，专利复审委员会在完成繁重工作任务的同时，组织有关人员编写了《专利复审委员会案例诠释》丛书。与其他案例评析或者案例选编不同，这套丛书针对特定的法律条款或者法律概念，分门别类从众多的复审和无效案件的审查决定中筛选出部分典型案例，以案说法，以案释法，用简明的方式、精练的文语加以叙述和分析。案例诠释内容翔实，逻辑清晰，由表及里，由点到面，力求生动明了而又详细准确地阐述法律条款的深层内涵。

尽管判例在我国不是法律渊源，专利复审委员会也不是一级司法审判机构，通过其案例对法律、法规所体现的执法尺度仍然具有某种局限性，但是，专利复审委员会所作的决定无疑是对专利法律原则和精神所作的基础性运用和说明。因此，通过编辑和出版这套丛书，将专利复审委员会在案件审理过程中对法律问题的思考和观点展现在社会各界面前，抛砖引玉，期望能得到各界的指点和评判，并在广泛探讨的基础上，进一步澄清各类认识上的问题，形成符合法律原则的共识，确保专利审查和保护工作更加公平、公正、有效。

我相信，这套丛书将在促进专利复审委员会按照“客观、公正、准确、及时”的要求，依法审理复审和无效案件方面，发挥重要作用；会对提高专利审查的科学性和专利授权的稳定性有积极的意义，也为普法宣传和学术研究提供了生动的基础素材。同时，对于从事专利立法、行政执法、司法审判和中介服务工作的人员，对于我国市场经济主体和科技创新主体的管理人员与科技研发人员来说，这套丛书也颇具参考价值。

王景川

2004 年 10 月

目　录

第一章　外观设计的定义

第一节　对产品的形状、图案、色彩的设计*

外观设计专利的保护客体是产品的外观设计，即外观设计必须以产品为载体，单纯设计不能获得外观设计专利的保护。根据《审查指南》第一部分第三章第 6.4 节的规定，不能重复生产的手工艺品、农产品、畜产品、自然物不能作为外观设计的载体。取决于特定地理条件、不能重复再现的固定建筑物、桥梁等，含有气体、液体及粉末状等无固定形状的物质，不能分割、不能单独出售或者使用的局部或者部分，如插接玩具的各个不同插接件等不具有独立使用价值的构件，均属于不给予外观设计专利保护的客体。因此对上述物品的设计不能获得外观设计专利保护。简言之，我国外观设计专利客体的“产品”，必须具备有形性、再现性、完整性的特点。

外观设计由产品的形状、图案和色彩组成，但单纯色彩不能单独构成外观设计，除非产品色彩的变化已经形成一种图案。外观设计专利的立法价值在于追求视觉上的美感，构成外观设计的形状、图案和色彩必须通过人的视觉能直接感知从而形成一定的视觉效果，需要借助特定的工具才能分辨的形状、图案和色彩不能构成外观设计。

依据 2006 年版《审查指南》第一部分第三章第 6.4.3 节的规定，外观设计产品本身常规的形态才能获得外观设计专利保

---

* 本节综述由钟华撰写。

护，例如用手帕扎成动物形态，该形态不能作为手帕的常规形态得到外观设计专利保护。依赖于光、电、磁等条件才能显示的图案也不能获得外观设计专利保护，例如电脑显示器上的图案、手机显示屏上的图案均需要通电后才能显示，因此不能获得外观设计专利保护。

外观设计专利不保护题材，文字和数字的字音、字义，所属产品的材料、功能、技术等，也不保护由功能唯一限定的形状。

本节案例分析将有助于大家更直观形象地理解外观设计专利的定义，从而更好地理解我国外观设计专利制度，并在具体的外观设计专利申请和无效宣告案件中灵活运用。

现行的《专利法实施细则》第2条第3款规定："专利法所称外观设计，是指对产品的形状、图案或者其结合以及色彩与形状、图案的结合所作出的富有美感并适于工业应用的新设计。"

2009年10月起施行的《专利法》第2条第4款规定："外观设计，是指对产品的形状、图案或者其结合以及色彩与形状、图案的结合所作出的富有美感并适于工业应用的新设计。"

一、产品的设计

案例　棒糖（第23号复审决定）*

本复审请求涉及1986年10月15日专利局受理的86300751号外观设计专利申请，其名称为"棒糖"。该申请请求保护该棒糖的形状。

1987年9月3日，专利局以1984年《专利法》第25条第1款第（4）项关于食品不授予专利权的规定驳回了该申请。

---

* 本案例由赵嘉祥撰写。

本专利申请图片

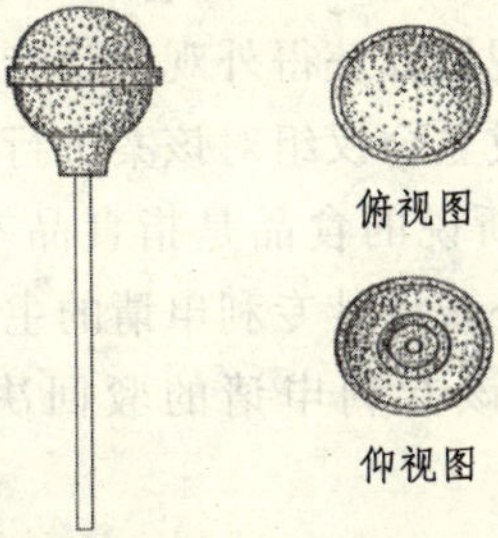

申请人向专利复审委员会提出了复审请求，其主要理由是：

1. 通过对《专利法》第25条的分析和研究，认为审查员所依据的《专利法》第25条不适用于外观设计专利申请，也就是说第25条中所说的专利权并不包含外观设计专利权。该条中所说的专利权是指发明专利权。因而，不应以此驳回该申请。

2. 食品类产品的发明和食品的外观设计具有完全不同的内涵。产品发明涉及产品的实质特点和实质内容，而产品的外观设计涉及应用于产品的形状、图案、色彩以及它们的结合。食品的发明并不包含食品的外观设计。这样，不授予食品发明专利权并不意味着不授予食品外观设计专利权。

3. 授予食品外观设计专利权也不会产生人们担心授予食品发明专利权可能造成的那些不良后果”。

4. 发展我国的食品工业，促进并保护食品工业的发明创造，符合《专利法》的立法目的。《专利法》第25条通过授予食品生产方法专利权来达到促进食品工业的发展同时避免授予食品本身发明专利权产生不良后果。授予食品外观设计专利权不仅不会造成不良的后果和给人们生活带来威胁，相反，还能促进我国食品工业的发展，使人们在享受食品本身的同时还能得到美的享受。因此，本专利符合《专利法》第25条的基本精神。它同授予食品生产方法发明专利权一样都有利于食品工业的发展。由此，不应限制食品外观设计获得外观设计专利权。

专利复审委员会成立合议组对该案进行合议审理，最终认定《专利法》第25条中所说的食品是指食品本身而不包括食品的外观设计，因此，该外观设计专利申请的主题属于可以保护的范围，故撤销专利局对该专利申请的驳回决定。本决定为终局决定。

【案例评析】

本案涉及的法律问题为食品的外观设计能否成为外观设计专利的保护客体。

从立法过程来看，食品的外观设计是给予保护的。查阅全部的《专利法》草案后可以看到，在1983年9月的第21稿以前的各稿中，三种专利是分章撰写的，相对于1984年《专利法》第25条的条款都是在发明专利一章内，而实用新型与外观设计专利准用条款中都未列入该条。这表明，从《专利法》开始起草一直到第21稿的起草过程中，1984年《专利法》第25条的条款只适用于发明专利申请。在第21稿之后，才将条文压缩，三种专利并在一起写。

从立法思想上看，应该把该条所称的食品理解为食品的物质本身而不包括其外观设计。1984年《专利法》第25条对某些物质包括食品不给予专利保护的主要原因是考虑到我国在这些物质领域中的工业技术水平，担心授予专利可能会影响我国人民的生活、健康水平。给予食品外观设计专利保护，并不会影响我国的工业技术水平的提高和人民的生活。这个案例也正说明外观设计专利保护的是产品的外观设计，而非产品本身。

二、形状、图案、色彩的设计

案例 1　带图像的计算机屏幕（第 1967 号复审决定）*

2000 年 12 月 10 日，专利复审委员会作出第 1967 号复审请求审查决定，涉及名称为"带图像的计算机屏幕"的外观设计专利申请，其申请号为 98328550.0，申请日为 1998 年 12 月 18 日。

该外观设计申请请求保护的是一个计算机显示器，在显示器屏幕的中央有一个篮筐图案。国家知识产权局初步审查部门审查后，作出了驳回该申请的决定。理由是：本专利申请请求保护的是带有一个图案的计算机屏幕，计算机为司空见惯的形状，由申请人的意见陈述书可知，屏幕上的图案是在特定状态下才会出现的，亦即人们借助于电、磁、声、光才能看到图案，这种图案不是计算机屏幕本身固有的，不能视为有关工业产品的新设计，不符合《专利法实施细则》第 2 条第 3 款的规定，不能授予专利权。

请求人向专利复审委员会提出复审请求，理由是该外观设计是对计算机屏幕的图案进行的新设计。计算机屏幕图案虽然是在计算机通电状态下才会出现，但其不是计算机屏幕的瞬时图案，计算机上可以一直呈现该图案。该外观设计是可以重复再现的，是以产品为载体的，应属于外观设计专利的保护对象。

合议组经审查认为，申请人在初审程序的意见陈述书中指出："带图像的计算机屏幕指的是该屏幕带有一个图像，该图像在操作者执行一个命令时出现，用于提示操作者计算机已经准备执行该命令，例如计算机准备删除一些文件。当操作者执行最终的命令时，图形会改变到其他状态。"由此可知，计算机在执行一段特定程序时通过光、电、磁等手段，图案才显示在计算机屏

* 本案例由张跃平撰写。

幕上，计算机屏幕最基本的功能就是显示文字、图案等内容，在关机状态下屏幕不会显示该图案。因此该图案不是计算机屏幕本身所具有的图案，不是计算机显示器的固有组成部分，因而也不是对计算机屏幕本身所作出的新设计。而计算机显示器又属于该类产品司空见惯的形状。因此，该外观设计专利申请中的视图表达的内容不符合《专利法实施细则》第2条第3款的规定。本决定为终局决定。

【案例评析】

本案所涉及的法律问题是带有图案的计算机屏幕能否被授予外观设计专利。

按照1993年《审查指南》第一部分第三章的规定，产品的图案应当是固定、可见的，而不应是时有时无的或者需要在特定的条件下才能看见的。对于本案而言，复审请求人强调计算机屏幕图案虽然是在计算机通电状态下才会出现，但其不是计算机屏幕的瞬时图案，计算机上可以一直呈现该图案，该外观设计是可以重复再现的，并且以产品为载体，应得到外观设计专利保护。但由于计算机屏幕图案是在通电状态下才会出现的，亦即人们借助于电、磁、光才能看到图案，这种图案不是计算机屏幕本身固有的，因此，计算机屏幕中的图案不受外观设计专利保护。2006年版《审查指南》第一部分第三章第6.4.3节明确规定：产品通电后显示的图案例如电子表盘显示的图案，手机显示屏上显示的图案，软件界面等属于不给予外观设计专利保护的客体。同时本案中的计算机显示器属于该类产品的惯常设计，故本外观设计专利申请因不符合《专利法实施细则》第2条第3款的有关规定而不予授权。需要说明的是，《专利法》所称外观设计是指对产品的形状、图案或者其结合以及色彩与形状、图案的结合所作出的富有美感并适于工业应用的新设计。对于本外观设计专利申请而言，即使其屏幕本身的形状并非常规设计，也因该外观设计包含了不能受外观设计保护的计算机图案，导致整体外观设计不符合《专利法实施细则》第2条第3款的有关规定。

随着外观设计制度的不断发展和完善，有的国家将计算机屏幕所显示的图案也纳入外观设计的保护范围。如美国《专利法》对于计算机制作的图案如全屏画面和单独的图案是予以保护的，USPTO认为依据35 U.S.C.171出现在产品中的计算机制作图形的外观设计，如果符合法定标的物的要求，应该受外观设计专利权的保护。

案例2　装饰花布（第2895号无效决定）*

2001年2月15日，专利复审委员会作出第2895号无效宣告请求审查决定，涉及名称为“装饰花布”的95318117.0号外观设计专利（见后附本专利图），其申请日为1995年11月27日，授权公告日为1997年2月5日。

请求人请求宣告本专利无效的理由是：本专利与其申请日之前在公开出版物TEX.HOME家用纺织品杂志上公开发表的装饰花布相比，不仅在整体设计上相同，而且在布局的纹样上也相近似。因此，本专利权的授予不符合《专利法》第23条的规定。

针对请求人的无效宣告请求，专利权人于2000年9月20日陈述意见认为：请求人提交的证据涉及的产品图案（见后附在先设计图）从整体设计到局部设计均与本专利毫无共同之处。从整体设计来看，本专利设计要素形象鲜明、简练。而在先设计追求的是华丽、繁杂的风格。从设计元素来看，本专利设计的图案较为抽象，在先设计的图案运用的是脸谱式的拟人设计手法。

针对专利权人的上述答复，请求人提交意见陈述认为：请

* 本案例由钱亦俊撰写。

求人提供的证据与本专利在图案设计上均采用了相同主题元素，即都采用了太阳、月亮和星星，并且在设计风格和整体上二者是一致的。

合议组依据《专利法》第23条对本案进行了审理，将在先设计和本专利进行了如下相近似性比较判断：

本专利与在先设计都是装饰布，属于同类产品，具有可比性。

对本专利进行整体观察，合议组注意到，本专利是由大小不一的放光芒的小太阳、月牙、小星星（黑点）疏落有致地组成，整个产品是浅底色深花样。

对在先设计进行整体观察，在先设计呈现的是由装饰布缝制而成的室内装饰品，从图上无法判断装饰布的纹样排列方式，仅可看到在深底色上有浅色图案：大大的放光芒的太阳、大大的月牙，这些太阳和月牙环抱着布满皱纹的人脸。还有大大的带着圆环的球体。再有就是布满周围的、较小的、各种形状的——五角的、六角的、七角的等等多角的星星。

将本专利外观设计与在先设计外观设计进行比较，由于都是花布，本专利没有要求保护色彩，因此，仅将二者的图案进行比较。本专利与在先设计采用的设计题材都是太阳、月亮和星星，属于相同题材。本专利的图案是在浅底色上有规律地分布有较小而且抽象的太阳、月亮和星星，而在先设计的图案是在深底色上有大大的放光芒的太阳、大大的月牙，它们都环抱着布满皱纹的人脸，图案中还有大大的带着圆环的球体和较小的各种形状的星星。由此可见，本专利的视觉印象属于清新、明快型，而在先设计属于浓重、丰富型。二者相比，本专利更抽象，在先设计更具象，尤其是在先设计的太阳、月亮都运用了脸谱式的设计手法。外观设计专利不保护产品的设计题材，仅对表示在图中的产品的形状、图案、色彩及其结合的设计进行保护。本专利的设计要点在于产品的图案，而装饰布的图案是由纹样及其排列方式构成的。比较本专利和在先设计的图案纹样及其排列方式，二者差别较大，对整体视觉印象有显著影响。

经整体观察综合判断，合议组认为本专利与在先设计属于不相同且不相近似的外观设计，遂作出了维持本专利权有效的审查决定。本决定为终局决定。

【案例评析】

本案涉及如何看待外观设计中相同题材的问题。

请求人认为本专利与在先设计“在图案设计上均采用了相同主题元素，即都采用了太阳、月亮和星星”。但是，根据《专利法实施细则》第2条第3款规定：“专利法所称外观设计，是指对产品的形状、图案或者其结合以及色彩与形状、图案的结合所作出的富有美感并适于工业应用的新设计。”据此可知我国《专利法》保护的外观设计是关于产品的设计，这种设计有如下几种形式：产品的形状、产品的图案、产品的形状与图案的结合、产品的形状与色彩的结合、产品的图案与色彩的结合以及产品的形状、图案与色彩三者的结合。因此，设计题材不受外观设计专利保护，这是基于合法性角度考虑。从合理性角度考虑，题材也不应受到保护，因为，任何一个设计人都不应对某一题材享有独占权，针对相同的题材可以有无数种不同的设计，本案就是一个很好的例子。

本专利	在先设计
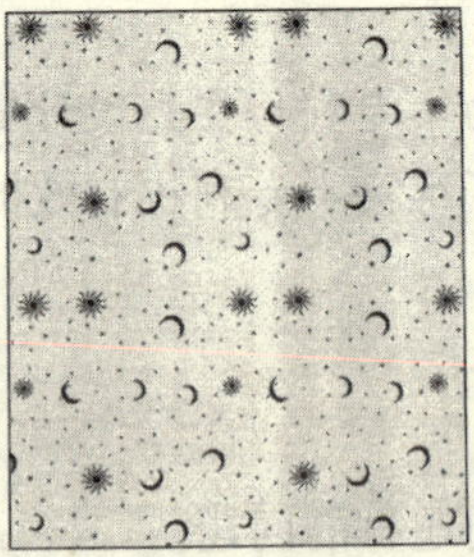	

案例3　燕窝包装罐（第427号复审决定）*

1994年6月10日，专利复审委员会作出第427号复审请求审查决定，涉及名称为“饮料包装罐”的外观设计专利，其申请号为92302203.1，申请日为1992年5月23日，授权公告日为1993年5月12日。

撤销专利权请求人向专利局提出撤销该专利权的理由是：该专利不符合《审查指南》第一部分第三章第4.4.1节中关于“图案的说明”的有关规定。专利局审查部门受理了上述撤销专利权的请求，于1993年9月1日作出了撤销审查决定，决定为：撤销请求部分成立，该专利权经修改后保留。修改前后的外观设计图片见下图：

* 本案例由吴赤兵撰写。

修改前	修改后

专利权人对专利局作出的上述审查决定不服，于 1993 年 12 月 14 日向专利复审委员会提出复审请求。其理由如下：

1．“燕窝”二字绝非普通的印刷老宋体，为适应本外观设计的整体设计风格，设计人特意将“燕窝”二字做了变形处理；

2．变形处理的“燕窝”使其在饮料罐上起到协调、平衡视觉作用；

3．本专利的“燕窝”二字做了恰到好处的变形，使整个罐体显得更加匀称、美观。

综上所述，本专利“燕窝”二字是设计的重要所在，符合《审查指南》的规定，特请求保留“燕窝”二字。

专利复审委员会本案合议组经审理认为：撤销专利权的理由不属于 1992 年《专利法实施细则》第 55 条（2）关于“授予专利权的外观设计不符合专利法第 23 条规定的”这一情形，因此，该撤销专利权的请求不成立。据此，专利复审委员会作出第 427 号复审决定，撤销专利局作出的“撤销专利权请求的审查决定”。本决定为终局决定。

【案例评析】

由本案例所引申出的一个问题是如何看待外观设计专利申请中的文字。

1993 年版《审查指南》第一部分第三章规定：产品的图案可以构成外观设计。图案是将设计构思所产生的线条、变形文字的排列或组合并通过绘图或其他手段绘制的图形。

2001 年版《审查指南》第一部分第三章第 4.4.3 节（10）规定，一般文字和数字的字型以及字音、字义不能作为要求保护的外观设计的具体内容，据此，在外观设计初步审查中，要求申请人涂覆不能作为要求保护的外观设计具体内容的图形和文字，审查员依职权修改的内容也包括应涂覆的、不能要求保护的图形和文字。为了保持外观设计的完整性，现行 2006 年版《审查指南》就相关的内容作了相应的修改，不再要求申请人对外观设计中的名称、商标、说明性内容等文字进行涂覆或删除。2006 年版《审查指南》第一部分第三章第 6.4.3 节（10）规定，文字和数字的字音、字义不属于外观设计保护的内容。但是，文字和数字本身也是一种图案，并经常作为产品外观设计构图的一部分，与其他部分一起组成请求保护的外观设计的特定图案，应当得到外观设计专利的保护。

将 1993 年版、2001 年版和 2006 年版《审查指南》进行比较可知，1993 年版和 2001 年版《审查指南》只保护经过变形的文字排列组合，2006 年版《审查指南》保护所有的文字和数字，强调文字和数字也是一种图案，是外观设计构图的一部分而不可或缺。按照 2006 年版《审查指南》，本案中“燕窝”二字为本外观设计专利申请构图的一部分，与其他部分一起形成了本外观设计特定的构图设计，理应受到外观设计专利的保护。

案例 4　鲜橙多标贴（第 5189 号无效决定）*

2003 年 7 月 16 日，专利复审委员会作出第 5189 号无效宣告请求审查决定，该决定涉及名称为“标贴”的外观设计专利，

---

* 本案例由钟华撰写。

其申请号为02324264.7，申请日为2002年4月15日，授权公告日为2002年10月9日。

请求人无效宣告请求的理由是与本专利相近似的外观设计在其申请日前公开发表和使用过，因此本专利不符合《专利法》第23条的规定。为支持其有关在先公开发表的主张，请求人同时提交了01320615.X号外观设计（下称在先设计）专利公报作为证据。

合议组将本专利与在先设计进行了相同和相近似对比。

专利权人认为本专利的第一部分的顶部图案已核准为注册商标，而在先设计第一部分的顶部图案为一个展翅的老鹰图案，本专利的长方形色块左侧“康依”标志也已经核准为注册商标，而在先设计的同样位置则是“统一”标志，因此两专利存在明显区别，消费者很容易区分两种产品。此外专利权人还认为两者的说明性文字也存在不同之处。

合议组经过审理认为：本专利未请求保护色彩，本专利与在先设计相比较，形状相同，整体布局基本相同，主要图案相同，颜色深浅对比相近，区别仅为局部的细微的图案区别，不能引起一般消费者的注意，不能使两外观设计在整体视觉效果上产生明显的差异，因此本专利与在先设计相近似。根据《审查指南》第一部分第三章第2.2.5节的有关规定，商标、说明性文字属于外观设计所不保护的内容，因此在判断两外观设计是否相近似时对该部分内容不予考虑，专利权人的上述主张不成立。当事人未针对该决定提起专利行政诉讼。

<table>
<tr><th colspan="2">本专利</th><th>在先设计</th></tr>
<tr><td colspan="2">

主视图</td><td>

主视图</td></tr>
<tr><td colspan="2">本专利是标贴，形状为长方形，底色为浅灰色，从左至右可以分为四部分，其中第一部分与第三部分相同，中间有一占据了其绝大部分面积的深色长方形，内有白体“鲜橙多”三字，在“多”字的下方有剖开的半个橙子的图案，“鲜橙多”三字的左上角有白色黑体“康依”两个小字。第一、三部分的顶部有一个商标图案。第二部分为条形码，第四部分上部居中有黑体“鲜橙多”三字，该三字左侧有黑色的“康依”两个小字，下部是被涂覆掉的多行说明性文字</td><td>在先设计是瓶贴，形状也为长方形，底色也为浅灰色，从左至右也可以分为四部分，第一部分也与第三部分相同，中间也有一占据了其绝大部分面积的深色长方形，内也有白色黑体“鲜橙多”三字，在“多”字的下方有一完整的橙子图案，“鲜橙多”三字的左上角有白色“统一”两个小字。第一、三部分的顶部有一个商标图案居于中间位置。第二部分为条形码，第四部分的上部也有居中的黑体“鲜橙多”三字，该三字的左边是字体较小的“统一”二字，下部是被涂覆的多行说明性文字</td></tr>
<tr><td>相同点</td><td colspan="2">1. 形状均为长方形；
2. 构图相同，第一、三、四部分的图案均相似</td></tr>
<tr><td>不同点</td><td colspan="2">1. 本专利“鲜橙多”的“多”字下方为剖开的半个橙子图案，在先设计的同样位置则为一个完整的橙子图案；
2. 商标不同，说明性文字不同，条形码排列不同</td></tr>
</table>

【案例评析】

本案涉及的法律问题为在外观设计相近似性判断中如何看待商标及文字的作用。

根据《审查指南》的有关规定，商标、文字属于外观设计所不保护的内容。因此，在相近似性判断时，商标、文字的含义和读音均是外观设计相近似性比较所不予考虑的因素，仅将商标、文字作为外观设计的图案考虑。在本案中，本专利的注册商标为“康依”，在先设计的同样位置则为“统一”，两者作为在相同位置设置的图案在整个标贴中所占比例很小，属于局部的细微的差别，应该认为该区别不足以引起一般消费者的注意，不能给外观设计的整体视觉效果带来显著的影响。至于说明性文字，两者设置位置相同，均为横向排列的若干行文字，给一般消费者的视觉印象是相似的，也不能给外观设计的整体视觉效果带来显著的影响。因此应该认为本专利与在先设计相近似。

三、以产品为载体

案例1　报纸（第5964号无效决定）*

2004年3月23日，专利复审委员会作出第5964号无效宣告请求审查决定，该决定涉及名称为“报纸中缝广告栏（后更正为‘报纸’）”的外观设计专利，其申请号为00328579.0，申请日为2000年9月1日，授权公告日为2001年5月2日。

请求人提起无效宣告请求的理由之一是本专利并非附着于产品之上，也不涉及产品的形状、图案、色彩，而仅仅是出版物的一种排版样式，因此不符合《专利法实施细则》第2条第3款的规定。此外，还认为本专利的样式，北京青年报在1993年就使用过，因此本专利不符合《专利法》第23条的规定。

在本案审理过程中，合议组发现申请案卷中的“授予外观设计专利权通知”已将本专利名称由“报纸中缝广告栏”更正为“报纸”，但是本外观设计专利公报上仍记载了更正前的原名称。据此，2003年8月29日，国家知识产权局专利局发出“修改更正通知书”，将本专利名称“报纸中缝广告栏”更正为“报

* 本案例由钟华撰写。

纸”，该更正内容于2003年9月17日在外观设计专利公报第19卷第38号上予以公告。

合议组认为：在向申请人发出的“授予外观设计专利权通知”中本专利名称已由“报纸中缝广告栏”更正为“报纸”，该更正内容合法有效，应认为本专利是“报纸”的外观设计，而不是单纯的一种排版方式，因此符合《专利法实施细则》第2条第3款的规定。

经审查认为本专利属于外观设计的保护客体之后，合议组基于请求人提出的无效宣告请求理由，对本专利是否符合《专利法》第23条的规定进行审查，认为本专利与在先设计相近似，不符合《专利法》第23条的规定，作出了宣告本专利权无效的第5964号决定。专利权人不服该决定，提起了专利行政诉讼，一、二审判决均维持了该决定。

【案例评析】

本案涉及本专利是否是对“产品”的外观设计，是否符合《专利法实施细则》第2条第3款的规定。

根据《专利法实施细则》第2条第3款的规定：专利法所称的外观设计，是指对产品的形状、图案或者其结合以及色彩与形状、图案的结合所作出的富有美感并适于工业应用的新设计。因此外观设计必须以产品为载体，是对产品的设计。根据《审查指南》第一部分第三章第4.4.1节的进一步规定，产品是指任何用工业方法生产出来的物品。合议组经过审查认为：在向申请人发出的“授予外观设计专利权通知”中本专利名称已由“报纸中缝广告栏”更正为“报纸”，该更正内容合法有效，应认为本专利是“报纸”的外观设计，即是以“报纸”这种产品为载体的外观设计，而不是单纯的一种排版方式，因此符合《专利法实施细则》第2条第3款的规定。但是，如果本专利名称没有更改，仍是申请人申请时的名称“报纸中缝广告栏”，则因为

“报纸中缝广告栏”不是《专利法》意义上的产品，因此不能认为是对产品的设计，即“报纸中缝广告栏”的设计不是外观设计保护的客体，不符合《专利法实施细则》第2条第3款的规定。

这个案例可以说明，外观设计名称的选择是很重要的，它直接影响到该设计是否能受到外观设计专利权的保护。当然，外观设计名称更改后，其保护内容及范围也随之发生了相应的变化。

案例2 刀柄（第5098号无效决定）*

2003年6月4日，专利复审委员会作出第5098号无效宣告请求审查决定，涉及名称为“刀柄（HB1）”的外观设计专利，其申请号为00315903.5，申请日为2000年6月16日，授权公告日为2001年3月14日。

本专利图片	
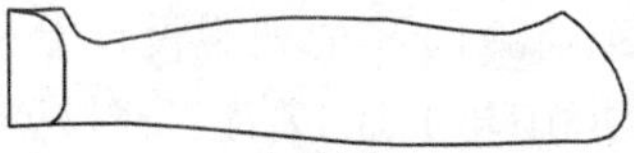 主视图	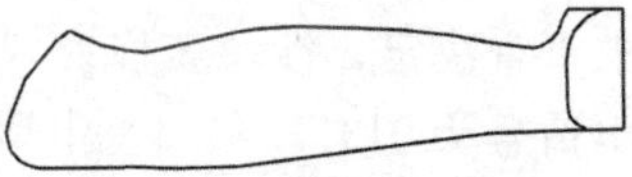 后视图
 俯视图	 仰视图
 右视图	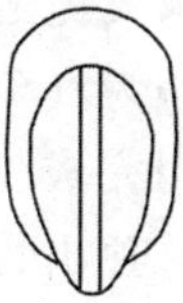 左视图

* 本案例由于萍撰写。

请求人请求宣告本专利无效的理由之一是：本专利的载体仅是产品中的一个零部件，不是一个完整的产品，故不符合《专利法实施细则》第2条第3款的规定。

对于请求人提出的上述无效宣告请求理由，合议组认为：虽然本外观设计专利所涉及的产品——刀柄在实际使用中要与刀头结合构成一个完成的产品，不能单独存在，但是就生产过程来说，刀柄是相对独立、完整的产品零部件，可以由专门的生产厂家生产加工并销售，故本专利符合《专利法实施细则》第2条第3款对外观设计的定义。

当事人未针对该决定提起专利行政诉讼。

【案例评析】（见案例3）

案例3 汽车车轴（第5439号无效决定）*

2003年9月16日，专利复审委员会作出第5439号无效宣告请求审查决定，涉及名称为“汽车车轴（1）”的外观设计专利，其申请号为01317243.3，申请日为2001年1月17日，授权公告日为2001年9月19日。

请求人请求宣告本专利无效的理由之一是：本专利不是一件富有美感的新设计，其所涉及的产品不能独立使用，因此不符合《专利法实施细则》第2条第3款的规定。

对于请求人提出的上述无效宣告请求理由，合议组经审查后认为：车轴作为汽车上的零部件，要与车轮、车体、驱动机构等部件共同作用完成汽车的运行，但是车轴是一件独立的工业产品，并能够单独出售。请求人的观点不足以证明本专利不符合《专利法实施细则》第2条第3款的规定，对于请求人的这一无效宣告请求理由合议组不予支持。

---

* 本案例由于萍撰写。

在后续的专利行政诉讼程序中，一审法院和二审法院均维持了专利复审委员会第5439号无效宣告请求审查决定，支持了专利复审委员会关于本专利符合《专利法实施细则》第2条第3款规定的认定。

【案例评析】

上述两个案例均涉及如何判断所涉外观设计的载体是否属于“工业产品”，从而是否符合《专利法实施细则》第2条第3款规定的问题。

《专利法实施细则》第2条第3款规定：“专利法所称外观设计，是指对产品的形状、图案或者其结合以及色彩与形状、图案的结合所作出的富有美感并适于工业应用的新设计。”根据该定义，外观设计的载体必须是产品，并且应当适于工业应用。所谓产品，是指任何用人工方法生产出来的、而非自然形成的物品；而适于工业应用，是指能应用于产业并可形成批量生产。所以，作为外观设计专利保护的载体应当是工业产品。《审查指南》第一部分第一章进一步规定，产品的不能分割、不能单独出售或使用的部分，如袜跟、帽沿、杯把等，不能给予外观设计专利保护。

上述两个案例中涉及的关键问题是如何理解《审查指南》上述规定中所述的“单独出售”或“单独使用”。在日常生活中，一般消费者实际使用的产品，如上述第5098号决定中涉及的刀子，以及第5439号决定中涉及的汽车，通常是由多个（甚至成百上千个）不同的零部件组合而成的，如果将《审查指南》中规定的“单独使用”理解为产品最终消费层面的使用，如刀子和汽车，则能够申请外观专利保护的产品种类将受到大大的限制。而从广义上看，产品的销售及使用有多种形式，特别是今天，工业生产日益专业化，分工越来越细，生产整机的企业经常将一部分零部件分配给一些协作企业加工生产，而实力不够雄厚的一些小企业通常仅生产零部件产品，如塑料刀柄、车轴等，然后供应给生产整机的企业。在这一过程中，零部件从一个企业销售给另一个企业并被用于与其他零部件的组装，即形成了某种形式的“单独销售或使用”。按照我国目前的外观设计专利保护制度，只要申请外观设计的产品是一件能够被独立加工出来的工业产品，并且该产品可以被单独销售并以某种形式被单独使用，如上述第 5098 号决定中的刀柄、第 5439 号决定中的车轴，则可认定其符合作为外观设计专利载体的要求。

第二节　适于工业应用*

《专利法实施细则》第 2 条第 3 款有关外观设计的定义中包含有“适于工业应用”的规定。《审查指南》第一章第一部分第三章第 6.4.2 节进一步规定：适于工业应用，是指该外观设计能应用于产业上并形成批量生产。本节中专利复审委员会第 4063 号无效宣告请求审查决定就是因涉案外观设计不能应用于产业形成批量生产从而认定其不适于工业应用的。

不仅如此，外观设计的“适于工业应用”还包含有更丰富的内容。《专利法实施细则》第 27 条第 3 款规定：“申请人应当就每件外观设计产品所需要保护的内容提交有关视图或者照片，清楚地显示请求保护的对象。”但该条款并非宣告外观设计专利无效的理由。因此，对于外观设计而言，由于外观设计图片或者照片不清楚或者各视图不对应而导致无法生产出相应的外观设计产品的问题，只能归结为“不适于工业应用”，以《专利法实施细则》第 2 条第 3 款为由宣告其无效。本节中专利复审委员会第

---

* 本节综述由钟华撰写。

5097 号无效宣告请求审查决定就是由于各视图不对应，导致某些重要部位的形状无法唯一地确定，无法根据涉案专利的图片设计出与其各视图均相符的外观设计，因此被认定为“不适于工业应用”。当然，如果外观设计专利的图片或者照片不清楚的程度轻微，或者各视图不对应的部位属于局部的细微差别，或者属于明显笔误或明显可以通过其他视图判断出的瑕疵，且不足以从整体上影响到该外观设计产品在工业上的生产制造，则不足以根据《专利法实施细则》第 2 条第 3 款宣告该外观设计专利无效。

案例 1　旋转座椅（第 4063 号无效决定）*

2001 年 12 月 19 日，专利复审委员会作出第 4063 号无效宣告请求审查决定，涉及名称为“旋转座椅”的外观设计专利，其申请号为 98308404.1，申请日为 2000 年 3 月 10 日，授权公告日为 2000 年 10 月 4 日。

请求人请求宣告本专利无效的理由是：外观设计的载体必须是产品，产品是指任何用工业方法生产出来的物品，不能重复生产的手工艺品、农产品、自然物不能作为外观设计的载体。专利权人的专利是用“天然的树根”作为载体，把树根按照其原有的形状稍加修饰、加工而成的，几乎没有两个形状是相同的。因此，本专利不符合《专利法实施细则》第 2 条第 3 款的规定。在本案审理过程中，针对请求人的上述主张专利权人一直未能提供设计图纸或其他证据证明该外观设计能重复生产。

* 本案例由吴赤兵撰写。

本专利	在先设计
 后视图  右视图  主视图  左视图  俯视图	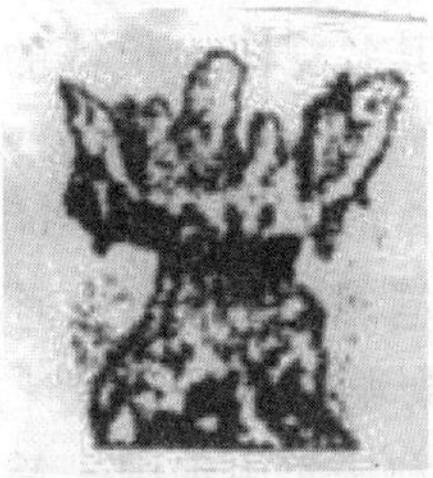

合议组认为：专利权人未能提供设计图纸或其他证据证明本专利能批量生产，因此本专利不适于工业应用，不符合《专利法实施细则》第2条第3款的规定。当事人未针对该决定提起专利行政诉讼。

【案例评析】

本案涉及的问题是如何判断外观设计产品能否批量生产从而适于工业应用。

《专利法实施细则》第2条第3款规定：专利法所称的外观设计，是指对产品的形状、图案或者其结合以及色彩与形状、图案的结合所作出的富有美感并适于工业应用的新设计。此条规定说明了外观设计专利必须能应用在产品上，而产品是指用工业方法生产出来的物品，即可以用工业方法再现的产品，因此，农产品、畜产品、渔业产品、自然物、不能重复生产的手工艺品等均不属于工业产品的范畴。就本案而言，从图片看，本专利旋转座椅呈打磨后的天然树根形状，在请求人主张外观设计产品是利用天然树根经人工雕琢、打磨加工而成的，不能工业化批量生产的情况下，专利权人虽然主张本专利可以通过工业化手段生产，但未能举证证明。结合本专利图片及审理过程，合议组认为本专利产品属于不能重复生产的手工艺品，不符合《专利法实施细则》第2条第3款的规定。

案例2 饮水机（第5097号无效决定）*

2003年6月4日，专利复审委员会作出第5097号无效宣告请求审查决定，涉及名称为“饮水机”的外观设计专利，其申请号为00332418.4，申请日为2000年6月23日，授权公告日为2001年3月7日。

请求人请求宣告本专利无效的理由是本专利申请文件各视图存在重大错误和不对应之处，本专利的授予不符合《专利法实施细则》第2条第3款的规定。请求人详细陈述了本专利存在的几项重大错误和不对应之处：

1. 本专利仰视图与俯视图不对应，俯视图中该饮水机的接盘位于两侧立柱之间，其相对饮水机前额及两侧立柱明显向前突出；该接盘的两侧和前面都为圆弧面，而仰视图中未标示出上述各结构要素从而使得仰视图和俯视图的外轮廓形状明显不一致。

2. 主视图与右视图不对应，右视图中清楚示出，该饮水机两侧的立柱的下部有一平面和一内凹圆弧面相交，而主视图上的对应位置处并未示出该平面与该内凹圆弧面的交界线。

另外各视图之间还存在多处不对应，使各视图反映出的饮水机外廓形状明显不一致。

合议组通过审查发现，该“饮水机”外观设计专利各视图之间确实存在多处不对应，造成存在如下5处缺陷：

由于仰视图与俯视图的不对应，致使无法确定接水盘形状和位置。

由于主视图与右视图的不对应，致使无法确定饮水机立柱的

---

* 本案例由王霞军撰写。

形状。

由于后视图与主视图、右视图不对应无法确定接水盘的安装位置。

仰视图与右视图、俯视图、后视图不对应，仰视图未标出电源开关结构。

右视图与俯视图不对应，右视图没有示出接水盘面与面之间的折角线。

本专利图片

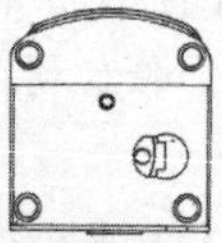
仰视图

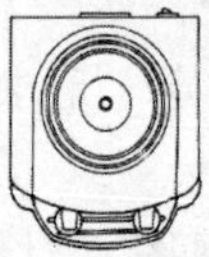
俯视图

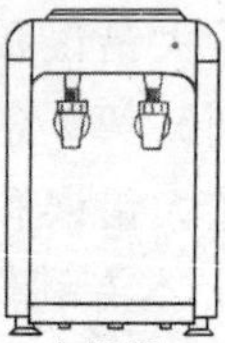
主视图

后视图

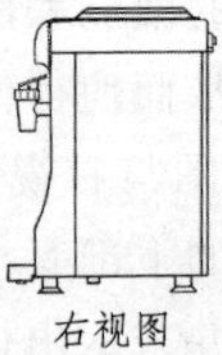
右视图

合议组认为，按照本专利外观设计视图，在实际应用中不可能生产出与其各视图相符的外观设计产品，因此，本专利属于不适于工业上应用的设计，不符合《专利法实施细则》第 2 条第 3 款的规定。

专利权人未针对该决定提起专利行政诉讼。

【案例评析】

本案主要涉及的问题是外观设计专利视图不对应，是否构成以及在什么情况下构成“不适于工业应用”。

外观设计专利申请文件可能因为制图者的疏忽，造成六面视图存在或多或少的错误，其中最典型的错误，就是由于各视图的不对应，造成产品某一部分或几部分外观形状无法确定。合议组认为，并不是所有存在视图错误的外观设计申请均会导致其不适于工业应用，而应根据其错误的性质具体分析。如果仅仅属于比例的微小不一致，或者没有正确表达阴影、反光、透视关系，或者没有删除多余的点、线等不影响本领域普通设计人员对该外观设计产品形状、图案理解的瑕疵，则不应仅仅据此认定其不适于工业应用，从而宣告该外观设计专利无效。如果出现专利申请文件各视图不对应，本领域普通设计人员根据各视图无法确定该外观设计专利某一部分的外观，则由于无法形成唯一确定的完整的外观设计，无法制造出相应的外观设计产品，因而不能适于工业应用，不应被授予专利权。

就本案分析，通过对比各视图，本专利缺陷 1、2、3 造成读图者无法确定饮水机主要部位接水盘的形状和安装位置以及饮水机立柱的形状，这些部位的不确定，使得读图者在头脑中无法形成饮水机前部的完整立体图像，这种外观设计整体形状不清晰的产品，是无法在工业生产中实现的。

本专利缺陷 4 反映出的是在确定电源开关的位置之后，无法确定电源开关的具体形状。因为电源开关位于饮水机后面，属于不易被关注的部位。而且电源开关相对于饮水机整体而言过于细小，因此仅就这个错误而言，尚不足以宣告本专利权无效。

本专利缺陷 5 仅仅反映出饮水机接水盘面与面结合部是圆弧过渡还是直角过渡不确定。不确定的部位位于面与面的交接处，面积狭小，其与饮水机产品整体形状相比，属于局部、细微部位，因此仅就这个错误而言，尚不足以宣告本专利权无效。

第三节 应当具备美感*

《专利法实施细则》第2条第3款规定了外观设计应当富有美感。但是何为美感，在《专利法》及《专利法实施细则》中均没有更具体的规定，《审查指南》也没有对此作出明确的规定。辞典中将美感解释为在审美过程中产生的愉悦感。由于个体审美观差异，一件外观设计是否具备美感，不同的人观察可能得出不同的结论。在外观设计初步审查中，以不具备美感为由驳回外观设计专利申请的案例很少，在专利无效宣告请求程序中也尚未出现以外观设计专利不具备美感为由宣告其无效的案例。外观设计法律制度的价值取向在于向社会提供异彩纷呈的外观设计，不断扩大消费者对产品外观造型、款式、图案等的选择余地，因此在专利审查实践中，对“应当具备美感”的规定的掌握非常宽松，一般认为只要不是表现暴力、淫秽、色情等违背公序良俗的图片，都被认为是具有美感的。在审查实践中，“不具备美感”的专利申请属于《专利法》第5条规定“违反社会公德”的情形。

案例 人体艺术造型瓶起子（第356号复审决定）**

本复审请求涉及中国专利局于1992年11月7日受理的、申请号为92307474、名称为“人体艺术造型瓶起子”的外观设计专利申请。

该申请的外观设计内容是以裸体女性为题材而设计的瓶起子的形状，该裸体女性瓶起子造型为片状，其表面刻有明显的有关

---

* 本节综述由钟华撰写。

** 本案例由赵嘉祥撰写。

性部位的线条。

经专利局审查，于1993年2月10日驳回了该申请，其驳回理由是："该产品是以开启瓶盖为自身功能的工具，并不是如雕塑，绘画，摄影一类纯美术作品，而作为普遍使用的一种手持工具，以非常写实的裸体女人为其外观造型，既无美感，又不符合我国传统的审美观念，难以为人们所接受。人体艺术是一门十分严肃、十分高雅的艺术，具有很强的欣赏性。因此，不应将人体造型随意挪用于任何一件工业品上，特别是瓶起子这种进入千家万户的小工具，就更为不妥。"

申请人不服上述驳回决定，于1993年5月4日向专利复审委员会提出了复审请求，其理由是："该外观设计虽以女人形体作为基本形状，但并不违反中国《专利法》第5条规定，人体艺术在西方国家普及较早，并在绘画、雕塑等方面有大量的反映，而在中国，由于封建制度存在时间长，人们对人体艺术长期得不到正确认识，随着改革开放的不断深入进行，思想观念的更新，人们对人体艺术的正确认识日益提高，并在绘画、摄影、雕塑中已越来越多地反映出来，如长春电影制片厂所发行的《电影世界》的封底及其它杂志都刊登过裸体人体照片，这些裸体人体之所以刊登，并不是要引起人们的某种邪念，而是作为一门艺术向人们展示。申请人所申请的外观设计是一种金属制品，外表涂为金黄色，所利用之处为人的头发及胳膊，不会涉及到违反社会公德，所以不违反《专利法》第5条之规定。"

专利复审委员会依法组成合议组对该复审请求进行了审理。合议组于1993年8月17日与请求人进行了会晤，要求其出据实物，通过展示实物，合议组认为该申请确实属于有碍社会公德的外观设计，并建议请求人对该申请作适当的修改。

1993年9月9日，请求人根据合议组的意见提交了经修改的申请文件，删除了该外观设计上所表现的有关性部位的线条。

修改前图片	修改后图片
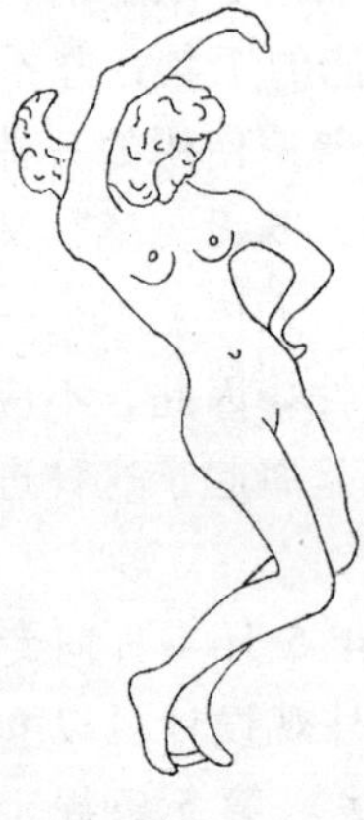	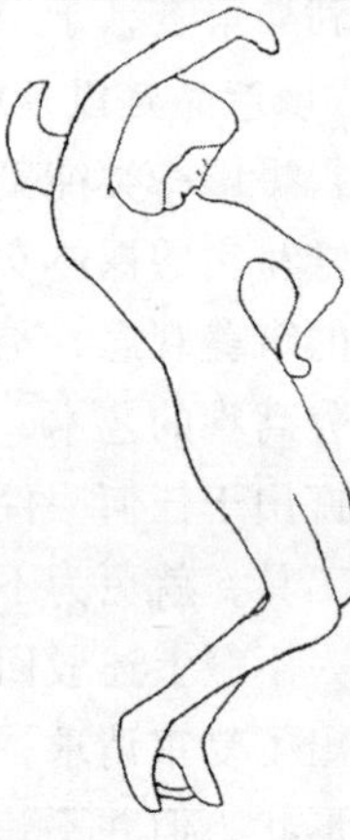

在此基础上，合议组经审理，认为：

1. 人体艺术是一门严肃而高雅的艺术，在文化艺术领域里根据其文艺创作的需要，可以作出适当的表现，但在实用性较强的产品外观设计上用写实的方法表现人体，并明显地刻画出性部位的线条，既是对人体艺术的不尊重，又很容易在社会上引起不良影响，应当认为该外观设计申请不符合《专利法》第5条的规定。

2. 请求人在复审程序中接受了合议组关于修改的建议，提交了经修改后的图片，删除了有关表现性部位的线条，该申请已克服了在初步审查中存在的缺陷，满足了《专利法》第5条的要求。

专利复审委员会作出撤销专利局作出的驳回决定、根据请求人1993年9月9日提交的经修改的申请文件继续进行审批程序的第356号复审决定。本决定为终局决定。

【案例评析】

本案例涉及如何判断外观设计是否具备《专利法实施细则》

第2条第3款所规定的“美感”的问题。

根据我国《专利法实施细则》第2条第3款的规定，外观设计必须具有美感才能获得专利权的保护。但何为美感，在相关的法律、法规和规章中从来就没有明确的界定。美与丑是相对而言的，美感与不同的国家、民族，或者同一国家、同一民族在不同时代的审美标准有关，骷髅可以作为装饰品、丑娃娃也可能具有美感。因此，是否具备美感要站在大众的角度客观判断，一般说来，只要不是极丑陋的，就可以认定具有美感。但何为极丑陋也是仁智各见，以至于在行政授权时只要不违反公序良俗，不损害社会主义精神文明，就可以认定为具有美感。按照《审查指南》第一部分第三章的相关规定，专利申请是否存在有违反公序良俗、不符合社会普遍接受的伦理道德观念的内容，应依据《专利法》第5条进行审查。因此，本案例虽然涉及“美感”的问题，但专利复审委员会认为该专利申请不符合《专利法》第5条的规定。

本案中申请人在复审程序中接受了合议组的修改建议，删除了图片所表现的性部位线条，符合了《专利法》第5条的规定。但是申请人对该申请文件的修改是否导致修改超范围从而不符合《专利法》第33条规定的问题，还值得商榷。

如何看待人体艺术，古希腊的哲学家们认为，在万物中唯有人体具有最匀称、最和谐、最庄重和最优美的特色。公元前五世纪在希腊歌颂人体健美成为社会风尚，裸体美术在西方美术界占有绝对的地位。但正如前面所述，美感与不同的国家、民族的审美标准有关，在中国必须符合中国人的审美观。在实用性较强的产品外观设计上用写实的方法表现人体，并明显地刻画出性部位的线条，既是对人体艺术的不尊重，又很容易在社会上引起不良影响，因此，本案中的“人体艺术造型瓶起子”外观设计专利申请不满足公序良俗的要求，不具备美感。

第二章　外观设计相同和相近似判断

第一节　现有设计的认定*

现有设计的概念在《专利法》及其实施细则、《审查指南》中无明确规定，出于叙述方便，我们将《专利法》第23条所规定的专利申请日以前在国内外出版物上公开发表过或者国内公开使用过的外观设计称之为现有设计，这一概念可认为是与发明和实用新型专利中所述的现有技术相对应的概念。《审查指南》在关于外观设计相同和相近似判断的判断客体中还规定了在先设计的概念，在先设计与现有设计是不同的，两者的关系是前者包括后者，并且前者还包括在先申请在后公开的外观设计专利。

对于现有设计的公开方式，《审查指南》规定参照该指南第二部分第三章第2.1节的规定。现有设计的时间界限、地域界限同发明和实用新型的现有技术相同，即：时间界限为专利申请日，享有优先权的，则指优先权日，在申请日以前公开的外观设计都属于现有设计，但申请日当天公开的外观设计不包括在现有设计范围内；地域界限视具体的公开方式而确定，属于出版物公开的，该地域指全世界范围，属于使用公开的，则仅限于国内。《专利法》第23条规定了现有设计的具体公开方式，其与《专利法》第22条第2款针对发明和实用新型的现有技术的具体公开方式有所不同，即现有设计的具体公开方式只包括出版物公开和使用公开两种方式，而未能涵盖其他方式公开，这可能是立法

---

* 本节综述由徐清平撰写。

上的缺憾。但在实际生活中，外观设计以其他方式公开是客观存在的，比如《审查指南》第二部分第三章第 2.1.3.3 节中关于发明和实用新型其他方式公开的举例：电视、电影公开。现有设计以这些方式公开时，针对外观设计专利的审理则须依具体情况作出认定。

对现有设计的认定除应作时间、地域上的界定外，还应考虑在内容上是否为关于产品的设计，即是否以产品为载体。讨论现有设计的目的是为了更好把握外观设计专利的授权条件——授予专利权的外观设计应当同现有设计不相同和不相近似，即须将现有设计与外观设计专利进行相同和相近似性对比。而外观设计的相同和相近似判断包括产品类别和设计内容两方面的判断，产品类别相同或者相近是构成外观设计相同或相近似的前提。如果一项设计不是以产品为载体，比如说是单纯图案题材的设计，则无从确定其是否与一项外观设计专利构成相同或相近的产品类别，从而对认定一项外观设计专利是否符合授权条件没有实际意义。

对于现有设计同样存在与现有技术相对应的“为公众所知”的概念理解、公开日的确定与推定、关于保密的考虑、各种形式的出版物公开和使用公开的认定以及关于现有设计的证明等诸多方面的具体适用，这些方面与针对现有技术的相关规定和适用原则是一致的，在《现有技术与新颖性》一书中已通过丰富的案例进行了详尽诠释，本节仅以少量涉及外观设计专利的案例作进一步诠释。

一、出版物公开

案例 1　矫正带（第 2090 号无效决定）*

2000 年 4 月 26 日，专利复审委员会作出第 2090 号无效宣告

---

* 本案例由钱亦俊撰写。

请求审查决定，涉及名称为“矫正带”的外观设计专利（下称本专利），其申请号为97301198.X，申请日为1997年5月8日，授权公告日为1998年6月3日。

请求人请求宣告本专利无效的理由是本专利与现有设计相近似，请求人提交了申请号为87208015的实用新型专利申请说明书公告文本（复印件）作为证据。

针对上述无效宣告请求，被请求人认为：请求人提交的证据不能支持其主张，第一，实用新型证据不能用以评价外观设计专利；第二，请求人提交的实用新型专利为保护范围含糊不清的专利，无法准确辨认该附图，且其视图较少，并未反映其产品的全貌；第三，两产品不相同且不相近似。

经合议组核实，请求人提交的证据是申请号为87208015、名称为“多功能保健带”的实用新型专利申请说明书公告文本，其公告日为1988年5月11日，其中公开有一产品图片（下称对比文件）。而本专利的申请日为1997年5月8日，由此看出：第一，对比文件公开在先，本专利申请在后；第二，对比文件与本专利属于同类产品 。根据《专利法》第23条的有关规定，该对比文件属于专利法意义上的公开出版物。据此，本案合议组认为对比文件适用于本案，遂将本专利与对比文件作了相同和相近似比较（见下表）。

经过比较分析，合议组认为，对比文件与本专利整体及各部分的形状差别均较大，属于不相同且不相近似的外观设计。请求人提交的证据不能证明本专利权的授予不符合《专利法》第23条的有关规定。遂作出维持本专利有效的决定。本决定为终局决定。

本专利	对比文件
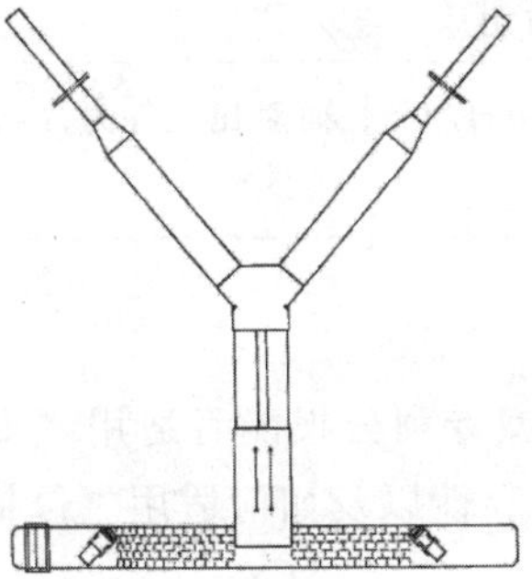 主视图 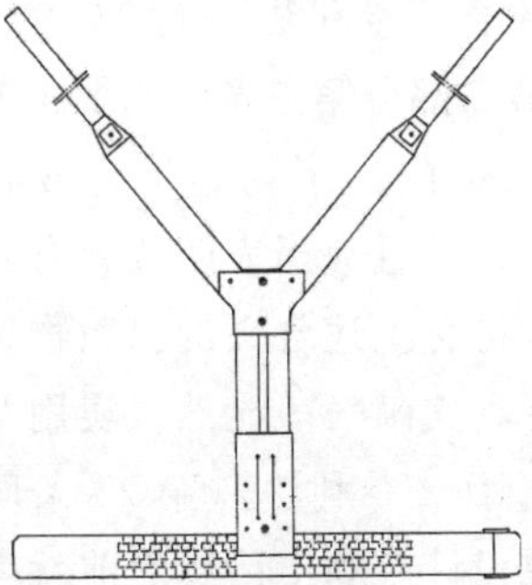 后视图	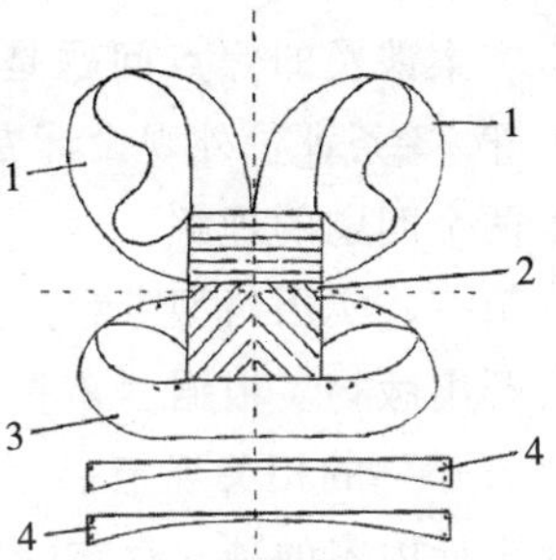
本专利是由护肩、护背及护腰三部分组成，其整体形状是由上部的类似“Y”状带及下部的类似“一”状带衔接而成。“Y”状带形成护肩及护背，“一”状带形成护腰	对比文件也是由护肩、护背及护腰三部分组成，其主体形状为丰满的“蝴蝶”状，外轮廓呈不规则曲线状。其“前翼”镂空，形成护肩，该镂空部分亦构成“蝶”状。其“后翼”分别也有两个椭圆形镂空形，该“后翼”部分形成产品的护腰。前翼与后翼之间为一段较短的宽带相连，形成护背

续表

相同点	均由护肩、护背及护腰三部分组成
不同点	本专利为较窄的带子相接而成的产品，而对比文件为片状产品，外轮廓呈“蝴蝶”状

【案例评析】

本案涉及的焦点问题是实用新型专利公报能否适用《专利法》第23条评价外观设计专利的专利性以及如何适用。包括对如下两个问题的理解：

第一，实用新型专利公报是否属于《专利法》第23条所称的公开出版物。根据《审查指南》第二部分第三章“2.1.3.1 出版物公开”的相关规定：专利法意义上的出版物是指记载有技术或设计内容的独立存在的传播载体，并且应当表明或者有其他证据证明其公开发表或出版的时间。符合上述含义的出版物可以是各种印刷的、打字的纸件，例如专利文献……显然，实用新型专利公报属于专利文献的一种，应属于《专利法》第23条所述的公开出版物，只要其公开日在外观设计专利申请日之前就可以适用《专利法》第23条的规定评价外观设计的专利性。

第二，如何使用实用新型专利公报评价外观设计的专利性。在以实用新型专利公报为对比文件与外观设计专利进行比较时，应将实用新型附图与本专利图片进行比较。附图应清晰完整地显示产品的外观，而不能仅仅是剖视图或者仅有剖面图。如果附图中的局部外观设计显示不够清晰，可以结合说明书中的相关内容加以理解，但应以附图所示外观设计为准；结合文字内容理解得出的所述产品局部外观设计应是以一般消费者的认知水平能够唯一确定的外观设计，而不是有选择性地确定的外观设计。本案例中，作为对比文件的实用新型附图已经清晰完整地表示出“多功能保健带”产品的外观设计，因此，可以与本专利进行相同和相近似性比较。

案例2　电机（第1680号无效决定）*

1999年12月16日，专利复审委员会作出第1680号无效宣告请求审查决定，涉及名称为“微电流大功率电机”的外观设计专利，其申请号为95308693.3，申请日为1995年9月15日，授权公告日为1996年9月25日。

请求人请求宣告本专利无效的理由是在本专利申请日之前，与该外观设计专利相同的外观设计产品已经被公开出版物公开。因此，本专利不符合《专利法》第23条的规定。为支持其主张，请求人提交了两份证据：

证据1：标注为1998年出版的美国HANKCRAFT公司微型直流电机 *MINIZTURED. D. MOTORS* 产品样本；

证据2：标注为1990年出版的NISSEI DENKI公司微型直流电机 *DCMOTCRO MOTORS* 产品样本。

被请求人针对请求人无效宣告请求理由和证据提出如下反驳意见：(1) 请求人提交的两份产品样本日期印刷字母大小不一、排列参差不齐，人为加工痕迹明显；(2) NISSEI DENKI公司产品样本从不标注印刷日期；(3) 美国HANKCRAFT公司地址、徽记、邮编、电话与请求人提交的证据1不同。为了支持自己的主张，被请求人提交了如下反证：

反证1：内容与请求人证据1存在差异的美国HANKCRAFT公司产品样本；

反证2：没有印刷出版日期的NISSEI DENKI公司微型直流电机 *DCMOTCRO MOTORS* 产品样本。

---

* 本案例由王霞军撰写。

请求人针对被请求人提交的反证1，进一步提交了美国HANKCRAFT公司销售经理的证言，用以证明请求人证据1的真实性。

被请求人针对请求人提交的美国HANKCRAFT公司销售经理的证言，提交了该证人与请求人的合作伙伴某机电公司董事长系母子关系的公安机关户籍情况证明，以及请求人与某机电公司签订的双方共担风险的合作开发产品合同。

在审理本无效宣告请求过程中，被请求人向专利复审委员会提出书面申请，请求对证据1、证据2产品样本上标注的出版日期进行油墨同一性鉴定，以核实该两份产品样本标注的产品日期是否为印制该产品样本时同版印刷的。

针对被请求人提出的进行油墨同一性鉴定申请，请求人也提出书面申请，请求对自己提交的产品样本标注的日期的印刷时间进行鉴定。

合议组认为双方提出的鉴定申请，任何一项鉴定结果均可以澄清本无效宣告请求中存在的没有得到合理解释的疑点，有助于查明事实真相，故而同意双方的鉴定请求。合议组在征得双方对对方鉴定请求的同意之后委托国家物证鉴定中心进行鉴定，国家物证鉴定中心答复在目前技术条件下，请求人提出的鉴定目的无法实现。国家物证鉴定中心对两份产品样本内的出版日期字迹与产品样本内其他字迹油墨成分进行了鉴定，结论是两份产品样本上的产品日期字迹油墨与两份产品样本内其他字迹油墨成分不同。

合议组经过审查认为，请求人提交的证据1和证据2公开了各种微电机图片，该两份证据是本案的关键证据，其公开时间又是决定该两份证据是否为本案有效证据的关键。国家物证鉴定中心的鉴定结果所认定的送检的两份产品样本标注的出版日期字迹油墨与产品样本内容字迹油墨成分不同一的结论，说明产品样本内容与产品样本的标注日期不是同时印刷的，也就是说产品样本的公开时间是不确定的。因此，请求人提交的证据1和证据2因为没有确定的公开时间，所以不能成为评价本专利是否符合《专利法》第23条规定的证据。关于证人证言的效力，鉴于被请求人提交的证据足以证明证人与请求人之间存在重大利益关系，故本案证人所作的证言不能单独作为认定案件事实的依据。由于请求人没有提交充分的证据支持其无效宣告请求理由，本专利的授予是符合《专利法》第23条规定的，维持本专利有效。本决定为终局决定。

【案例评析】

本案主要涉及两个法律问题：(1) 出版日期的认定；(2) 证人证言的采信。

第一个问题即出版日期的认定。

《审查指南》第二部分第三章第2.1.3.1节规定，专利法意义上的出版物是指记载有技术或设计内容的独立存在的传播载体，并且应当表明或者有其他证据证明其公开发表或出版时间。出版物的印刷日视为公开日，有其他证据证明其公开日的除外。

本案中请求人提供的证据1和证据2均标明了产品样本的出版日期，按照《审查指南》的相关规定，该出版日期可以被认定为所述样本的公开日期。但本案的特殊之处在于，被请求人提交了没有标注出版日期的同样的产品样本作为反证。被请求人认为请求人提交的两份证据是经过加工伪造的。同时指出了如下可疑点：证据1和证据2中的印刷日期字体大小不一，字母排列不整齐，人为加工痕迹明显。日期印刷的位置在产品样本的白页右下角，不符合通常印刷品标注日期的习惯。合议组经过审理调查认为被请求人对两份产品样本印刷日期提出的疑点确实存在，请求人未对此作出符合逻辑的解释，但仅以此并不能得出该证据为伪证的结论。在这种情况下，应双方当事人提出的鉴定申请，合议组在征得双方对对方鉴定请求的同意之后委托国家物证鉴定中心进行鉴定，鉴定结论是两份产品样本产品日期字迹油墨与两份产品样本内其他字迹油墨成分不同。鉴定结论表明，该产品样本的印刷日与其上标注的出版日期的印刷日不是同时印刷的。按照惯例，出版物上的印刷日期或出版日期在出版物印刷前排版时就已确定，出版物每一页上的所有信息都应同时印刷，而不会根据内容的不同分时段印刷。被请求人提交了除没有出版日期外与请求人证据完全相同的产品样本，由此可见，产品样本中的出版日期应当是在产品样本印刷完毕后单独套印的，在印刷好的出版物上添加出版信息带有一定的随意性，该日期不能当然被认定为印刷物的出版日期，在这种情况下，产品样本的公开时间不能被确定。因此，请求人提交的证据 1 和证据 2 因没有确定的公开时间而不能评价本专利是否符合《专利法》第 23 条的规定。

第二个问题即证人证言的可采性问题。

证人证言是证据的一种法定形式。证人证言是证人事后对自己亲身经历事件或所感知事实的回忆，其要受到各种主客观条件的影响，如证人的记忆力、与当事人是否有利害关系等因素。

在本无效宣告请求审理中，请求人提交了美国 HANKCRAFT 公司销售经理的证言，欲证明请求人提交的证据 1 的真实性。但是被请求人针对这份证言，提交了证明美国 HANKCRAFT 公司销售经理与某公司法定代表人系直系亲属身份，以及该法定代表人与请求人之间存在重大利益关系的证据，以此证明美国 HANKCRAFT 公司销售经理不具备作为本案证人的资格。合议组认为，证人与当事人之间存在重大利害关系，不是我国《民事诉讼法》对证人资格的排除条件。美国 HANKCRAFT 公司销售经理作为本案证人的资格是确实无疑的。但是因为美国 HANKCRAFT 公司销售经理与本案当事人存在重大利益关系，所以不能排除该证人出于某种动机不客观诚实作证的可能性，该证人证言的证明力低于其他证人证言，在该证人未出庭接受质证、其证言又没有其他证据予以佐证的情况下，该证人证言不能单独作为定案的依据。在本案审结之后，《最高人民法院关于民事诉讼证据的若干规定》的司法解释，对此问题进行了规范。第 65 条规定，对证人证言的审核认定要考虑证人或者提供证据的人与当事人有无利害关系。第 69 条规定，与一方当事人或者其代理人有利害关系的证人出具的证言、无正当理由未出庭作证的证人证言不能单独作为认定案件事实的依据。

案例 3　刷子（第 6129 号无效决定）*

2004 年 5 月 31 日，专利复审委员会作出第 6129 号无效宣告请求审查决定，涉及名称为“刷子（YB3538）”的外观设计专利，其申请号为 01329258.7，申请日为 2001 年 5 月 25 日。

针对本专利，请求人向专利复审委员会提出的无效宣告请求理由是：本专利与申请日前在国外公开出版物上所刊登的产品设计相同，所以，本专利不符合《专利法》第 23 条的规定。与此同时，请求人提交了如下附件作为证据：

附件 1：2000 年 4 月 12 – 14 日 *The Official Showguide for Interbrossa 2000* 的封面、第 23 页及封底复印件；

附件 2：两份广告传单复印件，其中传单顶部分别载有“7/7/99 3：44PM”和“7/7/99 2：36PM 字样”；

附件 3：“Hayco Manufacturing Ltd.”的“BRUSHWARE”封面及第 3 页复印件，其中每页右上角记载有“ISSUE DATE：10/8/99”字样；

附件 4：“Hayco Manufacturing Ltd.”的“BRUSHWARE Cleaning Products Catalog”封面及第 1 页、第 2 页复印件，其中内页记

---

* 本案例由张跃平撰写。

载有“VER：11/01/2001”字样；

附件5：2000年2月的*TOPFAIR*杂志复印件3页。

在本案审查过程中，请求人提交了附件1~附件5的公证认证书及除附件2以外的附件原件。

请求人提交的附件1是2000年4月12~14日*The Official Showguide for Interbrossa 2000*的封面、第23页及封底复印件，请求人进一步提交了该附件的公证认证书及原件。公证书中公证员声明：“我，Peter，Charles Benner，联合王国西苏塞克斯郡，从业公证员，正式声明并于此承认，据我由该杂志封面看来，所附及出版的杂志是于2000年4月12~14日由Airstream Communications有限公司发行及分发，该出版物是在英国出版，我被告知且我也相信该杂志是在贸易会议期间出版的。”该公证书经英国外交和联邦事务部确认，并由中华人民共和国驻英国大使馆的领事认证，认证书证明公证书上英国外交和联邦事务部的印章和该部官员R. Bawden的签字均属实。

合议组经审查认为，由于附件1本身是一本杂志原件，并且其公证认证手续齐全，符合法定要求。因此，确认附件1的真实性。并选定其中第23页公开的刷子作为与本专利进行相同和相近似比较的对比文件。经过比较判断认为二者属于相近似的外观设计，因此，本专利不符合《专利法》第23条的规定，宣告本专利无效。当事人未针对该决定提起行政诉讼。

【案例评析】

2006年版《审查指南》关于出版物的三个要素：记载有技术或设计内容的独立存在的有形传播载体；表明其发表者或出版者；表明公开发表或出版时间。附件1本身具备这三个要素：其是以杂志形式记载设计内容的；由Airstream Communications有限公司于2000年4月12~14日发行及分发。

参照《最高人民法院关于民事诉讼证据的若干规定》第11条的规定，当事人向人民法院提供的证据系在中华人民共和国领域外形成的，该证据应当经所在国公证机关予以证明，并经中华人民共和国驻该国领事馆予以认证，或者履行中华人民共和国与该所在国订立的有关条约中规定的证明手续。

附件1经英国公证员确认该出版物是在英国出版，公证员由该杂志封面看来，所附及出版的杂志是于2000年4月12~14日由Airstream Communications有限公司发行及分发的。该公证员直接证明他本人确信附件1是在贸易会议期间出版的。该公证书经英国外交和联邦事务部确认，并由中华人民共和国驻英国大使馆的领事认证，认证书证明公证书上英国外交和联邦事务部的印章和该部官员R. Bawden的签字均属实。由此可见，附件1公证认证手续完备，符合法定要求。据此，附件1的真实性可以被确认，其可以作为本专利的对比文件进行相同和相近似性比较判断。

案例4　酒瓶包装套（第5137号无效决定）*

2003年6月24日，专利复审委员会作出第5137号无效宣告请求审查决定，涉及名称为“酒瓶包装套”的外观设计专利（下称本专利），其申请号为98325799. X，申请日为1998年10月8日，授权公告日为1999年8月4日。

请求人请求宣告本专利无效的理由是：请求人在本专利申请日以前已于日本对“百年の孤独”进行了商标注册并予以公告；在德国科龙举办的展览会上，“百年の孤独”酒瓶包装套照片被刊登在宣传册上；该酒瓶包装套照片还在日本建设省九州地方建设局发行的刊物上发表。二者不论是布局还是搭配都非常相似，

* 本案例由王霞军撰写。

属于相近似外观设计，本专利不符合《专利法》第23条的规定。请求人提交的证据1是日本专利局商标公报复印件及翻译件，证据2是ANUGA93日本宫崎县的宣传册原件，证据3是COMMON宣传册复印件。

请求人在规定的期限内又补充提交了一本日本株式会社小学馆于1996年7月1日发行的漫画刊物（下称证据4），在刊物第195页上刊登有“百年の孤独”酒瓶包装套的照片。

对此，被请求人针对证据4陈述意见：1. 该刊物是日文刊物，无法正确理解其中的内容，请求人应当将其译成中文；2. 该刊物来自于日本而非国内，因此请求人必须办理相关证明手续，证明该刊物的真实性；3. 该刊物只有一个视图，并未公开所涉及外观设计的所有内容，因此该刊物不能证明其中的外观设计与本专利相同或相近似。

口头审理过程中，请求人当庭提交了证据4的原件及相关国家公证书和认证书原件，同时提交了证据4目录页译文、该证据书脊上发行日期的译文及公证书。其中相关国家公证书包括证明书及所附杂志相关页复印件、认证、证明及日本外务省认证。

证明书是证据4杂志编辑部及发行人片寄聪出具的，盖有该编辑部的印章及片寄聪的印章，其内容是：“兹证明随附文件是由我社大型连环漫画编辑部发行的实有的、真正的出版物《大型连环漫画7月1日号（第10卷第13号）》的节选的复印件。该出版物于1996年7月1日在日本国内对公众发行。”

认证的编号是平成14年登簿第0715号，是由东京法务局所属公证人古畑恒雄出具的，其内容是：“托办人株式会社小学馆（所在地：日本国东京都千代田区一桥2丁目3番1号）大型连环漫画编辑部发行人片寄聪（Satoshi KATAYOSE）的代理人国际特许事务所福岛达弥在本公证人面前陈述：承认本人在随附文件《证明书》上的签名盖章。据此，予以认证。”该认证词下方的内容包括平成 14 年 7 月 24 日、在本公证人事务所、东京法务局所属公证人“古畑恒雄”的签名及印章、总公证 NO：021752 号及古畑恒雄认证的英文。

证明是由东京法务局长宝金敏明出具的，其内容是：“兹证明上述签名是东京法务局所属公证人的签名，且其印章是真实的。”该证明上有东京法务局长宝金敏明的姓名及职务印章。

日本外务省于 2002 年 7 月 25 日出具的认证内容是：“为了驻日本外国领事认证之用，兹证明此处的印章是真实的。”该认证书上有日本外务省印章及官员的签名。

中华人民共和国驻日本国大使馆领事部出具的（2002）日领认字第 0005614 号认证书的内容是：“兹证明前面文书上日本国外务省的印章和该省官员萩原伸一的签字均属实。”该认证书下方盖有中华人民共和国驻日本国大使馆领事部印章及二等秘书兼领事李春的签名。

北京公证处出具的公证书，其内容是：“兹证明前面文件的中文译本与外文原本内容相符。”

被请求人在口头审理之后再次对证据 4 公证认证手续陈述了意见：1. 关于片寄聪证明书的内容和印章的质疑：片寄聪个人未用其正式印章或签名，只用了一个很不正式的只有其姓氏的“片寄”小铭章。这不是片寄聪在当地政府备案的包含了其完整姓和名的有足够法律效力的铭章。而且，片寄聪本人也未对其身份和资历作出声明。2. 关于认证的质疑：片寄聪本人并未在公证员面前陈述其在随附文件上的盖章是真实的，而是通过其个人的代理人在公证人面前作陈述。而片寄聪与代理人福岛达弥之间没有就此事提供合法委托代理手续，福岛达弥没有证明他有合法资格代理片寄聪。况且，代理人也只陈述证明书上的盖章的真实性，并未包含对证明书内容真实性的声明。3. 关于证明的质疑：

东京法务局长宝金敏明以其官方身份作了证明，他只用了代表其官方身份的印章，没有个人签名。4. 关于认证的质疑：该认证手续无误，但它们说明作为一级官方认证手续，官方印章和官员签名是必要的。5. 关于公证和认证书的译文：日本外务省的认证也是整个认证程序中的必要一环，但请求人未提供其中文译文，手续未完成。由此可见，请求人提供的公证和认证手续包含5个步骤，其中1～3步骤中存在着许多疑点和不完备之处，尤其是1和2步骤中问题严重，不能构成一个完整的证据链，不能唯一地证明当事人的签名/印章的完备性和真实性，以及待证事实的真实性。

专利复审委员会经审理认为：

请求人补充提交证据4的时间未超过《专利法实施细则》规定的期限。证据4是大型连环漫画杂志原件，该杂志的封面记载有杂志名称、日期及发行信息；封底记载有杂志的价格及版权信息；书脊记载有名称、刊号、发售信息、日期、发行信息、出版社等内容。而且请求人提交了这些相关出版信息的中文译文，其中该杂志的第195页左上角登载有一图片，图片中记载有一"百年の孤独"酒瓶包装套的外观设计。

针对上述证据4及相关公证及认证文件，合议组认为：上述公证及认证程序合法，手续完备，可以证明附件4的合法来源及该杂志的发行日期。虽然，被请求人在意见陈述中对上述证明文件提出了质疑，但并未提交相反证据证明上述证明文件不具有法律效力。

专利复审委员会确认请求人提交的证据4是国外公开出版物，且其公开日期早于本专利的申请日（1998年10月8日），属于《专利法》第23条规定的出版物，适用于本案。

合议组将其第195页公开的酒瓶包装套外观设计（下称对比文件）与本专利进行相近似比较认为：二者属于相近似的外

观设计。即：本专利与其申请日之前公开发表在出版物上的外观设计相近似，本专利权的授予不符合《专利法》第23条的规定，宣告98325799.X号外观设计专利权全部无效。当事人未针对该决定提起行政诉讼。

【案例评析】

本案的主要焦点是如何认定经过公证、认证的域外证据。

根据《最高人民法院关于民事诉讼证据若干问题的规定》第11条规定，当事人向人民法院提供境外所形成的证据，该证据应当经所在国公证机关予以证明，并经中华人民共和国驻该国使领馆予以认证。

请求人提交的证据4是在日本出版的连环漫画杂志，该杂志书脊记载有名称、刊号、发售信息、日期、发行信息、出版社等内容，具备《审查指南》规定的出版物要件。根据司法解释，请求人又对该杂志进行了公证、认证。首先由该杂志编辑部及发行人出具了证明，证明中有编辑部的印章，并委托他人在东京法务局公证人面前对发行人的签名印章进行陈述，公证人员给予公证，东京法务局长又对公证人的身份进行了认证，日本外务省又对东京法务局长的印章真实性给予了认可，中华人民共和国驻日本领事部出具了认证书。经过上述程序，可以确认该杂志的真实性。

虽然被请求人针对公证文件提出了几点质疑，比如对片寄聪证明书的内容和印章的质疑，合议组认为证明书是证据4杂志编辑部及发行人片寄聪出具的，其上同时盖有该杂志编辑部的印章，该印章真实有效，即使片寄聪个人使用的不是其在当地政府备案的包含了其完整姓和名的铭章，并不能就此认为其印章是不真实的，况且其代理人在公证人面前对片寄聪签名印章的真实性进行了证明。此外关于片寄聪及其代理人的身份，由东京法务局所属公证人古畑恒雄出具的认证内容得到了进一步确认，认证内容载明片寄聪（Satoshi KATAYOSE）是株式会社小学馆（所在地：日本国东京都千代田区一桥2丁目3番1号）大型连环漫画编辑部发行人，国际特许事务所福岛达弥是片寄聪的代理人。由此可见，出具证明书的片寄聪本人是证据4杂志编辑部发行人，其对所属出版社编辑部发行的杂志内容及发行日期是知晓的，而且其证明的内容与杂志本身客观记载的出版信息相符，在被请求人没有提供反证的情况下并不能推翻上述证明证据4真实性的一系列公证认证件的法律效力，经过上述程序，可以确认该杂志的真实性。

案例5 拖拉机消声器（第5970号无效决定）*

2004年3月31日，专利复审委员会作出第5970号无效宣告请求审查决定，涉及名称为“拖拉机消声器”的外观设计专利，其申请号为01335115.X，申请日为2001年8月23日，授权公告日为2002年4月24日。

请求人请求宣告本专利无效的理由是，在本专利申请日之前已有与本专利相同、相近似的产品公开发表并公开使用，因此本专利不符合《专利法》第23条的规定。为支持其主张，请求人提交了多份证据，其中涉及出版物公开的证据为证据2，即农业机械杂志社2001年1月8日出版的《农业机械》2001年第1期相关页复印件。

合议组经过审查认为，证据2属于公开出版物，被请求人对其真实性无异议，且其出版日期早于本专利的申请日，属于《专利法》第23条所规定的出版物，可以作为评价本专利是否符合中国《专利法》第23条规定的证据。证据2的封二公开了

---

* 本案例由黄玉萍撰写。

“FUTIAN700 型拖拉机”的外观设计图片，该拖拉机中的消声器与本专利属于相同种类的产品，合议组对二者进行了相同和相近似的比较。

本专利	对比文件
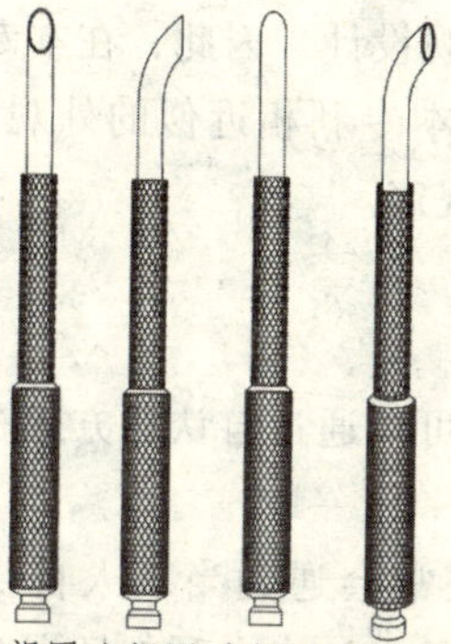 右视图 主视图 左视图 立体图	
本专利的拖拉机消声器整体上由消声管和位于其上部的排气管组成，其整体形状为逐阶缩径、下粗上细的阶梯形外观形状，排气管较细且其端头弯曲、出口为垂直切口形状。消声管以及排气管的下部表面包覆有隔离网罩	证据 2 的拖拉机消声器整体上由消声管和位于其上部的排气管组成，其整体形状为逐阶缩径、下粗上细的阶梯形外观形状。排气管较细且其端头弯曲，并具有出口，从该证据图中也可以看出其出口为垂直切口。此外，消声管以及排气管的下部表面也包覆有隔离网罩

相同点	1. 整体上两者均是由消声管和位于其上部的排气管组成； 2. 其整体形状均为逐阶缩径、下粗上细的阶梯形外观形状
不同点	1. 本专利的消声管以及排气管的下部表面包覆有隔离网罩，而从证据 2 中不能分辨出其隔离罩是否为网状； 2. 两者的消声管与排气管之间的直径比例有所不同

合议组根据综合判断的方式，认为本专利与证据 2 中的消声

器尽管存在上述两点区别，但在两者整体形状如此相近的情况下，这种区别仅属于局部细微的差异，在仅施以一般注意力的情况下，足以使一般消费者在视觉上将两者混同和误认。尽管被请求人在口头审理中已自认本专利与证据2中的消声器外观完全相同，但考虑到有的设计在证据2的消声器图片中未明确显示出来，故合议组认为两者为相近似的外观设计。因此，在本专利申请日之前，在出版物上公开发表过与本专利相近似的外观设计，本专利不符合《专利法》第23条的规定。

【案例评析】

本案主要问题在于被请求人是否可以通过自认的方式补充出版物中未公开的内容。

在对专利无效案件的审理中，经常会遇到当事人自认的情形，如本案，被请求人在口头审理中已自认本专利与证据2中的消声器外观完全相同，在这种情况下合议组能否根据当事人的自认，不对本专利与证据2进行相同和相近似比较，而直接得出两者相同的结论？

有关自认的法律规定：

1. 2002年4月《最高人民法院关于民事诉讼证据的若干规定》第8条规定："诉讼过程中，一方当事人对另一方当事人陈述的案件事实明确表示承认的，另一方当事人无需举证。但涉及身份关系的案件除外。

对一方当事人陈述的事实，另一方当事人既未表示承认也未否认，经审判人员充分说明并询问后，其仍不明确表示肯定或者否定的，视为对该项事实的承认。

当事人委托代理人参加诉讼的，代理人的承认视为当事人的承认。但未经特别授权的代理人对事实的承认直接导致承认对方诉讼请求的除外；当事人在场但对其代理人的承认不作否认表示的，视为当事人的承认。

当事人在法庭辩论终结前撤回承认并经对方当事人同意，或者有充分证据证明其承认行为是在受胁迫或者重大误解情况下作出且与事实不符的，不能免除对方当事人的举证责任。”

第 74 条规定：“诉讼过程中，当事人在起诉状、答辩状、陈述及其委托代理人的代理词中承认的对己方不利的事实和认可的证据，人民法院应当予以确认，但当事人反悔并有相反证据足以推翻的除外。”

2.《最高人民法院关于行政诉讼证据若干问题的规定》第 65 条和第 67 条分别规定：“在庭审中一方当事人或者其代理人在代理权限范围内对另一方当事人陈述的案件事实明确表示认可的，人民法院可以对该事实予以认定”；“在不受外力影响的情况下，一方当事人提供的证据，对方当事人明确表示认可的，可以认定该证据的证明效力。”

从《最高人民法院关于民事诉讼证据的若干规定》和《最高人民法院关于行政诉讼证据若干问题的规定》中可以看出，人民法院将能够接受的自认界定在对事实和证据的自认上。

就本案而言，合议组以作为公开出版物的证据 2 来评价本专利是否符合《专利法》第 23 条的规定，从该出版物的封面可以看到消声管和位于其上部的排气管，但是消声器的下部被拖拉机头遮挡，没有表示出来。被请求人在口头审理中承认本专利与证据 2 中的消声器外观完全相同。合议组经过合议认为，出版物公开的内容是客观存在的，只能以出版物中看到的消声器与本专利进行相同和相近似比较判断，被请求人在本案中的自认已经不属于事实问题，而是法律问题。“相同和相近似”是《专利法》、《专利法实施细则》及《审查指南》中予以定义、解释的一个特定的法律概念，因此，这种认定不取决于当事人的认识，而取决于专利复审委员会依据专利法律法规进行的认定。故此，被请求人这种对法律问题的“自认”属于超范围承认，其不影响合议组的判断。本案合议组最终将本专利与证据2进行了比较判断，得出两者相近似性的结论，如果依据当事人的自认，则应当得出两者相同的结论。因此，在专利无效程序中合议组要正确区分当事人的自认属于何种性质的自认，即判断其是否属于对事实的自认，如果不属于事实问题，而是法律问题的话，合议组应当严格按照专利法律法规的规定进行审理。

二、使用公开

案例1 蚊香包装盒（第4388号无效决定）*

2002年9月4日，专利复审委员会作出第4388号无效宣告请求审查决定，涉及名称为“包装盒（青蛙王子蚊香）”、申请号为98329927.7的外观设计专利，其申请日为1998年12月30日，授权公告日为1999年10月20日。

请求人请求宣告本专利无效的理由是：在本专利申请日以前，与本专利相近似的外观设计已在国内公开使用，本专利的授权不符合《专利法》第23条的规定，并提交了如下附件作为证据：

附件1：关于设计、印刷包装盒的证言复印件1页；

附件2：电视广告插播合同书复印件1份；

附件3：福建电广东南卫视广告有限公司出具的证言1页；

附件4：包装盒实物1份。

针对上述无效宣告请求，被请求人认为：第一，附件1缺乏真实性，既然证人是设计打样者，且其至今仍在印制相关包装盒，但却以“经查”出证；第二，附件2合同没有显示包装盒的外观设计，合同是否履行仍需证明，且合同履行人不是申请人

---

* 本案例由钱亦俊撰写。

本人，尽管申请人提出委托人是其代理人，却没有相应证据，另外受托人是广告公司，而不是电视台，如果广告已播放应由电视台出具证明；第三，专利申请至今已4年，请求人应早就得知本专利的存在，却在4年后提出无效，证明在时间上请求人的理由不充分。

为进一步查清事实，合议组向双方当事人发出了口头审理通知书。在口头审理中，请求人出示了上述附件2合同书的原件，该合同的承办方签字人以承办人的名义出庭作证，接受了合议组的质询，并当庭播放了带来的福建电广东南卫视台广告代理机构——福建电广东南卫视广告有限公司封存的涉案录像带。

为证实电视广告播出的真实性，请求人补充提交了如下证据：（编号续前）

附件5：央视市场研究股份有限公司出具的针对上述附件2涉及广告的监播报告；

附件6：厦门市工商行政管理局出具的关于附件2委托人公司登记基本情况的证明，及请求人出具的证明附件2委托人是其总经销的证明；

附件7：带有出庭证人签字的福建电广东南卫视广告有限公司出具的证言1页。

针对请求人第二次提交的证据，被请求人认为：福建电广东南卫视广告有限公司的作证形式不符合广告发布要求。同时，对出具附件5的央视市场研究股份有限公司的证人身份、监控动机等提出了质疑。

合议组经审查认为：请求人提供的附件2是电视广告插播合同书，委托人是厦门新三阳实业有限公司，委托承办人福建电广东南卫视广告有限公司在福建电广东南卫视台的《银河之星大擂台》节目中插播系列产品广告，时间是1998年5月到1998年12月，其承办人经手人是王某。附件5是央视市场研究股份有限公司出具的针对上述附件 2 所涉及广告的监播报告，明确记载了 1998 年 5 月 1 日至 5 月 31 日，青蛙蚊香的广告在福建卫视东南台插播广告的各时间段情况。附件 6 是厦门市工商行政管理局出具的关于附件 2 委托人公司登记基本情况的证明，以及请求人出具的证明附件 2 委托人是其总经销的证明，厦门市工商行政管理局证明合同委托人厦门新三阳实业有限公司是请求人的控股公司，同时，请求人证明合同委托人厦门新三阳实业有限公司是其总经销；附件 7 是带有经手人王某签字的福建电广东南卫视广告有限公司出具的证言（包括附图）1 页，在口头审理中王某出庭接受了质询，证明附件 7 附图所示的青蛙牌蚊香盒即为上述电视广告中涉及的蚊香包装盒。合议组认为，请求人提交的附件 2、附件 5、附件 6 和附件 7 真实可信，互相印证，已形成完整的证据链，证明青蛙牌蚊香包装盒在电视广告中公开，该证据链所证明的事实属于《专利法》第 23 条规定的公开使用的情形，适用于《专利法》第 23 条的规定。

合议组将本专利与附件 7 原件图片进行了相近似比较，认为二者属于相近似的外观设计，本专利不符合《专利法》第 23 条的规定，宣告本专利无效。当事人未针对该决定提起行政诉讼。

【案例评析】

本案主要涉及对以下几个问题的理解：

第一，电视广告公开的性质。《专利法》第 23 条规定的公开有两种形式：一种是出版公开，即在有形载体上以印刷出版的方式向不特定人群公开，通常称出版物公开；另一种形式是使用公开。对于两种公开的形式，分别规定了不同的地域，出版物公开是在国内或国外。而使用公开仅限于国内公开，更多地考虑到对于国内当事人来说取证及核实证据的可能性。尽管随着社会的发展，我国的相对新颖性标准将被绝对新颖性标准所代替是必然趋势，但在现有法律框架下，给电视广告的公开形式准确定位具有现实意义。在《审查指南》第二部分第三章“2.1.3.1 出版物公开”以及“2.1.3.2 使用公开”的相关规定中，没有列入电视广告公开的情形，但却在“2.1.3.3 以其他方式公开”中，找到了相关概念。但对于外观设计来说，不能适用“2.1.3.3 以其他方式公开”的规定，因为不同于《专利法》第 22 条新颖性条款，《专利法》第 23 条没有给出“其他方式公开”的途径，据有关资料记载，之所以在《专利法》第23条中未列入“以其他方式”公开是因为该方式主要是指通过“口头公开”的方式，而外观设计不存在以口头方式公开的情形。但是随着广告传媒业的发展，电视广告公开成为普遍存在的一种公开方式，这样，对于外观设计来说，现实存在的电视广告公开情形便处于尴尬地位。由于电视广告更接近于展示公开，具有时间阶段性，除了个别电视台节目可以通过卫星转播发送较远以外，绝大部分电视节目具有地域性，故其广告内容大多数也具有地域性，基于此考虑，合议组认为，在目前情况下将电视广告归为公开使用方式比较妥当。

第二，电视广告公开的事实认定。对于电视广告公开的事实应有一系列真实可信的证据，彼此关联，互相印证形成有效证据链才能据此定案。本案中附件 2 即福建电广东南卫视台电视广告插播合同书、福建电广东南卫视广告有限公司在福建电广东南卫视台的《银河之星大擂台》节目中插播系列产品广告录像带，附件 5 即央视市场研究股份有限公司出具的针对上述附件 2 广告的监播报告，附件 7 是带有经手人王某签字的福建电广东南卫视广告有限公司出具的证言，王某在口头审理中接受了质询，证明附件附图 7 所示的青蛙牌蚊香盒即为上述电视广告中涉及的蚊香包装盒。上述电视广告插播合同、广告录像带、监播报告的时间、内容、经手人证言等都可以相互印证，同时广告承办经手人又进一步出庭作证，这一组证据彼此关联相互印证已经形成完整的证据链，证明1998年5月在福建电广东南卫视台的《银河之星大擂台》节目中插播了包含有附件7所示青蛙牌蚊香盒产品的广告。

案例2 南瓜形食品盒（第11582号无效决定）*

2008年6月3日，专利复审委员会作出第11582号无效宣告请求审查决定，涉及产品名称为“食品盒（南瓜形）”、申请号为200430053959.9的外观设计专利，其申请日为2004年6月1日，授权公告日为2004年12月15日。

请求人请求宣告本专利无效的理由是：本专利在其申请日前已由上海申丰食品有限公司在国内公开出版并公开使用过、且在互联网上公开发表过，因此，本专利不符合《专利法》第23条的规定。请求人提交了附件1至附件17作为证据，其中：

附件5为上海申丰食品有限公司宣传页及产品目录复印件共4页；

附件6为上海申丰食品有限公司开具的NO.14337850号增值税发票（记账联）复印件1页。

对于附件5和附件6，专利权人在其意见陈述书中认为：附件5没有具体的形成时间和公开时间，附件6中只涉及产品名称和价格，并未涉及具体的外观设计内容。在口头审理中，专利权人认可附件5和附件6的真实性。在口头审理后其提交的意见陈述中，专利权人认为附件5和附件6缺乏对应的结合点，相互之间没有关联性，且即使两者结合，也不能证明附件6发票中所涉及的“435果仁皇巧克力”即为附件5中所示的包装样式。

合议组经过审查认为：附件5是上海申丰食品有限公司宣传

---

* 本案例由王霞军、周佳撰写。

页及产品目录复印件，用以证明“435 果仁皇巧克力”包装在本专利申请日前已经公开对外宣传；附件 6 是上海申丰食品有限公司开具的增值税发票（记账联），发票号为 14337850，其开票日期为 2004 年 1 月 5 日，用以证明在本专利申请日前已经公开销售了“435 果仁皇巧克力”。口头审理中，请求人提交了附件 5 的原件，同时提交了附件 6 盖有上海申丰食品有限公司红章的复印件。由于专利权人对附件 5 和附件 6 的真实性无异议，故合议组对附件 5 和附件 6 予以采信。

附件 5 上公开了一款名称为“435 果仁皇巧克力”的产品包装，由于专利权人对附件 5 的真实性无异议，故可以确认“435 果仁皇巧克力”的包装与附件 5 所示图片内容一致。

依据附件 6，请求人主张的发票上记载的“435 果仁皇巧克力”产品在本专利申请日之前已进行了公开销售的事实可以得到确认。

附件 5 和附件 6 均涉及名称为“435 果仁皇巧克力”的产品，且还具有以下相同信息：“上海申丰食品有限公司、上海闵行经济技术开发区北斗路 88 号、电话：（021）64308888、规格型号：300 克 * 6 盒。”可见，附件 5 和附件 6 中所指的“435 果仁皇巧克力”是同一产品，即附件 5 中图片所示的“435 果仁皇巧克力”产品在 2004 年 1 月 5 日（本专利申请日之前）进行了公开销售。

合议组将本专利与附件 5 中图片所示“435 果仁皇巧克力”产品的包装盒的外观设计进行了相近似比较，认为二者属于相近似的外观设计，因此认定在本专利申请日前已有与其相近似的外观设计公开使用过，本专利不符合《专利法》第 23 条的规定，宣告本专利无效。

专利权人对该决定不服，提起行政诉讼。一审法院经审理，维持了专利复审委员会的决定。

【案例评析】

本案主要涉及的问题是如何以发票类证据证明产品在先公开使用的事实。

在外观设计无效宣告请求案件中，发票经常作为用以证明产品在先公开使用事实的主要证据类型之一。由于发票是由国家税务机关统一监制和管理的，其出票时间、货物品名、货物款额等信息的记载规范、统一，因此在证明涉及销售行为的发生时间、货物类型等方面具有一定的优越性。而对于外观设计无效宣告请求案件的审理，确认在先设计的公开时间和确认在先设计的具体外观是两个关键的证明要素。发票类证据往往无法记载在先设计的具体外观，因此就需要其他证据与之关联或佐证。

本案中，请求人提供了记载着上海申丰食品有限公司“435果仁皇巧克力”货物品名的产品的销售发票（附件5）原件，在专利权人对发票的真实性无异议的情况下，该发票被合议组采信。根据发票上记载的相关信息，“435果仁皇巧克力”产品在其开票日期2004年1月5日（本专利申请日前）实施了销售的事实可以得到确认，接下来需要确认的事实是“435果仁皇巧克力”的产品外观设计。请求人提供了上海申丰食品有限公司的企业宣传页和产品目录（附件6），其上印制有一款型号为“435果仁皇巧克力”产品的包装盒。附件5和附件6上记载的公司名称、公司厂址、公司电话、产品名称、产品规格型号均对应相同，根据这些结合点，两份证据中的“435果仁皇巧克力”形成了关联。由于“435果仁皇巧克力”为整盒包装出售，因此其产品的公开时间即为产品包装盒的公开时间。由此，请求人完成了“435果仁皇巧克力”包装盒的公开时间和具体外观的举证。

由此案可推知，在主张公开使用的无效宣告请求案件中，当事人不仅要提交能够证明某产品在争议专利的申请日前公开生产、展示、销售或使用等的证据（如发票），还要提交证明该产品的具体外观设计图片、照片或者实物等的证据，同时这两项证据之间必须彼此关联、相互印证，形成完整的证明体系。

案例3　汽车前大灯（第1862号复审决定）*

2000年9月12日，专利复审委员会作出第1862号复审请求审查决定，涉及名称为“汽车前大灯”的外观设计专利，其申请号为98313765. X，申请日为1998年7月15日，授权公告日为1999年3月3日。

1999年3月31日，撤销请求人以本专利的授权不符合《专利法》第23条的规定为理由，向国家知识产权局专利局提出撤销本专利权的请求。撤销请求人主张的事实是本专利同申请日前公开发表过的外观设计相近似。

撤销请求人在撤销程序中提交的证据如下：

证据1：江苏牡丹集团生产的客车前大灯的六面照片，共6张；

证据2：牡丹6601型客车照片及牌号行驶证复印件，照片两张，复印件1页；

证据3：国家汽车质量监督检验中心作出的检验报告1份（复印件），共7页。

撤销请求人于1999年10月19日和20日再次提交了意见陈述书和证据，所述证据是江苏武进市五一灯具厂的“中巴车系列”产品广告页（下称证据4）。

专利权人于1999年11月9日和1999年11月26日分别进行了意见陈述，指出撤销请求人提交的证据4的出版日期至少在“检验报告”（证据3）之后。

1999年12月28日，国家知识产权局专利局作出“撤销专

* 本案例由吴大章撰写。

利权请求的审查决定书”，决定撤销本外观设计专利权。上述审查决定书以证据4（“中巴车系列”产品广告页）为根据，确认“柯斯特94款式汽车前大灯在94年，即在本案申请日（1998年7月15日）之前已开始生产销售”，以所述柯斯特94款式汽车前大灯作为在先外观设计，通过将本专利与在先外观设计进行比较，得出二者是相近似的外观设计的审查结论。

2000年1月31日，专利权人向专利复审委员会提出复审请求，其主要理由可以概括为两点：

（1）原决定没有正确地运用证据认定主要的事实；

（2）认定本专利与对比文件相近似有失公允。

经过审查，复审合议组认为，国家知识产权局专利局1999年12月28日所作出的“撤销专利权请求的审查决定书”缺乏充分的证据支持，没有准确地适用有关法律。撤销国家知识产权局专利局于1999年12月28日对98313765. X号外观设计专利权所作出的“撤销专利权请求的审查决定书”，维持本专利权继续有效。本决定为终局决定。

【案例评析】

本案主要涉及的焦点问题是仅凭产品型号能否推定其公开使用的时间。

本案撤销程序中，撤销请求人的意图是用证据4证明在本专利申请日前，本专利产品已经在国内公开使用的事实，其认为因证据4的“概况简介”中介绍了柯斯特94款式汽车前大灯并附有照片，由此可以认定，该柯斯特94款式汽车前大灯在1994年即本专利申请日（1998年7月15日）之前已开始销售。

事实上，“柯斯特94款”是国外厂商对其所生产的一种汽车的称谓或者说赋予的型号，并没有证据证明此种汽车的在先使用发生在中华人民共和国境内，即使“柯斯特94款”的汽车在

1994年已经公开使用，由于该款车型并非我国开发设计的车型，按常理其销售行为的首次发生地应当在我国境外，故不能构成专利法意义上的公开使用。因此，仅以广告中的“94款”并不能排除在本专利申请日前，所述公开销售、公开使用的事实仅发生在上述外国制造厂商所在国，而尚未发生在中国境内的可能。需要说明的是从本案的相关证据（证据3：国家汽车质量监督检验中心作出的检验报告）只能得出“中巴车系列”产品广告的发行日期至少在上述检验报告完成日1996年11月22日之后，因为“中巴车系列”产品广告刊登了检验报告的首页，即该产品广告页的形成时间晚于1996年11月22日，但并不足以确认其公开日期在本专利申请日之前。

案例4　世纪龙包装盒（第6303号无效决定）*

2004年8月2日，专利复审委员会作出第6303号无效宣告请求审查决定，该决定涉及名称为“包装盒（世纪龙）”的外观设计专利，其申请号为03307307.4，申请日为2003年4月7日，授权公告日为2003年10月22日。

请求人提起无效宣告请求的理由为本外观设计专利产品在申请日前已经公开销售，因此不符合《专利法》第23条的规定。请求人同时提交了下列附件作为证据：

附件1：陕西省甘泉县公证处出具的（2003）甘公证字第050号公证书复印件共7页。该公证书附有：1. 延安市工商行政管理局行政处罚决定书［延市工商处字（2003）第02号］的复印件；2. 陕西省代收罚款收据0094807号的复印件；3. “隋唐世纪龙”、“延河世纪龙”、“隋唐玉液”、“延河玉液”的照片复印件。

---

* 本案例由钟华撰写。

在口头审理中，请求人出示了附件1的原件。

合议组经过审查认为根据附件1记载的内容：延安延河酒业有限公司生产的“延河世纪龙”、“延河玉液”因仿冒延安市美水酒厂生产的“隋唐世纪龙”、“隋唐玉液”而违反了《中华人民共和国反不正当竞争法》，于2003年2月28日被陕西省延安市工商局给予行政处罚［延市工商处字（2003）第02号］，并且其所附的行政处罚决定书已经生效，由于该行政处罚决定书作出的日期为2003年2月28日，因此可以断定其处罚的“延河世纪龙”的生产日期应在该处罚决定日期之前，即该“延河世纪龙”在本专利申请日2003年4月7日之前已经公开，“延河世纪龙”的包装盒可以作为评价本专利是否符合《专利法》第23条规定的对比文件。

合议组经过审理认为，本专利与对比文件相近似，不符合《专利法》第23条的规定。专利复审委员会作出了宣告本专利无效的第6303号无效宣告请求审查决定。专利权人未提起专利行政诉讼。

【案例评析】

本案例主要涉及根据行政处罚决定书认定“使用公开”的问题。

由于行政处罚书针对的被处罚行为必定发生在处罚决定日期前，因此在该处罚决定日早于涉案外观设计专利申请日的情况下，即可以推知被处罚产品在本专利申请日前已经在国内公开。在比较判断该被处罚产品的外观设计与本专利相近似的情况下，可以认定与本专利相近似的外观设计在申请日以前在国内公开使用过，因此不符合《专利法》第23条的规定。

第二节　产品类别的判断*

外观设计的相同和相近似判断包括两个方面，一是产品类别的判断，二是设计内容（即形状、图案、色彩及其结合）的判断。产品类别相同或者相近是构成外观设计相同或相近似的前提，对于产品类别不相同也不相近的外观设计而言，无需再将其设计内容进行比较和判断，即可认定为不相近似的外观设计。因此，在外观设计的相同和相近似判断的具体步骤中，往往将产品类别的判断作为第一步。

在确定产品类别是否相同或相近时，1993 年《审查指南》的相应规定是需要考虑产品的用途和功能两个方面，用途和功能均相同则为相同类别的产品，用途相同而功能不同则为相近类别的产品。但在实际应用中，用途和功能往往难以区分，由此容易引起争议，故从 2001 年《审查指南》起即作了修改，仅以产品用途作为判断产品类别是否相同或者相近的依据。2001 年《审查指南》规定为：只要产品具有相同的用途，而不管它们是否还各自具有其他的用途，都属于同一类别的产品。2006 年版《审查指南》相对于 2001 年《审查指南》又作了较大调整，2006 年版《审查指南》规定，在确定产品类别是否相同或相近时，以产品的用途是否相同或相近为标准，产品用途完全相同即为相同类别的产品，产品用途相近则为相近类别的产品，此外，当产品具有多种用途时，如果其中部分用途相同，而其他用途不同，则二者仍属于相近类别的产品。在本节案例中，因不同时期作出的决定所适用的《审查指南》不同，可能会出现对产品类别相同还是相近的认定不完全一致的情形。2006 年版《审查指

* 本节综述由徐清平撰写。

南》还以举例的形式规定"易拉罐和罐贴上的图案、色彩设计都具有对产品的标识作用，易拉罐和罐贴属于相近类别的产品"，而在此之前的审查决定中一般将二者认定为类别既不相同也不相近的产品，这是2006年版《审查指南》所作的重大调整。不过，此规定是在目前法律构架下出于公平公正角度考虑，为了解决该两类产品能否进行相同和相近似对比问题，而作出的特别举例规定，不能据此扩大理解为具有标识作用的产品均属相近类别的产品。

产品在《国际外观设计分类表》中的分类以及产品的货架分类，可以作为确定产品类别的参考，但不能作为判断标准。《国际外观设计分类表》的首要原则是根据产品用途分类，故其分类号对于确定产品类别具有重要参考作用；但是，在具体确定产品在该分类表中的分类号时，由于包含六千多种纷繁复杂的具体产品目录，往往还需考虑产品所属领域、使用场所等因素，其部分分类号并不严格以产品用途作为划分标准，故各类产品用途出现交叉（比如07大类和08大类）以及同一分类号下产品用途存在较大差异（比如03-01小类）等问题难以避免。《国际外观设计分类表》虽为产品类别的确定提供了分类标准，但却并没有体现出各类产品之间的关系。因此，在确定产品类别时，即使在《国际外观设计分类表》中分类号相同的产品，也不能当然认定为相同类别的产品；相反，即使在《国际外观设计分类表》中不同大类的产品，也不能当然认定为不相同且不相近类别的产品。

在具体判断中，如何确定产品的用途是否相同或相近，如何考虑产品名称、外观设计图片和照片或者简要说明所示内容来确定产品用途等，本节将以实际案例详细说明。

一、产品类别相同

案例1　包装罐片材（第1004号无效决定）*

本无效宣告请求涉及中国专利局于1994年4月20日授权公告的93304683.9号外观设计专利，其产品名称为“包装罐片材”，申请日为1993年8月14日。

针对上述专利（下称本专利），请求人提出本专利在1993年初已通过广告和公开销售的形式被公开，因此不符合《专利法》第23条的规定，故向专利复审委员会提出无效宣告请求，其提交的证据之一为1993年3月出版发行的《大众日报》（山东）复印件。

本案审理过程中，在双方当事人在场的情况下，合议组全体成员到北京图书馆核实了上述《大众日报》原件，其第四版刊载的“椰风93送金浪开盖有奖大赠送”的广告中公开有包装罐的照片（下称对比文件）。

合议组经审查认为，请求人所提交的1993年3月出版发行的《大众日报》（山东）公开于本专利申请日1993年8月14日之前，属于中国《专利法》第23条所述的本专利申请日前的公开出版物，适用于本案。该出版物所示对比文件为一个包装罐，而本专利为包装罐片材，对于二者的类别，合议组认为，尽管本专利是以包装罐片材申请并获得专利的，但应该以其使用状态的效果来认定，本专利的包装罐片材最终是以包装罐成品上市的，所以二者应属于相同类别的产品。将二者外观设计相对比，合议组认定其属于相近似的外观设计。

因此，在本专利申请日前已有相近似的包装罐外观设计在公开出版物上发表过，本专利不符合《专利法》第23条的规定，

---

* 本案例由赵嘉祥撰写。

宣告本专利无效。本决定为终局决定。

本专利	对比文件
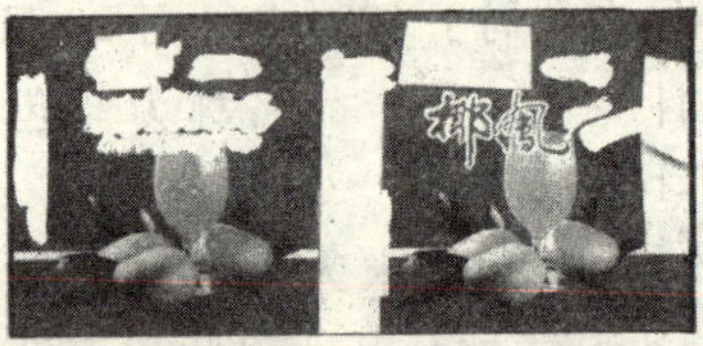	包装罐（无图）

【案例评析】

20 世纪 90 年代在外观设计专利申请中，出现了将六面立体包装盒展开为平面片材申请外观设计专利的情况。从申请的角度看，以片材申请比较简单，通常仅需要提交一幅视图即可。但从外观设计分类表上看，立体六面包装盒属于 09 大类的 03 小类，而平面片材则属于 19 大类的 08 小类。这样就导致了同是包装盒类产品却因提交申请的形式不同而被分在不同类别之中的状况。其反映出的问题是在检索包装盒类产品外观设计时，除 09 - 03 类外，还必须要检索 19 - 08 类。特别是在后续无效宣告请求审查程序中，根据外观设计相同和相近似比较原则，只有相同或相近类别的产品才能进行相同和相近似比较，考虑到包装盒片材可以被还原成包装盒，在使用状态下亦即为包装盒，故二者应当属于相同类别的产品。

案例 2　电动搅拌机（第 4024 号无效决定）*

2001 年 11 月 20 日，专利复审委员会作出第 4024 号无效宣告请求审查决定，涉及名称为“电动搅拌机”的外观设计专利，其申请号为 98323621.6，申请日为 1998 年 8 月 3 日，授权公告

* 本案例由吴大章撰写。

日为1999年7月7日。

请求人请求宣告本专利无效的理由是：请求人曾就食物处理器的外观设计于1994年11月28日向法国、英国等提出过专利申请，1995年5月24日请求人向中国提出过专利申请（申请号95304358.4），本专利和请求人的食物处理器的外观设计是相近似的，因此，本专利不符合《专利法》第23条的规定。为支持其提出的有关出版物公开的主张，请求人提交了下述证据：

<table>
<tr><th colspan="2">本专利</th><th colspan="2">对比文件</th></tr>
<tr><td colspan="2">

主视图</td><td colspan="2">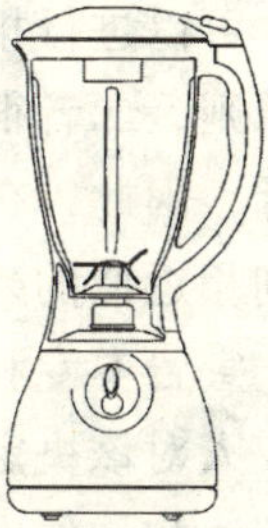
主视图</td></tr>
<tr><td>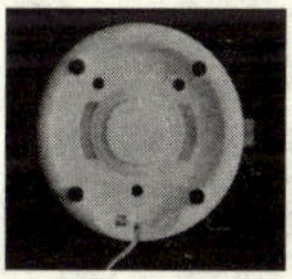
仰视图</td><td>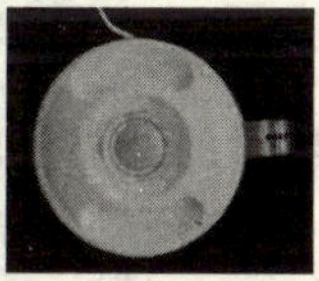
俯视图</td><td>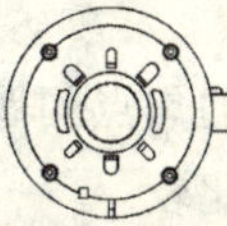
俯视图</td><td>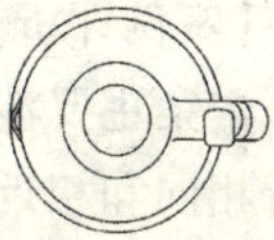
仰视图</td></tr>
<tr><td>相同点</td><td colspan="3">1. 整体形状近似单叶双曲面，可分为杯盖、杯体、手柄和杯座几个部分；
2. 杯体均为透明体；
3. 杯座后部均具有长条百叶窗</td></tr>
<tr><td>不同点</td><td colspan="3">1. 杯盖上部的形状不同；
2. 杯盖与手柄的连接不同；
3. 杯座上的按钮、百叶窗的排列不同</td></tr>
</table>

证据1：95304358.4号中国外观设计专利公报和外观设计专利证书；

证据2：2047687号英国外观设计登记证书。

合议组经过审查认为：请求人提交的证据1（下称对比文件）是95304358.4号中国外观设计专利公报和外观设计专利证书，该公报的授权公告日是1996年8月21日，在本专利的申请日之前，属于本专利申请日前的公开出版物。

合议组认为：本专利与对比文件相比，二者属于种类相同的外观设计，可以进行相同和相近似比较判断，根据整体观察、综合判断的原则，二者很容易造成一般消费者的混同，属于相近似的外观设计，因此，在本专利申请日前，在出版物上已公开发表过与本专利相近似的外观设计，本专利不符合《专利法》第23条的规定，宣告本专利无效。

专利权人对该决定不服，遂提起行政诉讼。经过一审、二审程序，两审法院均作出了维持该决定的判决。

【案例评析】

本案主要涉及的焦点问题在于不同的分类号的外观设计能否进行相同和相近似比较。

2001年《审查指南》第四部分第五章第7.1节规定：同一种类的产品是指具有相同用途的产品，例如机械表和电子表尽管内部结构不同，但是它们的用途是相同的，所以属于同一种类的产品。应当注意的是，只要产品具有相同的用途，而不管它们是否还各自具有其他的用途，都属于同一种类的产品。在确定产品的种类时，可以参考产品的名称、洛迦诺分类以及产品的货架分类，但是应当以产品的用途是否相同为准。对比文件所记载的外观设计的产品名称是“食物处理器”，国家知识产权局公告的分类号是“07－04”。本专利产品的名称为“电动搅拌机”，国家知识产权局公告的分类号是“31－00　M0199”。本专利“电动搅拌机”与对比文件“食物处理器”在名称和洛迦诺分类上虽有差别，但通过表示二者外观设计的图片和照片可知二者的用途相同，都是用来加工处理食品的。因产品的用途是决定外观设计产品类别的主要根据，所以，即使产品名称和分类号不同，二者也应属于同一种类的产品，可以进行相同和相近似比较。

案例3　酒瓶（第5021号无效决定）*

2003年5月14日，专利复审委员会作出第5021号无效宣告请求审查决定，该决定涉及产品名称为“酒瓶”的97329928.2号外观设计专利（下称本专利），其申请日为1997年11月21日，授权公告日为1998年9月9日，简要说明中写明请求保护色彩。

请求人请求宣告本专利无效的理由是：在本专利申请日前，印刷时间为1988年11月的《现代民间青花艺术－江西省陶瓷研究所作品选》公开发表的“青果瓶”与本专利属于相近似的外观设计，因此，本专利不符合《专利法》第23条的规定。为此，请求人提交了《现代民间青花艺术－江西省陶瓷研究所作品选》一书作为证据。

被请求人认为：请求人提交的证据中所示的“青果瓶”属于具有一定独创性的艺术品，不可能大量复制用于工业批量生产，其不符合《专利法实施细则》第2条第3款关于外观设计应具备工业应用性的规定，故该“青果瓶”不属于外观设计的范畴；并且，其作为艺术瓶与本专利的酒瓶具有完全不同的用途，即使可作为装饰品对待，也与本专利所示酒瓶的分类号不

---

* 本案例由徐清平撰写。

同，因此，证据所示“青果瓶”与本专利所示外观设计没有可比性。

合议组经过审查认为：请求人提交的作为证据的《现代民间青花艺术－江西省陶瓷研究所作品选》刊载出版单位为江西人民出版社，1988 年 11 月第 1 次印刷，其属于本专利申请日前的公开出版物，可以作为评价本专利是否符合《专利法》第 23 条规定的证据。刊登于《现代民间青花艺术－江西省陶瓷研究所作品选》中的“‘书艺’青果瓶”（下称对比文件），作为陶瓷制品即使是艺术品也完全可以进行工业批量生产，况且并非艺术品就一定不能实现工业批量生产，故被请求人以其为艺术品而不具备工业应用性从而不符合《专利法实施细则》第 2 条第 3 款规定、不属于外观设计范畴的理由不能成立；并且，该“‘书艺’青果瓶”即使是以艺术品的形式发表在公开出版物上，但其作为“瓶”并结合其相关尺寸的说明性文字，完全具备用作一般包装容器的实用功能，具有实用性，即可将其作为包装容器使用，因而具备与本专利所示酒瓶相同的实际用途，即存在着双重属性的用途，由此可认定本专利与对比文件所示瓶属于相同种类的产品，二者在外观设计的相近似判断中具有可比性。

合议组将该证据所刊载的一款名为“‘书艺’青果瓶”彩色立体照片所示外观设计与本专利进行了下列相同和相近似对比判断。

本专利	对比文件
 主视图 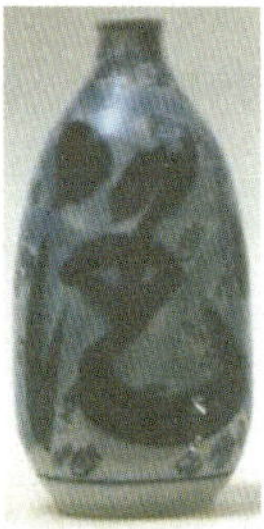 后视图	
本专利请求保护色彩，其酒瓶整体形状为流线型回转体，瓶身部分呈椭弧形外凸，瓶口和瓶底部分呈凹弧线渐变收缩而成，三部分浑然一体；瓶体以白色为基色，并以浅蓝色勾画出较淡的纹理图案，在浅蓝色图案的空白区和瓶口部位点缀有若干较小的深蓝色篆体字，在此基础上以深蓝色和较粗重的笔墨书写出“汾酒”文字图案	对比文件刊载有所示青果瓶口径、底径、瓶高分别为 2.5cm、7.2cm、23.5cm 的说明性文字，其整体形状为流线型回转体，瓶身部分呈椭弧形外凸，瓶口和瓶底部分呈凹弧线渐变收缩而成，三部分浑然一体；瓶体以白色为基色，并以浅蓝色勾画出较淡的纹理图案，在浅蓝色图案的空白区和瓶口部位点缀有若干较小的深蓝色篆体字，在此基础上以深蓝色和较粗重的笔画勾画出特定图案

将本专利与对比文件相比较，合议组认为，本专利与对比文件所示瓶的形状相同，在图案、色彩上均以白色为基色并配以浅蓝色、深蓝色两个层次的笔画图案，均点缀深蓝色篆体字图案，其不同之处主要在于本专利的深蓝色笔画图案表示为“汾酒”二字，而对比文件未相应表示出特定的文字，二者所点缀的篆体字内容不相同，浅蓝色的笔画图案也不完全相同。合议组认为，上述二者采用的形状、图案和色彩设计均具有突出的视觉效果，

而其形状相同、色彩搭配相似，图案设计上虽文字内容和具体笔画图案不完全相同，但其整体图案效果相近似，从而在由形状、图案和色彩形成的整体外观上具有相似的醒目视觉效果，其不同之处仅为在整体外观相似情况下的局部细微差别，对于一般消费者而言容易将二者所示外观设计产生混同，因此，本专利与对比文件所示外观设计是相近似的。

综上所述，在本专利申请日前，已有与其相近似的外观设计在出版物上公开发表过，因此，本专利不符合《专利法》第 23 条的规定。据此，专利复审委员会作出决定，宣告本专利无效。当事人未针对该决定提起行政诉讼。

【案例评析】

本案例涉及产品种类是否相同的认定。2001 年《审查指南》规定：同一种类的产品是指具有相同用途的产品；只要产品具有相同的用途，而不考虑它们是否还各自具有其他的用途，都属于同一种类的产品；确定产品的种类时，应当以产品的用途是否相同为准。本案中，对比文件为“‘书艺’青果瓶”并刊登于《现代民间青花艺术－江西省陶瓷研究所作品选》，被请求人由此认为其属于艺术品，与本专利的酒瓶具有完全不同的用途，故二者不具有可比性。因此，本案的焦点在于对比文件的“‘书艺’青果瓶”与本专利是否属于相同或相近种类的产品。

对比文件的“‘书艺’青果瓶”虽然是以艺术品的形式发表在公开出版物上，但根据一般消费者的知识水平和认知能力，如决定理由所述，其作为“瓶”的陶瓷制品同时也具备包装容器的实用功能，即存在着双重属性的用途。由于对比文件产品包括了与本专利所示酒瓶相同的用途，依照 2001 年《审查指南》的规定即可认定二者为同一种类的产品。

二、产品类别相近

案例1　猪肉松食品包装罐（第3830号无效决定）*

2002年7月5日，专利复审委员会作出第3830号无效宣告请求审查决定，涉及名称为“食品包装罐（猪肉松）”的外观设计专利，其申请号为00350216.3，申请日为2000年12月29日，授权公告日为2001年9月12日，简要说明中写明请求保护色彩。

针对本专利，请求人请求宣告本专利权无效的理由是：在本专利申请日以前，有与本专利图案设计相同的外观设计专利申请向专利局提出，并被授予专利权，故依据《专利法》第9条的规定，本专利不应授予专利权。为支持其提出的无效宣告请求的主张，请求人提交了专利号为00349014.9的外观设计专利公报作为证据。

合议组经审查认为，请求人提交的证据是在先申请的外观设计专利，该专利的专利权人与本专利的不同，可以依据《专利法》第9条的规定进行审查。在先设计产品名称是“罐贴（猪肉松）”，本专利产品名称是“食品包装罐”，经比较，虽然二者的外观设计分类号不同，但二者都具有对产品的标识和装潢作用，具有相近用途，属于类别相近的产品。经比较二者属于相近似的外观设计，是同样的发明创造，宣告本专利权无效。当事人未针对该决定提起行政诉讼。

---

* 本案例由卞永军撰写。

<table>
<tr><th>本专利</th><th>对比文件</th></tr>
<tr><td>

主视图
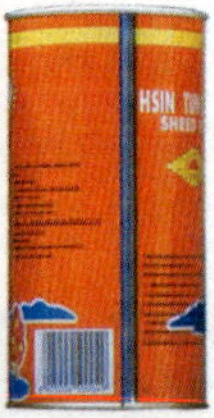

后视图

俯视图

左视图

右视图

仰视图
</td><td>

</td></tr>
</table>

【案例评析】

本案例涉及的法律问题是：在进行外观设计相近似判断中相近类别产品的认定。

本案例的关键问题是包装罐和罐贴是否属于相近种类的产品。本专利是包装罐的外观设计，其分类号是 09 - 03，而对比文件是罐贴的外观设计，其分类号为 19 - 08，两者的分类号虽然不同，但在确定产品种类时，外观设计分类号只是起一定的参考作用，最终判断两项外观设计专利产品是否属于相同或者相近种类的产品，应该看它们的用途是否相同或者相近。包装罐的主要用途是包装物品，圆柱体是此类产品司空见惯的外观设计，因此，此类产品实际是将包装罐上的装潢图案作为主要设计吸引一般消费者的注意力，故有的产品在制作罐体的过程中将图案直接印在罐体上，有的产品是在罐体的外表面另贴覆平面标贴，因此，带有图案的包装罐不但有包装用途，还有一定的标识、装潢用途。而罐贴产品是平面产品，其通常的使用状态是贴在包装罐上用来起到标识、识别的作用。考虑到产品的使用状态，从图案的设计要素来观察，本案中的包装罐和罐贴最终指向的被标识产品是相同的，产品在货架摆放时属于同一货架，因此，从这一意义上讲，包装罐和罐贴在用途上是比较接近的，因此，它们属于相近种类的产品，可以进行相同和相近似比较。

案例2　绿茶包装箱（第5258号无效决定）*

2003年8月18日，专利复审委员会作出第5258号无效宣告请求审查决定，该决定涉及名称为“包装箱（绿茶饮料）”的外观设计专利，其申请号为02310910.6，申请日为2002年3月23日，授权公告日为2002年9月4日，简要说明中写明请求保护色彩。

请求人提起无效宣告请求的理由是相近似的外观设计在申请日前公开发表和使用过，因此本专利不符合《专利法》第23条的规定。为支持其有关在先公开发表的主张，请求人同时提交了下列附件作为证据：

附件1：专利号为99314361.X的外观设计专利公报，申请日为1999年9月29日，授权公告日为2000年4月26日。

合议组经过核实，附件1的内容真实，其公开日早于本专利申请日2002年3月23日，因此其所公开的外观设计可以作为评价本专利是否符合《专利法》第23条规定的对比文件。

---

* 本案例由钟华撰写。

本专利	对比文件
 主视图  俯视图 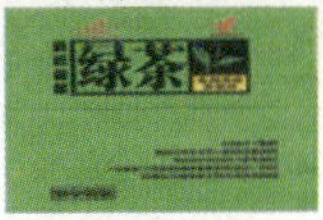 左视图	

合议组经过审理，认为：本专利与对比文件属于产品种类相近的外观设计，本专利与对比文件的外观设计相近似，因此不符合《专利法》第23条的规定，宣告本专利无效。当事人未针对该决定提起行政诉讼。

【案例评析】

本案件主要涉及如何判断外观设计所属产品的种类是否相近以及如何判断包装类产品是否相近的问题。

本专利为包装箱，分类号为09－03，对比文件为瓶贴，分类号为19－08，两者分类号不同，但是，外观设计分类号在确定两外观设计是否属于相同或相近种类产品时，只是起一定的参考作用。最终判断两项外观设计是否属于相同或者相近种类的产品，应该看它们的用途是否相同或者相近。本专利名称后面标注有“（绿茶饮料）”，即该包装箱是专为包装绿茶饮料所使用的，而对比文件名称后面标注有“（统一绿茶）”，因此该瓶贴是贴在瓶子上专为包装绿茶而使用的。本专利作为包装箱的包装用途是众所周知的，作为一项外观设计专利，本专利更重要的用途是该包装箱的构图设计、色彩调配所具有的标识性功能，而该用途与对比文件所具有的标识性功能是一致的，即均最终指向其所标识的绿茶产品。同时，绿茶类产品的使用情况一般为：在商场的货架上摆放时，由于是同类饮料而放置在一起，贴有瓶贴的瓶装饮料可单独摆放，也可放在包装箱内整箱出售。因此，考虑到两外观设计名称所指定的用途及最终指向产品的通常使用状态，可以认为本案中的包装箱与对比文件中的瓶贴用途相近，应属于相近种类产品的外观设计。

将本专利与对比文件相比较，本专利的长方体形状和对比文件的长方形形状都分别是包装箱及瓶贴的常规形状，不容易给一般消费者留下深刻的视觉印象。本专利中没有记载俯仰视图，应认为其不会给一般消费者留下视觉印象。因此，考虑到产品在使用状态时的视觉效果，本专利给人视觉印象最为深刻的是各个视图上的构图设计、图案和色彩组成的标志性图案，对比文件给人视觉印象最为深刻是其左侧除条形码外的标志性图案。由于本专利各视图上的标志性图案均与对比文件中的标志性图案非常近似，因此在本专利与对比文件的其他区别不能给两者带来显著性影响的情况下，应认为两外观设计相近似。

本案例的一个意义在于，明确了包装类产品除了众所周知的包装用途之外，还具有更重要的标识产品的用途，尤其在其所标识的产品相同的情况下，可以认为两者在标识产品的用途方面是相同的，因此把本专利所属包装箱与对比文件所示瓶贴判定为相近种类产品。本案的另一个意义在于，在包装类产品的外观设计的形状为惯常设计的情况下，判断两者是否相近似的外观设计的重点在于考察图案、色彩构成的标志性图案是否相近似，当两者相近似的时候，则该标志性图案未能给两者的整体视觉效果带来显著的影响，因此应认为两外观设计相近似。

案例3　椰子汁饮料罐（第2959号无效决定）*

2001年2月27日，专利复审委员会作出第2959号无效宣告请求审查决定，涉及名称为“饮料罐（椰子汁）”的外观设计专利，其申请号为97311546.7，申请日为1997年4月29日，授权公告日为1998年6月10日。

针对上述专利权，请求人于2000年5月17日向专利复审委员会提出无效宣告请求。理由是：在本专利申请日前已有与之相近似的外观设计在国内出版物上公开发表过，本专利权的授予不符合《专利法》第23条的规定，应予宣告无效。同时，请求人提交了88301562.5号外观设计专利公报复印件作为证据。

针对请求人的无效宣告请求，被请求人于2000年8月15日陈述意见认为：1. 请求人提供的对比文件是“招纸装潢”，属于平面产品，而本专利是“饮料罐”，具有六面视图，属于立体产品，二者属于不同产品系列，不具有可比性；2. 对比文件的图案与本专利任何一个视图的图案在构图上不相近似。因此，本专利与对比文件属于不相近似的外观设计，应依法维持本专利权有效。

请求人陈述意见认为，招纸和贴有招纸的饮料罐是不可分割的，普通消费者对招纸的认识是通过其附着的商品——饮料罐实现的。对比文件已经指出了该招纸的使用对象是饮料罐，因此，对比文件与本专利可以视为同类产品，具有可比性。

合议组经过审查后认为，请求人提交的证据是专利号为88301562.5的外观设计专利公报复印件，经与原件核对无误，其法律效力等同于原件。该专利的授权公告日是1989年7月25

* 本案例由李巍巍撰写。

日，而本专利的申请日是1997年4月29日，即上述证据公开在先，本专利申请在后。因此，该专利公报属于《专利法》第23条所称的公开出版物。该外观设计专利的名称是“天然椰子汁（罐装）招纸装潢”（下称对比文件），是应用于包装罐外表的外观设计，其与本专利饮料罐均有对产品的标识作用，因此，二者可以进行相同和相近似性的比较。

本专利	对比文件

合议组根据整体观察、综合判断的方式，认为：本专利与对比文件的外观设计在整体视觉效果上存在着明显的差异，不会给普通消费者造成视觉上的混淆。因此，二者属于不相近似的外观设计，维持本专利有效。本决定为终局决定。

【案例评析】

本案涉及的一个焦点问题是包装罐和（罐装）招纸装潢是否属于相近类别的产品，能否进行相同和相近似比较判断。

由于本决定的作出日为2001年2月27日，按照当时《审查指南》的有关规定，物品相同是指用途和功能完全相同。相近似的物品是指用途相同、功能不同的物品。合议组认为招纸装潢是粘贴在包装罐上使用的，其吸引人观察的外观图案都体现于包装罐上，二者都是用来宣传“天然椰子汁”产品、吸引顾客的，因此它们属于功能不同但用途相同的产品，是相近类别的产品，因此具有可比性。

根据2001年《审查指南》的规定，同一种类的产品是指具有相同用途的产品。相近种类的产品是指用途相近的产品。在确定产品种类时，可以参考产品的名称、《国际外观设计分类表》以及产品货架分类等。

产品类别是否相同和相近似是两个外观设计进行相同和相近似比较的前提，如果产品既不相同也不相近似，则二者即使设计完全相同，也不认为是相同或相近似的外观设计。由于产品类别的确定以产品用途是否相同作为判断依据，而不是机械地按照《国际外观设计分类表》进行判断，所以在实际审查过程中，对用途相同和相近产品的理解存在不同观点。从目前专利复审委员会作出的决定和法院的一些判决中可以看出，在案件的审查过程中对相近类别产品的判定存在一定分歧，比如有的观点强调产品的实际下位用途是否相同，有的观点认为只要上位用途相同或相近就可以认为二者的类别相同或相近，这种对产品用途是否相同或相近的不同观点直接影响着案件的审查结论。

包装类产品不仅具有包装的用途，其更重要的另一项用途是对所包装的产品的标识和宣传作用，比如本案件中涉及的易拉罐产品。对于标贴类产品而言，其在使用状态下粘贴于包装类产品之上，用来标识和宣传所包装的产品，如瓶贴、罐贴或者招纸装潢等产品。而且，在使用状态下，（罐装）招纸装潢是粘贴于饮料罐产品之上的，由于被包装物相同或类似，其消费群体也是相同或类似的。对于这些产品而言，可以考虑它们都具有标识作用这一上位用途，从而将包装类产品和粘贴于其上的标贴类产品作为用途相近的产品。通常情况下，包装罐和罐贴或者招纸装潢的形状是不同的，但都属于惯常设计，在相同和相近的比较判断中对于整体视觉效果所产生的影响较小，其上的图案和色彩（在请求保护色彩的情况下）对整体视觉效果通常更具有显著影响。这样一方面可以限制过多设计水平不高的包装类、标贴类产品外观设计，同时也可以防止假冒仿冒搭便车现象的发生。

最近一次修改的《审查指南》（2006版）规定，同一种类的产品是指用途完全相同的产品。相近种类的产品是指用途相近的产品。应当注意的是，当产品具有多种用途时，如果其中部分用途相同，而其他用途不同，则二者应属于相近种类的产品。《审查指南》中以举例的方式阐明，易拉罐和罐贴上的图案色彩设计都具有对产品的标识作用，易拉罐和罐贴属于相近种类的产品。

三、产品类别不相同也不相近

案例 降压仪（第2393号无效决定）*

2000年12月25日，专利复审委员会作出第2393号无效宣告请求审查，该决定涉及产品名称为“降压仪（二）”的96321903.0号外观设计专利（下称本专利），其申请日为1996年11月23日，授权公告日为1997年11月19日。

请求人请求宣告本专利无效的理由是：1. 中国专利局于1996年5月1日在外观设计专利公报上公告的95313298.6号外观设计专利与本专利分类号相同，六面视图相近似，属于相近似的外观设计，因此，本专利申请日前已有与其相近似的外观设计在出版物上公开发表过，本专利不符合中国《专利法》第23条的规定。2. 中国专利局授权公告的96321904.9号外观设计专利与本专利申请日相同，并且二者属于相近似的外观设计，即属于重复授权，因此，根据《专利法实施细则》第12条第1款❶规

---

* 本案例由徐清平撰写。

❶ 此为2001年7月1日之前实施的原《专利法实施细则》相应条款

定，应当宣告本专利无效。为支持其主张，请求人提交了两份证据，证据1是95313298.6号外观设计专利的公报复印件，证据2是96321904.9号外观设计专利的公报复印件。

本专利	证据1所示对比专利
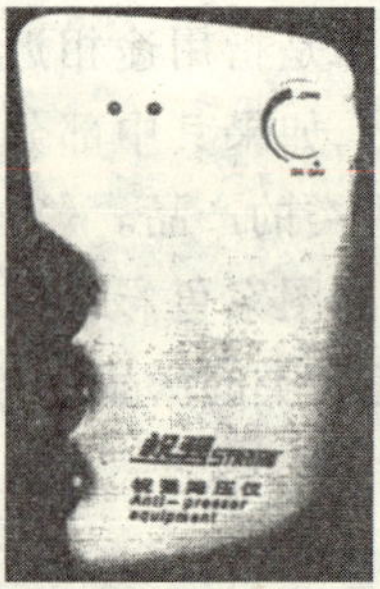 主视图 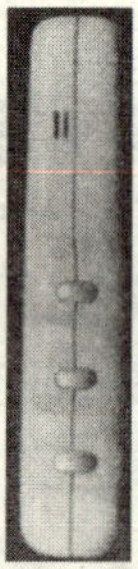 左视图	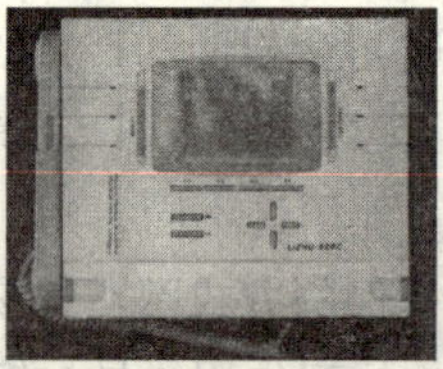 主视图 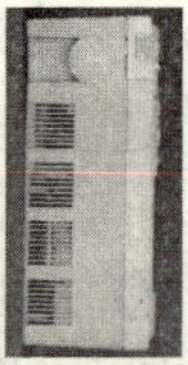 右视图 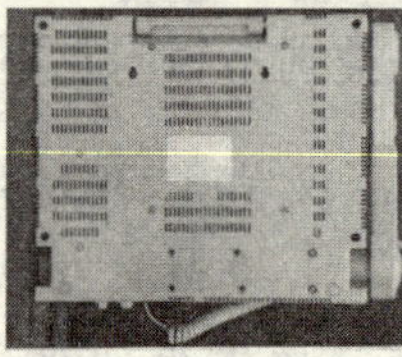 后视图 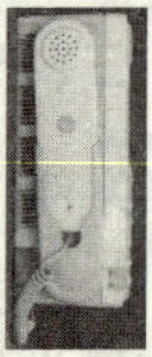 左视图
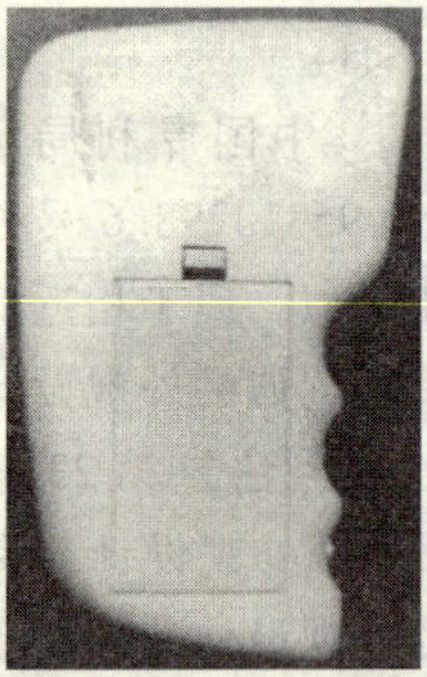 后视图 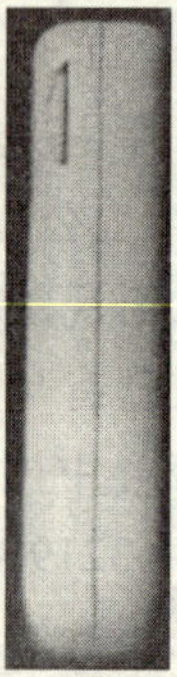 右视图 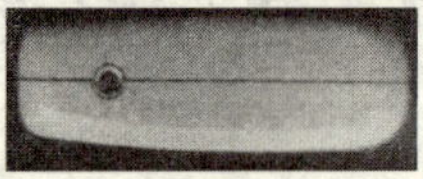 俯视图	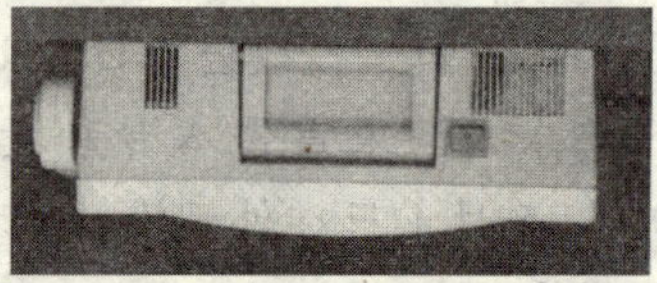 俯视图 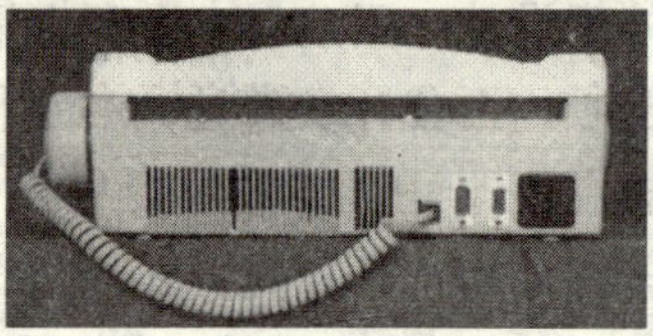 仰视图

合议组经过审查认为：证据 1 所示外观设计专利产品名称为“床边护理仪”，分类号为 24 - 02，结合其产品名称及其六面视图可以得出，该产品作为“床边护理仪”是为了方便有效地护理病人而设于病床边的类似于作为呼叫、监护使用的设备，一般多用于医疗场所，但其本身并不是直接用于检测、治疗疾病的医疗器械，所以该产品与本专利虽有相同的分类号，但二者并不属于《审查指南》所规定的具有相同用途、不同功能的产品，即不属于类别相近产品，更不是类别相同的产品。基于此，合议组认为无需对二者进行相同和相近似比较判断，即可认定其属于不相同也不相近似的外观设计，请求人以证据 1 证明本专利不符合《专利法》第 23 条规定的理由不能成立。对于证据 2 所示外观设计专利，合议组经相同和相近似比较判断，认定其与本专利不相同也不相近似，请求人以证据 2 证明本专利不符合《专利法实施细则》第 12 条第 1 款规定的理由不能成立。据此，专利复审委员会作出决定，维持本专利有效。本决定为终局决定。

【案例评析】

本案例涉及的焦点问题是本专利与证据 1 所示对比专利的产品种类是否相同或者相近。

该决定是在 2001 年《审查指南》修改之前作出的，故适用修改前《审查指南》的相关规定。原《审查指南》规定只要物品不相近，则二者为不相同也不相近似的外观设计，而物品是否相同或相近是以产品的用途和功能作为判断标准的，即“物品相同是指产品的用途和功能完全相同”，“相近似物品基本上是指同一类的产品，也就是用途相同、功能不同的物品”。2001 年修改之后的《审查指南》规定：对于产品种类不相同也不相近的外观设计而言，不再进行被比外观设计与在先设计的比较和判断，即可认定被比外观设计与在先设计不相近似，而产品种类是否相同或相近是以产品的用途作为判断标准的。可见，《审查指南》在规定产品种类是否相同或相近时并不是以外观设计专利的分类号作为标准的，《审查指南》虽规定了确定产品种类时可参考洛迦诺分类（即外观设计的国际分类号），但其仅仅是参考因素，而不是判断标准。在实践中，个别外观设计专利分类号出现错误在所难免，因而后续程序中根据产品的实际用途确定产品种类是否相同或相近，也是符合客观实际的。故证据1所示专利与本专利虽有相同的分类号，但并不能据此认定二者属相同或相近似种类的产品。

另一方面，在确定产品种类是否相同或相近时，主要考虑图片或照片中表示的产品，同时还要考虑产品的名称，在附有关于功能或用途简要说明的情况下，还应结合相关简要说明作出认定。本案中，证据1所示专利的产品名称为“床边护理仪”，单从字面上理解，可能会被认为是一种医疗仪器，但结合视图所表示的产品（见附图），则可以更清楚地看出该产品是为方便有效地护理病人而设于病床边的类似于呼叫、监护所使用的设备，其本身并不是直接用作诊断、检测或治疗疾病等用途的医疗仪器，二者用途不相同也不相近。据此可直接认定二者为不相同也不相近似的外观设计。

第三节 判断原则及方式*

在外观设计相同和相近似判断中，对于被认定为相同或相近类别的产品需进一步判断其设计内容是否相同或相近似，《审查指南》对有关判断主体、判断原则、判断方式和判断基准等均

---

* 本节综述由徐清平撰写。

作出专门规定。

（一）判断主体

1993 年《审查指南》规定判断外观设计是否相同或者相近似应“按一般购买者水平判断”，即将一般购买者作为判断的主体，并强调对细微差别应予忽略。仅将购买者作为判断主体范围，存在一定局限，比如未能包含对于绝大多数产品而言更关注其使用状态下外观设计的使用者。2001 年《审查指南》修改为将一般消费者作为判断主体，并将一般消费者定义为一种假想的人，通过“不考虑的因素”等方面对该判断主体进行了限制，使得这一概念与日常生活中通常理解的“一般消费者”在内涵与外延上有比较大的差异，易导致误解。2004 年《审查指南》第 1 号修改公报对“一般消费者”的概念作出了新的修改，使其与日常生活中通常理解的“一般消费者”概念趋于一致，并将原《审查指南》中“不考虑的因素”等限制条件移入相同和相近似判断原则部分，从而使外观设计的相同和相近似判断更容易理解，同时更具有可操作性，2006 年版《审查指南》一直沿用。

2006 年版《审查指南》规定，在判断外观设计是否相同或者相近似时，应当基于被比设计产品的一般消费者的知识水平和认知能力进行评价，并进一步规定，不同类别的产品具有不同的消费者群体，作为某类外观设计产品的一般消费者应当具备两个基本特点，一是对该产品的同类或者相近类产品的外观设计状况具有常识性的了解，二是对外观设计产品之间在形状、图案以及色彩上的差别具有一定的分辨力，但不会注意到产品的形状、图案以及色彩的微小变化。

一般消费者是一个上位概念，其包括使用、购买、销售等具体人群，对于零部件产品还包括组装、维修等人员，在进行判断时应按不同情况分别作出综合考虑。对于具体产品而言这些不同人群对产品外观设计的关注重点可能存在较大差别，这时应结合判断原则、判断方式的相关规定加以确定。比如在使用状态下各个面均可见、且不存在特定朝向的产品，上述不同人群所观察的外观设计范围都是相同的，即应将各个面综合考虑；在使用状态下部分可见的零部件产品，虽对于使用者而言其他部分不可见，但对于购买、销售、组装、维修等人员，该其他部分也是可见的，故应属对比范围，但还需根据判断原则所规定的易见部位对整体视觉效果更具显著影响进行进一步判断；而对于在使用状态下完全不可见的产品，则应按照除使用者之外的购买、销售、组装、维修等人员所观察的外观设计范围进行综合对比。

（二）判断原则

2001 年《审查指南》规定“如果一般消费者在试图购买被比外观设计产品时，在只能凭其购买和使用所留印象而不能见到被比外观设计的情况下，会将在先设计误认为是被比外观设计，即产生混同，则被比外观设计与在先设计相同或者与在先设计相近似；否则，两者既不相同，也不相近似”，即采用是否被“一般消费者误认、混同”作为相近似判断标准。1993 年《审查指南》对判断原则虽无明确规定，但其相关规定以及在审查实践中均以是否被“一般消费者误认、混同”作为相近似判断标准。相对于之前的标准，2006 年版《审查指南》对判断原则进行了修改。如前所述，2004 年《审查指南》第 1 号修改公报中定义的“一般消费者”与日常生活中通常理解的“一般消费者”概念趋于一致，若仍按之前的判断原则，势必会降低外观设计的授权标准，因此，2006 年版《审查指南》对判断原则进行了修改，规定：“如果一般消费者经过对被比设计与在先设计的整体观察可以看出，二者的差别对于产品外观设计的整体视觉效果不具有显著的影响，则被比设计与在先设计相近似；否则，两者既不相同，也不相近似。”

不难看出，即使考虑到判断主体概念的变化，2006 年版《审查指南》关于是否“具有显著影响”较之前关于是否被“一般消费者误认、混同”的标准也具有明显的提高。为表明该两个标准之间的关系，也是为了表明《审查指南》作此变化的承前启后关系，2006 年版《审查指南》还进一步规定：“如果一般消费者会将被比设计与在先设计误认、混同，则二者的差别对于产品外观设计的整体视觉效果显然不具有显著的影响”，“但是，仅仅根据两项外观设计不会导致一般消费者误认、混同并不必然得出二者的差别对于产品外观设计的整体视觉效果具有显著的影响的结论。”可见，按照原《审查指南》因不会被一般消费者误认、混同而被认定为不相近似的外观设计，依照 2006 年版《审查指南》的判断原则，可能因其差别尚不足以对整体视觉效果产生显著影响，而仍属于相近似的外观设计。该判断原则的变化实际上要求授予专利权的外观设计相对于已有设计应具有更大的差别和变化，从而提高了外观设计专利的授权标准。

根据 2006 年版《审查指南》规定的上述判断原则，如何确定“是否具有显著影响”成为外观设计相同和相近似判断的关键所在。《审查指南》对此详细规定了“一般应当综合考虑的因素”，包括：（1）使用时容易看到部位的设计变化相对于不容易看到或者看不到部位的设计变化，通常对整体视觉效果更具有显著的影响；（2）当产品上某些设计被证明是该类产品公认的惯常设计（如易拉罐产品的圆柱形状设计）时，则其余设计的变化通常对整体视觉效果更具有显著的影响；（3）在综合考虑各种因素的情况下，若区别点仅在于局部的细微变化，则其对整体视觉效果不足以产生显著影响；（4）在尺寸不同的情况下，若尺寸的差异仅导致产品被整体放大或者缩小，则对整体视觉效果不具有显著的影响；（5）未导致产品外观设计的变化或者仅属于某类外观设计产品惯常选择的材料替换，通常对整体视觉效果不具有显著的影响；（6）产品的功能、内部结构、技术性能对整体视觉效果不具有显著的影响，由产品的功能唯一限定的特定形状对整体视觉效果通常不具有显著的影响。这些考虑因素在2001年《审查指南》中也有部分体现，并散见于对判断主体"不考虑的因素"、要部判断方式等规定中。经2004年《审查指南》第1号公报修改后的《审查指南》在确立2006年版《审查指南》判断原则的同时，也有类似关于显著影响考虑因素的规定，2006年版《审查指南》较其进一步明确规定了如何"综合考虑"各种因素的情形，并对部分举例进行了调整。

在考虑上述因素对外观设计是否具有显著影响时，（1）和（2）是最常见的情况，有时两种因素还可能并存，故须正确把握如何综合考虑。对于在使用状态下有一定朝向的产品或者在使用状态下一部分可见一部分不可见的产品，其易见部分或者可见部分当然更容易引起一般消费者的关注，使其产生更强烈的视觉印象；当易见部分涉及多个视觉面时，应当将这些面予以综合考虑，即使所述多个视觉面对一般消费者的视觉吸引程度可能存在强弱之分，也不能当然地忽略某些视觉面，而应将这些视觉面的整体视觉效果予以考虑。惯常设计对于一般消费者来说往往因为"司空见惯"而在视觉上易被忽略或弱化，其他创新部分则更显突出效果，吸引一般消费者的视觉注意。对惯常设计如何正确界定成为关键所在，惯常设计不能等同于已有设计，其还必须是为一般消费者所公认，并达到众所周知、司空见惯的程度。对于某种产品而言绝大多数一般消费者都会自然想到的该产品的已有设计，可被确定为惯常设计；难以在大多数一般消费者中达到共识，仅为少数或个别消费者所熟知的设计并不能被认定为惯常设计。易见部分、惯常设计因素不能孤立考虑，还须与其他因素综合考虑，特别是前述第（3）条所规定的是否“区别点仅在于局部的细微变化”，如果区别点仅在于局部细微差异，那么，即使该区别点属于易见部分或者区别点之外的设计为惯常设计，也不足以对整体视觉效果产生显著影响。

在外观设计相同和相近似判断中，如何正确适用上述判断原则和各考虑因素，当多种考虑因素在具体对比中同时存在时如何综合考虑，对“惯常设计”、产品内部结构和功能限定的特定形状等情形如何正确理解，等等，本节将以案例的方式对此作出诠释。

（三）判断方式

2006年版《审查指南》规定的判断方式相对于之前各版《审查指南》具有一定删减。一是删除了自2001年《审查指南》所确立的“要部判断”方式，在实践中，由于采用综合判断方式还是要部判断方式、以哪部分作为判断的要部，往往可能导致完全不同的结论，而对什么情况下采用要部判断以及如何认定要部极易产生分歧，判断时难以掌握统一的尺度，可操作性较差，故在《审查指南》修改中删除了该判断方式。二是自2004年《审查指南》第1号修改公报起，即删除了1993年和2001年《审查指南》中均明确规定的“隔离对比”判断方式，这是由于在判断外观设计是否相同和相近似时，无论实际对比过程还是决定撰写一般都是在同时分析、比较两项外观设计的基础上作出判断，“隔离对比”的判断方式有些名不符实，故予删除。

2006年版《审查指南》规定的具体判断方式包括：

1. 按一般消费者水平判断

即判断外观设计相同或者相近似时应当从一般消费者的角度进行判断，而不是从专业设计人员或者专家等的角度进行判断。这里从判断方式角度进一步强调了以一般消费者作为判断主体，具体内容则应遵循关于判断主体的规定。

2. 单独对比

即在相同或者相近似判断中，一般应当用一项在先设计与被比设计进行单独对比，而不能将两项或者两项以上在先设计结合起来与被比设计进行对比。这是由将“新颖性”作为我国外观设计专利授权标准的制度所确定的，一般说来，将多项在先设计相结合对比属于“创造性”标准范畴，我国现行专利制度对外观设计没有“创造性”要求，故一般原则是将每项外观设计单独对比，而不能结合对比。

《审查指南》同时规定，被比设计包含有若干项具有独立使用价值的产品的外观设计的，例如，成套产品外观设计，可以用不同的在先设计与其所对应的各产品的外观设计分别进行单独对比。一般说来，一件专利包括多项独立外观设计的情况有两种类形，一是比较常见的成套产品外观设计，二是不具单一性的外观设计专利。

作为单独对比的例外，《审查指南》进一步规定：被比设计是由组装在一起使用的至少两个构件构成的产品的外观设计的，可以将与其构件数量相对应的明显具有组装关系的构件结合起来作为一项在先设计与被比设计进行对比。这种情况下，被比设计虽仅为一项外观设计，但由于是多构件组装使用的组件外观设计，而基于一般消费者的认知常识，若在先设计中多个构件明显具有组装关系，则可显然将其结合起来与被比设计进行对比。相对于之前各版《审查指南》的规定，2006年版《审查指南》删除了被比设计“只能”组装使用、在先设计必须“组装使用过”的限定条件，改为现行的在先设计只要“明显具有组装关系”即可，使得该规定更具有可操作性。

3. 直接观察

这是由外观设计专利保护客体的基本特点所决定的，即外观设计必须是能够直接为人眼所感知而产生视觉效果的设计。由此，该判断方式规定：在相同或者相近似判断中，应通过视觉进行直接观察，不能借助放大镜、显微镜、化学分析等其他工具或者手段进行比较，不能由视觉直接分辨的部分或者要素不能作为判断的依据。

4. 仅以产品的外观作为判断的对象

该判断方式包含了以下四个方面的规定：

一是在被比设计仅以部分要素限定其保护范围的情况下，其余要素在与在先设计比较时不予考虑。即如果在先设计包含了比被比设计更多的设计要素，比如被比设计为单纯形状的外观设计而在先设计为形状、图案、色彩相结合的外观设计，在此情况下应仅仅将在先设计中与被比设计相对应的要素进行对比，在先设计的其余要素不予考虑。此项规定的基本思想源自外观设计的基本特点，即如果一项设计包括多个要素，则可以直接“分解”成多项仅包括部分要素的设计，比如一件带有图案和色彩的酒瓶设计，其不仅是酒瓶形状和相应图案、色彩相结合的设计，还直接反映出酒瓶的形状设计、酒瓶形状和相应图案相结合的设计等外观设计。

但是，在判断在先设计与被比设计是否构成《专利法》第9条和《专利法实施细则》第13条第1款规定的“同样的发明创造”时，则不能适用上述规定。这是因为，上述法条所要解决的是有关重复授权的问题，其核心是判断二者所要求保护的外观设计是否构成“同样的发明创造”，即从保护范围角度进行考虑，对于在先设计而言若不考虑某些要素显然与要求保护的外观设计不一致，其保护范围亦即发生了变化，这种情况下，必须将在先设计的各要素进行整体考虑。

值得注意的是，该规定所说的“要素”特指外观设计的形状、图案、色彩三要素，而产品的局部、组成部分等与所说的

“要素”无关，比如一件专利是不带把手的茶杯设计，在先设计为带有把手且与杯体不可拆分的一体式设计，这种情况即不能以仅考虑在先设计“杯体要素”为由而对其把手不予考虑。

二是关于涉及透明材料的外观设计对比方式。即对于外表使用透明材料的产品而言，通过人的视觉能观察到的其透明部分以内的形状、图案和色彩，应视为该产品的外观设计的一部分。

三是关于组件产品的外观设计对比方式。2006 年版《审查指南》将 2001 年《审查指南》关于插接玩具组件产品的归类方式进行了修改，将组件产品分为两类，并增加了相应规定，即“组装关系唯一的组件产品”和“无组装关系或者组装关系不唯一的组件产品”的判断方式。对于组装关系唯一的组件产品，在购买和使用这类产品时，一般消费者会对各构件组合后的整体外观设计留下印象，所以，应当以上述组合状态下的整体外观设计为对象，而不是以所有单个构件的外观设计为对象来判断是否相同或者相近似。对于各构件之间无组装关系以及组装关系不唯一的组件产品，由于在使用过程中其各个构件的结合方式均具有不确定性，在购买和使用这类产品的过程中，一般消费者会对单个构件的外观留下印象，故应当以所有单个构件的外观为对象来判断是否相同或者相近似。

四是关于变化状态的产品外观设计对比方式。变化状态的产品是指在销售和使用时呈现不同状态的产品。对于在先设计而言，所述产品在不同状态下的外观设计均可用作与被比设计进行比较的对象。对于被比设计而言，应当以其使用状态图所示的外观设计作为与在先设计进行比较的对象，产品的相同或者相近似取决于产品各种使用状态的外观设计的相同或者相近似。

5. 整体观察、综合判断

整体观察、综合判断方式是在每件外观设计相同或相近似判断中均会适用的判断方式，是对判断原则规定的对“整体视觉效果”是否具有显著影响的进一步体现，是由一般消费者对外观设计的基本认知方式或者说认知习惯所决定的。

整体观察、综合判断的核心思想是将外观设计各部分所形成的整体视觉效果进行对比，而不是仅将局部效果作对比。在整体观察的过程中，要观察产品的整体外观设计，进而区分具体某一外观设计非常吸引一般消费者眼光的主要视觉部位、不易引起关注的次要视觉部位或惯常设计，而正是在分清主次视觉部位、强弱视觉效果的基础上，根据各个部位对整体效果所起的作用，来综合判断一件外观设计的整体视觉效果。

在该判断方式中，2006 年版《审查指南》增加了“确定在先设计公开的信息”相关规定，明确了以立体图等形式公开的在先设计未反映产品各个面的情况下，应当依据一般消费者的认知能力来确定在先设计所公开的信息；比如在轴对称、面对称或者中心对称的情况下，如果图片或者照片仅公开了产品外观设计的一个对称面，则其余对称面也被视为已经公开。

同时增加了“确定被比设计”的相关规定，明确了简要说明和参考图的法律地位，即简要说明是对产品图片、照片的说明或者限定；参考图（如使用状态参考图）通常用于理解被比设计的所属领域、使用方法、使用场所或者用途，以便于确定产品类别；被比设计应当以外观设计专利授权文本中的图片或者照片表示的外观设计为准。

《审查指南》进一步规定，对于在先设计存在未公开的部分时，何种情形下不影响整体观察、综合判断。具体分为两种情形：一是在先设计未公开部分属于该类产品使用状态下不会被一般消费者关注的部位，同时可确定被比设计在相应部位的设计的变化也不会对产品的整体视觉效果产生显著影响；二是被比设计中对应于在先设计未公开的内容仅仅是该类产品的惯常设计并且不受一般消费者关注。

一、确定是否具有显著影响的考虑因素

(一) 惯常设计

案例1 金麦曲奇包装罐（第3399号无效决定）*

2001年6月15日，专利复审委员会作出第3399号无效宣告请求审查决定，涉及名称为“包装罐（金麦曲奇）”的外观设计专利，其申请号为97325854.3，申请日为1997年10月29日，授权公告日为1998年10月28日。

请求人请求宣告本专利无效的理由是，在本专利申请日前已有与之相近似的外观设计在国内外出版物上公开发表过。而且请求人制造和销售的“丹麦蓝罐曲奇”商品，早在1989年就进入中国市场销售，为了促销“丹麦蓝罐曲奇”，多家电视台播放了广告，多种报纸展示了“丹麦蓝罐曲奇”饼干盒的外观设计。本专利包装盒的图案和色彩与请求人的“丹麦蓝罐曲奇”包装盒上的图案和色彩是极其相似的。而请求人的“丹麦蓝罐曲奇”在世界各地已享有很高的知名度，“丹麦蓝罐曲奇”包装盒上的图案早已为各国消费者所熟知。被请求人的“包装罐（金麦曲奇）”的图案无疑是在抄袭请求人的已为消费者所熟知的上述“丹麦蓝罐曲奇”包装盒上的图案。因此，本专利不符合《专利法》第23条的规定。与此同时，请求人提交了作为证据的5份附件材料。经审查，请求人提交的附件3是1997年8月27日《国际商报》第1版原件，其公开日在本专利申请日（1997年10月29日）之前，被请求人对该证据真实性没有提出异议，合议组对其真实性予以确认。本专利与附件3中公开的对比文件都是包装盒，属于同一类产品，可以进行相近似比较。合议组选定

---

* 本案例由张跃平撰写。

其作为与本专利进行相同或相近似比较的对比文件。

本专利	对比文件
  主视图　左视图  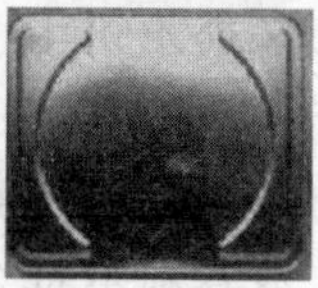 俯视图　仰视图	
本专利是一个包装罐，其整体形状为侧面 4 个棱圆滑过渡的长方体。 从主视图、俯视图和其简要说明可知，包装罐的正面、顶面和后面各有一个几乎占据整个面的圆形图案。具体图案设计见上面本专利视图	对比文件中也包括一个包装盒，其整体形状为扁方盒形。 从盒子正面看，一个圆形图案几乎占据整个面。具体图案设计见上面对比文件视图

将二者进行比较可知，它们的整体形状有所差异，一个是方盒，另一个是扁方盒。从包装盒的主要设计图案来看，本专利与对比文件包装盒的主要面上均有一个占据几乎整个面的圆形图案，将本专利与对比文件的圆形图案进行比较可知，二者的构图方式是完全相同的，都是在圆形图案的上方有一排字体较小的字母，图案中间有两排字体较大的英文字母，在圆形图案的最下端均有一深颜色区域，在该深颜色区域上也都交错排列着 5 块曲奇

饼干，所不同的只是包围最上端字体较小字母的框的形状有所不同，部分英文字母作了改动，因此，二者包装盒主要面上的圆形图案是极其近似的，因本专利不要求保护色彩，所以对二者的色彩不进行比较，只是从它们的形状和图案进行相同和相近似比较判断。合议组认为：虽然二者的形状不同，但对于包装盒这类产品，形状都比较简单，其设计要点应当是包装盒的图案和色彩。对于普通消费者来说，根据包装盒在实际销售时摆放的角度，包装盒主要面及其上的圆形图案是最容易引起普通消费者瞩目的部分，包装盒主要面上很大很醒目的圆形装饰图案对于产品具有一定的标识功能，而且包装盒内装的又都是饼干（从圆形图案得知），本专利与对比文件主要面上极其近似的圆形图案足以使得消费者在视觉上将二者混同误认。因此，通过整体观察综合判断，二者属于相近似的外观设计，本专利不符合《专利法》第23条的规定，宣告本专利无效。本决定为终局决定。

【案例评析】

本案涉及的一个焦点问题是在相同和相近似判断中，如何把握惯常设计对产品整体外观设计的影响。

该决定的作出日是在2001年6月15日，当时《审查指南》中的审查原则规定得比较上位。合议组在对本案进行审查时认为，对于包装盒而言，长方体和扁方形形状都是包装盒盒体采用的简单设计，为众所周知的设计，因此，其上的图案设计（本专利不请求保护色彩）应当是最容易引起一般消费者关注的设计。从两者的图案来看是非常近似的，因此得出两者相近似的审查结论。

2004年《审查指南》修改公报，进一步细化了外观设计相同和相近似判断原则，强调当产品上某一部位被证明是该类产品上公认的惯常设计时，则其余部分的变化通常对整体视觉效果更具有显著的影响。对于本案而言，长方体和扁方形的包装盒形状属于包装盒类产品众所周知的形状，对于众所周知的形状而言是不需要进一步举证证明的，因此，本案包装盒的图案设计对整体视觉效果更具有显著影响。由于本专利不请求保护色彩，二者的图案设计极其近似，所以两者属于相近似的外观设计。

案例2　瓶盖（第6233号无效决定）*

2004年6月22日，专利复审委员会作出第6233号无效宣告请求审查决定，该决定涉及名称为“瓶盖”的外观设计专利，其申请号为01344081.0，申请日为2001年8月29日，授权公告日为2002年3月20日。

请求人提起无效宣告请求的理由是：已有相近似的外观设计在本专利申请日前公开出版过，因此本专利不符合《专利法》第23条的规定。为支持其有关在先公开发表的主张，请求人同时提交了4份附件作为证据，其中：

附件3：1998年10月安徽美术出版社出版的《世界名酒的包装装潢集》的封面页、出版信息页、第12页放大图、第102页放大图的复印件共4页。

在口头审理中，被请求人对附件3的真实性予以承认。

合议组经过审查，认为附件3可以作为本案的有效证据，附件3的发行日期为1998年10月，早于本专利申请日2001年8月29日，因此请求人指定的附件3第12页和第102页图片所示瓶盖的外观设计（以下分别称对比文件1和对比文件2）可以作为评价本专利是否符合《专利法》第23条规定的对比文件。

---

* 本案例由钟华撰写。

本专利	对比文件1	对比文件2
 主视图  俯视图	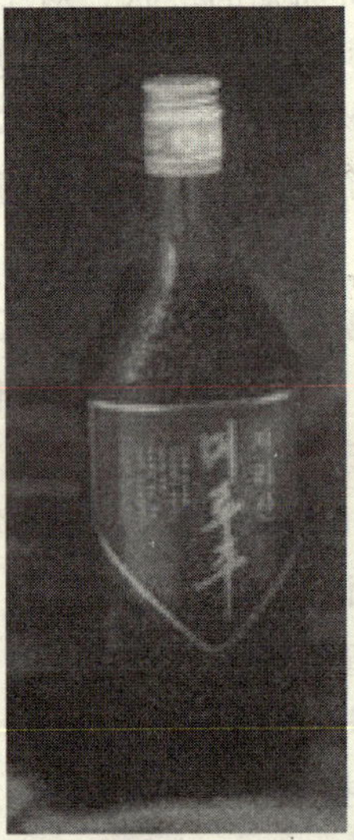	
本专利为一种瓶盖外观设计，其形状为圆柱体，从俯视图可见，盖顶表面中间有一座拱形门图案，该图案下方有“石库门”3个楷体字，盖顶周边呈细小的齿轮形，从主视图可见，瓶盖的盖身中间间隔设置有弯曲草叶状花纹图案，盖身的上下边均设置有螺旋状凹槽	对比文件1公开了一种瓶盖，其形状为圆柱体，瓶盖的盖身中间间隔设置有类似椭圆形图案，盖身的上下边均设置有螺旋状凹槽	对比文件2公开了一种瓶盖，其形状为圆柱体，瓶盖的盖身中间设置有不太清晰的拼音文字组成的图案，盖身的上下边均设置有螺旋状凹槽
相同点	1. 瓶盖盖身均为圆柱体； 2. 瓶盖的盖身的上下边有螺旋状凹槽	

续表

不同点	1. 本专利瓶盖上有图案，对比文件 1、2 均没有公开本专利瓶盖上所述图案； 2. 本专利瓶盖周边呈细小的齿轮形，而根据对比文件 1、2 图片无法判定是否具有此特征

由于本专利未请求保护色彩，因此在进行相同和相近似比较时，仅需将本专利的形状、图案与对比文件进行对比。

合议组经过审理认为：本专利与对比文件 1、2 的图案差别足以使本专利与对比文件 1、2 的整体视觉效果产生明显的差异，因此本专利与对比文件 1、2 均不相同且不相近似，请求人提交的证据不能证明本专利不符合《专利法》第 23 条的规定。2004 年 6 月 22 日，专利复审委员会作出了维持本专利有效的第 6233 号无效宣告请求审查决定，在随后的专利行政诉讼中两审法院均判决维持该决定。

【案例评析】

本案主要涉及外观设计相同和相近似判断中的两个法律问题。

第一个问题是，如何看待外观设计的形状为惯常设计的情形。

根据《审查指南》第四部分第五章第 5 节的规定，“当产品上某一部位被证明是该类产品上公认的惯常设计部位时，则其余部位的变化通常对整体视觉效果更具有显著的影响。”在本案例中，本专利和对比文件的瓶盖盖身的整体形状均为圆柱形，圆柱形是最常见的瓶盖的盖身设计，应认为是瓶盖盖身的惯常设计。按照《审查指南》的上述规定，此时应更着重考察其余部位的变化是否对整体视觉效果构成显著的影响，而不能因为瓶盖盖身占瓶盖整体的比例较大，盖身形状相同或者相似就认为两个瓶盖的外观设计相近似。

第二个问题是，如何理解功能所唯一限定的特定形状通常对整体视觉效果不具有显著的影响。

根据《审查指南》第四部分第五章第5节的规定，“产品的功能、内部结构、技术性能以及由产品的功能所唯一限定的特定形状，对整体视觉效果通常不具有显著的影响。”本案例中瓶盖盖身的上下边均有螺旋状凹槽，该凹槽是扭断式防盗瓶盖中常见的为实现“扭断”功能所作的设计，根据《审查指南》的上述规定，该设计不能给瓶盖的整体视觉效果带来显著的影响，在相近似判断中，应着重考察其余部位的变化是否对瓶盖的整体视觉效果构成显著的影响。

就本案而言，瓶盖上的图案构成了一般消费者区分本专利与对比文件的要点，也是相近似比较的要点，图案不相同且不相似对瓶盖的整体视觉效果构成了显著影响，因此本专利与两个对比文件分别对比，均不相同且不相近似。

案例3 钳形电流表（第5114号无效决定）*

2003年6月13日，专利复审委员会作出第5114号无效宣告请求审查决定，涉及名称为“指针式二七型钳形电流表”的外观设计专利，其申请号为00313698.1，申请日为2000年3月10日，授权公告日为2000年10月4日。

请求人请求宣告本专利无效的理由是：在本专利申请日前已有与其外观设计相近似的产品在专利公报上公开发表过，因此，本专利不符合《专利法》第23条的规定。为支持其提出的有关出版物方式公开的主张，请求人提交了3份外观设计专利公报和1份实用新型专利公报作为证据。请求人认为证据中公开了与本

---

* 本案例由卞永军撰写。

专利相近似钳形电流表的外观设计。请求人提交的证据如下：

证据1：专利号为98329248.5的外观设计专利公报复印件；

证据2：专利号为94305350.1的外观设计专利公报复印件；

证据3：专利号为97317824.8的外观设计专利公报复印件；

证据4：专利号为91232907.6的实用新型专利公报复印件。

本专利	对比文件
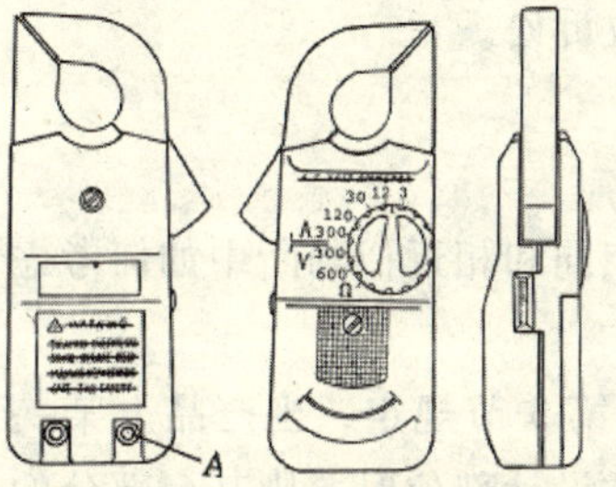 后视图 主视图 左视图	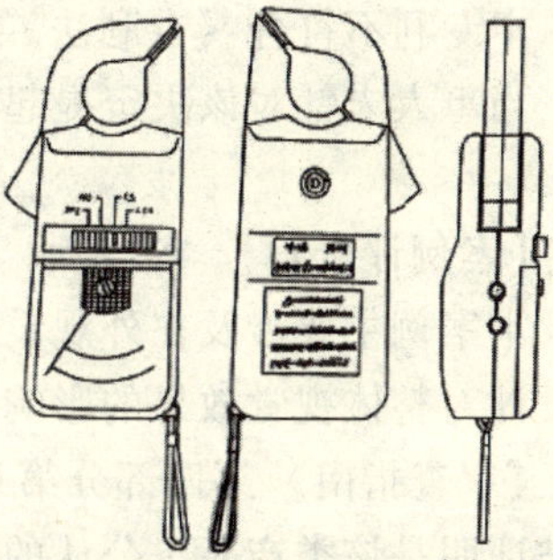 主视图 后视图 左视图
本专利为钳形电流表的形状外观设计，其主要由桃核形钳口、转盘式旋转钮控制部分、指示表部分、侧部控制钳口活动的按钮及后底部的埋入型插孔等部分组成。A为插座及其所处的部位	对比文件为钳形表的外观设计，其主要由桃核形钳口、滑动式扳钮控制部分、指示表部分、侧部控制钳口活动的按钮及侧面的插孔等部分组成

相同点	1. 桃核形钳口； 2. 指示表部分； 3. 侧部控制钳口活动的按钮； 4. 排列位置和比例大致相同
不同点	1. 电流和电压的转换控制部分； 2. 两个插座孔的位置设计

合议组经过审查认为，请求人提交的证据1的授权公告日（即公开发表日期）早于本专利的申请日，故属于《专利法》第23条所规定的出版物，适用于本案。在证据1中公开了一“钳形表”的外观设计，其与本专利属于相同种类的产品，合议组对二者进行了相近似的比较。

根据综合判断的方式，合议组认为本专利与对比文件的区别在整体视觉效果中不具有显著影响，二者属于相近似的外观设计，本专利不符合《专利法》第23条的规定，宣告本专利权无效。当事人未针对该决定提起行政诉讼。

【案例评析】

本案例主要涉及在外观设计相同和相近似判断中如何考虑惯常设计对整体视觉效果的影响。

《审查指南》第四部分第五章第5节规定，当产品上某一部位被证明是该类产品上公认的惯常设计部位时，则其余部分的变化通常对整体视觉效果具有显著的影响。本案是基于综合判断的方式，对该钳形电流表各组成部件进行整体观察，对本专利与对比文件存在的相同点和不同点进行分析。将二者进行比较可知，二者在电流和电压的转换控制部分的设计不同，本专利是转盘式旋转钮控制，对比文件是滑动式扳钮控制。电流和电压的转换控制设计采用旋转式或滑动式对于一般消费者是公知常识性的设计，这种设计也出现在中学的教科书以及在实验课中所用的电子测量仪器的转换控制方式中，况且这也是国家标准所规定的部件简单的替换设计，且二者所处的位置是相同的，一般消费者不会对此部分的不同产生明显不同的视觉效果。因此，本案中电流和电压转换控制方式的不同是惯常设计，故其余部分应作为相近似判断的主要部分，即除该惯常设计外的其余部分对整体视觉效果更具有显著的影响。至于二者插座孔位置的不同，其带来的功能效果不是外观设计相近似判断所考虑的要素，且所在位置和形状并未给整体视觉带来显著性的影响。而其他部分的形状以及排列位置和比例大致相同，在整体外形、各主要部件形状相同的基础上，二者属于相近似的外观设计。

（二）产品功能、内部结构或由产品功能唯一限定的特定形状

1. 产品功能效果的设计

案例1　门窗双轮导轮（第3263号无效决定）*

2001年5月14日，专利复审委员会作出第3263号无效宣告请求审查决定，涉及名称为“门窗双轮导轮”的外观设计专利，其申请号为99335654.0，申请日为1999年10月8日，授权公告日为2000年5月3日。

请求人请求宣告本专利无效的理由是：本专利与申请日之前公开的专利文献中记载的产品外观设计为相近似的外观设计，本专利不符合《专利法》第23条的规定。与此同时，请求人提交了如下证据作为对比文件：

证据1：专利号为97320586.5的外观设计专利公报（复印件），授权公告日为1998年5月6日，产品名称为：窗用滑轮；

证据2：专利号为98320216.8的外观设计专利公报（复印件），授权公告日为1999年6月2日，产品名称为：推拉门窗滑轮（2）；

证据3：专利号为97209063.0的实用新型专利公报（复印件），授权公告日为1998年9月30日，产品名称为：铝合金门窗用的双轮导轮。

针对上述无效宣告请求，被请求人陈述意见认为：（1）请求人提供的证据1、证据2均是单轮滑轮，与本专利有着明显的

---

* 本案例由钱亦俊撰写。

差别，二者是不相同也不相近似的。(2) 证据3是本专利权人的最早一代产品，其外壳与本专利是不相同且不相近似的。况且，该文件上并未公开产品的整体外观设计，无法与本专利进行比较。因此，本专利权的授予符合《专利法》第23条的规定，请求专利复审委员会驳回请求人的无效宣告请求，维持本专利权有效。

本案合议组基于请求人提出的无效宣告请求的理由和提供的证据进行了审理。合议组认为，请求人提交的证据1是专利号为97320586.5的外观设计专利公报（复印件），经核实与原件相符，其所示专利授权公告日，即公开日是1998年5月6日，产品名称为窗用滑轮。而本专利的申请日是1999年10月8日。据此可认定该证据属于本专利申请日前的公开出版物，可用来评价本专利是否符合《专利法》第23条的规定。合议组将该对比文件与本专利进行了如下相近似比较。

经比较合议组认为，对比文件与本专利属于相近似的外观设计。请求人提供的证据能够支持其主张，即在本专利申请日之前，在出版物上公开发表过与本专利相近似的外观设计，因此，本专利不符合《专利法》第23条的规定，宣告本专利无效。本决定为终局决定。

本专利	对比文件
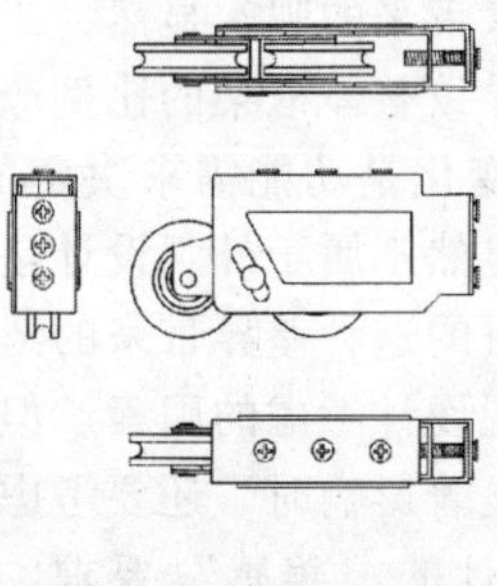	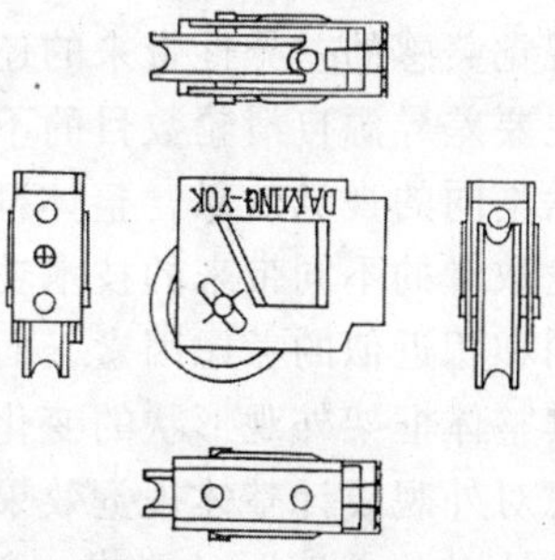
产品主要是由外部的框架和两个轮子组成。从其主视图看，框架形状类似于“凸”形，其中两个端面均设计有 3 个安装螺孔。在另两个端面及其交接处探出两个轮子，从主视图观察，其中一个轮子的轴安装在突出于端面外的直角梯形上，另一个轮子的轴隐藏于框架内。在框架中部突起有一个明显的直角梯形面，其斜边外侧有一个带旋钮的长条形调节孔，其两端为圆弧形	产品主要是由外部的框架和一个轮子组成。从其主视图看，框架形状类似于“凸”形，其中两个端面分别设计有两个和 3 个安装螺孔。在另两个端面交接处探出一个轮子，从主视图观察，其轴隐藏于框架内，在框架中部突起有一个明显的直角梯形，其两腰各有一条棱，上方有文字。其斜边外侧有一个带旋钮的长条形调节孔，其两端为圆弧形
相同点	框架的形状都是类似于“凸”形，在框架中部都突起有一个明显的直角梯形，其斜边外侧都有一个带旋钮的长形调节孔，其形状及在框架上的位置二者也相同
不同点	1. 本专利有两个轮子，而对比文件仅有一个轮子； 2. 二者外部框架的长宽比例及安装螺孔数目有所不同，本专利比对比文件略长些，有一个端面的螺孔少一个

【案例评析】

本案的争议焦点在于，本专利与对比文件的差别主要为两个轮的长方形外框与一个轮的正方形外框，二者的差别是否足以导致本专利与对比文件的不相同且不相近似？

本专利与对比文件在视觉上不会产生混同来自于什么因素？是视觉美感的差异性带来的还是其他因素带来的呢？显然，二者的主要差异源自滑轮数目的不同，从而导致整体框架的比例产生必然不同的视觉效果，整体框架比例的变化是功能需求决定的。滑轮数量的不同带来的技术功能的变化显然不属于外观设计是否相同和相近似的考虑因素，而因滑轮数目的这种差异带来的滑轮及其整体框架外观形状的变化则属于外观设计考虑的因素。但在考虑对外观设计整体视觉效果是否具有显著影响时，还要考虑外观设计对“美感”的要求。关于外观设计的“美感”要求，一直以来，即便是日本专家之间也存在着不同的观点，在我国，对于《专利法实施细则》第 2 条第 3 款定义中的“美感”很多人也觉得不易把握，外观设计专利的目的应是保护产品的装饰性外观（包括形状），而非完全由功能限定的外观，这也正是外观设计保护制度存在的意义。在外观设计相近似比较时要准确把握视觉差异是来自于装饰性设计还是来自于完全由功能限定的设计。就本案而言，本专利与对比文件相比较，其视觉印象是：因功能需求将对比文件中的滑轮数目增加并相应地对整体框架进行调整形成本专利，尽管在视觉上带来了二者的差别，但由于这一差别主要是由滑轮数量不同这一功能不同带来的，二者在整体形状上仍有似曾相识之感，因此二者属于相近似的外观设计。

案例 2　带防压环的易拉罐头盖（第 1255 号无效决定）*

1999 年 2 月 10 日，专利复审委员会作出第 1255 号无效宣告请求审查决定，涉及名称为“带防压环的易拉罐头盖”的外观设计专利，其申请号为 92300682.6，申请日为 1992 年 3 月 3 日，授权公告日为 1993 年 4 月 14 日。

---

* 本案例由卞永军撰写。

请求人请求宣告本专利无效的理由是：在本专利申请日以前，某市罐头食品工业公司已经申请了名称为“罐头盒”的外观设计专利，并被授予专利权。授权公告日为1990年2月28日。该“罐头盒”的盒盖的外形为椭圆形，盒盖的左侧设有一易拉环。与本专利进行比较可知，二者盒盖的外观设计相近似。因此，本专利不符合《专利法》第23条的规定。请求人提交了89300467.7号外观设计专利公报作为证据。

本专利	对比文件
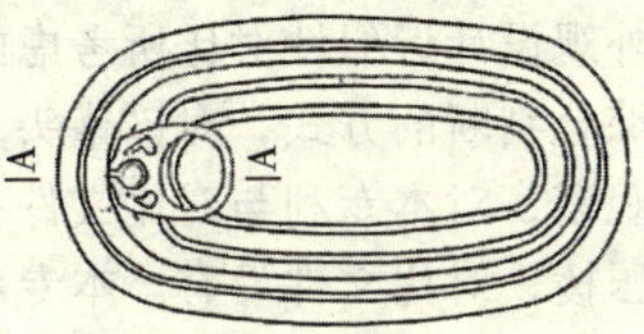 主视图 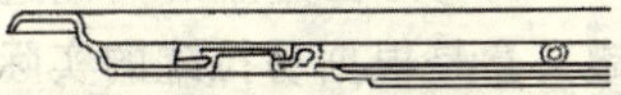 A-A剖视图	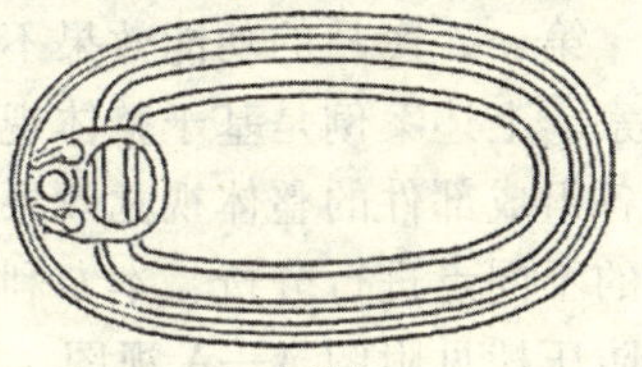 主视图
本专利要求保护罐头盒盒盖的形状，其外形为椭圆形，盒盖一侧设计有易拉环，表面有环形封闭凹台阶线，预刻线，边缘设计有防压台阶线	对比文件所示罐头盒盒盖的外观设计，外形为椭圆形，盒盖一侧设计有易拉环，表面有环形封闭凹台阶线，预刻线
相同点	1. 外形相同，盒盖的外部形状都是椭圆形； 2. 均有易拉环； 3. 表面有环形封闭凹台阶线； 4. 都有相同的椭圆形预刻线与易拉环的左侧相切
不同点	1. 本专利有防压棱，对比文件没有； 2. 拉环位置不同

合议组经过审查认为，请求人提交的证据的授权公告日（即公开发表日期）早于本专利的申请日，故属于《专利法》第23条所规定的出版物，适用于本案。在证据中公开了一“罐头

盒”的外观设计，其与本专利属于相同种类的产品，合议组对二者进行了相同和相近似比较。

合议组经过整体观察、综合判断，认为本专利与对比文件所示外观设计容易造成一般消费者的混淆误认，二者属于相近似的外观设计，因此，本专利不符合《专利法》第23条的规定，宣告本专利权无效。本决定为终局决定。

【案例评析】

上述案例主要涉及以下焦点问题。

第一，产品的功能效果不属于外观设计近似性对比所考虑的因素。上述案例是基于整体观察、综合判断的方式，对该罐头盒盖各组成部件的整体视觉效果进行观察，对本专利与对比文件存在的不同点进行分析，本专利有防压棱，对比文件没有。本专利的防压棱见附图A—A视图，在视图中表现为在盒盖的内侧边缘有一凸棱，专利权人称带防压棱的罐头盒是根据易拉罐的实际使用情况而设计的。从功能上分析，这种“防压棱”是基于罐头盒之间叠放时保护预刻线、防止爆罐而设计的。产品的这种防爆罐功能不属于外观设计相同和相近似对比的考虑因素。

第二，实现产品的功能必然有一定的结构形状，那么在上述案例中如何考虑产品功能所带来的形状呢？由于本专利与对比文件在椭圆形周边具有的“防压棱”的差异，从正面看仅为边缘线多少的差异，一般消费者以一般注意力观察，二者所存在的差异相对于整体形状并不显著，其属于局部细微差别，不足以产生明显不同的视觉效果。所以，二者应属于相近似的外观设计。

2. 产品内部结构设计

案例1　太极球（第1607号无效决定）*

1999年9月21日，专利复审委员会作出第1607号无效宣告

* 本案例由王桂莲撰写。

请求审查决定，涉及名称为“气功用的宇宙太极球”的外观设计专利，其申请号为89302568.2，申请日为1989年12月25日，授权公告日为1991年5月29日。

请求人请求宣告本专利无效的理由是：本专利与其申请日前出版物上公开发表的“太极球体”外观设计相近似，本专利不符合《专利法》第23条的规定，并提交1989年第2期《飞碟探索》的复印件共4页作为证据（下称对比文件）。

合议组经审查，请求人提交的对比文件即1989年第2期《飞碟探索》于1989年3月25日出版，出版单位是甘肃科学技术出版社，国内代号54-35。对比文件的第18~20页公开了周复元的“‘八卦太极图’漫谈”一文，文中的图2-1和图4示出“太极球体”。

合议组认为，对比文件的出版日期在本专利的申请日之前，其中图2-1和图4示出的“太极球体”与本专利属于相同种类的产品的外观设计，可以与本专利进行相同或相近似比较。

合议组将本专利与对比文件作了比较。

合议组认为，对于“太极球”而言，在通常的使用状态下，其整体的形状和图案是普通消费者瞩目的部位，本专利和对比文件的整体形状都是带有明暗变化的“太极图”图案的球体，极易使一般的购买者产生混淆；虽然二者的内部连接结构不同，但判断“太极球”产品的外观设计是否相同或者相近似应从整体出发，观察“太极球”整体外观的视觉效果，而不应考虑其阴阳半球的连接方式。按照整体观察、综合判断的方式，合议组认为二者属于相近似的外观设计。由于在本专利申请日前已有与之相近似的相同种类产品外观设计在出版物上公开发表过，本专利不符合《专利法》第23条的规定，宣告本专利无效。本决定为终局决定。

本专利	对比文件
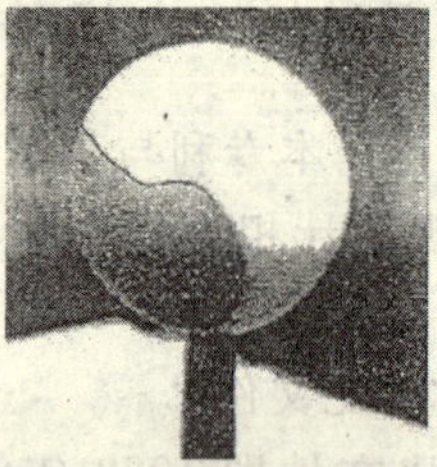 使用状态图 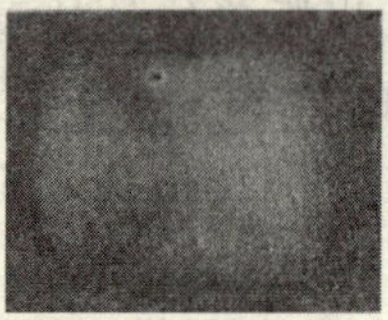 俯视图	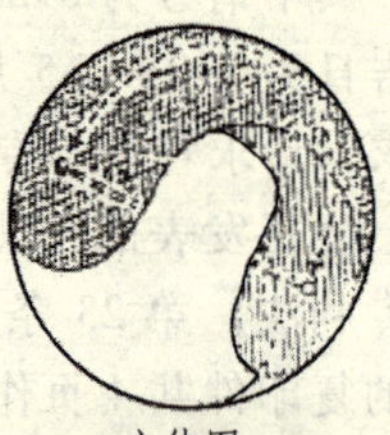 立体图 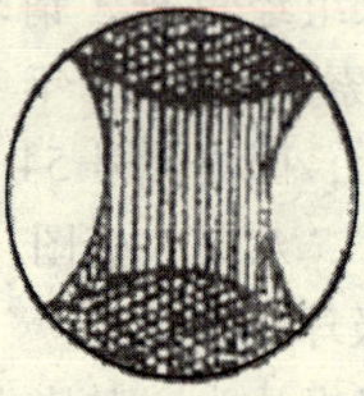
本专利“气功用的宇宙太极球”保护的是形状设计，该气功用的宇宙太极球由形状、体积完全相同的阴阳两部分结合形成带有明暗变化的“太极图”图案的球体。 球体阴阳部分呈现“马鞍”形，沿其长度方向的缺口部分的截面是直角形，两边沿球心向外凸出，在宽度方向上沿球心向内凹进，阴阳两部分相互扣合	对比文件公开的“太极球体”表面是由两个面积相等、色彩各异的环带垂直相交构成，两部分扣合形成带有明暗变化的“太极图”图案的球体
相同点	整体形状都是带有明暗变化的“太极图”图案的球体
不同点	内部连接结构不同

【案例评析】

本案的焦点问题是在产品外观设计相近似判断中如何考虑产品的连接方式对外观设计整体视觉效果的影响。

对于由几个部件连接而成的产品，在相近似判断中如何考虑部件之间的连接方式呢？对该问题的答案仍然要回到产品的外观设计上，即如果部件之间的连接方式是产品外观设计的构成内容，则在相同和相近似判断中应考虑该连接方式；如果部件之间的连接方式不是产品外观设计的构成内容，则不予考虑。

对于本案的气功用宇宙太极球，通常情况下一般消费者看到的是太极球的整体外观形状和表面图案，看不到太极球的球体内部连接方式，即整体形状和表面图案才是太极球的外观设计要素，内部连接方式不是太极球的外观设计内容，因此在进行相同和相近似判断中应将太极球的外观设计要素与现有外观设计进行比较。本专利和对比文件的形状相同，表面图案相近似，属于整体相近似的外观设计。而太极球球体两部分之间的连接方式并未体现出太极球产品的外观设计内容，因此在相同和相近似判断中不予考虑。

案例 2　相册（第 5892 号无效决定）*

2003 年 6 月 25 日，专利复审委员会作出第 5892 号无效宣告请求审查决定，涉及名称为“相册”的外观设计专利，其申请号为 01307228.5，申请日为 2001 年 4 月 29 日，授权公告日为 2001 年 12 月 19 日。

针对本专利，先后有两个请求人提出无效宣告请求。其中第二请求人的无效宣告理由是本专利与申请日之前公开出版物上刊登的外观设计相同和相近似，因此，本专利不符合《专利法》第 23 条的规定，应予以无效。与此同时，第二请求人提交了多份证据，其中证据 9 是美国 *MEMORY* 杂志 1999 年第 1/2 月刊的第 27 页和第 73 页。

针对第二请求人提交的证据，被请求人认为，证据 9 只显示了主视图，尽管二者相同，但没有充分显示产品的完整外观设计；并

---

* 本案例由钱亦俊撰写。

且，证据9的一个图只显示了半个产品。因此，请求人提供的证据不足以证明本专利不符合《专利法》第23条的规定。在口头审理中，被请求人对证据9涉及的杂志的真实性没有异议。

合议组经审查认为：对于请求人提交的证据9，鉴于被请求人对其真实性予以认可，免除请求人进一步举证的责任，合议组认定其真实可信，该证据的公开日是1999年，在本专利申请日以前，属于本专利申请日之前的公开出版物，可用于评价本专利是否符合《专利法》第23条的规定。合议组将其作为对比文件与本专利进行了相同和相近似比较（见下表）。

根据整体观察、综合判断的方式，合议组认为本专利外观设计的设计要点在于产品的形状及封面图案，而将对比文件与本专利相比较，本专利的设计要点均与对比文件相同，尽管本专利在内部插页与前后封皮的连接结构方式上采用了透明带式，而这一连接方式在对比文件中没有体现出来，但合议组认为，这种连接方式给整个产品的外观设计没有带来显著的视觉差异，在购买和使用中不足以使一般消费者将本专利与对比文件相区别。因此，本专利与对比文件属于相近似的外观设计。

因此，在本专利申请日之前，已有与之相近似的外观设计在国外出版物上公开发表过，故本专利不符合《专利法》第23条的规定，宣告本专利权无效。当事人未针对该决定提起行政诉讼。

<table>
<tr><td>本专利</td><td>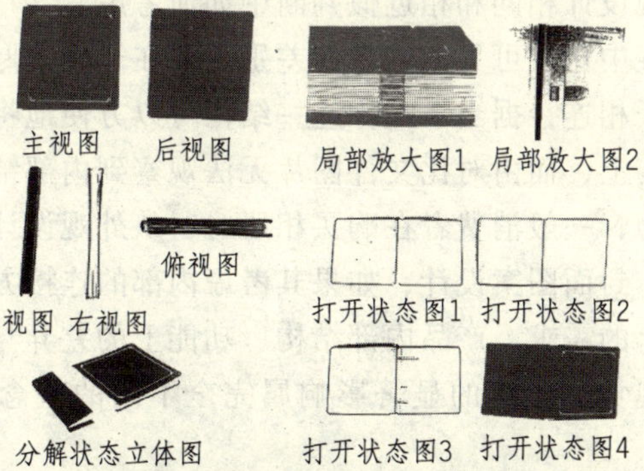
</td></tr>
<tr><td>对比文件</td><td>
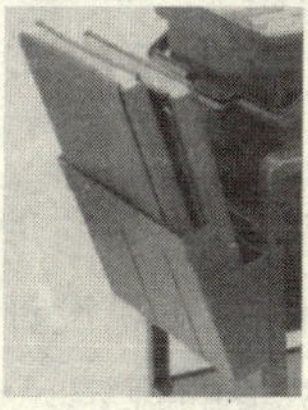</td></tr>
<tr><td>相同点</td><td>产品的形状及封面图案：相册都是方形，书脊为插入式，封面有图案式样，系沿边框有一圈细线，在 4 个顶角处有类似盘结的花</td></tr>
<tr><td>不同点</td><td>本专利显示的内部插页的连接方式及结构对比文件没有显示，即从打开状态图 1 看，封二也有略小的类似上述封面的图案式样，上下各有一条透明带连接，从打开状态图 3 看，封三左下部有若干行小文字，同样，上下各有一条透明带连接</td></tr>
</table>

【案例评析】

本案例主要涉及对以下问题的理解：产品连接方式导致的差

异在外观设计相同和相近似判断中如何考虑。

由表中比较可见，二者的差别主要在于，本专利每页之间有透明带子相连，据当事人称这一结构可以方便地将相册的每页卸下来或装上，而由对比文件图片无法观察到内部结构。合议组经分析认为，一般消费者在购买相册时，从外观设计的角度更关注其形状、封面图案设计，如果其考虑内部的连接方式则主要是出于功能上的需求，产品内部结构、功能上的差异与产品外观设计差别在视觉上形成的显著影响属完全不同的概念，不应将二者混淆。

3. 产品功能唯一限定的特定形状

案例1　插座（第5415号无效决定）*

2003年9月15日，专利复审委员会作出第5415号无效宣告请求审查决定，涉及名称为“插座”的外观设计专利，其申请号为96308871.8，申请日为1996年9月20日，授权公告日为1997年10月22日。

请求人请求宣告本专利无效的理由是：本专利与其申请日前公开发表的有关开关面板的外观设计专利相近似，因此，本专利不符合《专利法》第23条的规定。为支持其提出的有关出版物方式公开的主张，请求人提交了对比文件3，即外观设计专利公报CN3042287D（95304646.X号外观设计专利），授权公告日为1996年3月20日。请求人认为对比文件3的授权公告日在本专利申请日前，因此可以作为与本专利进行相同和相近似对比的对比文件。

合议组经过审查认为，请求人提交的对比文件3的开关面板与本专利的插座面板为相近种类的产品，可以对二者进行相同和相近似比较。

---

* 本案例由蒋彤撰写。

本专利	对比文件
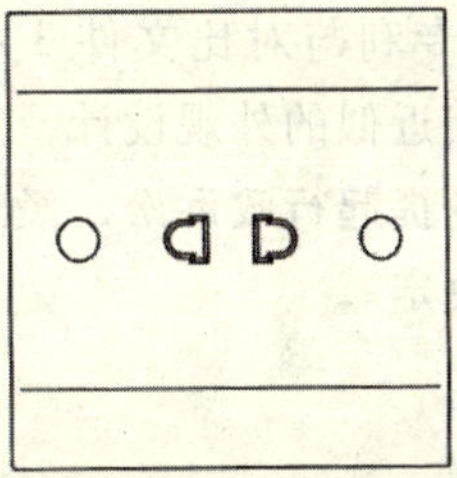 	 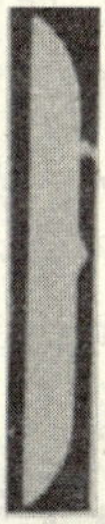
主视图　　左视图	主视图　　左视图
本专利涉及的插座，从主视图看，插座面板大致呈正方形，在中部水平排列有两个圆形的安装孔，在安装孔的中间是一个二眼插孔，从左视图看，面板的中部大致是平面的，而靠近上下两边部分呈外凸弧形，即相对于平的背面平面而言，靠近上下两边部分厚度逐渐变薄	对比文件 3 公开的已有外观设计涉及一种开关，从主视图看，该开关的开关面板大致呈正方形，在中部水平排列有两个圆形的安装孔和一个按钮孔，该按钮孔被置于两个安装孔之间，按钮孔大致呈正方形，在按钮孔内安装有一个按钮，按钮的两端呈外凸弧形，按钮的中部呈内凹弧形，按钮孔和按钮的四个角为小圆角，从右视图看，按钮的部分高出了面板，面板的中部大致是平面的，而靠近上下两边部分呈外凸弧形，即相对于平的背面平面而言，靠近上下两边部分厚度逐渐变薄

相同点	从形状看，两者面板的整体形状设计是相同的，插座面板大致呈正方形，在中部水平排列有两个圆形的安装孔，从左视图看，面板的中部大致是平面的，而靠近上下两边部分呈外凸弧形，即相对于平的背面平面而言，靠近上下两边部分厚度逐渐变薄
不同点	本专利面板上的两个安装孔中间是一个二眼插孔，而对比文件 3 在两个安装孔中间的是一个按钮

合议组根据整体观察、综合判断的方式，认为二者的差别对于产品的视觉效果不具有实质性影响，对一般消费者而言，容易造成二者的混同，据此，合议组认为，本专利与对比文件 3 相比，其产品种类相近，形状相近似，属于相近似的外观设计，宣告本专利无效。专利权人对该决定不服，遂提起行政诉讼，经过一审、二审程序，两审法院均判决维持该决定。

【案例评析】

本案主要涉及的问题是：第一，能否因为开关和插座的电气连接性能不同而认定开关面板和插座面板属于不相近种类的产品，从而导致两者不可比较？第二，决定中提到了国家标准，这是否违背了单独对比的原则？第三，能否因为开关和二眼插孔本身的形状大相径庭而认定开关面板和插座面板必然属于不相近似的外观设计？

第一，能否因为开关和插座的电气连接性能不同而认定开关面板和插座面板属于不相近种类的产品，从而导致两者不可比较？这个问题也是当事人在两审司法程序中争辩的要点。众所周知，在外观设计审查中，相近种类的产品是指用途相近的产品。本专利涉及的插座面板与对比文件 3 所涉及的开关面板都用于家用电器连接，虽然开关本身和插座本身的电气连接性能并不相同，但这只能证明这两种产品用途稍有差异，并不妨碍两者用途相近的结论成立。鉴于此，本专利与对比文件 3 存在进行相比较的前提，从而可以进行对比判断。

第二，决定中提到了国家标准，这是否违背了单独对比的原则？第 5415 号决定并未将本专利与对比文件 3 和有关国家标准同时对比，事实上，第 5415 号决定提到国家标准的目的仅在于指出本专利与对比文件 3 的区别之处属于功能性的部件替换，而这种部件的形状是国家标准中载明的，本专利并未由于该形状部件的引入而产生整体面板形状与对比文件3的外观设计不相近似的视觉效果，因而被请求人在诉讼程序中提出的本专利的审查违反单独对比原则的理由不能成立。

第三，能否因为开关和插座本身的形状大相径庭而认定开关面板和插座面板必然属于不相近似的外观设计？下面从两个方面来分析这个问题。首先，由产品的功能所唯一限定的特定形状，对整体视觉效果通常不具有显著的影响。本案中，本专利的二眼插孔的形状是国家标准中规定的，相对于对比文件的电源开关面板，是将开关这种功能部件替换成已有国家标准规定的另一种插座功能部件从而给面板带来的变化，即属于插座本身的功能所带来的形状变化，在国家标准规定下该插座的形状由其功能所唯一限定，不可能有其他选择，故对整体视觉效果不具有显著的影响。第二，从形状看，两者面板的整体形状设计是相同的，其区别仅在于本专利面板上的两个安装孔中间是一个二眼插孔，而对比文件3在两个安装孔中间是一个按钮，由于本专利的二眼插孔的形状是国家标准中规定的，属于惯常设计，而且其放置位置也与对比文件3中的开关的放置位置相同，即都位于两个安装孔的中间，因此将对比文件3中的开关形状简单替换成惯常设计中的一种，即国家标准中规定的元件形状，并不能导致两者面板整体形状的显著变化，根据“整体观察、综合判断”的原则，二者的差别对于产品的视觉效果不具有显著影响。

案例2　齿轮钟（第11946号无效决定）*

2008年7月11日，专利复审委员会作出第11946号无效宣告请求审查决定，涉及产品名称为“钟（齿轮A）”的外观设计专利，其申请号为200530073645.X，申请日为2005年10月25

---

* 本案例由周佳撰写。

日，授权公告日为 2006 年 8 月 30 日。

请求人请求宣告本专利无效的理由之一是：本专利所涉及的外观设计仅以其产品所属类别司空见惯的齿轮和指针组成，属于“功能性设计”，其是一般钟表内部的常见结构，不属于外观设计的保护客体，因此不符合《专利法实施细则》第 2 条第 3 款的规定。

请求人提交了国家知识产权局 2006 年版《审查指南》第 80 页记载有“不给予外观设计专利保护的客体”规定的复印件作为证据。其认为根据《审查指南》第一部分第三章第 6.4.3 节第 4 点的规定，对于由多个不同特定形状或图案的构件组成的产品，如果构件本身不能成为具有独立使用价值的产品，则该构件不属于外观设计专利保护的客体。本专利所涉及的外观设计仅以其产品所属类别司空见惯的齿轮和指针组成，仅包含了构成同类产品的基本设计元素，是对这些基本设计元素的简单设计和组合，因此属于“仅以在其产品所属类别司空见惯的几何形状和图案构成的外观设计”；另外，本专利属于功能性设计，是一般钟表内部的常见结构，也不属于外观设计保护的客体。

合议组经过审查认为：（1）本专利属于具有独立使用价值的产品。本专利是一种钟表，其由圆环形表盘、联动的齿轮组和指针构成，就该外观设计而言，其已经具备了钟表的完整结构因而成为了具有独立使用价值的产品，本专利要求保护的是一完整的产品，并不是组成该产品的某个构件，因此不属于《审查指南》第一部分第三章第 6.4.3 节第 4 点规定的情形。（2）本专利不属于仅以在其产品所属类别司空见惯的几何形状和图案构成的外观设计。本专利的外观设计具有较复杂的结构和独特的外形，与其所属钟表类产品司空见惯的几何形状和图案有所不同。虽然构成本专利的每个齿轮均为常规形状，但本专利中的多组齿轮是以一定的方式排列，并与产品的其他部件共同构成了整体的外观设计，对一项外观设计应进行整体观察，不能仅因为构成其的某个构件为常规几何形状而认为该外观设计即属于司空见惯的形状。（3）本专利的外观设计不属于由功能唯一限定的特定形状。本专利作为钟表类产品，必然要具备此类产品的使用价值和功能，而构成该外观设计的表盘、齿轮和指针等构件也必然具备有相应的功能，但就本专利的外观设计而言，各构件的形状、组合方式并不唯一，因而其组成的外观设计会呈现多种设计可能性，所以本专利的产品形状并不由功能唯一限定，且外观设计专利并未排除具有功能性的设计，即具有一定功能的外观设计也可属于外观设计的保护客体。因此，本专利属于外观设计专利的保护客体，符合《专利法实施细则》第 2 条第 3 款的规定。

同时，合议组认为请求人提出的其他无效宣告理由也不能成立，因此作出了维持本专利有效的审查决定。当事人未针对该决定提起行政诉讼。

本专利
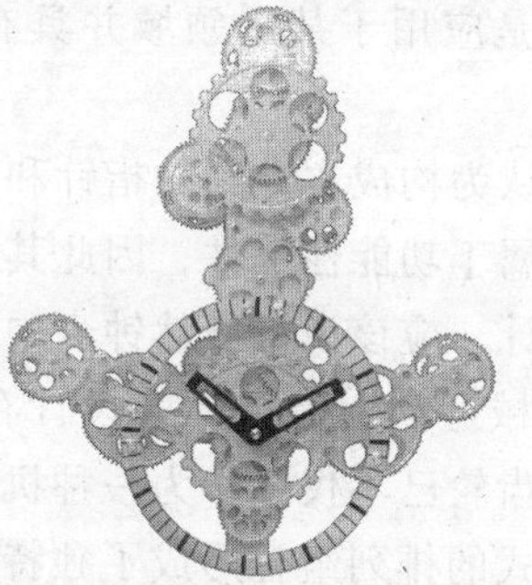
本专利所示的外观设计是由圆环形表盘、联动的齿轮组和指针构成，整体形状近似船锚形，其圆环形表盘上均布刻度标记，联动齿轮组居中呈船锚形排列，时针、分针为带有镂空的长条形

【案例评析】

本案涉及的主要问题是：

何为由产品的功能唯一限定的特定形状?

外观设计作为一种特殊的工业产权，兼具有装饰性和实用性的双重属性。从创新的角度而言，外观设计更关注的是对产品外观装饰性的创新，而不是功能上的开发，具备装饰性的目的对外观设计而言是不可或缺的。由功能唯一限定的含义是说，产品的外观尺寸、结构比例是由实现某一个特定功能而唯一决定的，其与产品的装饰性目的无关。各国有关外观设计授权标准的规定，一般都将由功能唯一限定的外形排除在外观设计的保护范围之外。“功能唯一限定”的含义应从两方面理解：一是强调在功能和形状之间的绝对对应关系，即选取特定产品形状的目的在于实现某一功能，而不在于装饰；二是该产品形状不存在其他替代设计的可能性。

同时应当注意到，此规定并不意味着外观设计不能具备一定的功能，因为外观设计双重属性中的实用性即说明，适于工业应用的外观设计必然是应用于某一领域并具有一定用途或功用的产品。

本案中请求人认为构成本专利的指针和齿轮均属于一般钟表内部的常见构件，属于功能性部件，因此其组合构成的本专利产品也属于功能性设计。应该说，虽然钟表中的指针是为了指示时间，齿轮是为了机械运动，但指针的设计存在着各式各样的形状，而本专利中的齿轮已不仅仅作为一种机械零件，其通过大小不同的齿轮一定方式的排列组合形成了独特的视觉效果，因此本专利并不属于由功能唯一限定的特定形状。

实际上，本案的请求人还针对本案专利权人拥有的另外两项外观设计专利以相同理由分别提起了无效宣告请求，即产品名称是齿轮钟（B）的200530073647.9号外观设计专利和产品名称是齿轮钟（C）的200530073646.4号外观设计专利。本案专利权人的这3项外观设计专利均采用了表盘、联动齿轮组和指针为基本构件，正是由于各构件形状、组合方式的不唯一性，才使得其外观设计呈现出了多种设计可能性，这也正说明了由表盘、联动齿轮组和指针组成的外观设计并不是由功能唯一限定的特定形状。

齿轮钟（B）	齿轮钟（C）
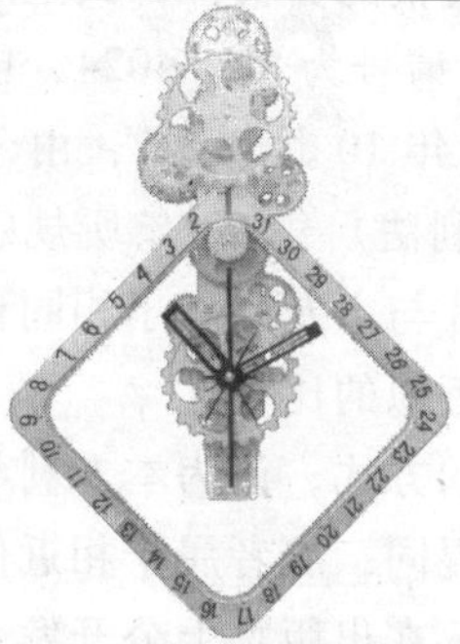	

（三）是否是使用时容易看到的部位

案例1　暖气片（第4278号无效决定）*

2002年3月15日，专利复审委员会作出第4278号无效宣告请求审查决定，涉及名称为“暖气片（2）”的外观设计专利，其申请号为95317738.6，申请日为1995年10月26日，授权公告日为1996年12月25日。

请求人请求宣告本专利权无效的理由是：在本专利申请日以前，已有与本专利相近似的暖气片的外观设计在韩国专利公报上公开发表过，因此，本专利不符合《专利法》第23条的规定。为支持其提出的有关出版物方式公开的主张，请求人提交了证据

---

* 本案例由卞永军撰写。

即韩国外观设计专利公报。请求人认为证据的公开发表日在本专利申请日前，并且在证据中公开了一“暖气片”的外观设计，证据上发表的暖气片的外观设计可以作为与本专利进行相同和相近似对比的对比文件。

合议组经过审查，根据请求人日后提交的由汉城 YOU - ME（优美）专利事务所出具的针对证据即韩国外观设计专利公报的检索报告，确认该韩国外观设计专利公报的真实性，其上所公开的外观设计专利名称为“暖气片”，申请号为 88 - 4024，申请日为 1988 年 3 月 24 日，公告日为 1989 年 10 月 30 日，由于其公告日早于本专利申请日，故属于《专利法》第 23 条所规定的出版物，适用于本案。其上公开的暖气片与本专利属于相同种类的产品，合议组对二者进行了相同和相近似的比较。

合议组根据整体观察、综合判断的方式，认为本专利与对比文件外观设计容易造成一般消费者的混同，二者属于相近似的外观设计，因此，在本专利申请日之前，在出版物上公开发表过与本专利相近似的外观设计，本专利不符合《专利法》第 23 条的规定。宣告本专利权无效。当事人未针对该决定提起行政诉讼。

<table>
<tr><th colspan="2">本专利</th><th>对比文件</th></tr>
<tr><td colspan="2">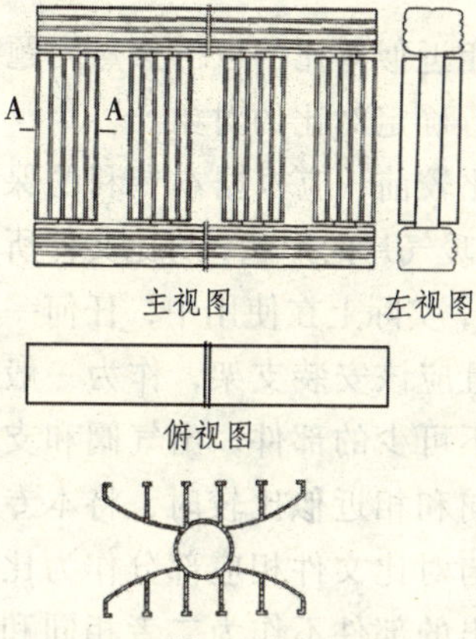
A-A 剖视图（放大）</td><td>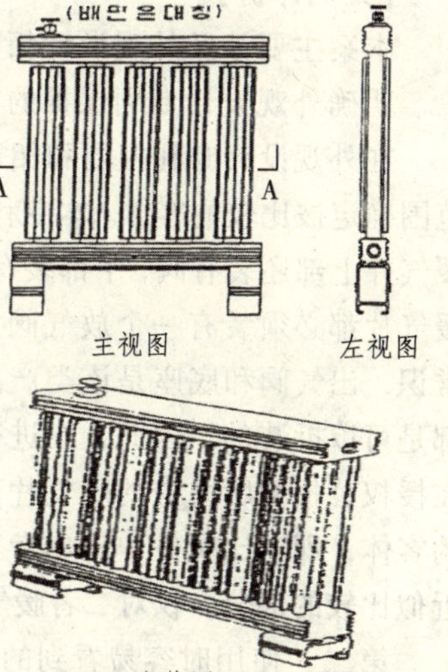
立体图</td></tr>
<tr><td colspan="2">本专利涉及暖气片的形状设计，其为不定长度产品，上部热工质分配管和下部冷却工质回流管均为长方体，中间为圆孔，两侧有 3 道凹槽，中间的散热管上整体对称连接有弧形翅片，散热管与上下管相连，弧形翅片上均布有沿管长的整体连接的 6 个散热齿</td><td>对比文件所示暖气片分为上部热工质分配管、下部冷却工质回流管、中间的散热管和支座，上部热工质分配管和下部冷却工质回流管均为长方体，设计有凹槽，在中间的散热管上整体对称连接有直线形翅片，直线形翅片上均布有沿管长的整体连接的 5 个散热齿，下部的两侧有两个支座，上端有一阀</td></tr>
<tr><td>相同点</td><td colspan="2">1. 上部热工质分配管、下部冷却工质回流管和中间的散热管整体形状基本相同；
2. 成套部件的连接位置、比例关系相同</td></tr>
<tr><td>不同点</td><td colspan="2">1. 分配管和下部冷却工质回流管中，本专利为连续的凹槽，对比文件为在一凹槽内有凸檐；
2. 翅片形状不同，散热齿的个数不同</td></tr>
</table>

【案例评析】

本案主要涉及外观设计相同和相近似对比的以下焦点问题。

明确外观设计专利保护的客体，确定对比的对象。

在外观设计专利相同和相近似比较前，应根据本专利的保护范围确定被比较的客体。本专利涉及暖气片的形状，对比文件所示暖气片上部还装有阀，下部装有支架，实际上在使用中，任何一个暖气片都必须装有一个放气阀，并且应该安装支架，作为一般性常识，出气阀和底座是该类产品必不可少的部件，出气阀和支架都是可以拆装的，因此，在进行相同和相近似比较时，将本专利在授权公报中所公告的暖气片部分与对比文件相应部分作为比较的客体，即对比文件中比本专利多出的部件不作为二者相同和相近似比较的部分，仅对二者暖气片部分的外观设计进行对比分析。

第二，使用时容易看到的部位相对于不容易看到的部位，通常对整体视觉效果更具有显著的影响。

本案中双方当事人对关于A—A剖视图所示翅片的不同点争议较大。被请求人认为，本专利所示外观设计的A—A剖视图是外观设计的必要技术特征，不是产品内在的差异，其显示和反映两种暖气片在外观造型上的区别所在，由于散热片上方的热工质分配管和下方的冷却工质集合回流管的遮挡，在视图中不能清楚显示和反映散热片部分的全部外观形状，连接有散热齿的翅片是波浪面、弧面还是平面，翅片与散热管的结合关系在正投影的主视图、后视图（与主视图相同）中很难甚至无法区别和辨认，所以，A—A剖视图是必不可少的；要准确判断和认定两个产品的整体外观应考虑两个产品的外观设计的六面正投影视图，必要时还要考虑其他视图，如本案应将A—A剖视图与其他视图结合起来考虑，正确认识和判定各视图的对应关系，在此基础上再将两者进行比较。

请求人认为A—A剖视图所示的外观设计属于该类暖气片内部结构，在正常使用状态下是不易看见的部分，此部分的差异没有使暖气片整体的外观形状在视觉上产生差异感。

对此，合议组认为，本案中的暖气片在形状上的整体视觉印象是上下管和中间散热片组合形成的效果。分析本专利与对比文件，二者的整体组合形状基本相同，比例关系相同，这种形状是一般消费者在使用状态下易见的部分，而二者关于在A—A剖视图中所反映出的散热片的不同，在实际使用时不易被一般消费者观察到，且仅反映了单个散热片的不同，没有对暖气片整体形状产生明显不同的视觉影响。二者的A—A剖视图是内部结构的差异，没有反映在外观视觉上，单个散热片的不同没有导致整体形状的不同。

另外，关于上部热工质分配管和下部冷却工质回流管的不同点，本专利为连续的凹槽，对比文件为在一凹槽内有凸檐，并且散热齿的个数不同，这些不同点在其所属部件具有相同形状的基础上，是属于局部的细微差别，根据整体观察、综合判断的原则，对一般消费者而言，其不足以产生明显不同的视觉效果。故二者属于相近似的外观设计。

案例2　塑料瓶盖（第3392号无效决定）*

2001年6月14日，专利复审委员会作出第3392号无效宣告请求审查决定，该决定涉及产品名称为“塑料瓶盖”、专利号为98316679.X的外观设计专利，其申请日为1998年2月16日。

1999年9月3日，请求人以本专利不符合《专利法》第23条规定为理由提出了无效宣告请求。其具体理由是：申请号为93108524.1、名称为“擅开识别盖”的发明专利其外观与本专

---

* 本案例由冯小兵撰写。

利外观设计相近似。并同时提交了申请号为93108524.1的发明专利申请说明书附图2、图3、图8和图9。

针对该无效宣告请求，被请求人认为：本专利的塑料瓶盖由盖体、防盗环及连接盖体和防盗环的易断肋条组成，将本专利与请求人提交的证据相比，两者盖体的设计相近似，但在防盗环的设计上，两者的外部几何特征及内部几何特征均不相同，因此两者带来的使用状态的视觉效果有明显区别。

合议组经过审查认为：对于单独形状的外观设计专利而言，如果该专利仅在局部形状设计上与现有外观设计存在差异，但从整体形状来看易使一般购买者产生混淆，则该外观设计专利与现有外观设计相近似。

本专利外观设计为塑料瓶盖，该瓶盖包括盖体和防盗环，盖体和防盗环之间通过易断筋条连接，盖体外表面带有均匀分布的线形凸起，防盗环为圆柱形，外表面设有4个宽凸起，每个宽凸起两侧设有数目不等的窄凸起。盖体内表面不同高度设有凸台，防盗环内表面也设有凸台。

在先设计公开了一种容器的盖，该盖包括盖体和防盗环，盖体和防盗环之间通过易断筋条连接，盖体外表面带有均匀分布的线形凸起，防盗环基本上为圆柱形，其外表面设有两个宽的外凸方块，宽外凸方块间设有多个窄凸块。盖体内表面设有数个凸台。

将本专利与在先设计比较容易看出，两者在盖体的设计上基本相同，但在防盗环的设计上有区别。本专利的防盗环为圆柱形，外表面设有4个宽凸起，每宽凸起两侧设有数目不等的窄凸起；而在先设计防盗环上包括对称的两个宽凸起，两边是个数相等的窄凸起。由于在整个瓶盖的外观设计中，吸引购买者视觉注意的设计应当是盖体部分，在盖体部分外观基本相同的前提下，在防盗环外表面凸起的设计上产生的局部微小差异，不足以使瓶盖的设计产生显著区别，易使一般购买者产生混同。因此，本专利外观设计与在先设计相近似，本专利不符合《专利法》第23条的规定。

<table>
<tr><th>本专利</th><th>在先设计</th></tr>
<tr>
<td>
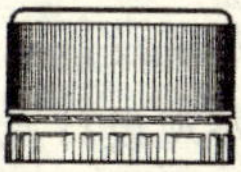
主视图
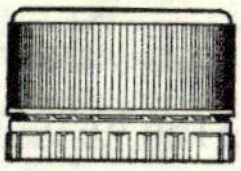
右视图
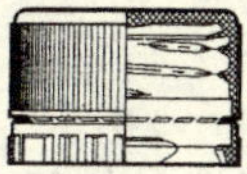
剖视图
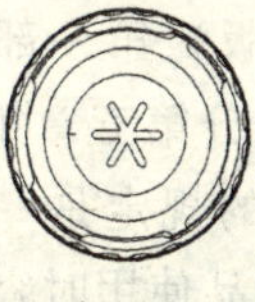
仰视图
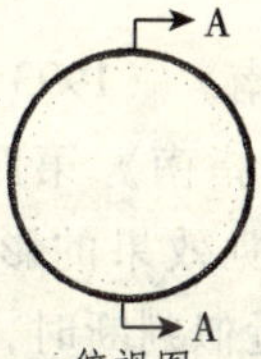

俯视图
</td>
<td>
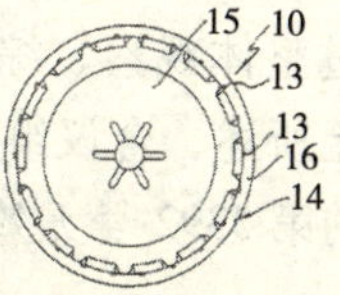

图2
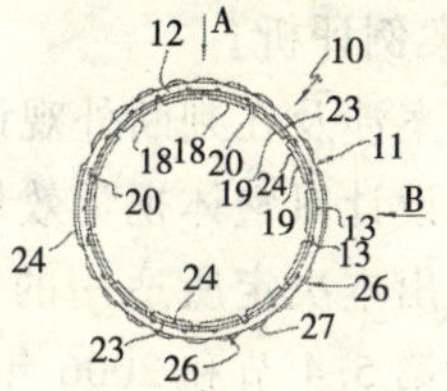

图3
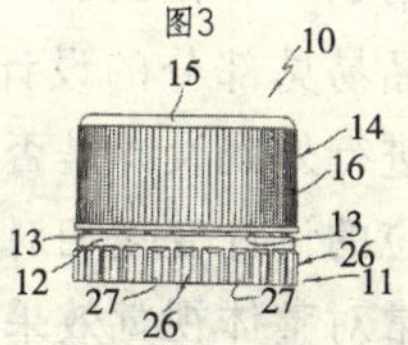

图8
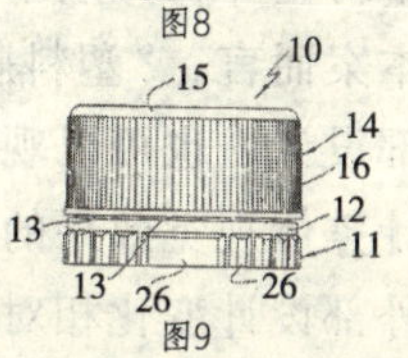

图9
</td>
</tr>
</table>

被请求人在几次意见陈述和口头审理时强调，本专利外观设计的瓶盖在内部设计尤其是防盗环的内表面凸台的设计上与在先设计有区别。对此，合议组认为，外观设计是对产品的形状、图案、色彩或者其结合所作出的富有美感并适于工业上应用的新设计。根据外观设计的定义，其所保护的对象应当是富有美感的设计。防盗环内表面在使用状态下是不可见的，其目的在于今后使

用时易于使塑料瓶盖扣压到瓶体上，避免在饮料包装过程中扣压瓶盖导致瓶盖变形。在外观设计相同和相近似判断时，一般消费者关注的是使用状态下容易被看到的和对外观设计“美感”产生显著影响的设计部位，因此这种差异不会引起一般消费者的关注，经过整体观察、综合判断，二者属于相近似的外观设计。

综上所述，合议组作出了宣告第98316679.X号外观设计专利权无效的第3392号无效宣告请求审查决定。本决定为终局决定。

【案例评析】

本案涉及在判断外观设计的相同和相近似性时如何考虑瓶盖各部分设计对整体视觉效果的影响。

作出本决定所适用的《审查指南》（1993年版）第一部分第三章第5.4节和2006年版《审查指南》第四部分第五章第4节对产品易见部分的设计对整体视觉效果的影响的规定是一致的，在进行外观设计是否相同或相近似判断时，产品使用时容易看到部位的设计变化相对于不容易看到或者看不到部位的设计变化，通常对整体视觉效果更具有显著影响。

就本案而言，“塑料瓶盖”的一般消费者不仅可以观察到瓶盖的外部设计，也可以观察到瓶盖的内部设计，但各设计部位对外观设计整体视觉效果的影响是不同的。产品使用时容易看到的瓶盖的外部设计变化相对于不容易看到或者看不到的内部设计变化，通常更会引起一般消费者关注，对整体视觉效果更具有显著影响。因此，本专利与在先设计在盖体部分外观基本相同、防盗环外表面除局部凸起设计略有差异外其余设计基本相同的情况下，二者在使用状态下不可见的瓶盖内部设计尤其是防盗环的内表面突台设计之差异对整体视觉效果不具有显著影响，本专利与在先设计属于相近似的外观设计。

案例3　台式饮水机（第4767号无效决定）*

2003年2月10日，专利复审委员会作出第4767号无效宣告请求审查决定，涉及名称为“台式饮水机”的外观设计专利（下称本专利），其申请号为98329802.5，申请日为1998年12月28日，授权公告日为1999年8月4日。

请求人请求宣告本专利无效的理由是：本专利与另一项在本专利申请日之前申请、在本专利申请日之后授权公告的外观设计专利相近似，因而不符合《专利法》第9条和《专利法实施细则》第13条的规定。为支持该主张，请求人提交了97320993.3号外观设计专利公报作为对比文件。

合议组经过审查认定，请求人提交的对比文件的申请日早于本专利的申请日，授权公告日晚于本专利申请日，对比文件公开了一款名称为“饮水机（一）”的产品外观设计，其与本专利属于相同种类的产品，合议组将二者进行了相同和相近似的比较。

合议组认为本专利与对比文件所示外观设计相近似。

同样的发明创造对于外观设计是指两项外观设计相同或者相近似，在本专利申请日前已有他人就相近似的外观设计申请了外观设计专利并在后被授予专利权，因此，本专利不符合《专利法》第9条的规定，宣告本专利无效。当事人未针对该决定提起行政诉讼。

---

* 本案例由王霞军撰写。

<table>
<tr><th></th><th>本专利</th><th>对比文件</th></tr>
<tr><td></td><td>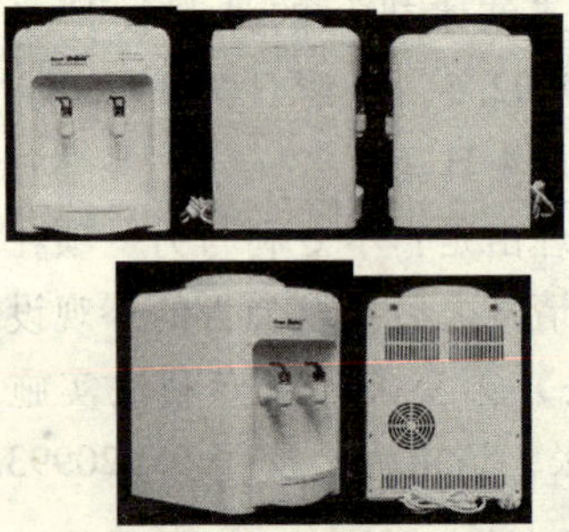</td><td>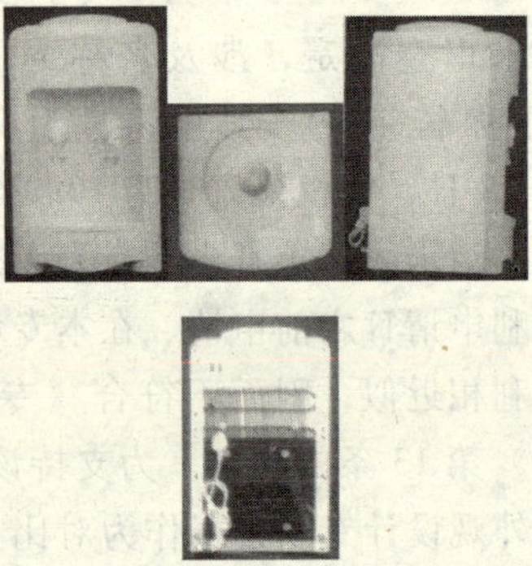</td></tr>
<tr><td>相同点</td><td colspan="2">1. 饮水机整体形状近似四棱柱体；
2. 饮水机顶部中心有圆形凸台；
3. 饮水机的正面有一矩形凹进，内有两个出水口，出水口下方是接水槽，接水槽下部为向下突出的弧线；
4. 后部有通风孔</td></tr>
<tr><td>不同点</td><td colspan="2">1. 对比文件饮水机正面矩形凹进部位的上下区域比本专利略高，对比文件比本专利略显修长；
2. 对比文件与本专利的背面设计不同</td></tr>
</table>

【案例评析】

本案主要涉及的问题是产品使用时易见部位在相同和相近似判断中所起的作用。

与储水桶配合使用的台式饮水机，属于技术比较成熟的产品，受产品使用功能的限制，一般饮水机设计均为饮水机顶部倒置储水桶，饮水机正面设置控制冷水和热水的开关，饮水机使用功能主要集中在产品的正面和顶部，这也是消费者在选购及使用饮水机时，首要关注的因素，饮水机的造型设计和变化也主要体现在产品的正面，因此，饮水机正面的形状和图案设计最易产生引人瞩目的视觉效果，在相同和相近似判断中对整体视觉效果最具有显著影响。从本案两件产品后视图观察，本专利饮水机散热器为内置，对比文件饮水机的散热器为外露，但散热器的设计位置均在饮水机的背面，一般消费者在购买和使用时并不十分关注，在相同和相近似判断时此部位起次要作用。

（四）单一色彩的外观设计仅作色彩改变

案例　金黄色自行车链条（第4670号无效决定）*

2002年12月16日，专利复审委员会作出的第4670号无效宣告请求审查决定涉及名称为“自行车链条（金黄色）”的外观设计专利（下称本专利），其申请号为99341444.3，申请日为1999年12月22日，授权公告日为2001年1月10日。

请求人请求宣告本专利无效的理由是：本专利所示自行车链条的外观设计在其申请日前已于出版物上公开发表过、在国内公开销售使用过，因此，本专利不符合《专利法》第23条的规定。同时，请求人提交了如下附件作为证据：

附件1：《中国自行车产品指南94—95》部分页面复印件（下称对比文件）；

附件2：中国自行车协会出具的证明；

附件3：企业法人营业执照。

请求人提交的对比文件是《中国自行车产品指南94—95》部分页面复印件，在口头审理过程中出示了原件，该产品指南标明主编单位为中国自行车协会。

合议组认为，对比文件作为行业协会主编的产品指南，按照常规应在行业内公开发行，同时对公众亦无任何保密限制，故其

---

* 本案例由张荣彦撰写。

属于公开出版物，并且该产品指南标明有“94—95”年度号，按照《审查指南》的相关规定其公开日应推定为1995年12月31日，因此，足以认定对比文件属于本专利申请日（1999年12月22日）以前的公开出版物，其能够依照《专利法》第23条的规定作为本案的有效证据。

对比文件（《中国自行车产品指南94—95》）的第95页刊登了多幅自行车链条的彩色照片图，从图中可以看出这些自行车链条的形状均为：由两片对称相同的“8”字形挡片之间连接一对转轴和套筒形成一节链条，每节链条之间通过两片相同的“8”字形挡片相连，从而形成链条链，其色彩为整体单一的蓝黑色。

本专利所示自行车链条，其形状也是由两片对称相同的“8”字形挡片之间连接一对转轴和套筒形成一节链条，每节链条之间通过两片相同的“8”字形挡片相连，从而形成链条链。其形状与对比文件所示的自行车链条完全相同，只不过其色彩为整体单一的金黄色。

据此，合议组认为：在本专利申请日前已有与其相近似的外观设计在出版物上公开发表过，因此，本专利不符合《专利法》第23条的规定。宣告99341444.3号外观设计专利权无效。当事人未针对该决定提起行政诉讼。

【案例评析】

本案涉及的焦点问题是：单纯色彩是新设计的外观设计能否享有专利权。

我国《专利法实施细则》第2条第3款规定：

“专利法所称的外观设计，是指对产品的形状、图案或者其结合以及色彩与形状、图案的结合所作出的富有美感并适于工业应用的新设计。”

由此可见，色彩是外观设计专利构成要素之一；但对色彩的保护并非单独的，它必须与产品的形状或图案相结合才能得到保护。

为了进一步明确外观设计专利是如何对产品的色彩进行保护的，《审查指南》第四部分第五章第6.5节又作了以下具体规定：

(1)“对色彩是否相同、相近似的判断要根据颜色的色相、纯度和明度三个属性以及两种以上颜色的组合、搭配进行综合判断。色相包括赤、橙、黄、绿、青、蓝、紫及其组合；纯度指鲜艳程度；明度指明暗情况，也即亮度。”

(2)“单一色彩的外观设计仅作色彩改变，两者仍属于相近似的设计。”

将本专利与对比文件所示自行车链条相比较可以看出二者形状完全相同，不同之处仅在于色彩有所差异，一个是金黄色，另一个是蓝黑色。也就是说，本专利与对比文件所示的自行车链条相比，属于“仅作色彩改变”的“单一色彩的外观设计”。

根据《专利法实施细则》第2条第3款、以及《审查指南》第四部分第五章第6.5节的上述规定，本专利与对比文件所示自行车链条应当属于相近似的外观设计。

(五) 产品透明部分的设计

案例　蒸锅（第3901号无效决定）*

2002年8月14日，专利复审委员会作出第3901号无效宣告请求审查决定，涉及名称为“蒸锅”的外观设计专利（下称本专利），其申请号为99306491.4，申请日为1999年5月19日，优先

* 本案例由钱亦俊撰写。

权日是1998年11月20日，授权公告日为2000年3月22日。

请求人请求宣告本专利无效的理由是：在本专利申请日以前，已有内容相同的外观设计专利申请向中国专利局提出，并且在专利公报上公开发表过，故本专利不符合《专利法》第23条的规定。与此同时，请求人提交了如下证据作为对比文件：

附件1：专利号为98323454.X的外观设计专利公报（复印件），其在中国的专利申请日是1998年7月20日，授权公告日是1999年7月7日；

附件2：专利号为98326884.3的外观设计专利公报（复印件），其在中国的专利申请日是1998年11月19日，授权公告日是1999年6月30日。

针对上述无效宣告请求，专利权人认为，本专利与附件1产品无论在使用功能还是外观设计的整体形状和整体视觉方面都有很大差别，两者不相同也不相近似，本专利符合《专利法》第23条及《专利法实施细则》第2条第3款的规定。

本案合议组基于请求人提出的无效宣告请求的理由和提供的证据进行了分析比较，认为附件1证据与本专利较为接近。附件1专利的申请日是1998年7月20日，授权公告日即公开日是1999年7月7日。本专利在中国的申请日是1999年5月19日，其优先权日是1998年11月20日，附件1专利属于申请在先，公开在后的专利，且二者的申请人不同。据此，合议组依职权引入《专利法》第9条对本案进行审理。合议组认为，本专利与对比文件产品均为蒸锅，属于同类产品，因此通过整体观察，运用综合判断的比较方式，对附件1（下称对比文件）和本专利进行了如下相同和相近似比较分析（见下表）。

本专利	对比文件
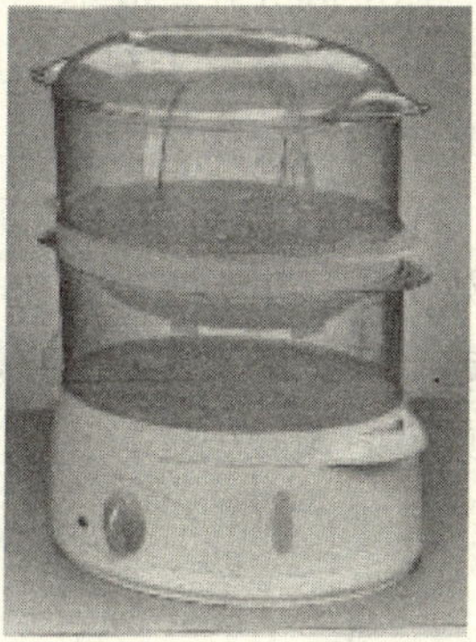	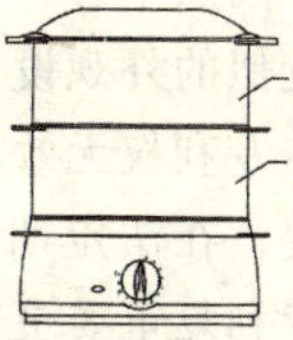 主视图 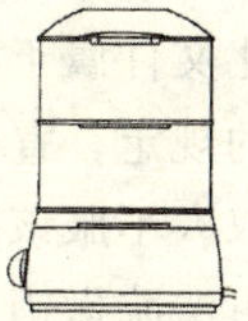 右视图 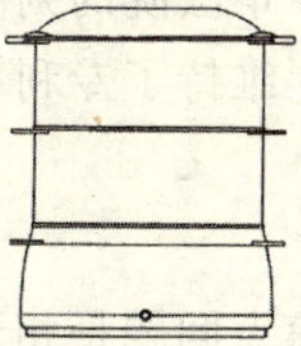 后视图 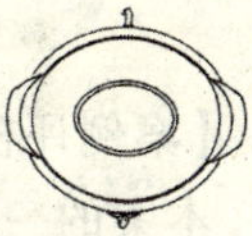 俯视图
产品整体呈椭圆形柱体。由锅盖、锅体和底座组成。其中，锅盖透明，向上鼓起，中部有椭圆形凹陷。锅体自上而下分4层，每层两侧各有一个椭圆形把手，其中第一、三层是透明的，第一层与第二层之间有一个带提梁的透明篦子，第二层是一个盘子，最下部的第四层仅可见两侧各有一个椭圆形把的沿。锅体下面是底座，呈上小下大的椭圆台状。上有类似于眼形的区域和依纵向的长椭圆形，眼形区域内有圆形调节钮	产品整体呈椭圆形柱体。由锅盖、锅体和底座组成。其中，锅盖向上鼓起，中部有椭圆形凹陷。锅体自上而下分3层，每层两侧各有一个椭圆形把手，其中第一、二层是透明的，最下部的第三层仅可见两侧各有一个椭圆形把的沿。锅体下面是底座，呈上小下大的椭圆台状。上有圆形调节钮
相同点	其各部分之间的形状、比例均相同，包括锅盖、锅体和底座及其上的调节钮
不同点	1. 对比文件锅盖不透明； 2. 本专利锅体在两个透明层之间还有一个带提梁的透明篦子和一个盘子

经比较合议组认为，对比文件与本专利在整体上具有相近似的视觉印象，其不同点不易将二者在整体上区分开，故本专利与对比文件属于相近似的外观设计，本专利不符合《专利法》第9条的规定，宣告本专利权无效。专利复审委员会作出决定后，专利权人不服该决定，在法定期限内向一审法院提起了行政诉讼，一审法院撤销了专利复审委员会的无效决定。作为当事人的专利复审委员会不服一审法院的判决，提起上诉，经审理，二审法院撤销了一审判决，维持了专利复审委员会的无效决定。

【案例评析】

本案的一个焦点问题是相近似判断原则的适用问题。

根据2001年版《审查指南》第四部分第五章第6.5节的规定，对于外表使用透明材料的产品而言，通过人的视觉能观察到的其透明部分以内的形状、图案和色彩，应视为该产品外观设计的一部分。因此，本专利内部的带有提梁的篦子和下凹的盘子属于其外观设计的一部分。对此，一审法院、二审法院与专利复审委员会都能取得共识。关键是该差别是否足以导致二者外观设计不相同且不相近似。这也成为此案的最终焦点。关于此点，在向一审法院提起诉讼的起诉状中，专利权人认为，上述差别“对于现有外观设计也是引人注目的变化，是本专利的‘要部’，显然不同于对比文件的外观设计。若异地观察，这种构思奇巧、实用美观的外观设计上的变化就更容易引起普通消费者的区别和注意。因此，本专利与对比文件明显不相近似”。一审判决支持了这一观点，认为，“本专利与对比文件产品外形均为椭圆体，但是蒸锅的层数、把手的数量及蒸屉之间增加的盘子和带提手的篦子是不同的，这些外观设计上的差异，足以导致消费者将两种产品区分开”。但二审判决支持了专利复审委员会的观点，二审法院认为“这种区别虽然可以通过蒸锅透明部分观察到，但是蒸锅外表的整体高度和比例没有发生明显变化，一般消费者施以一般的注意力，该蒸锅的内部变化不会被注意到。一般消费者在对二者进行观察时，不易从视觉上将二者在整体上区分开，故本专利与对比文件属于相近似的外观设计”。

在对蒸锅这类产品外观设计进行相同和相近似性判断时，应当把握锅的整体造型设计，对一般消费者而言，蒸锅的整体外观是最瞩目的。因本专利与对比文件产品整体造型都是椭圆形，突破了一般消费者印象中蒸锅的圆柱状整体造型设计，故一般消费者在购买时，首先留下的视觉印象是一个带有两层透明蒸屉的椭圆柱状蒸锅，这正是对二者的整体视觉效果产生显著影响的设计所在。而通过透明部分看到的内部部件设计如盘子、篦子，属于蒸锅必然带有的内部配件，通常不是为人瞩目的部分，从本案对比文件附图中可以看出，通过透明部分看到的内部部件是盘子、篦子和提手等的常规设计。在二者整体造型比较独特而且非常近似的情况下，这种常规的内部设计属于相对被弱化了的外观设计内容。因此，从整体观察，二者应属于相近似的外观设计。

二、单独对比方式

（一）单件产品

案例 立式冷热饮水机（第4650号无效决定）*

2002年11月29日，专利复审委员会作出第4650号无效宣告请求审查决定，涉及名称为“立式冷热饮水机（2000－1）”的外观设计专利（下称本专利），其申请日为2000年1月12日，授权公告日为2000年10月11日。

请求人请求宣告本专利无效的理由是：本专利在整体造型和下部设计上不存在任何新颖性。本专利在整体上为普通长方体立

---

* 本案例由张跃平撰写。

式饮水机，主视图下方为无任何设计特点的平板状储藏柜门，作为主要设计部位的饮水机上部设计也没有新颖性，本专利接水区两侧各有一倾斜的边柱，顶部面板超出边柱，形成一个外挑的顶棚。请求人提交的对比文件1和对比文件2所公开的饮水机都具有与本专利极其近似的倾斜式边柱和外挑式倾斜面板，因此本专利仅仅是现有同类产品的简单组合，与已知设计特征的组合相比无明显区别，不符合中国《专利法》第23条的规定。为支持其主张，请求人先后提交了6个对比文件作为证据。其中对比文件1和对比文件2公开的是台式饮水机，对比文件3、对比文件4、对比文件5和对比文件6公开的是立式饮水机。

合议组经审查认为，在外观设计相近似比较判断中，一般要采取单独对比的原则，即一次只能用一项在先设计与本专利进行比较判断，而不能将两项或两项以上的在先设计相结合与本专利进行比较。只有在本专利是由只能组装在一起使用的至少两个构件构成的产品的外观设计时，才可以将与其构件数量相对应的组装使用过的构件的外观结合起来作为一项在先设计与本专利进行对比。本专利是由上下两部分组成的整体设计，不是由上下两部分构件组合而成的设计，因此不能将成一体的本专利分割成几部分分别与对比文件进行相同和相近似比较判断。请求人在无效宣告请求书中关于“本专利就是将对比文件1和对比文件2公开的饮水机上部设计与常规的饮水机储藏室组合，没有任何创新特点，不符合《专利法》第23条的规定”的论述是错误的。不能将对比文件1或对比文件2与其他的已有设计组合起来与本专利进行相同和相近似比较判断。合议组将本专利分别与对比文件1~6公开的饮水机进行单独对比后认为，它们与本专利相比属于既不相同也不相近似的外观设计，维持本专利有效。当事人对该决定未提起行政诉讼。

本专利	对比文件
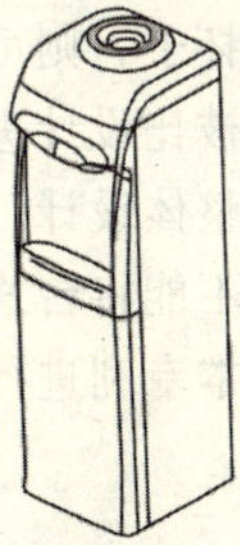 立体图	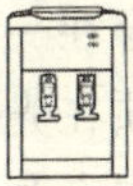 主视图 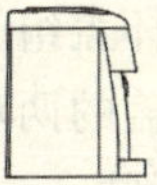 左视图 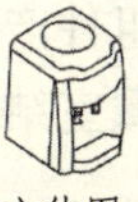 立体图  俯视图 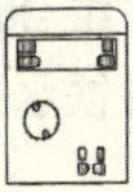 对比文件1 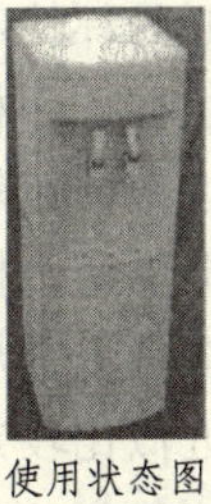 使用状态图 对比文件2

【案例评析】

本案涉及的一个焦点问题是在外观设计相近似比较判断中，如何运用单独对比原则。

在外观设计专利相同和相近似比较中，一般要采取单独对比的判断方式，即一次只能用一项在先设计与本专利进行比较判断，而不能将两项或两项以上的在先设计相结合与本专利进行比较。单独对比的例外情形有两种，第一种情形是对于成套产品或没有单一性的多个产品，可以用不同的在先设计与成套产品或没有单一性的多个产品中对应的产品分别进行单独对比。第二种情形是只有在本专利是由只能组装在一起使用的至少两个构件构成的组件产品的外观设计时，才可以将与其构件数量相对应的明显具有组装关系的构件的外观结合起来作为一项在先设计与本专利进行对比。

本专利只保护一项立式饮水机外观设计，显然只是一件产品的外观设计，不属于上述第一种例外情形。对于上述第二种例外情形，只有在各构件之间明显具有组装关系时，才能将这些构件结合在一起作为一项在先设计，与本专利的整体外观设计进行比较。这一规定旨在防止产生将多个现有设计组合在一起申请一项外观设计的情形。例如，将明显具有组装关系的以单个构件方式公开的杯体和杯盖组合在一起申请一项带盖的杯子，则可以将公开了杯子和杯盖的两项在先设计结合在一起与被比设计进行相同相近似的比较判断。本专利的立式饮水机属于整体设计，并不是由上下两个构件组合而成的组件产品，因此，不能将台式饮水机与惯常或常规的饮水机用储藏室结合在一起与本专利进行相同和相近似比较判断。

（二）组件产品

案例1 数字钳表（第1597号复审决定）*

2000年5月18日，专利复审委员会作出第1597号复审请求审查决定，涉及名称为“数字钳表”的外观设计专利（下称本专利），申请号为96320487.4，申请日为1996年10月11日，授权公告日为1997年10月22日。

撤销请求人向国家知识产权局提出撤销本专利权的请求，其提出的撤销请求的事实和理由是：在本专利申请日以前，已经有与之相近似的外观设计在专利公报上公开发表过，故本专利不符合《专利法》第23条的规定。同时，撤销请求人提交了申请号为94313459.5的外观设计专利公报作为证据。国家知识产权局专利局审查部门经审理作出撤销专利权请求的审查决定，决定认为：本专利与撤销请求人提供的证据所示的产品外观设计进行相对比，二者属于相近似的外观设计，本专利不符合《专利法》第23条的规定。从而撤销了本专利权。

专利权人不服该撤销请求审查决定，向专利复审委员会提出复审请求，其复审请求的事实和理由是：对比产品与本专利产品

* 本案例由卞永军撰写。

是不相近似的，对比产品是一体式，而本专利产品是分体式的，且各组件是独立的外观设计，均可单独销售，并与其他外形的组件相配使用。

<table>
<tr><th colspan="2">本专利</th><th>对比文件</th></tr>
<tr><td colspan="2">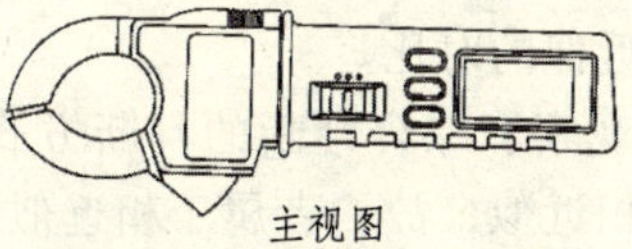
主视图
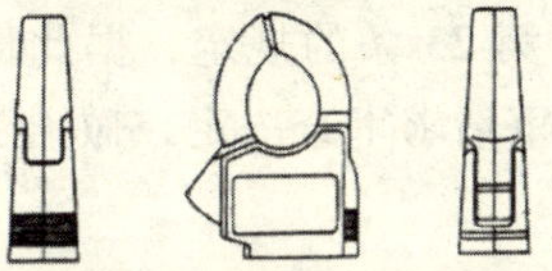
件1右视图 件1主视图 件1左视图
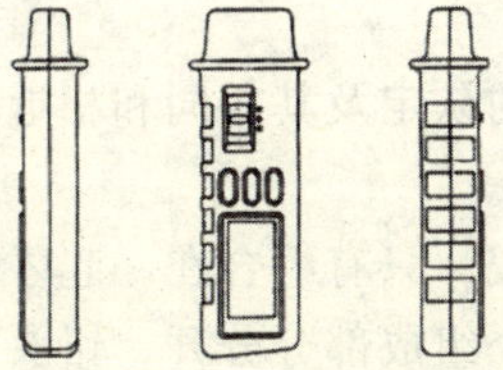
件2右视图 件2主视图 件2左视图</td><td>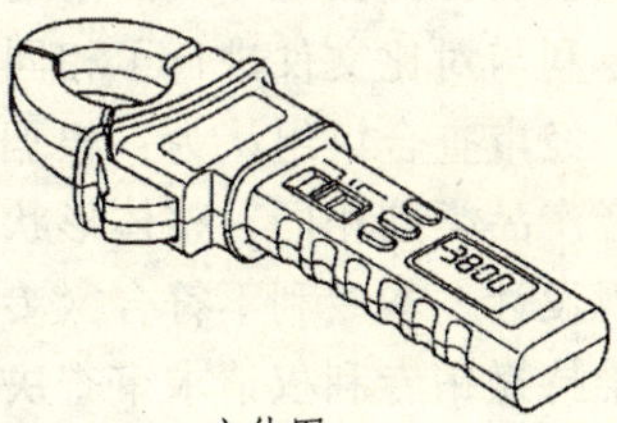
立体图</td></tr>
<tr><td>相同点</td><td colspan="2">1. 都由钳头和表体两部分组成，钳头和表体的形状相同；
2. 钳头和表体两部分的构成比例相同；
3. 开关、按钮、显示窗的形状和布局是相同的</td></tr>
<tr><td>不同点</td><td colspan="2">1. 本专利的钳头一侧有凹槽，对比文件的钳头一侧有一圈弧形的凸缘；
2. 本专利的显示窗高于表体的平面，对比文件的显示窗与表体是同一平面；
3. 本专利的表体尾部设计成斜面，对比文件的表体尾端是平的；
4. 本专利6个凹槽长度延伸到表体的另一面上，对比文件的仅在表体的一侧上</td></tr>
</table>

专利复审委员会本案合议组认为：撤销请求程序中撤销请求人提交的外观设计专利公报的授权公告日是1996年4月3日，申请日是1994年12月22日，产品名称是“测量器”，分类号为10－07，公报公开的视图有该测量器的六面视图和立体图，由于其授权公告日在本专利的申请日之前，故适用于本案，合议组将本专利与对比文件进行了相同和相近似的对比。

经审查合议组认为：根据整体观察、综合判断的判断方式，二者产品类别相同，整体形状设计相近似，故二者属于相近似的外观设计，本专利不符合《专利法》第23条的规定，据此作出了维持撤销专利权请求审查决定的复审请求审查决定，撤销了本专利权。本决定为终局决定。

【案例评析】

本案涉及的法律问题是组件产品的认定及其相同和相近似判断方式。

本专利是由钳头和表体两部分组成，只有组合在一起才能使用，实现其测量数值的功能，若将两个组成部分分开，钳头和表体均没有独立的使用价值，申请时申请人虽然还分别提交了钳头和表体六面视图，但其仍是以一件外观设计专利申请来提交，其保护范围是各构件组合起来的完整产品的形状设计，故本专利属于组装关系唯一的组件产品。若专利权人想要保护的是各零部件的外观设计，则应当以单独提交零部件六面视图的方式提交专利申请，而不是以本专利“数字钳表”这种零部件组合后的整体外观设计提交专利申请。

按照《审查指南》第四部分第五章第5节的规定，对于组装关系唯一的组件产品，在购买和使用这类产品时，一般消费者会对各构件组合后的整体外观设计留下印象，所以，应当以各构件组合状态下的整体外观设计为对象，而不是以所有单个构件外观设计为对象来判断相同或者相近似。本专利的产品名称是

"数字钳表"，而不是其中的一个构件名称"钳头"或者"表体"，其提交了"数字钳表"的各面视图，各构件的相应视图是对整个产品六面视图的补充说明，表达了钳头和表体的具体连接方式，详细地显示产品连接处的内部结构。故应当以各构件组合状态下整体形状的外观作为对象，而不是以所有单个构件的外观为对象来判断相同和相近似性。

尽管专利权人称对比文件是一体式，本专利各构件是分体式，但这种分体式设计在组合后并未给一般消费者在视觉上对其整体形状产生明显的差异感，通过对各组件组合后的整体形状的外观对比，二者的整体形状、设计布局、构成比例方面都是相同的，不同的仅是显示窗是否略高出表体的平面，表体尾部是否为斜面及凹槽长度和深浅等细微的差别，不足以使一般消费者在视觉上产生明显差异，本专利与对比文件属于相近似的外观设计。

案例2 电热开水壶（第5200号无效决定）*

2003年7月21日，专利复审委员会作出第5200号无效宣告请求审查决定，涉及名称为"电热开水壶"的外观设计专利（下称本专利），其申请号为01347314.X，申请日为2001年9月26日，授权公告日为2002年4月24日。

请求人提出的无效宣告请求理由是：在本专利申请日之前授权公告的外观设计专利公报上已公开了与本专利相近似的外观设计。本专利与专利号为99306059.5的外观设计专利相比，都是由水壶及加热装置两部分构成，二者的壶身、壶嘴、手柄均相似，整体形状非常相近，二者只在细微部分有一些区别，这些细小区别需要经过仔细观察才能辨别。因此，本专利与上述在先公开专利属于相近似的外观设计，本专利不符合《专利法》第23条的规定。请求人提交了专利号为99306059.5的外观设计专利

---

* 本案例由张跃平撰写。

公报作为证据。

被请求人在其提交的意见陈述书中认为，本专利与请求人提交的证据中的电热水壶没有一个视图是相同的。本专利是分体式使用，而证据中未反映其电热水壶是否是分体式，此外二者的壶盖、手柄、水尺等也明显不同且不相近似，因此，本专利与请求人提交的证据中公开的电热水壶相比，既不相同也不相近似，不会引起一般消费者的混淆和误认。

合议组经核实认为，请求人提交的专利号为99306059.5的外观设计专利的授权公告日在本专利申请日之前，可以作为评价本专利是否符合《专利法》第23条规定的证据。其公开的“电热开水壶”可以作为与本专利进行相同和相近似比较的对比文件。

本专利授权公告的文件共包括15幅视图（下列表中的是其立体图），从这些视图看，本专利由件1水壶和件2底座两部分构成。对比文件中公开了7幅视图（下列表中的是其立体图），从这些视图看，对比文件公开的也是一种电热水壶，该电热水壶包括壶身、壶盖、壶嘴、壶把和底座几部分。但是从对比文件各视图看不出水壶和底座是否可分。

将本专利与对比文件进行上述比较判断，合议组认为，采用整体观察、综合判断的判断方式，二者各组成部分的形状非常近似，组合成一体后的整体形状也非常近似，不同的只是一些局部细微差异。虽然本专利的壶身和底座可分，从对比文件的附图中不能分辨其壶身和底座是否可分，但这属于电热水壶的功能要求，在进行相同和相近似判断时，不考虑产品的功能、技术性能等因素。本专利保护的是水壶与底座相互配合组装在一起使用的电热开水壶组件产品，组件产品应当以产品组装在一起后的整体外观设计作为保护客体。因此应当将本专利的组合使用状态图所表示的电热开水壶整体外观设计与对比文件中的电热水壶外观设计进行相同和相近似性比较判断。在仅给以一般注意力的情况下，一般消费者很容易将二者混同，所以，本专利与对比文件所公开的电热水壶属于相近似的外观设计。

本专利	对比文件
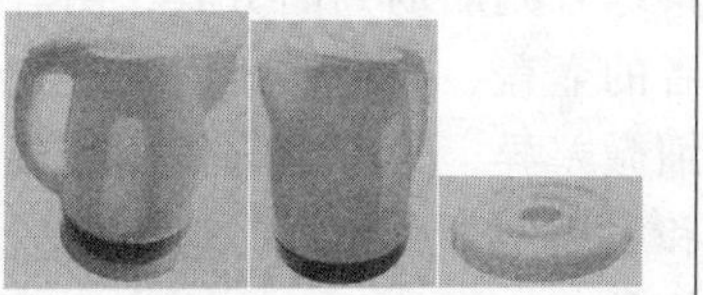	
本专利的电热开水壶由壶身、壶盖、壶嘴、壶把和底座几部分组成。从各视图看，水壶与底座是可分的	对比文件的电热水壶包括壶身、壶盖、壶嘴、壶把和底座几部分。从各视图中看不出水壶和底座是否可分
相同点	二者均为电热水壶，属于类别相同的产品，都包括壶身、壶盖、壶嘴、壶把和底座几部分。而且壶身、壶嘴、壶把和底座形状非常近似
不同点	本专利的壶盖与对比文件中的壶盖不同，壶把的弧度及其上面的按钮有所差异

专利权人不服，在起诉期内向一审法院提起行政诉讼。专利权人诉称，本决定没有考虑到壶身上的水尺、壶把和壶盖的大小、形状和位置的相关要素；本专利的水壶和底座可以拆装，保护的重点是水壶，底座为非必要部件，而对比文件的电热水壶属于一体化产品，因此，本专利与对比文件相比在外形上存在很大差别，属于不相同且不相近似的外观设计。

一审法院的观点与第 5200 号决定中的观点相同，维持了专利复审委员会作出的第 5200 号决定。

专利权人不服，继续上诉至二审法院，专利权人进一步指出，本专利包括水壶壶体和加热底座两个构件，应归入插接件产品一类，一般消费者购买和使用本专利时所留的印象是其由两部分构成。而对比文件是呈一个整体的电热开水壶，因此，二者既不相同也不相近似。

二审法院经审理认为，将本专利与对比文件进行比较后可知，二者属于同类产品，根据整体观察综合判断的判断方式，两者的整体形状相近似，所不同的是二者的壶盖、壶把的弧度及壶把上的按钮形状，这些差别属于局部细微差异，并不影响整体外观设计的相近似。虽然本专利由壶身和底座两部分组成，但组合后的产品最终形状只有一种，不应当将其归入插接件玩具产品。且壶身和底座是否可分离属于电热水壶的功能要求，不属于外观设计的保护范围。由此二审法院作出终审判决，维持了一审判决。

【案例评析】

本案涉及的法律问题是对组件产品外观设计如何进行相同和相近似比较判断。

本决定是在2004年5月26日《审查指南》第1号修改公报对《审查指南》进行修改之前作出的。当时适用的《审查指南》规定，对于插接件和插接组件玩具产品外观设计，以一件外观设计专利申请提出才能给予外观设计专利保护。且《审查指南》仅仅对这类产品外观设计如何进行相同和相近似判断作出了规定，对其余组件产品如何判断没有明确规定。对于插接件或插接组件玩具产品以外的组件产品而言，如本专利电热开水壶，若申请人想要保护单个构件的外观设计，则需提交单个构件的六面视图，以零部件为客体申请保护；若申请人想要保护组件产品外观设计，则需提交组件产品的六面视图，以组件产品为客体申请保护。就本专利而言，其产品名称为电热开水壶，壶身和底座相互依赖共同完成电热开水壶的功能，申请人提交的视图清楚表达了电热开水壶的外观设计，其申请保护的是水壶与底座相互配合组装在一起使用的电热开水壶组件产品。与插接件或插接组件玩具产品不同，本专利组合后的整体形状只有一种，应当以组合状态下的整体外观设计作为与在先设计进行相同和相近似的比较对象。壶身和底座是否可分离属于电热开水壶的功能要求，按照《审查指南》的规定，产品的功能、技术性能不属于外观设计相同和相近似判断的考虑因素，所考虑的是二者组合后形成的整体外观设计。

鉴于2001年版《审查指南》对组件产品相同和相近似的判断方式没有作出系统的规定，在2006年版《审查指南》中对各种组件产品相同和相近似的判断方式作出了明确的规定。将组件产品分成两类，一类是各构件之间的组装关系唯一确定的组件产品，例如拼装的汽车模型。这类产品可以根据其产品名称唯一确定其组合状态，应当以组装后的整体外观为比较对象。另一类是无组装关系或者组装关系不唯一的组件产品，无组装关系的组件产品，例如扑克牌、象棋的棋子等，这类产品由于没有组装关系，因此，应当以每个构件为比较对象。组装关系不唯一的组件产品，因其构件之间组装关系千变万化不具有唯一性，如插接玩具，所以，只能以每个构件为比较对象。

案例3　包装盒（第4029号无效决定）*

2001年11月27日，专利复审委员会作出第4029号无效宣告请求审查决定，涉及产品名称为“包装盒”的98331259.1号外观设计专利（下称本专利），其申请日为1998年11月3日，授权公告日为1999年5月26日。

请求人请求宣告本专利无效的理由是：本专利与其申请日前已经公开的商标公告和专利公告所示包装盒相近似，因此，本专利不满足《专利法》第23条有关新颖性及不得与他人在先取得

* 本案例由徐清平撰写。

的合法权利相冲突的规定。为支持其主张，请求人提交了证据1即1997年第11期的中国《商标公告》封面及第924页复印件、证据2即德国专利DE29713884 U1的公告复印件、证据3即德国专利DE29601693 U1的公告复印件。

合议组经审查认为：请求人提交的证据2所示德国专利公告日为1997年11月13日，属于在本专利申请日前公开发行的出版物，适用于本案。合议组将该证据所示糖果包装盒外观设计作为对比文件与本专利进行了相同和相近似对比判断。

本专利	对比文件
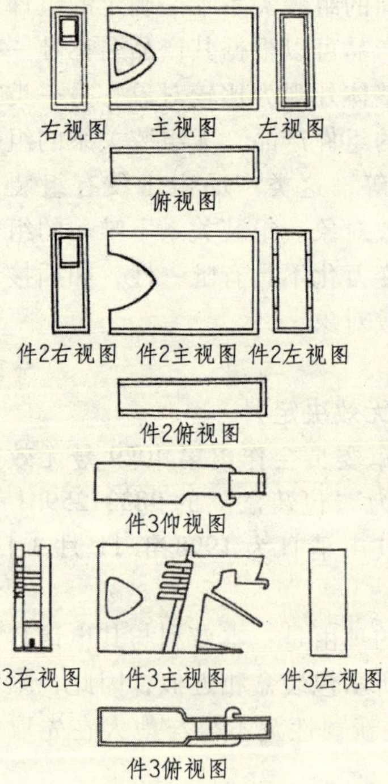	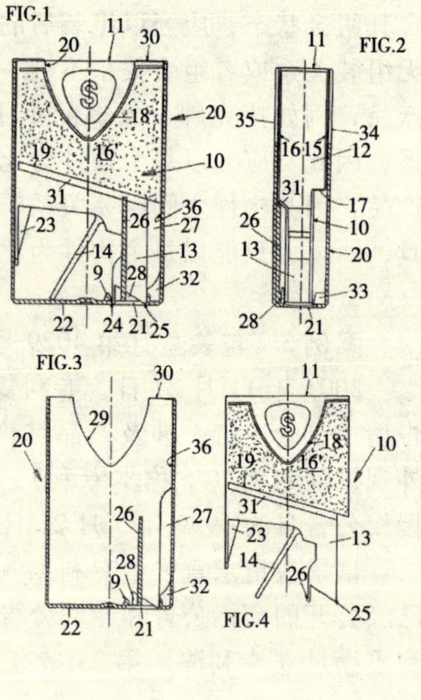

续表

本专利所示包装盒由外壳和内插件两部分组成，外壳整体形状为一长方体壳体，其顶面为开口，前后面的上端中部有一类似心形的缺口，底面一侧设有较小的矩形孔，壳体表面边缘设有细长边条；内插件为一不规则壳体，其一侧开口，内插件包括储物匣、狭长的出物口、弹片、弹片限位叉等，出物口部分与储物匣之间为倾斜阶梯状过渡，储物匣表面设有4条凹槽，储物匣上端中部设有近似心形的设计；二者的组合状态为外壳套于内插件外，内插件上近似心形的设计、出物口分别对应于外壳近似心形的缺口和底面的矩形孔	对比文件包装盒由外壳和内插件两部分组成，其图1、图2分别为二者在组合状态下的正面和侧面剖视图，且该剖视图仅剖切到外壳，对于内插件未作剖视表达，图3为外壳剖视图，图4为内插件正投影图。该包装盒外壳整体形状为一长方体壳体，其顶面为开口，前后面的上端中部有一类似心形的缺口，底面一侧设有较小的矩形孔，壳体内部还设有隔条；将图4、图2相结合可以确定：该包装盒内插件为一不规则壳体，其一侧开口，内插件包括储物匣、狭长的出物口、弹片、弹片限位叉等，出物口部分与储物匣之间一面为直角阶梯状过渡，另一面为倾斜阶梯状过渡，储物匣外表面为粗糙状，上端中部设有近似心形的设计和字母“S”标志；由图1、图2可见二者的组合状态，外壳套于内插件外，内插件上近似心形的设计、出物口分别对应于外壳近似心形的缺口和底面的矩形孔

将本专利与对比文件所示包装盒进行比较，由于本专利是关于产品形状的外观设计，所以仅将对比文件所示包装盒的形状与本专利进行相同或相近似比较判断，而对比文件内插件上的“S”标志、外表面的非形状设计等均不予考虑。本专利与对比文件所示包装盒都由外壳和内插件两部分组成，二者的外壳与内插件组合方式相同，在组合状态下的外观设计相近似的。因此，本专利与对比文件所示包装盒属于相近似的外观设计。

综上所述，本专利与其申请日前在出版物上公开发表的外观设计相近似，不符合《专利法》第23条的规定。据此，专利复审委员会作出决定，宣告本专利无效。在随后的专利行政诉讼中人民法院判决维持该决定。

【案例评析】

本案例涉及组件产品外观设计的相同和相近似对比判断。本专利视图包括包装盒外壳和内插件在组合状态下的正投影视图，同时还包括对该两个构件分别提交的正投影视图，专利权人未在申请文件中明确申明其为成套产品还是组件产品外观设计。本专利件2和件3所示产品构件，对于最终消费者而言不会分别单独购买和使用，且生产厂家一般也不会将其作为零部件单独生产或作为半成品单独销售，故应认为件2、件3不具独立使用价值，其组合在一起才能使用，因此本专利属于组件产品外观设计，在相同和相近似对比判断中应遵循单独对比原则，将本专利组件产品整体外观与对比文件组合状态整体外观单独进行相同和相近似比较。

案例4　电熨斗（第6000号无效决定）*

2004年4月1日，专利复审委员会作出第6000号无效宣告请求审查决定，涉及名称为“带充电座的无线电熨斗（2）”的外观设计专利（下称本专利），其申请号为02312773.2，申请日为2002年3月11日，授权公告日为2002年8月28日。

请求人请求宣告本专利权无效的理由是：本专利与请求人在先申请并公开的外观设计专利相近似，二者产品相同，整体形状相同，本专利仅对请求人的专利作了细微的改动，多设计了一个

* 本案例由卞永军撰写。

充电座，熨斗本身几乎未作任何变动，对于一般消费者而言，电熨斗才是容易引起一般消费者注意的部分，因为消费者要购买的是电熨斗而不是充电座，其首先注意的应该是电熨斗本身，另外，在使用过程中熨斗也是单独使用的，所以，在熨斗极其相近似的情况下，一般消费者容易将两个电熨斗专利产品相混淆，因此，在本专利申请日前已有与其外观设计相近似的产品在专利公报上公开发表过，本专利不符合《专利法》第 23 条的规定。为支持其提出的主张，请求人提交了专利号为 99302306. 1 的外观设计专利公报作为证据。

合议组经过审查认为，请求人提交的证据的授权公告日（即公开发表日期）早于本专利的申请日，故属于《专利法》第 23 条所规定的出版物，适用于本案。在证据中公开了一项“电熨斗”的外观设计（下称对比文件），其与本专利属于相同种类的产品，合议组对二者进行了相同和相近似的比较。

合议组根据整体观察、综合判断的方式，认为本专利与对比文件的区别在整体视觉中具有显著影响，二者属于不相同且不相近似的外观设计。由于请求人没有提供充分证据证明在本专利申请日以前已有与其相同或相近似的外观设计公开发表过或公开使用过，无效宣告请求不成立，维持本专利权有效。当事人未针对该决定提起行政诉讼。

<table>
<tr><th colspan="2">本专利</th><th>对比文件</th></tr>
<tr><td colspan="2">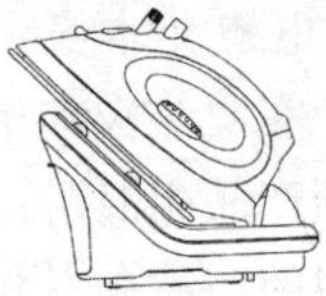 主视图 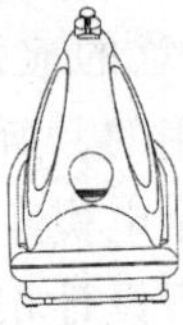 右视图
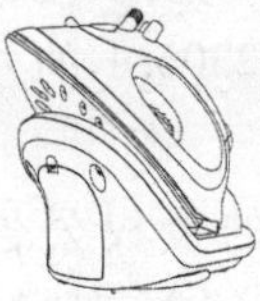 立体图 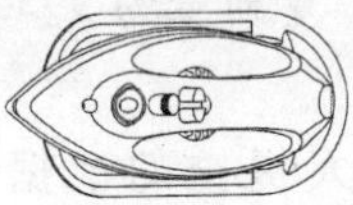 俯视图</td><td> 后视图  仰视图
 立体图
 右视图  主视图
 左视图 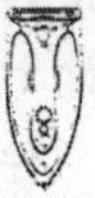 俯视图</td></tr>
<tr><td colspan="2">本专利由电熨斗和充电座两部分的外观设计组成，电熨斗是对称设计，充电座类似于“V”字型，张开角度约为120度，倾斜面与电熨斗底面相接触，倾斜面上设计有充电部分，与电熨斗底部相连接</td><td>对比文件所示的电熨斗是对称设计，公开了电熨斗各部分的外观设计</td></tr>
<tr><td>相同点</td><td colspan="2">1. 电熨斗的整体轮廓基本相同；
2. 控制钮的位置基本相同</td></tr>
<tr><td>不同点</td><td colspan="2">1. 本专利与对比文件的电熨斗的上部弧线及按键所形成的整体轮廓和握孔部分的设计不相同；
2. 本专利有充电底座，对比文件没有</td></tr>
</table>

【案例评析】

本案涉及的焦点问题是：组件产品的相同和相近似判断。本专利产品是组件产品，是由电熨斗和充电座两部分组成。本专利的产品名称是“带充电座的无线电熨斗”，而不是其中的一个组件“电熨斗”或者“充电座”，电熨斗只有在通电加热的情况下才能实现其熨烫服装的功能，单独的充电座因其与电熨斗有特殊配合连接关系，而无法给其他电器充电，因此，只有电熨斗和充电座组合在一起才能使用，如果将两个组成部分分开，本案的电熨斗和充电座均没有独立的使用价值，因此本专利是以两个构件组合而成组件产品的整体作为保护客体，其保护范围是由组件产品的整体外观形状确定的。对于组装后形状固定的组件产品来说，在购买和使用这类产品时，一般消费者会对各构件组合的整体形状的外观留下印象，所以，应当以各构件组合状态下整体形状的外观作为对象，而不是分别以各单个构件的外观为对象来判断相同和相近似性。

（三）单独对比方式的例外

1. 组件产品

案例　便携式燃气烧烤炉（第3814号复审决定）*

2003年8月28日，专利复审委员会作出第3814号复审请求审查决定，涉及名称为“便携式燃气烧烤炉”的外观设计专利（下称本专利），其申请号为98318495.X，申请日为1998年6月10日，授权公告日为1999年4月14日。

针对本专利，撤销请求人向国家知识产权局专利局提出撤销专利权的请求，理由是本专利不符合《专利法》第23条的规定。与此同时，提交了从国家知识产权局专利局德温特文献馆检索的附件1和附件2（其上盖有国家知识产权局专利局专利文献部专利信息处印章），其中附件1是专利申请号为944088的南非共和国专利公报复印件，附件2是专利申请号为910411的南非共和国专利公报复印件，随后又提交了附件3即申请号为

---

* 本案例由张跃平撰写。

891010的南非共和国外观设计专利图片复印件，之后又递交了南非专利局制作的附件3的原件和首页翻译件。

国家知识产权局专利局经审理后作出了审查决定。决定认为撤销请求人提交的附件1、附件2和附件3可以作为本专利的对比文件。本专利的保护范围是指由8个单件组成的燃气烧烤炉的整体外观设计，因此撤销请求人提交的证据中应显示一件包含本专利全部内容的“燃气烧烤炉”外观设计，否则，二者不具有相互比较的对应性。而且在比较时应当遵循“一对一”的单一对比方式。将本专利分别与附件1、附件2和附件3中所示产品单独对比，二者均属于不相同也不相近似的外观设计，因此，撤销请求人提出的撤销专利权的请求不能成立，决定维持本专利有效。

撤销请求人（下称复审请求人）不服上述决定，向专利复审委员会提出复审请求，其主要理由是：根据《专利法》第56条第2款的规定，外观设计专利权的保护范围以表示在图片或者照片中的外观设计专利产品为准。但是在公开的专利文件中没有“便携式燃气烧烤炉”整体外观设计的六面视图，而只有8个部件的各视图，因此本专利保护的是8个独立的部件，而不是烧烤炉整体。应当将该8个独立构件与附件中公开的相应构件进行单独对比。

专利复审委员会本案合议组经审查后认为，复审请求人在撤销程序中提交的附件1和附件3都可以作为评价本专利是否符合《专利法》第23条规定的依据。

合议组首先确定本专利的保护客体：本专利的名称为“便携式燃气烧烤炉”，由其授权文本中的视图可以看出其有两种使用状态，其简要说明记载：使用状态1后视图与主视图相同，左视图与右视图相同，省略后视图及左视图，仰视图为不常见部位，省略仰视图；使用状态2后视图与主视图相同，左视图与右视图相同，省略后视图及左视图，仰视图为不常见部位，省略仰视图。所述两种使用状态中的一种是带有锅的炉子（下称使用状态1），一种是带有烧烤网的烤炉（下称使用状态2）。合议组认为，本专利是一种由多个部件构成的组件产品，这些构件能够组成一个具有固定形状的产品，而且一般消费者在购买时主要引起其注意的是烧烤炉各部件组合后形成的整体外观形状，而并不是每一个构件的具体形状，因此，结合本专利的名称，本专利的保护客体应当是其两种使用状态图所显示的组合后的产品整体外观设计。

将本专利使用状态1与附件1中图2公开的带有锅的烧烤炉（下称对比文件2）和附件3公开的锅盖（下称对比文件3）进行如下相同和相近似比较判断。

根据《审查指南》可知，如果本专利是由只能组装在一起使用的至少两个构件构成的产品的外观设计，可以将与本专利构件数量相对应的组装使用过的构件的外观结合起来作为一项在先设计与本专利进行对比。因对比文件2的烧烤炉和对比文件3的锅盖的专利申请人均为南非CADAC有限公司，而对比文件2的锅上带有固定夹子，根据日常习惯，锅和锅盖是配套使用的，对比文件2中的夹子就是用来固定锅和锅盖的夹子，在对比文件2和对比文件3的申请人均为同一公司的情况下依据图片判断，可以认为对比文件2的锅和对比文件3的锅盖在实际使用过程中是组装起来使用的，因此，可以将对比文件2和对比文件3结合起来与本专利进行相同和相近似比较判断。

本专利使用状态 1	对比文件 2	对比文件 3
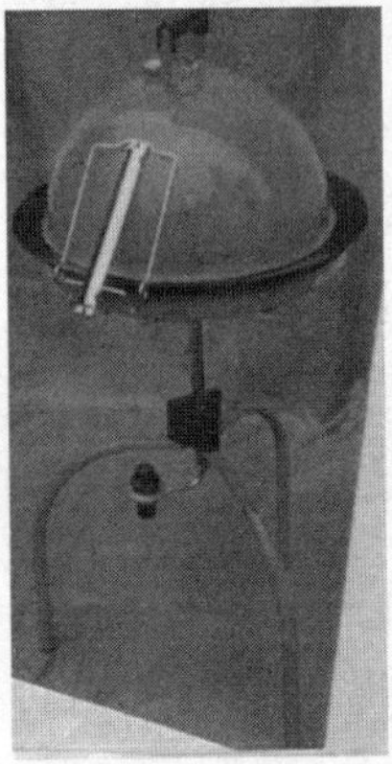	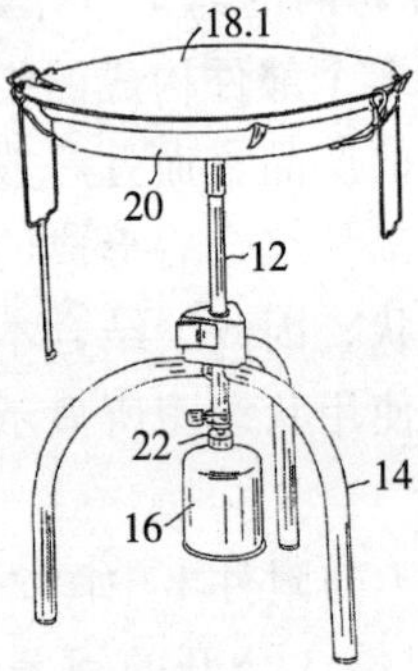	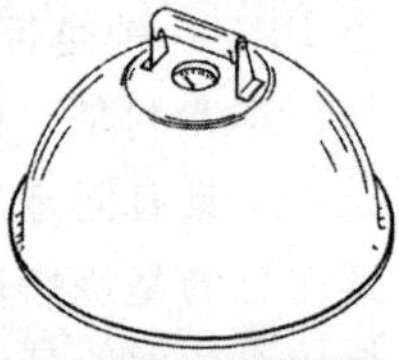 PERSPECTIVE VIEW 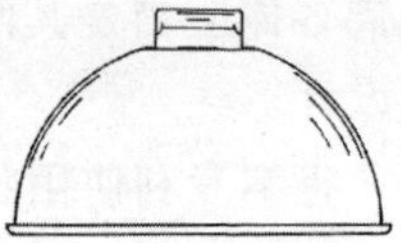 SIOE VIEW
由上述视图可以看出，本专利使用状态 1 由炉盘、锅、锅盖和支架组成，支架由三条腿组成，每条腿上端呈圆弧状，下端直立，该三条支腿支撑一根由三角形固定块固定的立柱，	对比文件 2 公开了一种带有锅的烧烤炉，其由锅、炉盘和支架构成，支架由三条腿组成，每条腿上端呈圆弧状，下端直立，该三条支腿支撑一根由三角形固定块固定的立柱，立	对比文件 3 公开了一种锅盖，其公开了锅盖的立体图、侧视图和俯视图，由这些视图看，锅盖体为半个球面状，下端是一圈平面状锅盖沿，顶部有一个提手，提手
立柱下端连接进气调节阀，上端连接炉盘，炉盘上方支撑着锅，锅上扣着锅盖，锅上带有两个将锅与锅盖固定起来的夹子，锅盖上方正中间有一个提手，提手旁边有一个气压表	柱下端连接进气调节阀、气罐，上端连接炉盘，炉盘上面是锅，锅上带有两个用于将锅与锅盖固定起来的夹子	正下方有一个气压表

将本专利使用状态 1 与对比文件 2 公开的带有锅的烧烤炉和对比文件 3 公开的锅盖组装起来的整体外观设计进行对比可知，

二者的相同点是：二者都由锅、炉盘和支架构成，支架由三条腿组成，每条腿上端都呈圆弧状，下端直立，而且三条支腿都支撑一根由三角形固定块固定的立柱，立柱下端连接进气调节阀，上端连接炉盘，炉盘上面是锅，锅上带有两个用于将锅与锅盖固定起来的夹子，锅上面是锅盖，所述夹子将锅与锅盖固定在一起。二者的不同点是本专利使用状态1的烧烤炉进气调节阀与立柱不在一条直线上，而对比文件中的进气调节阀与立柱在一条直线上，另外，锅盖上气压表的位置和炉盘表面倾斜度也有所不同。对于二者的不同点合议组认为，这些区别点都属于局部细微的差异，在各组成部件、整体设计如此相近、并且一般消费者在仅给以一般注意力的情况下，是不会注意到这些细微区别的，很容易将二者混同。因此，本专利使用状态1与对比文件2和对比文件3组装起来构成的烧烤炉设计属于相近似的外观设计。

本专利使用状态2与附件1中图1公开的带有烧烤网的烧烤炉（下称对比文件1）进行如下相同和相近似比较判断。

将本专利使用状态2与对比文件1公开的烧烤炉进行对比可知，二者都由炉盘、烧烤网和支架构成，支架都是由三条腿组成，每条腿上端呈圆弧状，下端直立，三条支腿都支撑一根由三角形固定块固定的立柱，立柱下端连接进气调节阀，上端连接炉盘，炉盘上面是烧烤网。二者的不同点是烧烤网的排列方式有所不同，炉盘的倾斜度有所不同。合议组认为这些不同点与烧烤炉的整体设计相比都属于局部细节上的变化，在二者组成部件和整体设计如此接近的情况下，并且一般消费者仅给以一般的注意力很容易将二者混同。因此，本专利使用状态2与对比文件1属于相近似的外观设计。

本专利使用状态 2	对比文件 1
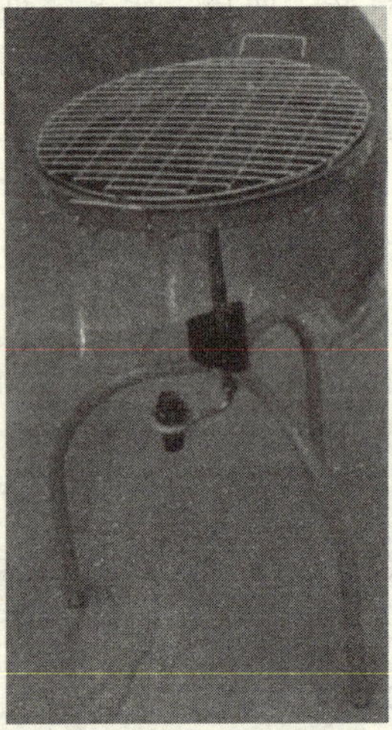	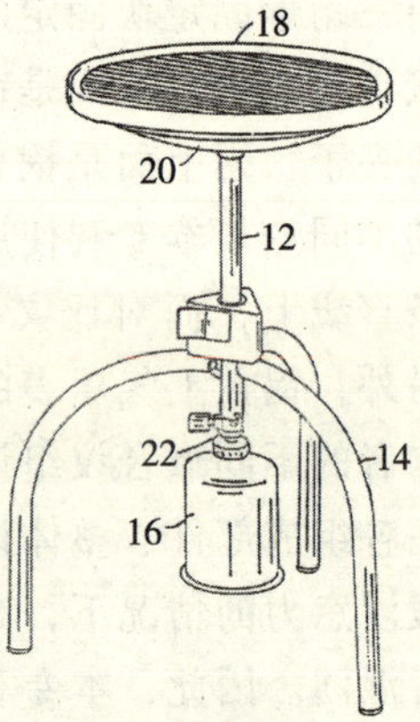
本专利使用状态 2 由炉盘、烧烤网和支架构成，支架由三条腿组成，每条腿上端呈圆弧状，下端直立，该三条支腿支撑一根由三角形固定块固定的立柱，立柱下端连接进气调节阀，上端连接炉盘，炉盘	对比文件 1 公开了一种带有烧烤网的烧烤炉，其由炉盘、烧烤网和支架构成，支架由三条腿组成，每条腿上端呈圆弧状，下端直立，该三条支腿支撑一根由三角形固定块固定的立柱，立柱下端连接进气调
相对两端有两个提手，炉盘上面是纵横交错分布的烧烤网，从俯视图可以看出，烧烤网下面的炉盘上有几圈气眼	节阀、煤气罐，上端连接炉盘，炉盘上面是平行分布的烧烤网

综上所述，本专利不符合《专利法》第 23 条的规定，宣告本专利无效。本决定为终局决定。

【案例评析】

本案涉及外观设计相同和相近似判断中的 3 个焦点问题。其一是成套产品的判断方式，其二是组件产品的判断方式，其三是单独对比原则的例外情形如何把握。

本决定适用的是2001年修订的《审查指南》（下称2001年版《审查指南》），当时对成套产品相同和相近似的判断方式，以及是否可以部分无效没有作出明确规定。但2004年《审查指南》第1号修改公报修订的《审查指南》第四部分第三章第6节中明确规定："对于包含有若干个具有独立使用价值的产品的成套产品的外观设计专利，如果无效宣告请求的理由及证据等仅导致其中一部分产品的外观设计不符合《专利法》的有关规定，则应当宣告该部分产品外观设计专利无效，并且维持其余产品的外观设计专利有效。"第四部分第五章第6.2节"单独对比"中对相近似判断中成套产品和组件产品的对比原则作出了规定："如果被比的成套产品外观设计中包含有若干个具有独立使用价值的产品的外观设计，则可以用不同的在先设计与各个产品的外观设计分别进行单独对比。""被比外观设计是由只能组装在一起使用的至少两个构件构成的产品的外观设计的，可以将与其构件数量相对应的组装使用过的构件的外观结合起来作为一项在先设计与被比外观设计进行对比。"由此可知，组件产品与成套产品外观设计在相同和相近似判断方式上存在很大差异。对于成套产品或功能相互独立的两件以上的产品适用于部分无效，可以用相对应的在先设计与专利中的相应产品外观设计单独对比。而组件类产品作为一件产品不适用于部分无效，也不能将专利中对应的构件与在先设计的相应构件单独对比，只能将其作为一个整体与在先设计进行相同和相近似比较。因此，在外观设计专利无效程序中区分成套产品还是组件产品显得尤为重要。

对于本案涉及的第一个问题，根据《审查指南》的相关规定，成套产品必须满足如下几个要件：（1）同一小类；（2）同一设计构思和设计风格；（3）习惯上成套出售、同时成套使用；

(4) 每件产品都有独立的特性和使用价值，能够单独使用。对于本专利而言，其两种使用状态一种是带锅的便携式炉，一种是带烧烤网的便携式炉，显然二者用途相同，属于类别相同的产品，设计构思和设计风格也是相同的，作为烧烤炉的两种使用状态，也满足习惯上成套出售和同时成套使用这一条件，每一种炉子又都有独立的烧或烤的功能，因此，满足上述4个要件，属于成套产品，虽然2001年版《审查指南》对成套产品的相同和相近似判断方式没有作出明确的规定，但决定中的判断方式和2004年修改后《审查指南》的判断方式是一致的。将对比文件1公开的烤炉和本专利的使用状态2显示的外观设计进行对比，对比文件2和对比文件3中公开的视图结合起来与本专利的使用状态1显示的外观设计进行对比。

对于本案涉及的第二个问题，根据2001年版《审查指南》的有关规定，对于组件产品而言，由于每一单独构件没有独立的使用价值，组合成一体时才能使用，申请外观设计时也是作为一件产品外观设计提出的，因此，组件产品应当是以这些构件组合在一起的整体外观设计作为保护范围。尽管本专利公开了8个构件的视图，但由于本专利的产品名称是“便携式燃气烧烤炉”，其必须具备烧烤食品这一功能，因此，应当分别以上述两种使用状态所示的由相应构件组合而成的整体烤炉的外观设计作为其保护对象，而不应当以每一构件的外观设计作为保护对象。对于这种组件产品，不能用该8个构件相应的在先设计与本专利相应构件分别进行对比。

在本案决定理由中合议组是这样认定本专利的保护客体：本专利名称为“便携式燃气烧烤炉”，其有两种使用状态，一种是带有锅的炉子，一种是带有烧烤网的烤炉。本专利烧烤炉的每一种使用状态是一种由多个构件构成的组件产品，这些构件能够组成一个具有固定形状的产品，而且一般消费者在购买时主要引起其注意的是烧烤炉各部件组合后形成的整体外观形状，而并不是每一个构件的具体形状，因此，结合本专利的名称，本专利的保护客体应当是其各组件组合后的产品整体外观设计的两种使用状态图（两个成套产品）。

本案例涉及的第三个问题是外观设计相同相近似对比中能否将两篇以上的对比文件结合起来与被比外观设计进行比较判断。

《专利法》第23条中规定的外观设计的授权条件是与在先设计不相同且不相近似，根据我国实施《专利法》二十多年的一贯做法，相同相近似判断基本等同于新颖性的判断标准，其在审查中要遵循单独对比原则。但是，单独对比原则在某些情况下也不是绝对的，本案例所阐述的就是在何种情况下可以适用这种单独对比原则的例外原则。由2001年版《审查指南》可知，如果本专利是由只能组装在一起使用的至少两个构件构成的产品的外观设计，可以将与本专利构件数量相对应的组装使用过的构件的外观结合起来作为一项在先设计与本专利进行对比。在2006年修订的《审查指南》中，将“组装使用过的”修改为“明显具有组装关系的”。这一规定旨在防止被比设计将多个现有设计简单组合叠加在一起申请一项外观设计的情形。例如，将明显具有组装关系的以单个构件方式公开的杯体和杯盖组合在一起申请一项带盖的杯子，则可以将公开了杯子和杯盖的两项在先设计结合在一起与被比设计进行相同相近似的比较判断。如何理解“明显具有组装关系”呢？本案例或许可以进一步给以解释。在本案中，对比文件1的烧烤炉和对比文件2的烧烤炉以及对比文件3的锅盖的专利申请人均为南非CADAC有限公司，而对比文件2的锅上带有固定夹子，根据一般日常习惯，锅与锅盖配套使用，对比文件2中的夹子就是用来固定锅和锅盖的夹子，在对比文件2和对比文件3的申请人均为同一公司，而且对比文件3的锅盖又是便携式锅所用锅盖的情况下，可以说明对比文件2的锅和对比文件3的锅盖在实际使用过程中明显是组装在一起使用的，因此，可以将对比文件2和对比文件3结合起来与本专利的其中一种使用状态下的外观设计进行相同相近似比较判断。

2. 成套产品

案例1 药品包装盒（第3939号无效决定）*

2001年9月18日，专利复审委员会作出第3939号无效宣告请求审查决定，涉及名称为“药品包装盒（2）”的89302256. X号外观设计专利（下称本专利），其申请日为1989年11月30日，授权公告日为1990年12月12日。该专利属于成套产品，由小盒和大盒两项药品包装盒的外观设计组成。

针对本专利，请求人提出的无效宣告请求的理由是：本专利不符合《专利法》第23条的规定。请求人认为在本专利申请日以前已有与其相近似的外观设计在出版物上公开发表过，并提交了由中国旅游出版社（香港）出版的第94期《中国旅游》杂志作为证据之一，在该杂志第47页中记载了一款“药品包装盒”的外观设计（下称对比文件）。

合议组经过审查认为，该杂志属于《专利法》第23条所规定的本专利申请日以前公开的出版物；但对比文件中公开的外观设计仅与本专利中小盒的外观设计相近似，而请求人未能针对本专利的另一项外观设计（大盒）提供证据。

结论：宣告89302256. X号外观设计专利权部分无效，去除小盒的外观设计六面视图所表示的保护范围，在保留原大盒的外观设计视图所表示的保护范围的基础上维持专利权有效。当事人未针对该决定提起行政诉讼。

* 本案例由张雪飞撰写。

本专利	对比文件
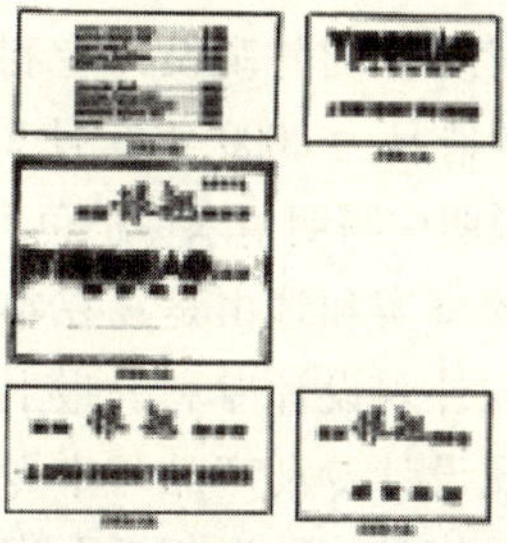 大盒  小盒	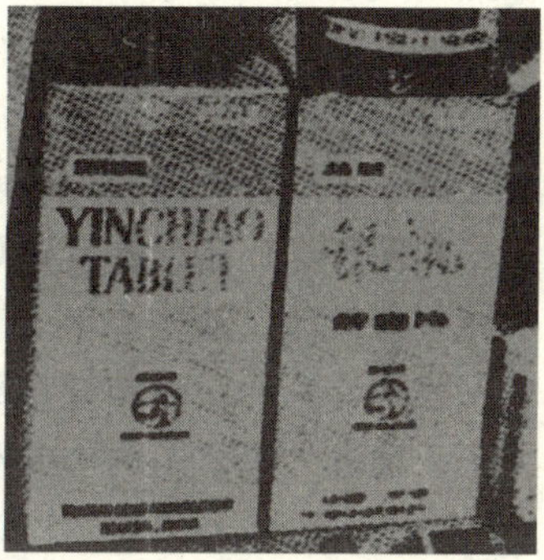

【案例评析】

由于本专利为成套使用的包装产品的外观设计，组成本专利的大盒、小盒两项外观设计是相对独立的，分别具有独立的使用价值，二者之间并不互相依赖对方而存在，因此，应对二者的专利性分别进行审查。请求人所提供的证据能够证明已有与本专利中一项外观设计（小盒）相近似的外观设计在本专利申请日以前公开发表过，因此小盒外观设计应被宣告无效；而请求人未能针对本专利的另一项外观设计（大盒）提供证据，故应维持大盒的外观设计专利权有效。

案例2　瓶贴（第3856号无效决定）*

2002年7月19日，专利复审委员会作出第3856号无效宣告请求审查决定，涉及名称为“瓶贴（葡萄汁）”的外观设计专利（下称本专利），其申请号为00330843. X，申请日为2000年6月21日，授权公告日为2001年1月31日，简要说明中写明请求保护色彩。

请求人提出的宣告本专利权无效的事实和理由是：在本专利申请日以前，由国家知识产权局出版的外观设计专利公报上公开发表了两项外观设计专利，该两项外观设计专利产品与本专利相比属于相同种类产品，并且正贴和背贴均是一种以相近图案为主的平面装潢设计，故本专利不符合《专利法》第23条的规定，请求宣告本专利的正贴和背贴部分无效。为支持其无效宣告请求的主张，请求人提交了两份专利公报作为证据，证据1是专利号为97300792. 3的外观设计专利公报，证据2是专利号为97300791. 5的外观设计专利公报。

经审查，证据1和证据2的授权公告日均早于本专利申请日，专利公报的授权日即是该项专利的公开发表日，两份证据均属于《专利法》第23条规定的出版物，适用于本案。遂将本专利与两份证据显示的对比文件进行了如下相同和相近似的对比。

合议组认为，本专利中的正贴和背贴与申请日前出版物上公开发表过的外观设计相近似，故本专利中的正贴和背贴外观设计专利权不符合《专利法》第23条的规定，宣告正贴和背贴外观设计部分无效，而请求人没有提供本专利中的颈贴的外观设计不符合授予专利权条件的证据，故本专利中的颈贴的外观设计应予维持。当事人未针对该决定提起行政诉讼。

---

* 本案例由卞永军撰写。

<table>
<tr><th>本专利</th><th>对比文件</th></tr>
<tr>
<td>

正贴主视图

背贴主视图
</td>
<td>

对比文件1正贴主视图

对比文件2背贴主视图
</td>
</tr>
<tr>
<td>

颈贴主视图
</td>
<td></td>
</tr>
<tr>
<td>本专利包括正贴、背贴和颈贴 3 个瓶贴的外观设计，是同一类别，能同时使用、同时销售，具有同一设计风格，属于成套产品的外观设计专利</td>
<td>对比文件分别公开了正贴和背贴的外观设计</td>
</tr>
</table>

续表

相同点	1. 本专利中的正贴和对比文件 1 的形状、图案题材及构图方式是相同的； 2. 本专利中的背贴和对比文件 2 的形状、图案题材及构图方式是相同的
不同点	1. 本专利的正贴和背贴的英文字母、文字有所区别； 2. 对比文件没有颈贴的外观设计

【案例评析】

本案涉及成套产品外观设计的相同和相近似判断。

本专利是将瓶颈、瓶正面、瓶背面标贴合案申请的外观设计专利。《审查指南》第一部分第三章在初步审查中对成套产品给出的定义为："两件或两件以上同一类别的产品在满足一定条件的情况下可以作为一件申请提出，通常将它们称为成套产品。这类成套产品应当是习惯上成套出售、同时成套使用的两件以上的产品，而且它们的设计构思和设计风格应当保持一致。"并进一步限定："成套产品是由两件以上各自独立的产品组成，其中每一件产品具有独立的使用价值，而各件产品组合在一起又能体现出其组合使用的价值。"本专利的 3 个标贴属于同一小类，虽然各自相互独立但一般会同时使用在同一件产品的装潢上，随同产品一同销售，它们的设计风格一致，因此，本专利的 3 个标贴属于成套产品外观设计。

2004 年及 2006 年修订后的《审查指南》进一步对于成套产品等具有独立使用价值的产品外观设计的对比方式作出明确规定，即：可以用不同的在先设计与所其对应的各产品的外观设计分别进行单独对比。由此可知，虽然从形式上看，请求人提交了多个在先设计与成套产品外观设计进行相同和相近似比较，但实质上遵循的仍然是单独对比的判断方式。在《审查指南》中进一步规定，如果无效宣告请求的理由及证据仅能证明其中一件产品的外观设计不符合《专利法》或《专利法实施细则》的有关规定，使得请求人针对该件产品外观设计专利的无效理由成立，则应当宣告该产品外观设计专利无效，并且维持其余产品的外观设计专利有效。

本专利的正贴和背贴与对比文件 1 和对比文件 2 的形状、图案题材及构图方式是相同的，虽然其英文字母、文字有所区别，但其英文字母、文字的字型和字体是相近似的设计，而且英文符号、汉字的含义也不属于外观设计专利所保护的内容，不作为相近似性判断的因素，与相同点相比较，一般消费者会忽略这些细微的差别，这些差别不会使一般消费者产生明显不同的视觉印象，对于此类图案瓶贴而言，图案设计是识别其外观设计的主要部分，虽然对比文件未表示出色彩设计，但其明暗度变化相同，因此，本专利中的正贴和对比文件 1 属于相近似的外观设计，本专利中的背贴和对比文件 2 属于相近似的外观设计。宣告本专利正贴和背贴外观设计部分无效，维持本专利颈贴外观设计有效。

3. 不具“单一性”的专利

案例　饮料瓶及瓶贴（第 850 号无效决定）*

1997 年 3 月 25 日，专利复审委员会作出第 850 号无效宣告请求审查决定，涉及产品名称为“天然白桦树汁饮料瓶及瓶贴”的 91300542.8 外观设计专利（下称本专利），其申请日为 1991 年 3 月 15 日，授权公告日为 1992 年 8 月 19 日。

针对本专利，请求人以本专利不符合《专利法》第 23 条规定为由向专利复审委员会提出无效宣告请求，其具体理由是：本专利的饮料瓶在申请日以前早已在国内公开的出版物上发表过，如 1988 年 5 月 10 日公开的 87300558 号中国外观设计专利所公

* 本案例由赵嘉祥撰写。

开的啤酒瓶。将本专利与其进行比较，其差异仅仅在于瓶子下部瓶肚的大小不同（从仰视图看），属于细微的局部差别，从整体上看应当属于相同或极相近似。另外，由中国包装杂志社于1988年5月公开出版的《中国包装》1988年第二期公开的一种啤酒瓶也与本专利相近似。请求人提交了上述两份出版物证据。

另外，请求人认为本专利包括瓶与瓶贴两种产品，而该两种产品不属于同一类别，不具有“单一性”，不符合《专利法》第31条第2款的规定，显而易见是授权错误，应当予以纠正。

请求人还提供了3个声称在申请日前公开使用的瓶贴复印件，并认为依据《专利法》第23条的规定，本专利无论是瓶子还是瓶贴，均不应当授予专利权。

经审查，合议组认为，从专利权人申请本专利时所提交的图片、产品名称和本专利公报中可明显看出本专利申请中包含两项外观设计即：瓶和瓶贴。根据《专利法》第31条第2款的规定：“一件外观设计专利申请应当限于一种产品所使用的一项外观设计。用于同一类别并且成套出售或者使用的产品的两项以上外观设计可以作为一件申请提出。”从外观设计分类表上看本专利中的饮料瓶应分在09－01类中，而与该饮料瓶分离的瓶贴应分在19－08类中，因此，本专利确如请求人所述不满足《专利法》第31条第2款有关“单一性”的规定。然而，根据《专利法实施细则》第64条的规定，不满足《专利法》有关“单一性”规定的，并不是宣告专利权无效的理由，故合议组只能从现有设计出发对该专利中两项外观设计是否符合《专利法》第23条规定的授予专利权的条件予以审查。

将请求人所提交的1988年5月10日公告的87300558号“啤酒瓶”外观设计专利公报中所公告的3幅图片（下称已有设计）与本专利进行比较：本专利饮料瓶和已有设计的差异仅是瓶肚大小的区别，其整体形状相似，因此二者属于相近似的外观设计。

请求人针对本专利中的瓶贴所出具的相关对比文件仅是复印件，合议组认为其真实性无法得到确认。

本专利饮料瓶的外观设计和已有设计属于相近似的外观设计，因此不符合《专利法》第23条的规定，应予宣告无效。

针对本专利瓶贴的外观设计，由于请求人提出的证明文件尚不充分，所以维持瓶贴的专利权有效。本决定为终局决定。

【案例评析】

本案涉及的焦点问题是：在无效宣告请求审查程序中，针对不具有单一性的外观设计专利，如何适用部分无效的相关规定。

根据《专利法实施细则》第64条的规定，外观设计专利单一性的问题不属于无效宣告请求的理由。虽然本专利存在不符合单一性规定的问题，但该问题不属于无效宣告请求程序的审理范围。

所谓单一性的规定，对于外观设计而言是指“一设计一申请”，“一设计”应当限于一种产品所使用的一项外观设计。但用于同一类别且成套出售或者使用的产品的两项以上的外观设计，可以作为一件申请提出。

本案中的饮料瓶和瓶贴，从外观设计的国际分类表看二者不在同一个大类上。大类不相同的产品不能作为成套产品外观设计在一件专利申请中提出。因此，本案在一个专利中包含了两项不具备单一性的外观设计。专利复审委员会根据请求人提供的证据作出了宣告其中一项外观设计专利无效、维持另一项外观设计专利有效的审查决定。

2004年《审查指南》第1号修改公报进一步明确了外观设计部分无效的规定，对于成套产品的外观设计专利，如果无效宣告请求的理由及证据仅能导致其中一部分产品的外观设计不符合《专利法》的有关规定，则可作出宣告专利权部分无效的审查决定。2006年修订的《审查指南》在第四部分第三章“无效宣告请求审查决定的类型”中对此作了进一步的完善，将“成套产品”几个字删除，明确规定对于成套产品或者不符合单一性的产品外观设计专利权均可适用宣告专利权部分无效的规定。

三、整体观察、综合判断方式

（一）确定在先设计公开的信息

1. 立体图、文字说明等信息已充分公开在先设计

案例1 桑拿保健浴器（第4864号无效决定）*

2003年3月10日，专利复审委员会作出第4864号无效宣告请求审查决定，该决定涉及产品名称为“桑拿保健浴器”的00300904.1号外观设计专利（下称本专利），其申请日为2000年2月13日，授权公告日为2000年10月4日，简要说明中写明请求保护色彩。

请求人请求宣告本专利无效的理由是：在本专利申请日前，已有与其外观设计相同的蒸汽药浴机在国内生产销售过，因此，本专利的授权不符合《专利法》第23条的规定。请求人先后提交了如下附件作为证据：

附件1：深圳市鼎浪技工贸发展有限公司1997年11月18日开具的销售发票记帐联复印件1张；

附件2：鼎浪牌蒸汽药浴机产品介绍材料1册；

附件3：被请求人向深圳市知识产权局提交的涉及本专利侵权纠纷的调处请求资料复印件1份；

附件4：被请求人的产品宣传材料4页；

附件5：被请求人与深圳市新浩投资发展有限公司签订的购销合同复印件1份及相关送货单复印件1张、销售发票发票联复

---

* 本案例由徐清平撰写。

印件 3 张、银行支票存根复印件 2 张，以及对这些证据所作的公证书复印件；

附件 6：深圳市新浩投资发展有限公司与请求人签订的购销合同复印件 1 份；

附件 7：请求人于 2001 年 1 月 2 日开具的销售发票复印件 1 页。

请求人认为，其与深圳市新浩投资发展有限公司签订了附件 6 所示购销合同，并按该合同规定如期供货，被请求人在附件 3 所示调处请求资料中认定这些产品侵犯了本专利权，而事实上其生产的这些产品分别与被请求人和深圳市新浩投资发展有限公司 1999 年签订的购销合同（附件 5）中所指 SH—A10 型、SH—A06（2）型产品是相同的，其中 SH—A10 型产品的外观设计（附件 4）与本专利是相同的。

合议组经过审查认为，被请求人在本专利申请日前已在国内生产销售了 SH—A10 型药浴机。合议组将本专利与被请求人的 SH—A10 型药浴机（下称对比文件）进行了如下相同和相近似对比判断。

将本专利与对比文件所示外观设计相比较，对比文件作为产品立体照片所显示出的几个面的外观和产品整体形状与本专利产品的相应面的外观及其整体形状基本相同，不同之处仅在于二者商标或品牌的文字图案，合议组认为，对于该不同点，本专利虽然要求保护色彩，但其带色彩的产品品牌的文字和图案仅为很小面积的局部细节设计，这种细微差异对产品整体外观效果的影响是极小的，二者的整体外观形状才是其显著的外观特征；对比文件虽然未显示出产品底面和其他侧面的外观，但其已充分显示出与本专利产品相同的整体外观形状，和相同的顶面、侧面外观设计，一般消费者已足以对二者所示外观设计产生混同，因此，本专利与对比文件所示外观设计相近似。

本专利	对比文件
 主视图 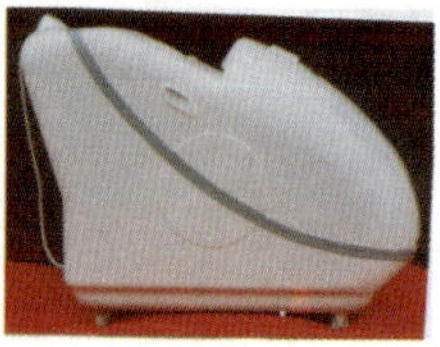 左视图  俯视图	
本专利所示桑拿保健浴器的整体形状呈左右对称，分为上盖和底座两大部分，二者以弧形扣合线相接一体，扣合部位的顶端设有用于人体头部伸出的孔和靠枕，上盖部为带有多条凹凸线的不规则流线体，其顶部为带操控面板的阶梯状，和带有蓝色文字和图案的标牌，侧壁设有拉手孔，底座为带倾角的不规则体，其底部带有滚轮	对比文件显示了一款蒸汽药浴机的立体照片图，其分为上盖和底座两大部分，二者以弧形扣合线相接一体，扣合部位的顶端设有用于人体头部伸出的孔和靠枕，上盖部为带有多条凹凸线的不规则流线体，其顶部为带操控面板的阶梯状，侧壁设有拉手孔，靠近侧面的上部有商标和品牌文字，底座为带倾角的不规则体，其底部带有滚轮

综上所述，被请求人在本专利申请日前已在国内生产销售了与本专利所示外观设计相近似的产品，本专利不符合《专利法》第 23 条的规定。据此，专利复审委员会作决定，宣告本专利无效。

被请求人对该决定不服遂提起行政诉讼，经过一审、二审程序审理，两审法院均作出了维持该决定有效的判决。

【案例评析】

本案例在相同和相近似对比判断方面涉及的焦点问题是：对比文件仅有一幅产品立体图，未能显示出该产品部分面的外观，在此情况下如何适用整体观察、综合判断的判断方式。

整体观察、综合判断的方式是指由被比外观设计的整体来确定是否与在先设计相同或者相近似，而不从外观设计的部分或者局部出发得出与在先设计是否相同或者相近似的结论。其强调以被比外观设计的“整体”进行判断，对于在先设计，所关注的是其是否已公开了被比的“整体”外观设计，而并不以在先设计是否全面公开了产品每个面、每个部分的设计为前提条件。因此，在先设计即使未显示出产品各个面的外观，只要其能够反映出产品外观设计的整体视觉效果，也足可以按照整体观察、综合判断的方式对在先设计和被比外观设计进行比较得出是否相同或相近似的结论。

值得注意的是，2006年修改的《审查指南》对在先设计未全面公开各面视图的情况作出明确规定。判断在先设计是否已反映出被比外观设计的整体视觉效果，应当依据一般消费者的认知能力来确定在先设计所公开的信息，同时考虑被比外观设计的特点进行判断。依据一般消费者的认知能力，根据在先设计立体图或附图已经公开的内容即可推定出产品其他部分外观设计的情况下，则该其他部分的外观设计也被视为已经公开。例如，在轴对称、面对称或中心对称的情况下，如果立体图或附图中公开了产品外观设计的一个对称面，则其余对称面也视为已经公开。所谓同时考虑被比外观设计的特点包括：如果在先设计立体图或附图中未公开的部分属于该类产品使用状态下不会被一般消费者关注的部位，并且被比外观设计在此部位的设计不会对产品的整体视觉效果产生显著影响，则不影响对二者进行整体观察、综合判断；如果被比外观设计对应于在先设计立体图或附图中未公开的内容仅仅是惯常设计并且不受一般消费者关注，同样也不影响对二者进行整体观察、综合判断。

本案例中，对比文件仅为一幅立体图而未显示出产品底面和其他侧面的外观，但本专利为左右对称设计，其公开一个侧面即可视为对另一个对称面的公开；本专利的底面为使用状态下不易见面，不会被一般消费者所关注，同时本专利在底面亦无突出设计对产品的整体视觉效果产生显著影响。据此，根据对比文件公开的信息和本专利的特点，通过已公开面所反映的二者相同的整体形状和相同的顶面、侧面外观设计，对二者进行整体观察、综合判断，足以得出二者整体视觉效果相近似的结论。

案例2　分解式挂锁（第6061号无效决定）*

2004年4月28日，专利复审委员会作出第6061号无效宣告请求审查决定，涉及名称为“分解式挂锁”的外观设计专利（下称本专利），其专利号为01307428.8，申请日为2001年5月14日，授权公告日为2001年12月19日。

请求人请求宣告本专利无效的理由是：在本专利申请日之前，国外报纸已经刊登了本专利的外形立体照片，因此，本专利已经在国外公开发表过，不符合《专利法》第23条的规定。为支持其主张，请求人提交了证据4即刊登于外国报纸上的一份《声明》，该《声明》中包含有两张铁闸锁的立体照片。在无效宣告请求审查过程中，请求人对证据4履行了公证和认证手续。

合议组经过审查，对证据4的真实性以及证据4公开于本专利的申请日之前进行了认定，证据4中的铁闸锁的立体图片可以作为在先设计来评价本专利是否符合《专利法》第23条的规定。

---

* 本案例由张沧撰写。

本专利	在先设计
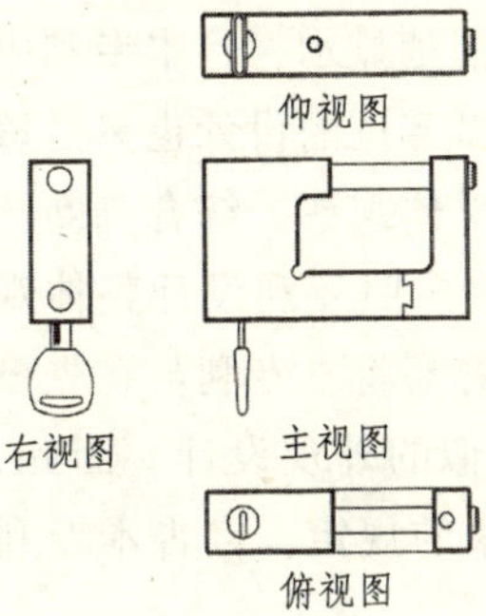	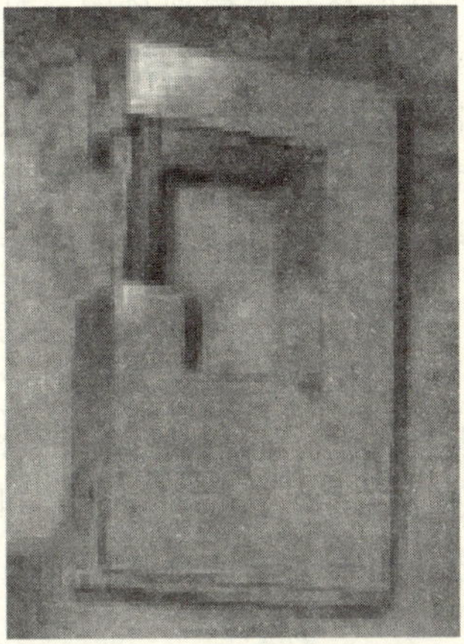
本专利的分解式挂锁包括两部分：锁体和钥匙，锁体为由上部和下部扣合形成中间带有凹槽的长方体，长方体的一长边有扣合折线，并开有钥匙孔，另一长边部分是锁杆，并有圆形浅槽；锁体中间形成的凹槽为长方形，其中有一对角为圆角，另一对角中一个角为锁杆与上部锁体形成的直角，另一角为3/4 圆形凹槽	在先设计中的铁闸锁包括锁体，所述锁体为中间带有凹槽的长方体，长方体的一长边部分是锁杆，并有圆形浅槽；锁体中间形成的凹槽为长方形，其中有一对角为直角，另一对角中一个角为锁杆与上部锁体形成的直角，另一角为 3/4 圆形凹槽
相同点	锁体为中间带有凹槽的长方体，长方体的一长边部分是锁杆；锁体中间形成的凹槽为长方形，其中有一对角中一个角为锁杆与上部锁体形成的直角，另一角为 3/4 圆形凹槽
不同点	本专利锁体构成的长方体的一长边上有一折线，而在先设计没有；本专利显示了锁体的钥匙孔和钥匙、锁体长方体两个短边形成面的视图，而在先设计为立体图，没有清楚地公开锁体的钥匙孔、锁体长方体两个短边形成的面的视图

证据4是铁闸锁的立体图（下称在先设计），本专利要求保护的外观设计有六面视图。合议组经合议认为：对于单纯形状的被比外观设计，如果在先设计公开了产品的整体形状，只在一些细微、不容易引起消费者注意的部位没有清楚显示，且本专利中对应于在先设计图片中没有清楚显示的细微部位的设计也只是该类产品的惯常设计，则不影响对二者进行整体观察、综合判断。

经比较分析（见下表），合议组认为，按照外观设计整体观察、综合判断的判断方式，一般消费者不容易将本专利与在先设计进行区分，本专利与在先设计属于相近似的外观设计。因此，本专利权的授予不符合《专利法》第23条的规定，宣告本专利无效。当事人未针对该决定提起行政诉讼。

【案例评析】

本案涉及在先设计没有公开产品六面视图而仅公开了立体图的情况下，对于单纯形状外观设计进行相同和相近似比较的问题。

在无效宣告请求中，请求人提交的非专利文献出版物，往往仅公开一件产品的立体图而没有公开该产品的六面视图，因此不能够全面地反映该产品的形状、图案和色彩等信息。但是，仅仅因为非专利文献出版物没有公开产品完整视图而认为在先设计没有被公开，无法与本专利进行整体观察、综合判断从而得出本专利符合《专利法》第23条的规定是不妥当的。在这种情况下，应当考虑非专利文献出版物对产品外观展示的程度，本专利要求保护的外观设计要素，一般消费者对产品的认知能力等因素，客观确定本专利与非专利文献出版物公开的产品外观设计的异同，按照综合判断的方式进行相同和相近似性比较。

本专利只涉及单纯的形状，而在先设计的立体图虽然没有公开产品的全部外部形状，但已经充分显示了铁闸锁的整体形状和造型，其相对于本专利，只是没有清楚地公开带有锁体钥匙孔的面和插在钥匙孔上的钥匙，以及锁体长方体两个短边形成的面。但是，对于锁而言，钥匙孔以及钥匙通常不会对锁体的整体形状构成显著影响，而在先设计尽管没有锁体长方体短边所形成面的视图而无法显示短边平面矩形上的设计，但立体图显示了短边为平面的矩形。也就是说，在先设计公开了产品的整体形状，只在一些细微、不容易引起消费者注意的部位没有清楚显示，且本专利中对应于在先设计图片中没有清楚显示的细微部位的设计也只是该类产品的惯常设计，则不影响对二者进行整体观察、综合判断。因此，合议组认为，在先设计没有公开锁体的钥匙孔以及插在钥匙孔上的钥匙、锁体长方体两个短边形成的面的视图，不影响锁体整体形状的相同和相近似判断，按照整体观察、综合判断的方式，本专利与在先设计在整体形状上构成相近似，不符合《专利法》第 23 条的规定。

案例 3　豆皮（第 7480 号无效决定）*

2005 年 8 月 29 日，专利复审委员会作出第 7480 号无效宣告请求审查决定，该决定涉及产品名称为“豆皮（1）”的 03302361. 1 号外观设计专利（下称本专利），其申请日为 2003 年 1 月 7 日，授权公告日为 2003 年 8 月 20 日，简要说明中写明请求保护色彩。

请求人请求宣告本专利无效的理由是：本专利不符合《专利法实施细则》第 2 条第 3 款的规定。本专利属于《审查指南》第一部分第三章第 4. 4. 3 节中不给予外观设计保护的客体中所列的情形，为仅以其产品所属领域内司空见惯的几何形状和图案构成的外观设计。并且制作豆皮的工艺过程一直是沿袭百余年的将家庭煮制豆浆上漂浮的油皮用竹竿挑起的制作方法，因此煮制豆浆的锅是什么形状，豆皮就是什么形状，至今国内也没有生产豆

---

* 本案例由张跃平撰写。

皮的机器出现，由此可见，豆皮的生产不是工业化生产，而是传统作坊式的，因此，其不应当被授予专利权。请求人同时提交了作为证据的附件1即广东科技出版社2000年9月出版的《台湾小吃（二）》封面、版权页及相关页复印件，口头审理过程中提交了该证据的原件。请求人认为，附件1中的第34页左上角制作“腐皮炸鸡卷”的材料说明中载明：半圆形豆皮数张，另外在右方的炸鸡卷图片中可以看到外部的豆皮，右下方可以看到数张卷在一起的黄色豆皮。由此可以证明在本专利申请日之前已有与之相同和相近似的产品在出版物上公开发表过，因而其不符合《专利法》第23条的规定。专利权人则认为，本专利经特殊工艺制成，不仅在轮廓上有所创新，而且在其表面形状及颜色方面均独具特色，因此，符合《专利法》的有关规定。

合议组经审理后认为，虽然附件1中没有公开半圆形豆皮的图片，仅仅是一段文字描述，而通常情况下，文字是不能清楚地限定产品外观设计的，但对于某些几何形状，例如本专利的“半圆形”形状，即使采用文字也能够清楚地描述。“豆皮”顾名思义本身就表示很薄的皮，而且从附件1右方的炸鸡卷图片和卷在一起的豆皮图片中可以看出，包在鸡肉外面的为金黄色、半透明状豆皮。本专利呈近似半圆形，豆皮表面形成有不规则的皱褶，但该皱褶是在晾干豆皮的过程中自然形成的，没有固定统一的确定纹理，因此其不属于外观设计的保护内容。故本专利与对比文件公开的内容属于形状相近似、色彩相同的外观设计，二者应属于相近似的外观设计，宣告该专利无效。

专利权人不服专利复审委员会作出的上述决定，在法定期限内向一审法院提起行政诉讼。专利权人进一步强调本专利与附件1中体现的外观设计既不相同也不相近似，属于由不同工艺制成的产品，不能认为所有半圆形豆腐皮的外观设计都是相同或者相近似的外观设计。一审法院经审理后认为，从公开的视图看，本专利呈大豆黄色的半圆形薄片状。附件1第34页左上角制作"腐皮炸鸡卷"的材料说明中明确记载了"半圆形豆腐皮数张"，另外在右方的炸鸡卷图片中可以看到外部的豆皮，该页下方也公开了卷在一起的金黄色的豆皮。将本专利与附件1中公开的豆皮相比较，从色彩上看二者均呈金黄色，从形状上看，附件中所记载的"半圆形豆腐皮数张"的文字已经对豆皮形状作了唯一确定的描述，普通消费者不可能从该文字描述推导出两种以上的豆皮形状。而本专利大体上亦呈半圆形薄片状，因此二者属于相近似的外观设计。另外，本专利产品表面上的皱褶是在加工过程中形成的，具有不确定性，没有固定的形状，不具有可重复再现的特性，故这些褶皱不属于《专利法实施细则》第2条第3款规定的外观设计专利的保护内容。一审法院最终维持专利复审委员会作出的第7480号无效宣告请求审查决定。

本专利	附件1

【案例评析】

本案涉及的焦点问题是：文字描述并结合图片是否可以清楚唯一地表达产品的外观设计；如何看待豆皮表面的皱褶。

通常情况下，只有图片或者照片才能清楚地表示产品的外观设计，文字描述一般不能清楚唯一地限定产品的外观设计。但某些几何形状诸如圆形或者半圆形、正方形等平面图形，用文字也能准确地描述产品的形状，在这种情况下文字说明同样可以清楚唯一地限定产品的外观设计。对于本案而言，附件 1 中的说明性文字清楚地载明："半圆形豆皮数张……"，半圆形是一种确定的形状，一般消费者不会由此想到两种以上的形状。由于附件 1 除了文字描述外还可以从炸鸡卷图片以及数张卷在一起的豆皮图片中看到包在鸡肉外面的金黄色半透明豆皮，因此，结合文字说明和图片可以得知，附件 1 公开了半圆形的金黄色半透明豆皮，其与本专利的近似半圆形的金黄色豆皮属于相近似的外观设计。

关于如何看待豆皮表面皱褶的问题，虽然专利权人一再强调豆皮表面的细小纹理是采用特殊工艺制成的，但由于这种特殊工艺在豆皮表面形成的纹理并不能像轧花机在餐巾纸表面形成的花纹一样具有确定统一性，每张豆皮表面的纹理不可能像工业化生产的产品那样可以重复再现，只是在加工过程中自然形成的细小纹理，所以合议组没有强调这种细小纹理的区别，而是通过对二者的形状色彩做比较得出相近似的结论。如果如专利权人所述强调豆皮表面的纹理为本专利的设计内容，则由于其不能重复再现，从而整个产品不具有重复再现性，则本专利同样也不符合《专利法实施细则》第 2 条第 3 款的规定。

2. 立体图、文字信息未充分公开在先设计

案例 1 笔（第 2503 号无效决定）*

2000 年 8 月 29 日，专利复审委员会作出第 2503 号无效宣告请求审查决定，涉及名称为"笔"的外观设计专利（下称本专利），其申请号为 97314447.5，申请日为 1997 年 7 月 23 日，授权公告日为 1998 年 12 月 16 日。

---

* 本案例由卞永军撰写。

请求人请求宣告本专利权无效的理由是本专利与其申请日前公开的出版物上所涉及的侧按压活动铅笔外观轮廓相近似，故本专利不符合《专利法》第23条的规定。为支持其提出的无效宣告请求的主张，请求人提交了证据1即1974年5月28日公开的专利号为US3813176的美国发明专利公报；证据2即1996年7月10日公开的公开号为CN1126147A的中国专利局发明专利申请公开说明书。

合议组经审查，确认证据1和证据2的真实性，认为其属于本专利申请日前的公开出版物。但证据中笔的剖视示意图与具有美感设计的本专利没有可比性，请求人提供的证据不足以证明在本专利申请日前已有与之相同或者相近似的外观设计在出版物上公开发表过，故其以本专利不符合《专利法》第23条的规定提出无效宣告请求的理由不成立，从而作出维持本专利权有效的审查决定。本决定为终局决定。

本专利	证据2附图
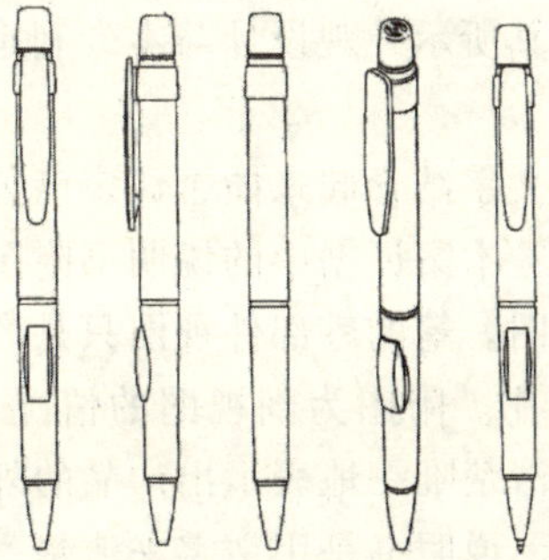 主视图 右视图 后视图 立体图 使用状态图 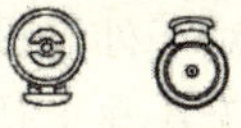 俯视图 仰视图	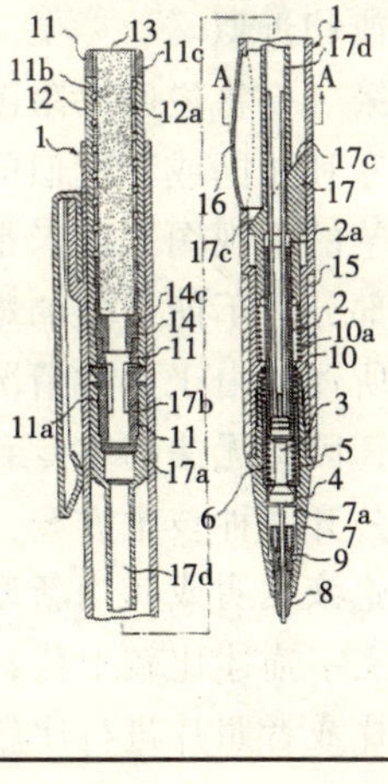

【案例评析】

本案主要涉及如下法律问题。

第一，仅凭本案证据中的剖视图能否认定其所示外观设计与本专利相同或相近似？

剖视图反映了剖切平面详细状况，证据2中的附图都是笔的纵向剖视图，从该剖视图观察，能观察到笔的内部结构、组成部件及其相互连接关系，也可以得知该笔外形的大致轮廓。笔的内部结构、内部组成部件及其相互连接关系不是外观设计相同和相近似判断考虑的因素，而剖视图所反映的笔外形的大致轮廓，因其在附图中所示的轮廓只是剖切示意图，通常情况下不能清楚唯一地确定产品的外观设计，由该剖切示意图可以派生出笔的许多种不同外观设计，所示剖视图只反映了剖切面的外轮廓，并不能得出笔的整体外形形状。因为从加工工艺、零部件的美感设计、整体结构的局部设计等方面可以使笔外轮廓表面形状具有不同的外观设计。因此，仅凭本案证据中的一幅剖视图不能与本专利进行整体观察、综合对比，无法认定其所示外观设计与本专利是否相同或相近似。

第二，将说明书附图和说明书文字结合起来能否认定已公开与本专利相同或相近似的外观设计？本案证据中的说明书附图或者是笔的剖视图，或者是其零部件图。笔的零部件视图只是产品的一部分，不能与笔的整体进行对比。附图为剖视图的情况下，如上所述，由于通常情况下其不能清楚唯一地表示出产品的外观设计，因此无法与本专利进行比较。说明书是用文字来清楚、完整地公开一种技术方案，以使所属技术领域的技术人员能够理解和实施该发明或实用新型的技术方案。相对于外观设计而言说明书的文字描述比较上位，通常情况下，其无法与下位的产品的具体图片或者照片进行比较，因为上位的文字描述落实到具体产品的形状上，一般会有不同的理解。说明书附图结合文字说明只有在清楚唯一地表示出产品外观设计的情况下才能与本专利进行整体观察、综合对比，并得出是否相同或相近似的结论。本案中作为证据的说明书附图结合文字说明并不能清楚唯一地表示出带有笔卡和侧压按钮的笔的外观设计，因此无法认定其与本专利相同或相近似。

案例2　发电和电弧焊两用机（第5441号无效决定）*

2003年4月2日，专利复审委员会作出第5441号无效宣告请求审查决定，涉及名称为“发电和电弧焊两用机”的外观设计专利，其申请号为97313346.5，申请日为1997年7月2日，授权公告日为1999年1月20日。

请求人请求宣告本专利无效的理由是：本专利是模仿日本1995年以前的电机样式和技术，国内一些电机厂商在本专利申请日前已生产和出口销售了此种电机，同时本专利产品的图样照片也在多种出版物以及不同场合公开，因此本专利的授权不符合《专利法》第23条的规定。为支持其主张，请求人先后提供了20份证据，其中包括如下两份证据，即：证据6，机械工业出版社1995年1月第1版第1次印刷的《中小型电机产品样本》相关页复印件；证据7，授权公告日为1995年9月20日的94239445.3号中国实用新型专利说明书首页。

在对本案进行的口头审理过程中，通过对请求人所提供的证据的审核认定，合议组认为只有上述证据6及证据7可以作为本专利的现有设计，并将两者分别与本专利进行了如下相同和相近似性的分析、比较判断。

---

* 本案例由徐媛媛撰写。

本专利	证据6、证据7
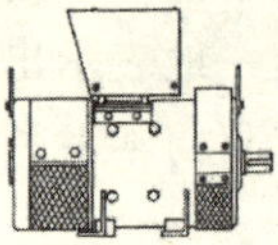 主视图 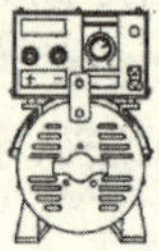 左视图 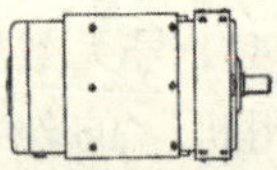 俯视图 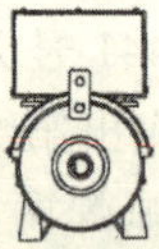 右视图 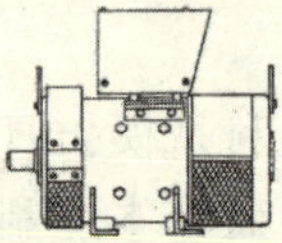 后视图 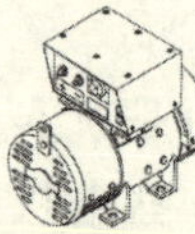 立体图	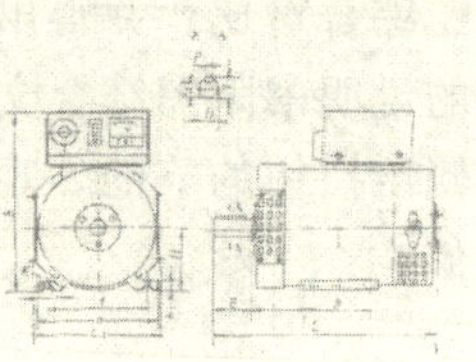 证据6 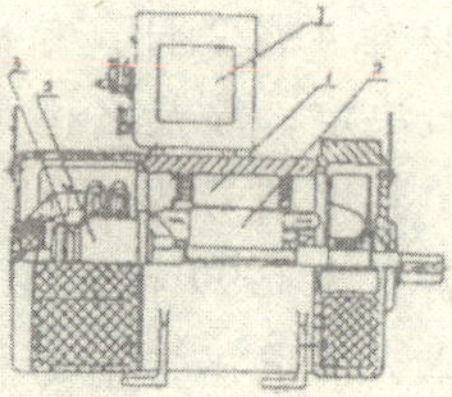 证据7
本专利所示发电和电弧焊两用机由控制箱、机身和机脚3部分构成。从左视图、右视图及俯视图看，控制箱呈长方形，从主视图和后视图看，控制箱呈倒置直角梯形，控制箱面板与机身呈纵向布置，其上由左至右依次排列有两个接线柱以及一个电流控制钮。机身呈圆筒状，前后各有一端盖，前端盖呈圆筒状，下部呈网格状，由左视图看，其上对称分布有4组条形通孔，上部具有一大致呈长方形的部件。后端盖大致呈圆筒状，下部呈网格状，其上方具有一弧形外罩，以及一大致呈长方形的部件，中部具有一电机轴穿过的通孔以及一圆柱形凸起。机身下方固定有4个机脚	证据6第1110页图1示出了发电、电焊两用机的两面视图（主视图和左视图），由两面视图看：控制箱呈长方形，控制箱面板与机身呈纵向布置，由左视图看，机身后端盖大致呈左右两侧各切掉一块的圆形，中部具有一电机轴穿过的通孔以及一圆柱形凸起，由主视图看，机身中部对应于左视图的弦部为网格状。机身下方固定有机脚。由于仅凭证据6的两面视图无法确认控制箱、机身的外观形状，因此无法将其与本专利进行整体观察、综合判断从而得出是否相同或相近似的结论。 证据7之摘要附图仅给出了直流弧焊交流同步发电两用机的一面视图，仅凭此一面视图更无法确认该证据所示产品中控制箱以及机身的外观形状，因此无法将其与本专利进行整体观察、综合判断从而得出是否相同或相近似的结论

据此，合议组认为，证据6及证据7未揭示其中所示产品主要部件的外观形状，不足以认定证据6及证据7所示的产品与本专利属于相同或相近似的外观设计，本专利的授权符合《专利法》第23条的规定，维持本专利有效。在随后的专利行政诉讼中，法院判决维持该决定。

【案例评析】

本案涉及的一个主要问题是关于已有设计的公开程度。通常在外观设计专利公报上公开的在先设计具有完整的六面视图，而在一般出版物以及其他相应载体上公开的产品大多只有立体图以及主视图，就拿本案的证据6所示产品样本以及证据7所示实用新型专利文献而言，其中证据6只是公开了两面视图，而证据7的摘要附图也只是披露了一面视图。在这种情况下，将其与本专利比较能否得出相同或相近似的结论呢？对于这个问题，不能一概而论，而是应当具体问题具体分析。在此，通常涉及的第一个层面的问题是根据有限的视图能否确定相应产品的形状。对于这个问题通常把握的原则是：依据判断主体（即一般消费者）的认知能力，如果根据在先设计所公开的视图可以推定该产品其他部分之外观设计的情况下，则该其他部分的外观设计视为已公开，可据此进行比较认定与被比设计是否相同或相近似；反之，则通常无法比较认定。就本案而言，根据证据6或证据7所给出的相应视图，判断主体根据其相应的认知能力无法确定所述产品之控制箱以及机身的外观形状，在这种情况下，无法将其与本专利进行整体观察、综合判断从而得出是否相同或相近似的结论。

案例3 车轮（第2817号无效决定） *

2001年1月4日，专利复审委员会作出第2817号无效宣告请求审查决定，该决定涉及产品名称为“车轮”的95310635.7号外观设计专利（下称本专利），其申请日为1995年3月25日，授权公告日为1996年5月15日。

请求人请求宣告本专利无效的理由是：被请求人在本专利申请日前已经将本专利所示产品的样本和说明书公开散发，为公众所知，该外观设计在专利申请时已经丧失了授予外观设计专利权的条件，所以本专利不符合《专利法》第23条的规定，应当宣告其无效。为此，请求人提交了证据1即上海康适达轮圈有限公司关于“铝合金中空复合轮”的文字宣传材料1页、证据2即上海康适达轮圈有限公司的产品图片宣传材料4页。

合议组经过审查认为：

请求人提交的证据1文字宣传材料仅以文字形式介绍了该公司生产的有关铝合金复合轮的性能、材料、结构等特性，无任何可与本专利所示外观设计进行对比的附图，单凭这些文字介绍不能确定其所述产品的具体外观设计，因此不能确定其所述产品就是本专利产品，或者与本专利外观设计相同或相近似。

对于证据2所示产品图片宣传材料，请求人提出该宣传材料的公开散发时间是在本专利申请日前，并以此证明本专利外观设计的授权不符合《专利法》第23条的规定。合议组认为，以出版物证明本专利在其申请日前已公开发表过，则该出版物必须能够表明其出版日期或者有证据证明其公开发表时间是在本专利申请日前，而本案请求人所提交的上述宣传材料本身未印制有任何可表明其出版时间的文字，同时该宣传材料与证据1所示宣传材

---

* 本案例由徐清平撰写。

料亦无必然的直接联系，虽然在证据1中多处注有“见单页产品图示”的文字，但并不能确定其所指的单页产品图就是证据2所示图片宣传材料，所以证据1不能证明证据2的公开发表时间，即请求人未提供有效的证据证明证据2所示宣传材料的公开发表时间，因此，证据所示宣传材料不能证明本专利在其申请日前已公开发表过。

综上所述，请求人提交的证据不足以证明本专利在其申请日前已公开发表过或者在国内公开使用过，因此，请求人认为本专利不符合《专利法》第23条规定的主张不能成立。据此，专利复审委员会作出决定，维持本专利有效。本决定为终局决定。

本专利附图

主视图

后视图

俯视图

【案例评析】

本案例涉及的主要问题是仅凭文字描述能否证明一项外观设计专利已在先公开。外观设计专利的内容涉及产品的形状、图案或者其结合，以及色彩与形状、图案的组合，形状、图案、色彩作为构成外观设计内容的三要素，一般说来难以以文字形式对其作清楚、确定的表达，因此，作为申请外观设计专利的必要手续，申请人必须提交外观设计的图片或照片，而不可能仅仅是文字说明。同样，在请求宣告一项外观设计专利无效时，作为证明在先公开的对比文件，也应有相应的图片或照片表达对比文件所示外观设计，只有这样才能清楚、充分地确定对比文件所示外观设计，这是与本专利进行相同和相近似对比的前提，否则不能认定有关证据是否公开有与本专利相同或相近似的外观设计。就本案而言，证据1所示宣传材料仅有文字说明，无任何可表达请求人所主张的在先设计的附图，而且仅根据宣传材料上的文字说明尚不足以确切地表达其所述产品的外观设计，故不能证明本专利已在先公开。

（二）整体观察、综合判断

案例1 电保温瓶（第1号无效决定）*

1987年11月4日，专利复审委员会作出了第1号无效宣告请求审查决定，涉及名称为“电保温瓶”的85300298号外观设计专利（下称本专利），其申请日为1985年8月5日，授权公告日为1986年4月30日。

针对本专利，请求人于1986年6月4日向专利复审委员会提出无效宣告请求。请求宣告本专利无效的理由是：本专利不符合《专利法》第23条的规定，1982年9月21日出版的刊物《家庭日用品新闻》第1166号刊出的5幅外观设计照片（下称对比文件），特别是其中松下公司生产的“虎”牌和“象”牌保温瓶设计与本专利相近似。

根据请求人所提出的无效宣告请求的理由和提交的对比文件，合议组进行了审查，经将对比文件与本专利进行相同和相近

---

* 本案例由赵嘉祥撰写。

似比较判断可得出：

1. 对比文件和本专利的瓶体形状是相近似的；

2. 出水管外壳形状无论从对比文件上还是从本专利上看，都设计为“鼻”形，并且其形状是相似的，不同的是本专利的出水管外壳形状在瓶体的位置上比对比文件的同一部分稍低一些，而对比文件的出水管外壳形状的位置与气泵外形相接；

3. 对比文件和本专利的水位标志管的形状也是相近似的，并且都设计在同一位置上，只是其长度略有不同；

4. 对比文件和本专利的提手形状设计也是相近似的；

5. 对比文件上指示灯为横向并排设计，本专利为竖向并列设计；

6. 对比文件上瓶身表面设计有装饰性图案，而本专利瓶身表面没有任何装饰图案。

本专利	对比文件
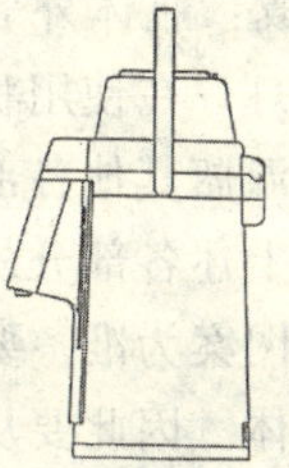 右视图 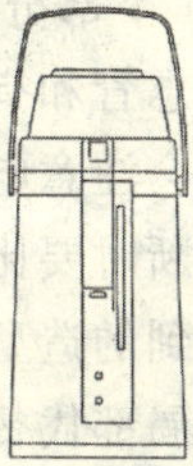 主视图	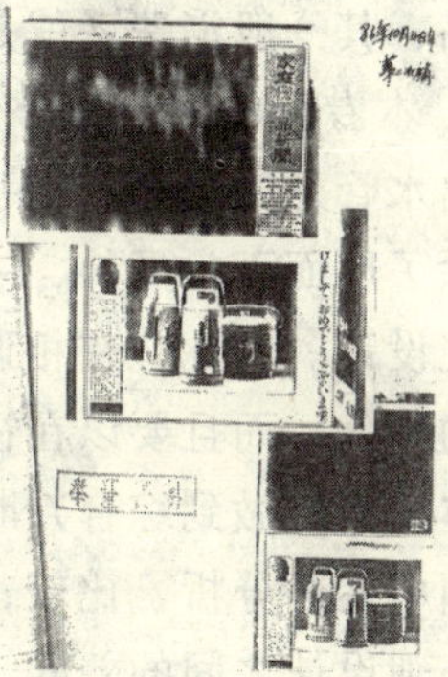

综合考虑上述相同点和不同点，本专利电保温瓶外观和对比文件上的电保温瓶外观之间相近似的部位较多，并且大都是构成电保温瓶外观设计的主要形状，不相近似部位则是细小的局部形

状，而这些局部的差异都不能使本专利电保温瓶外观设计在整体形状上与对比文件构成明显的差异。因此本专利外观设计和对比文件的电保温瓶设计是相近似的。

基于上述分析，合议组作出了宣告本专利权无效的审查决定。本决定为终局决定。

【案例评析】

本案例的焦点问题是相同和相近似判断。

本案例虽是第1号无效宣告请求审查决定，但其对电保温瓶外观设计的相近似判断方法及原则与我们2006年版《审查指南》的规定是基本相同的。在具体判断时要注意以下几点：

1. 首先要在同类或相近类别产品中进行比较判断。本专利与对比文件都是保温瓶，属于同类产品，可以进行相同和相近似比较判断。

2. 按照《审查指南》的规定，电保温瓶外观设计的判断主体应是对这类产品有常识性了解的一般消费者，电保温瓶作为生活用品，其一般消费者就是普通大众。

3. 本专利电保温瓶外观设计由5个部分组成：瓶体外表形状、出水管外壳形状、提手、水位标志管和指示灯。在使用状态下，除了底面不常见外，一般消费者会注意电保温瓶其他各部分的外观设计。因此，在相近似比较判断时要比较上述各部分外观设计的变化。而且要以在视觉上能看到的造型、图案为准。要突出整体观察，做到综合判断，不能以局部代替整体。因此要从六面视图中逐面分析、比较，找出相同点和不同点，这样才能理清两项外观设计之间的差异。判断时要注意抓住产品外观设计上的重点，找到容易引起一般消费者视觉瞩目的部位，其往往是容易发挥设计者匠心的地方。同时要排除产品所使用材料的变更、技术性能、内部结构等因素。

4. 判断时应仅以本专利的外观作为判断对象。本专利仅以形状要素限定其外观设计的保护范围，而作为在先公开对比文件的保温瓶在其瓶身表面还设计有装饰性图案。在相同和相近似判断中仅考虑二者形状的异同，而不考虑瓶身表面的图案。

案例2 显微镜（第2699号无效决定）*

2000年9月18日，专利复审委员会作出第2699号无效宣告请求审查决定，涉及名称为“显微镜”的外观设计专利，其申请号为90303825.0，申请日为1990年12月29日，授权公告日为1992年4月8日。

请求人请求宣告本专利无效的理由是：该专利是带有放大投影器的显微镜，它由下部的显微镜和上部的投影器组合而成，不管从下部还是从上部或整体部分看，在申请日之前都有与之相同或相近似的产品外观设计存在，本专利不符合《专利法》第23条的规定。请求人先后提交了作为证据的14份附件，其中附件14是美国TASCO公司1988年的产品目录封面及第17页复印件。

针对该证据，被请求人认为：附件14是复印件，不清晰；在该不清晰的复印件上显示，投影器并没有安装到显微镜上，因此，无法知道投影器安装到显微镜上是什么样的外观，请求人用一不带投影器的显微镜产品认定该产品与本专利相同不能说服人；另外，该显微镜的可调物镜的上部分以倾斜方式与镜筒连接，这使镜筒下部也有一个倾斜的相接处，而本专利的可调物镜上部为水平设置，从而与镜筒下部为水平连接，使镜筒下部有明显三角突出的特征，二者在此构成明显区别。

随后请求人提交了附件14的原件。

---

* 本案例由钱亦俊撰写。

本专利	对比文件
 分离状态图  开盖状态图	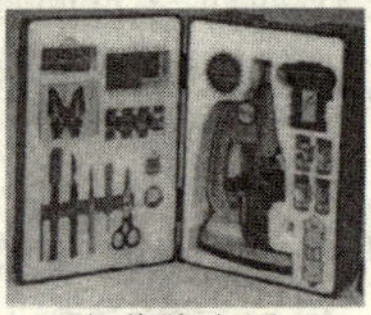 包装状态图  立体图
本专利产品是由显微镜主体与配件投影器两部分构成，由“分离状态图”判断，二者彼此可以拆装分离。 显微镜主体是由上小下大的圆台状镜筒、中心带有圆孔的方形载物台、牛眼状反射灯和马蹄形底座由上到下依次排列组成，它们是由一个从侧面看略带弯折的四棱柱状弯臂连接起来。在镜筒底端是可调物镜，呈圆盘状水平安装，上有3个竖向设置、长短不等的圆柱形物镜。在载物台上有固定观察片的压簧。牛眼状反射灯固定在位于载物台与底座之间的圆柱中央。在弯臂的水平部位、靠近镜筒两侧各有一个扁圆柱形调焦手轮。在底座下端有与其相吻合的防滑套。	对比文件产品也是由显微镜主体与配件投影器两部分构成，由“包装状态图”判断，二者彼此也可以拆装分离。 显微镜主体是由上小下大的圆台状镜筒、中心带有圆孔的方形载物台、牛眼状反射灯和马蹄形底座由上到下依次排列组成，它们是由一个从侧面看略带弯弧的四棱柱状弯臂连接起来。在镜筒底端是可调物镜，呈圆盘状弧面倾斜安装，上有3个与其垂直的长短不等的圆柱形物镜。在镜筒侧面上部弯臂处有圆柱状旋钮。在载物台上有固定观察片的压簧。牛眼状反射灯固定在位于载物台与底座之间的圆柱中央。在弯臂的水平部位、靠近镜筒两侧各有一个扁圆柱形调焦手轮。在底

续表

<table>
<tr><td colspan="2">本专利的配件投影器安装在镜筒上部，呈折叠的不规则的四棱柱状，上底面倾斜，下底面水平。顶端侧面有可向上翻起的方形反光镜</td><td>座下端有与其相吻合的防滑套。
对比文件的显微镜主体也有配件投影器</td></tr>
<tr><td>相同点</td><td colspan="2">本专利显微镜主体与对比文件主体整体形状相近似，二者的镜筒、载物台、牛眼反光灯、调焦手轮以及底座的外观设计均非常相近似</td></tr>
<tr><td>不同点</td><td colspan="2">在一些细节设计上不相同，如：
1. 可调物镜与水平面的角度，本专利为水平的，对比文件不是；
2. 对比文件镜筒上部靠手柄处有一个旋钮，而本专利未见有此设计；
3. 二者的配件投影器形状有所不同</td></tr>
</table>

本案合议组基于请求人提出的无效宣告请求的理由和提供的证据进行了审理，合议组认为：请求人提交的附件 14 是美国 TASCO 公司 1988 年产品目录，经与原件核实无误，在该附件的封底印有"©1988 Tasco Sales, Inc. TH－914－0188－SR"，据此可认定附件 14 的公开日在本专利申请日（1990 年 12 月 29 日）之前，其属于《专利法》第 23 条规定的公开出版物，适用于本案。附件 14 第 17 页有编号为 M1200ZFC 的一款显微镜（下称对比文件），与本专利为同类产品，合议组将其与本专利进行了如下相同和相近似比较。

合议组认为，本专利与对比文件设计要点均在于产品的形状，作为显微镜，其显微镜主体是本专利外观设计的最主要部分，由于对比文件与本专利显微镜主体部分极其相近似，容易使普通消费者在视觉上产生混淆，故二者属于相近似的外观设计。基于上述分析，合议组判定对比文件与本专利属于相近似的外观设计。请求人提供的证据能够支持其主张，即在本专利申请日之前，在出版物上公开发表过与本专利相近似的外观设计，因此，本专利不符合《专利法》第23条的规定，宣告无效。本决定为终局决定。

【案例评析】

本案的争议焦点在于：在外观设计相同和相近似比较的整体观察、综合判断方式中如何看待产品部件。

本案中，本专利产品名称是显微镜，由实现其主要功能的显微镜主体部分和实现其附加功能的投影器部分组成。本专利与对比文件外观设计的主要不同之处是二者的投影器形状有所不同，但由本专利的分离状态图和对比文件的包装状态图判断，显微镜与投影器是可分离的，其搭配具有随意性。据此判断，投影器是显微镜主体部分的配件，本案的问题焦点是主体形状相近似而配件差异较大时应如何考虑。因本专利显微镜是由显微镜主体部分和投影器两部分组合而成，本专利外观设计由二者组合后的整体形状来确定。从本专利附图中可以看出，显微镜主体部分在整体外观设计中所占比例较大，而本专利与对比文件中显微镜主体部分的设计又极为近似，在这种情况下，一般消费者经过整体观察、综合判断，二者仍属于相近似的外观设计。遂宣告本专利权无效。

案例3 电饭煲（第4526号无效决定）*

2002年9月24日，专利复审委员会作出第4526号无效宣告请求审查决定，涉及产品名称为“圆型豪华多功能电饭煲”的99329562.2号外观设计专利（下称本专利），其申请日为1999年4月15日，授权公告日为2000年1月12日。

---

* 本案例由徐清平撰写。

第一、第二请求人先后对本专利提出了无效宣告请求，其理由是：本专利与其申请日前申请或公告的外观设计专利相近似，因此，本专利不符合《专利法》第23条的规定。两请求人提交的证据之一均包括98332394.1号外观设计专利公报复印件。

专利权人提交意见陈述认为：圆形电饭煲已是非常成熟的产品，其整体外形一般呈柱形，锅盖与柱形的锅体形成一体结构，正面设置控制面板，真正能引起消费者注意的部位应是安装有控制面板的一面，尤其是控制面板，其为圆形电饭煲的设计要部。而请求人提交的上述证据所示电饭煲的控制面板外轮廓与本专利不相同也不相近似，上中下区域设置的特定顺序单元不相同，即其要部不相近似，因此，证据所示电饭煲外观设计与本专利不相同也不相近似。

合议组对第一、第二请求人提出的无效宣告请求合并进行了口头审理，并告知各方当事人合议组依据请求人提交的上述证据决定依职权对本专利是否符合《专利法》第9条的规定进行审查，当事人均进行了意见陈述。

合议组经过审查认为：

请求人提交的作为证据的98332394.1号外观设计专利公报公告日为1999年6月23日，其专利申请日为1998年9月28日，该专利属于他人在本专利申请日前提出申请并在后授权公告的外观设计专利，故该证据可适用《专利法》第9条的规定作为本案证据。合议组将该证据所示专利作为对比文件与本专利进行了相同和相近似对比判断。

<table>
<tr><th>本专利</th><th>对比文件</th></tr>
<tr><td> 主视图 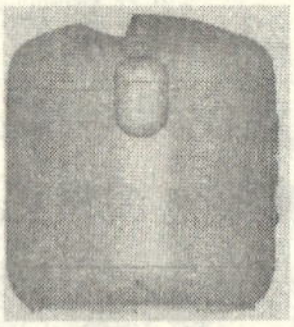 左视图
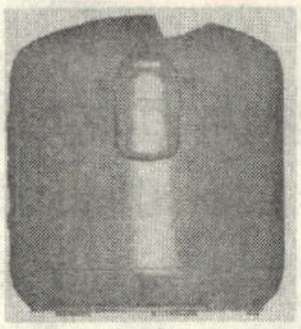 右视图 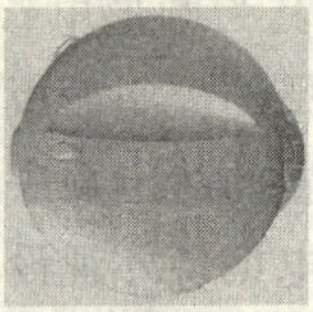 俯视图</td><td> 主视图 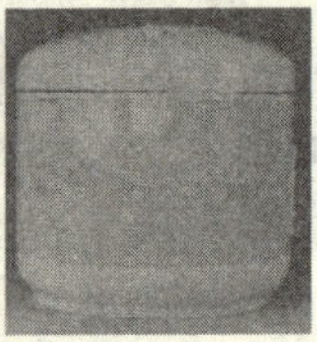 左视图
 右视图 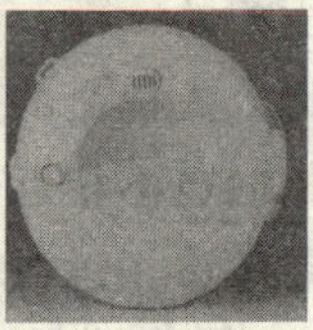 俯视图</td></tr>
<tr><td>本专利所示电饭煲包括锅盖、锅身、底座等部分，其锅盖为近似球面状造型，并在顶面中部设有半椭圆形凹陷，以此形成把手，顶部还设有出气孔、按钮；底座近似扁平碗状，其座与锅盖之间为圆柱状锅身；锅身正面设有控制面板，其形状为上、下边略带弧形的倒圆角矩形，面板由上至下分别设有按键、指示灯和伸出操作把的凹陷孔；锅盖与锅身之间设有凸出的扣合体和连接体</td><td>对比文件所示电饭煲包括锅盖、锅身、底座等部分，其锅盖为近似球面状造型，并在顶面中部设有半圆形凹陷，以此形成把手，顶部还设有出气孔、按钮；底座近似扁平碗状，并在一侧设有电源插孔；底座与锅盖之间为圆柱状锅身，其上设有图案；锅身正面设有控制面板，其上边框为弧形状，其余边形成倒圆角的矩形，面板由上至下分别设有指示灯、按键和伸出操作把的凹陷孔；锅盖与锅身之间设有凸出的扣合体和连接体，其连接体设为透明盖</td></tr>
</table>

将本专利与对比文件所示电饭煲相比较，二者锅盖、锅身、底座的整体形状及其比例关系基本相同，均设有相似形状的扣合体和连接体，锅盖顶面均设有凹陷状把手及出气孔、按钮；其主

要不同之处在于二者控制面板的外轮廓、指示灯和按键的形状、位置有所不同，锅盖顶部的凹陷形状分别为圆形和椭圆形，本专利连接体盖为不透明。由于本专利仅是单纯形状的外观设计，故仅将二者形状进行对比。合议组认为，本专利是关于电饭煲的外观设计，在进行对比时应考虑其整体造型和各部分形状所形成的整体外观效果，而不能仅单纯考虑控制面板的外观设计，由上述对比可得出二者整体形状相近似，锅盖上的凹陷虽有不同但仍为相近似，其连接体虽有透明与否的差别但形状相似，在此情况下，虽然存在上述控制面板的差异，但与整体外观设计相比较属于局部设计的不同，不足以使二者的整体外观效果形成明显差异，即二者的整体外观设计仍是相近似的，因此，本专利与对比文件所示电饭煲的外观设计是相近似的。

同样的发明创造对于外观设计而言是指两项外观设计相同或者相近似，即在本专利申请日前已有他人就同样的外观设计申请了专利并被授予外观设计专利权，因此本专利不符合《专利法》第9条的规定。据此，专利复审委员会作出了宣告本专利无效的决定。

专利权人对该决定不服，遂提起行政诉讼。经过一审、二审程序，两审法院均作出了维持该决定的判决。

【案例评析】

本专利是“电饭煲”的外观设计，而不是电饭煲“控制面板”的外观设计，因此在审查本专利是否符合授权条件时，应当将该电饭煲整体而不是局部的控制面板作为审查对象。

由此，在本案判断对象是电饭煲而非其控制面板的前提下，对于电饭煲这类产品而言，一般消费者当然关注包括电饭煲整体造型和各组成部分所形成的整体外观效果，本案中电饭煲的控制面板相对于整体而言仅仅是一个较小面积的局部，一般消费者不会仅仅重点关注控制面板这个局部，也就是说不可能仅仅或重点以控制面板作为分辨电饭煲外观的决定性因素或部位，所以控制面板不能成为对电饭煲整体视觉效果具有决定性影响作用的部位。专利权人认为，本专利所示圆形锅体电饭煲已是非常成熟的产品，其整体外形一般呈柱形，由此说明控制面板是圆形电饭煲的要部。对此合议组认为，产品除常规性设计以外的部分并不必然就是产品的要部，其还必须是容易引起一般消费者注意，并将其作为分辨产品外观的决定性因素或部位，如前所述，对于本案电饭煲而言，其控制面板并不具备这样的特点，因而不能由此必然地认为其为要部。至于消费者在使用电饭煲时必须通过控制面板进行操作，故在使用中对其需多加关注，这主要是出于对功能的关注，而不能由此认为是对“视觉外观”的强烈关注，故这种对功能操作的关注并不能说明该部分为电饭煲外观的设计要部。

因此，本案例中，合议组通过对本专利和对比文件所示电饭煲的整体造型和各组成部分进行整体观察、综合判断，得出了二者相近似的结论。

案例 4　电熨斗（第 5739 号无效决定）*

2004 年 1 月 15 日，专利复审委员会作出第 5739 号无效宣告请求审查决定，涉及名称为“电熨斗”的外观设计专利（下称本专利），其申请号为 98329756.8，申请日为 1998 年 12 月 24 日，授权公告日为 1999 年 10 月 27 日。

请求人请求宣告本专利无效的理由是：本专利不符合《专利法》第 23 条和第 9 条、《专利法实施细则》第 13 条第 1 款的规定。为支持其主张，请求人提交了若干份专利公报复印件作为证据，其中一份证据为：

专利号为 98327068.6 的外观设计专利公报复印件，其申请

---

* 本案例由张汉国撰写。

日为 1998 年 9 月 30 日，优先权日为 1998 年 4 月 1 日，授权公告日为 1999 年 8 月 4 日（下称对比文件）。

合议组经过审查认为：请求人提交的 98327068.6 号外观设计专利，其申请日、优先权日均在本专利申请日之前，授权公告日在本专利申请日之后，名称是“蒸汽喷雾熨斗”，其专利权人与本专利的专利权人相同，该证据可作为本案的对比文件，适用《专利法实施细则》第 13 条第 1 款对本案进行审查。

合议组将对比文件和本专利进行了相同和相近似比较。

本专利	对比文件
 主视图 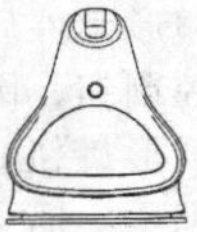 后视图 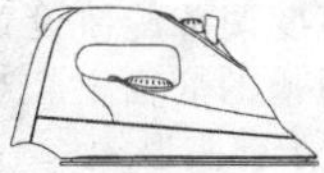 左视图　右视图 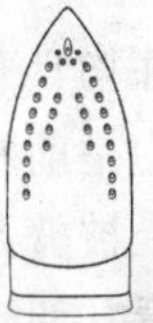 仰视图  俯视图  立体图	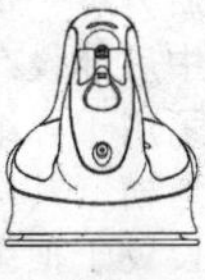 左视图 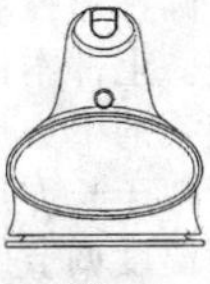 右视图  主视图  后视图 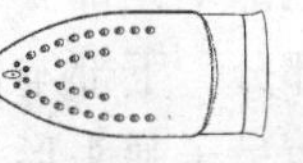 仰视图 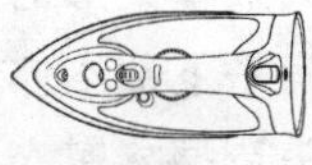 俯视图  立体图

续表

本专利具有一尾部大致呈梨形的上部本体部分，梨形尾部内有一个近似半椭圆区域，上部本体部分下方是前端尖锐的扁平下部本体部分。上部本体的中部有一近似于梯形的顺滑前部，上部本体的底部呈椭圆形，其下部本体总体形状近似于半个被劈开的子弹头造型，下部本体后部有一弧形的拼合线；上部本体的前部有一个卵形元件，卵形元件下方有一个卵形的注水口，卵形元件后方有两个并置的圆柱形控制钮，圆柱形控制钮后方有一个圆形旋钮。上部本体的中后部设有把手，把手的下方形成了用于容纳手指的近似于长方形的通槽，其扁圆盘形的温度调节旋钮设置于把手的正下方通槽的底面上。本专利的熨衣面呈子弹头形	对比文件具有一尾部大致呈梨形的上部本体部分，梨形尾部的下半部是一个近似椭圆的区域，上部本体部分下方是前端尖锐的扁平下部本体部分，上部本体的中部有一近似于梯形的顺滑前部，上部本体的底部呈椭圆形，其下部本体总体形状近似于半个被劈开的子弹头造型，下部本体上有蝶形的弧线形的拼合线；上部本体的前部有一个卵形元件，卵形元件下方有一个卵形的注水口，卵形元件后方有两个并置的圆柱形控制钮，圆柱形控制钮后方有一个圆形旋钮。上部本体的中后部设有把手。把手的下方形成了用于容纳手指的近似于长方形的通槽，其扁圆盘形的温度调节旋钮设置于把手的正下方通槽的底面上。对比文件的熨衣面呈子弹头形

通过上述对比，可以看到：本专利与对比文件均具有一尾部大致呈梨形的上部本体部分，上部本体部分下方均是前端尖锐的扁平下部本体部分，下部本体总体形状近似于半个被劈开的子弹头造型，熨衣面呈子弹头形，另外，从俯视图来看，两者表面各按钮的形状布局也十分相似，由于上述部位在两产品上占有很大的体积，是构成两产品整体形状设计的重要组成部分，且这些部位也是普通消费者常见到的部位，因此尽管存在局部、细微差别，但是两产品的整体形状依然是相近似的。虽然两者梨形尾部内一个是半椭圆区域，另一个是近似椭圆区域，形状有所差异，但是都是以椭圆为基调，不会对整体视觉效果产生显著的影响。

另外，本体上的拼合线（主要体现在储水罐、把手上）尽管有所不同，但均是呈弧形，两者风格柔和、统一，与整体造型、布局相比，属于局部的差异，普通消费者容易将上述差别忽略，极易对两产品产生误认和混淆，故本专利与对比文件属于相近似的外观设计，即属于同样的发明创造。因此在本专利申请日前已有同样的发明创造在中国申请外观设计专利，本专利不符合《专利法实施细则》第13条第1款的规定。

专利权人不服上述无效宣告请求审查决定，向一审法院提起行政诉讼，认为该决定对事实认定有误，本专利与对比文件相比，在尾部、储水槽、把手及其与底座的连接等部位不同，主要表现在：本专利的尾部呈等腰三角形，后视图上的半椭圆区域仅是铭牌，而对比文件的尾部是标准的椭圆形；本专利的储水槽是一直延伸到底部，形成封闭状，而对比文件是鹰展翅状，并未延伸到顶端，故两者不相同也不相近似。

专利复审委员会坚持决定中意见，认为对原告提到的这些不同决定中均已进行了考虑，根据整体观察、综合判断的判断方式，两者是相近似的。

一审法院认为，应采用整体观察、综合判断的原则对电熨斗进行相同和相近似判断，两者相比，在熨衣面、底座、把手、按钮等处的形状及连接部位的设计基本相同或者相近似，整体的设计风格也近似，其主要不同点在于尾部形状有些不同，储水槽设计不同，某些部位（如把手）的拼合线不同，但这些不同并未使两者在整体上产生显著的视觉差异，容易使一般消费者对本专利的外观设计与对比文件的外观设计产生混淆，故判决维持了专利复审委员会的审查决定。

原告不服上诉，二审法院经审理后维持了一审判决。

【案例评析】

本案涉及的主要问题是：如何采用整体观察、综合判断的方法对电熨斗进行相同和相近似性判断。

首先是对电熨斗的一般消费者的理解和把握。电熨斗的一般消费者这一特定消费群体，应当具备如下特点：对电熨斗的外观设计状况具有常识性的了解，并且是电熨斗的实际购买者或者使用者。当然究竟是以购买者还是使用者为标准，《审查指南》并未有明确定义，实践中也存在一定的分歧。分歧的产生在于对“消费”的理解，究竟购买是消费呢还是使用才是消费？笔者认为，两种观点都有一定道理，该问题不应该绝对化。其实，在很多情况下，产品的购买者和使用者是一致的。即便某些情况下，两者存在不一致之处，但是产品的属性决定购买者在购买时的目的就是为了使用，这就使得购买者在购买产品时常常自觉或者不自觉地把自己置身于使用者的位置来考虑，因此产品的购买者和使用者是有机联系在一起的。目前而言，一般情况下，在进行相同和相近似判断时既要考虑购买者的因素，也要考虑使用者的因素，针对具体产品的不同应有所侧重，以从中求得一个平衡点。对电熨斗这类产品而言，其购买者和使用者基本上是相同的。

其次是站在一般消费者的角度上进行具体判断。由于电熨斗的体积很小，平时放置时一般是底部在下，此时很容易看到电熨斗的其他几个面，在具体使用电熨斗熨衣服时也是这样。另一方面，在购买电熨斗时消费者从使用角度出发会注意到电熨斗的工作面（即底面），具体使用时使用者在使用间隙中也会把电熨斗的尾部向下进行放置，这时可以看到电熨斗的底面。因此，对电熨斗进行相同和相近似性判断时，应对电熨斗的各个面均予以考虑。本案中对比文件和本专利相近似的地方远远多于不相近似的地方，从整体的视觉效果来看，两者是相近似的。

第三章　几类产品外观设计相同和相近似的判断*

本章将从不同类别产品的角度对外观设计专利相同和相近似判断的方法作出进一步诠释。

自1985年专利法正式实施至今，《审查指南》共有3次较大规模的修改，第一版是1985年《审查指南》，第二版是1993年《审查指南》，第三版是2001年《审查指南》，现在实施的是2006年第四版《审查指南》。2004年外观设计相同相近似的判断原则由判断“是否容易混淆误认”变为判断“差异”对整体外观设计是否具有“显著性”。这些反映了外观设计相同和相近似判断标准的不断完善。几个版本的共同点是：遵从单一对比的新颖性审查标准，即外观设计相同和相近似判断仅在同类或相近似类别产品中进行一对一的比较判断，通常不将几个在先设计结合与专利进行比较，也不进行跨产品类别的比较判断；其次，判断方式始终遵从“整体观察，综合判断”。

外观设计相同和相近似判断依据的是图片，相近似判断不可避免地带有一定主观性。但是判断的客观性、一致性始终是我们不断探索追求的目标。在具体判断过程中应当注意如下两点：

1. 在相同和相近似判断中，两项外观设计是否相近似不能以相同点和不同点数量的多寡比较来确定，即不能因相同点多就得出二者相近似的结论，也不能因相同点少就得出不相近似的结论，应当视整体印象而定。

---

* 本章综述由钱亦俊撰写。

2. 对于立体工业品外观设计的相同和相近似判断要同时考虑多种因素，既要兼顾行业的发展水平、产品的设计空间，还要考虑功能因素的影响、局部和整体的关系。对于新开发的产品以及受功能限定较少的产品而言，其设计空间相对较大，判断尺度应从严一些。例如玩具、小摆设类产品设计。而对于成熟产品或者受功能限定较大的产品而言，其设计空间相对较小，例如电冰箱等家电类以及某些专业产品，通常在判断时要依据视觉瞩目的设计——视觉上易感知的区别性设计内容来判断。

外观设计相同和相近似的判断关键在于把握客体、确定主体、运用判断原则和判断方式（排除相关干扰因素）。

第一，关于客体。根据 2006 年版《审查指南》的相关规定，外观设计相同和相近似判断的客体包括在后客体（本专利）和在先客体（在先设计）。根据 2001 年《专利法实施细则》第 2 条第 3 款的规定，在构成外观设计专利的 3 个设计要素——“形状”、“图案” 和 “色彩” 中，“色彩” 不能单独构成外观设计。

关于客体应注意：依据《专利法》第 23 条的规定评价新颖性与依据《专利法》第 9 条和《专利法实施细则》第 13 条第 1 款的规定评价是否属于同样的发明创造进行相近似对比时，相比较的客体内容有所不同。

依据《专利法》第 23 条审查，在进行相同和相近似比较时，应将本专利与在先设计相应要素进行比较，而不需要将在先设计全部设计要素与本专利进行比较。例如，本专利是关于形状的外观设计，并未包含有图案、色彩的设计要素。而在先设计包含有图案和色彩等设计要素，此时，仅就与本专利相对应的形状要素将二者进行比较判断。但是，依据《专利法》第 9 条和《专利法实施细则》第 13 条第 1 款审查，判定两项外观设计专利是否属于同样的发明创造时，应将本专利与对比文件图片显示的要求保护的全部内容进行比较。这时，有可能得出零部件与包含零部件的完整产品不相同也不相近似的结论，例如汽车与其后视镜相比较不属于同样的发明创造。

第二，关于判断主体。2006 年版《审查指南》明确规定了作为外观设计相近似判断主体的一般消费者应具备的两个条件。具备这些条件的一般消费者可以是经销商、购买者或使用者。应当注意，有些产品的一般消费者是最终产品的使用者或购买者，而有些产品的一般消费者是中间产品的使用者或购买者。例如型材的判断主体是型材的使用者，即安装人员，而非安装后的成品（例如门窗）使用者——最终用户。因此，在判断外观设计相近似性时，要准确判断一般消费者。

第三，关于判断原则和判断基准。首先，应当注意的是产品的类别决定于产品的用途，要参考产品名称、国际外观设计分类及货架。产品类别相同与否的判断应依据外观设计本身所依托的产品。例如，农药包装瓶与酒瓶，应属于相同类别物品，因为设计都是关于包装瓶的设计，与所装产品无关。其次，对于公认的惯常设计的考虑，应当注意把握整体与局部的关系，应从整体的角度判断。

第一节 家用电器

案例 1 立扇（第 860 号无效决定）*

1997 年 4 月 8 日，专利复审委员会作出第 860 号无效宣告请求审查决定，涉及名称为“立扇（319T3）”的外观设计专利，其申请号为 94302399. 8，申请日为 1994 年 4 月 15 日，授权公告日为 1995 年 2 月 1 日。

针对上述专利权，请求人向专利复审委会提出无效宣告请

* 本案例由吴赤兵撰写。

求，其理由是：在本专利申请日前，已有与其相近似的外观设计在国内外出版物上公开发表与传播，因此，本专利不符合《专利法》第23条的规定。为支持其提出的有关出版物方式公开的主张，请求人提交了6份证据。

本专利	对比文件
 主视图  后视图  右视图	 主视图  后视图  右视图
本专利是“立扇”，由扇头、立杆、底座三部分组成	对比文件是“电风扇”，由扇头、可伸缩立杆、底座三部分组成

相同点	扇头设计有网罩和电机
不同点	1. 电机的外形不同：本专利的下部为凸起的圆筒形，对比文件为不规则矩形； 2. 立杆不同：本专利近似方圆的柱形，下立杆的上部有紧固旋钮，对比文件为椭圆柱形，可伸缩，上下杆各自的上部都有紧固旋钮； 3. 底座不同：本专利近似圆角正方形，左、右和后3个面均匀圆弧过渡，对比文件为扁块状的圆角正方形，4个边为圆弧状的圆角正方形

合议组经过审查认为：请求人提交的证据1是中国专利局1995年2月1日授权公告的专利号为91302388.4的外观专利公报，其名称为“电风扇”，申请日是1991年9月18日，其申请日期在本专利申请日前（1994年4月15日），属于《专利法》第23条所规定的出版物，适用于本案。证据1所示电风扇（下称对比文件）为落地扇，与本专利“立扇”（落地扇）属于相同种类的产品，合议组对二者进行了相近似性的比较。

合议组根据综合判断的方式，认为本专利与对比文件相比不会使一般消费者在视觉上产生混淆，二者属于不相同不相近似的外观设计，本专利符合《专利法》第23条的规定，维持本专利权有效。该决定为终局决定。

【案例评析】

本案在相近似性判断中涉及“惯常设计”的问题。

本案是专利复审委员会审理的外观设计无效案件中第一次使用“惯常设计”的案例。电风扇的扇头部位的设计多采用电机和风叶片，为达到透风和安全的目的，在风叶片外围通常装有网状防护罩。所以，对于该类产品而言，扇头部位的设计可以定义为“常规性设计”。除扇头部位外，其立杆和底座部位的设计是容易引起一般消费者注意的部位，该部位的设计也就是这类产品相近似判断的“重点”。

本案涉及的“惯常设计”的确定完全是建立在对产品进行整体观察的基础之上的。在整体外观设计上，本专利和对比文件均属于电扇类产品的传统设计，特别是扇头部位的设计。由于扇头部位的形状设计与传统设计并无明显区别，由于扇头形状是司空见惯的，一般消费者识别电扇不会依据对扇头形状的判断，而能够引起一般消费者特别关注的部位是立杆和底座两个部位，而恰恰这两个部位的形状是本专利与对比文件之间存在的最大不同点，在整体上对一般消费者产生明显的视觉影响。所以，本案审理中将该部位的形状设计确定为相同和相近似判断的“重点”。

案例2　电熨斗（第6168号无效决定）*

2004年6月15日，专利复审委员会作出第6168号无效宣告请求审查决定，该决定涉及国家知识产权局于2002年9月25日授权公告的02301866.6号外观设计专利，申请日为2002年2月4日。使用该外观设计的产品名称是“电熨斗（KB—6088）”。

针对上述外观设计专利权（下称本专利），请求人提出的无效宣告请求的主要理由是本专利不符合《专利法》第23条的规定。请求人认为在本专利申请日以前的2001年1月3日已有与其相同或者相近似的外观设计在出版物上公开发表过，并提交了00305021.1号外观设计专利的公报文本作为证据，其上在先公开了一款电熨斗的外观设计（下称在先设计）。

合议组经过审查认为，请求人提交的证据属于《专利法》第23条所规定的在本专利申请日以前公开的出版物，适用于本案。遂将本专利与在先设计进行如下相同和相近似比较。

* 本案例由张雪飞撰写。

本专利	在先设计
 主视图 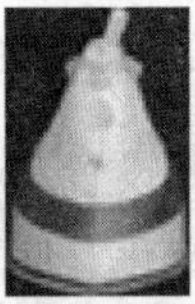  左视图　右视图  俯视图 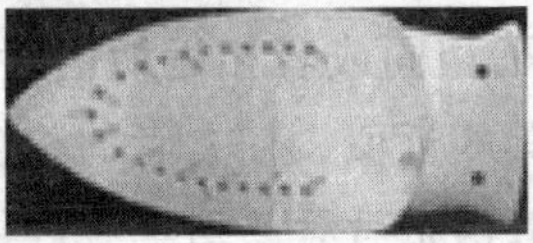 仰视图	  主视图　后视图   左视图　右视图 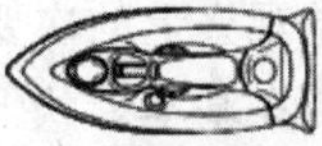 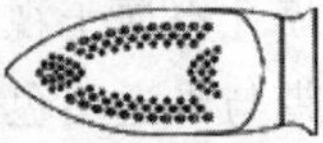 俯视图　仰视图 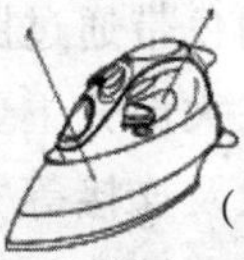 （引线部为透明） 立体图
本专利是电熨斗的外观设计，其加热底板为近似弹头形；加热底板上方连接有与其底面形状相近的底座，底座后端呈内弧线悬空；底座上方环绕一条半透明色带；色带上方连接有弧状手柄，其内为近似扁豆形的握孔，握孔内为近似扁圆柱形的旋钮和一水滴状凸起，手柄前部安有开关和按钮；手柄和底座后端连接有立座；整体熨斗的两侧面呈近似葫芦形	在先设计是电熨斗的外观设计，其加热底板为近似弹头形；加热底板上方连接有与其底面形状相近的底座，底座后端呈内弧线悬空；底座上方环绕一条透明带；透明带上方连接有弧状手柄，其内为近似扁豆形的握孔，握孔内有近似椭圆形的透明区域和近似扁圆柱形的旋钮及按钮，手柄前部安有开关和按钮；手柄和底座后端连接有立座；整体熨斗的两侧面呈近似葫芦形

续表

相同点	1. 整体形状； 2. 大部分主要组成部件（加热底板、底座、手柄和立座等处的形状及连接等方面）
不同点	1. 底座上方透明带与半透明色带的区别； 2. 手柄前部的按钮设置的区别； 3. 握孔内有无透明区域的区别； 4. 底面蒸汽喷孔的区别

经比较，合议组认为，从整体观察，前部按钮的设置和握孔内的局部设计在整体外观设计形状中均属于细节的变化，底面蒸汽喷孔也属于视觉观察上的次要部位，且二者底座上方环绕的透明带与半透明色带在基本形状上区别不大，对于透明与半透明的区别，由于在先设计的透明区域中没有显示出其他设计，因此与本专利的半透明色带通过图片对比并无明显区别；二者无论是在整体形状还是在大部分主要组成部件如加热底板、底座、手柄和立座等处的形状及连接等方面均采用了相同或者相近似的设计，尤其在整体弧线和握孔部的设计上极其相近似，使二者的整体外观形状产生了相近似的视觉效果，一般消费者容易对二者产生混淆和误认，因此二者应属于相近似的外观设计，根据《专利法》第 23 条的规定，宣告 02301866. 6 号外观设计专利权全部无效。专利权人不服该决定，提起行政诉讼，两审法院均维持了该决定。二审判决生效。

【案例评析】

在进行外观设计相同和相近似的判断时遵循整体观察、综合判断的原则，应分析从各个局部所得出的不同点是否对整体外观设计产生了足够的视觉影响。一方面本案由于本专利与在先设计的区别多处于按钮、喷孔等细微局部或者视觉上不易见到的部位，不足以影响整体电熨斗的视觉效果；另一方面，对于相关部位是否完全透明的差别，从外观设计相同和相近似比较的角度考虑，透明部分内部可见的外观设计应予以考虑，就本案而言，其透明内部可见的外观设计并未导致二者整体的形状、图案等方面产生显著差别，因此得出上述相近似性判断的结论。

案例3　电冰箱（第6240号无效决定）*[*]

2004年6月29日，专利复审委员会作出第6240号无效宣告请求审查决定，涉及名称为"电冰箱（33）"的外观设计专利，其申请号为01331225.1，申请日为2001年6月11日，授权公告日为2002年1月16日。

请求人请求宣告本专利权无效，共有3个理由，分别是：1. 在本专利申请日之前已有与之相同或者相近似的外观设计在出版物上公开发表过，本专利不符合《专利法》第23条的规定。2. 本专利的整体设计采用了司空见惯的常规性设计，各局部设计也均是公知设计，实际上是将其申请日前已有的公知设计加以简单的拼凑，无任何实质上的创新，不属于专利法旨在保护的新设计，不符合《专利法实施细则》第2条第3款的规定。3. 本专利不符合《专利法》第9条和《专利法实施细则》第13条第1款的规定。

为支持其上述无效请求理由，请求人先后提交了6份证据作为对比文件。合议组将本专利分别与6个对比文件进行了相近似比较。

本专利与对比文件均为冰箱的外观设计，均属于单纯形状的外观设计产品，相近似性比较判断均集中于形状上是否构成相近似。具体分析如下：

---

* 本案例由许静华撰写。

<table>
<tr><th>本专利</th><th>对比文件 1</th></tr>
<tr><td>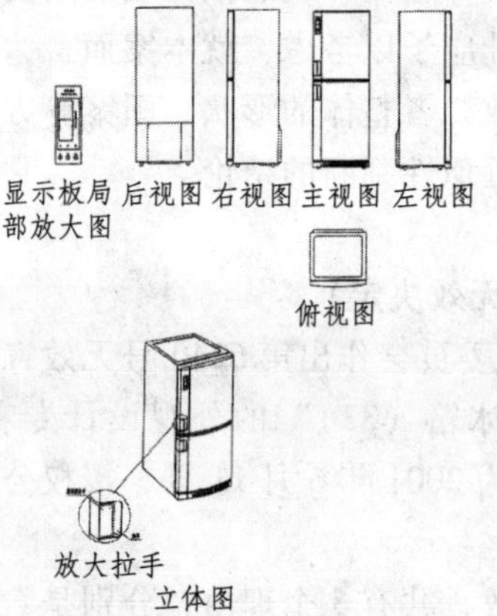
</td><td>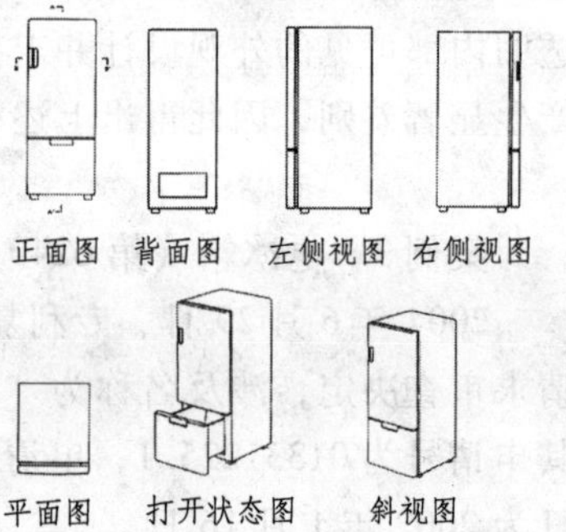
</td></tr>
<tr><td>整体形状为立方体，为上下双开门设计。上下门体形状均为长方形，下门体略高于上门体；上门体上下两端各有一条直线贯穿左右；下门体上下两端各有一条直线贯穿左右；上下门体左侧均有一条直线贯穿上下，与上下门体左侧边缘形成纵向边框设计；上门体左侧边框内，上方为外轮廓呈长方形的显示屏，下方为把手；下门体左侧边框内，上方设计有把手；下门体的下方有条状底托；底端左右各有一支脚。后侧下方有一凸台，底部有支脚。从俯视图看，形状呈方形，上端有一左右两端呈圆角过渡的长条状外凸，下端是底端呈弧状的门体，中部有一方形设计。从把手的放大图看，把手呈圆角长方形，沿把手外侧设计有一大于把手的圆角长方形，该长方形为内凹设计</td><td>整体形状为立方体，为上开门下抽屉式设计。上门体为长方形，下抽屉为长方形；上门体左侧上方有一把手，沿把手外侧设计有一大于把手的圆角长方形，该长方形为内凹设计；下抽屉上端中间位置设计有一圆角长方形把手；底端左右各有一支脚。侧面上门上方有一条状把手，底端有支脚。从俯视图看，整体外轮廓形状呈长方形，下端上两角呈圆角过渡且略有弧度的门体</td></tr>
</table>

续表

相同点	1. 外轮廓形状相同； 2. 上门体外轮廓形状相同，对比文件1的上门体把手的形状与本专利的把手相近似
不同点	1. 上下门体表面设计不同（对比文件1的下部为抽屉式设计）； 2. 本专利在上门体一侧设计有显示屏，对比文件1没有此设计； 3. 把手设计的位置不同； 4. 本专利底部有底托，对比文件1没有该设计； 5. 俯视图所示设计不同

本专利	对比文件2
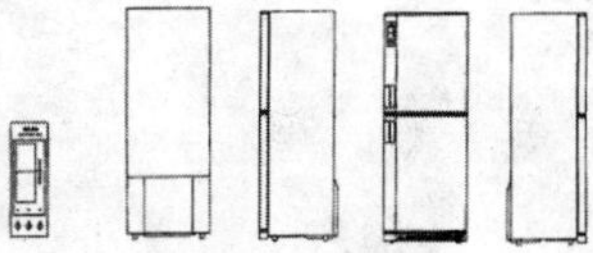 显示板局部放大图 后视图 右视图 主视图 左视图  俯视图 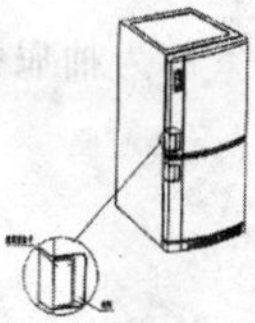 放大拉手 立体图	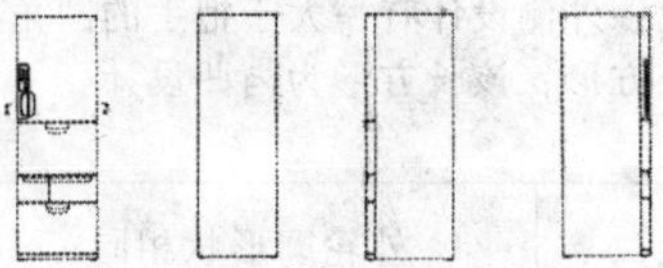 正面图 背面图 右侧视图 左侧视图  平面图   斜视图

续表

整体形状为立方体，为上下双开门设计。上下门体形状均为长方形，下门体略高于上门体；上门体上下两端各有一条直线贯穿左右；下门体上下两端各有一条直线贯穿左右；上下门体左侧均有一条直线贯穿上下，与上下门体左侧边缘形成纵向边框设计；上门体左侧边框内，上方为外轮廓呈长方形的显示屏，下方为把手；下门体左侧边框内，上方设计有把手；下门体的下方有条状底托；底端左右各有一支脚。后侧下方有一凸台，底部有支脚。从俯视图看，形状呈方形，上端有一左右两端呈圆角过渡的长条状外凸，下端是底端呈弧状的门体，中部有一方形设计。从把手的放大图看，把手呈圆角长方形，沿把手外侧设计有一大于把手的圆角长方形，该长方形为内凹设计	整体形状为立方体，为上开门下抽屉式设计。上门体为长方形，上门体下设计有3个抽屉，均为长方形。上门体左侧下方设计有长方形显示面板和圆角方形且呈弧面设计的把手，沿把手右侧设计有一圆角长方形，该长方形为内凹设计。上门体下方是3个抽屉，中间的抽屉较扁且左侧有一纵向分割线，3个抽屉均有把手。从俯视图看，整体外轮廓形状呈方形，下端是略有弧度的门体

相同点	1. 外轮廓形状相同； 2. 上门体外轮廓形状相同
不同点	1. 上下门体表面设计不同（对比文件2的下部为抽屉式设计）； 2. 上门体显示屏的设计及位置不同； 3. 把手设计不同； 4. 俯视图所示设计不同

本专利	对比文件 3
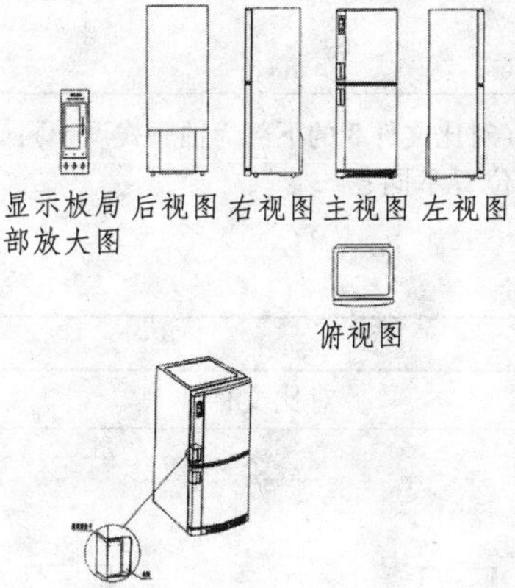 显示板局部放大图　后视图　右视图　主视图　左视图 俯视图 放大拉手 立体图	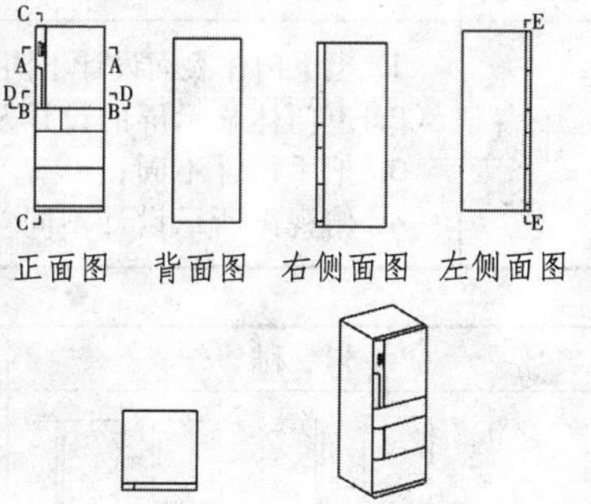 正面图　背面图　右侧面图　左侧面图 平面图　斜视图
整体形状为立方体，为上下双开门设计。上下门体形状均为长方形，下门体略高于上门体；上门体上下两端各有一条直线贯穿左右；下门体上下两端各有一条直线贯穿左右；上下门体左侧均有一条直线贯穿上下，与上下门体左侧边缘形成纵向边框设计；上门体左侧边框内，上方为外轮廓呈长方形的显示屏，下方为把手；下门体左侧边框内，上方设计有把手；下门体的下方有条状底托；底端左右各有一支脚。后侧下方有一凸台，底部有支脚。从俯视图看，形状呈方形，上端有一左右两端呈圆角过渡的长条状外凸，下端是底端呈弧状的门体，中部有一方形设计。从把手的放大图看，把手呈圆角长方形，沿把手外侧设计有一大于把手的圆角长方形，该长方形为内凹设计	整体形状为立方体，为上开门下抽屉式设计。上门体为长方形，上门体下设计有 3 个抽屉，均为长方形。上门体左侧有一条直线贯穿上下，与上门体左侧边缘形成纵向边框设计。上门体左侧边框内，上方为显示屏，下方为条状把手，该把手底部为内凹设计。上门体下设计有 3 个抽屉，均为长方形，上方抽屉较扁且左侧有一纵向分割线。侧面上门体下方有一条状把手。从俯视图看，整体外轮廓形状呈方形，下端是两端呈圆角过渡的门体，左端有分割线设计

续表

相同点	1. 外轮廓形状相同； 2. 上门体外轮廓形状相同
不同点	1. 上下门体表面设计不同（对比文件3的下部为抽屉式设计）； 2. 上门体显示屏的设计及位置不同； 3. 把手设计不同； 4. 俯视图所示设计不同

本专利	对比文件4
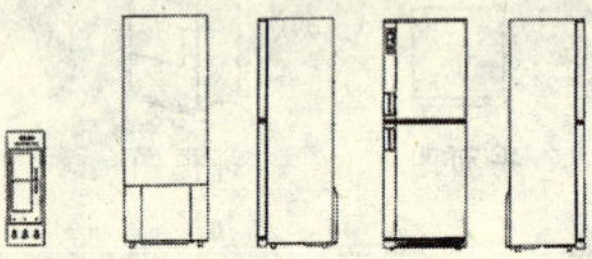 显示板局部放大图 后视图 右视图 主视图 左视图  俯视图 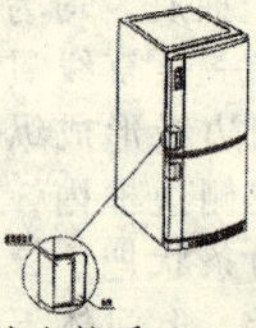 放大拉手 立体图	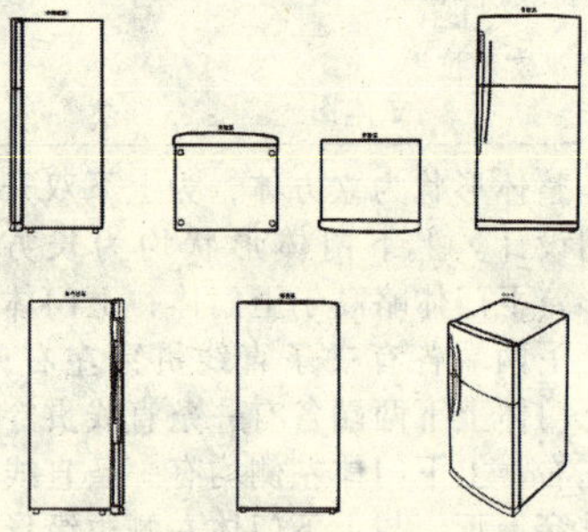
整体形状为立方体，为上下双开门设计。上下门体形状均为长方形，下门体略高于上门体；上门体上下两端各有一条直线贯穿左右；下门体上下两端各有一条直线贯穿左右；上下门体左侧均有一条直线贯穿上下，与上下门体左侧边缘形成纵向边框设计；上门体左侧边框内，上方为外轮廓呈长方形的显示屏，下方为把手；下门体左侧边框	整体形状为立方体，为上下双开门设计。从主视图看，上门体形状为长方形（横向），下门体为长方形；上下门体左侧均有一条弧线；上门体左侧有一长条状把手，下门体左侧上方有一底端略细的长条状把手；下门体的下方有条状底托；底端左右各有一支脚。从俯视图看，整体外轮廓形状呈方形，下端是底端呈弧状的门体

续表

内，上方设计有把手；下门体的下方有条状底托；底端左右各有一支脚。后侧下方有一凸台，底部有支脚。从俯视图看，形状呈方形，上端有一左右两端呈圆角过渡的长条状外凸，下端是底端呈弧状的门体，中部有一方形设计。从把手的放大图看，把手呈圆角长方形，沿把手外侧设计有一大于把手的圆角长方形，该长方形为内凹设计	
相同点	1. 外轮廓形状相同； 2. 上门体外轮廓形状相同
不同点	1. 上下门体表面设计不同； 2. 把手设计及位置不同； 3. 俯视图所示设计不同

本专利	对比文件 5
 显示板局部放大图  后视图  右视图 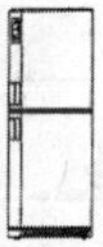 主视图  左视图  俯视图 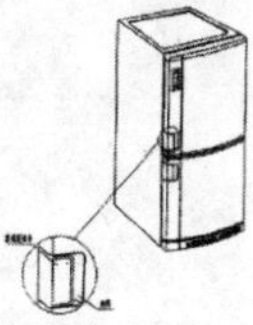 放大拉手 立体图	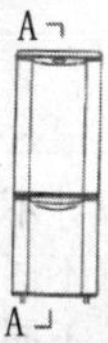 正面图  背面图 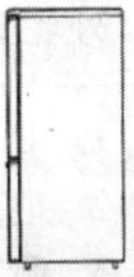 右侧视图 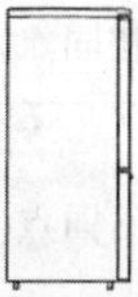 左侧视图  平面图  斜视图 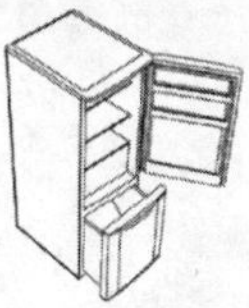

续表

整体形状为立方体，为上下双开门设计。上下门体形状均为长方形，下门体略高于上门体；上门体上下两端各有一条直线贯穿左右；下门体上下两端各有一条直线贯穿左右；上下门体左侧均有一条直线贯穿上下，与上下门体左侧边缘形成纵向边框设计；上门体左侧边框内，上方为外轮廓呈长方形的显示屏，下方为把手；下门体左侧边框内，上方设计有把手；下门体的下方有条状底托；底端左右各有一支脚。后侧下方有一凸台，底部有支脚。从俯视图看，形状呈方形，上端有一左右两端呈圆角过渡的长条状外凸，下端是底端呈弧状的门体，中部有一方形设计。从把手的放大图看，把手呈圆角长方形，沿把手外侧设计有一大于把手的圆角长方形，该长方形为内凹设计	整体形状为立方体，为上下双开门设计。从主视图看，上下门体均为长方形，上门体高于下门体，上下门体左右两侧均有一条直线贯穿上下，上下门体上端中部均有弧形把手；底端左右各有一支脚。从俯视图看，整体外轮廓形状呈长方形，底端呈弧状的门体，中部有一方形设计
相同点	外轮廓形状相同
不同点	1. 上下门体表面设计不同； 2. 把手设计及位置不同； 3. 俯视图所示设计不同

本专利	对比文件6
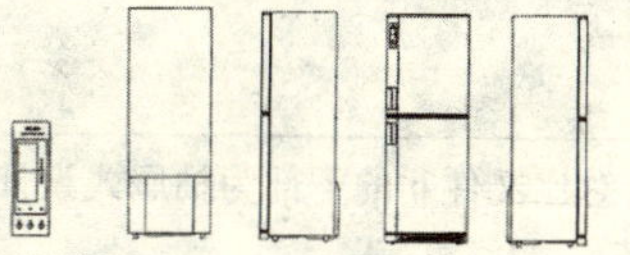 显示板局部放大图　后视图　右视图　主视图　左视图  俯视图 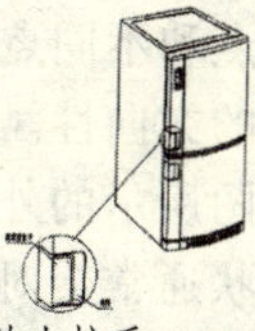 放大拉手 立体图	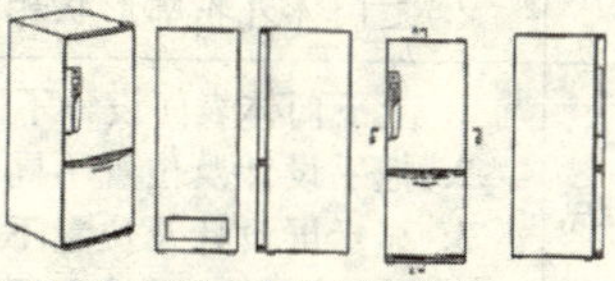 立体图　后视图　右视图　主视图　左视图 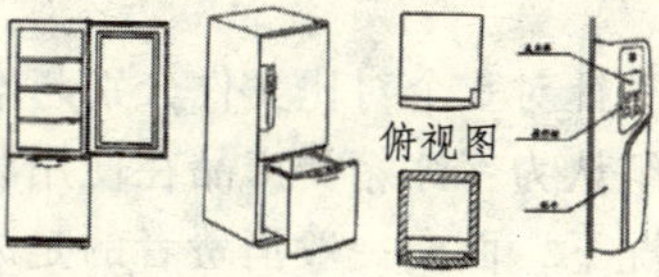 使用状态参考图2　使用状态参考图1　省略内部机构的B-B剖视图　局部放大图 俯视图
整体形状为立方体，为上下双开门设计。上下门体形状均为长方形，下门体略高于上门体；上门体上下两端各有一条直线贯穿左右；下门体上下两端各有一条直线贯穿左右；上下门体左侧均有一条直线贯穿上下，与上下门体左侧边缘形成纵向边框设计；上门体左侧边框内，上方为外轮廓呈长方形的显示屏，下方为把手；下门体左侧边框内，上方设计有把手；下门体的下方有条状底托；底端左右各有一支脚。后侧下方有一凸台，底部有支脚。从俯视图看，形状呈方形，上端有一左右两端呈圆角过渡的长条状外凸，下端是底端呈弧状的门体，中部有一方形设计。从把手的放大图看，把手呈圆角长方形，沿把手外侧设计有一大于把手的圆角长方形，该长方形为内凹设计	整体形状为立方体，为上开门下抽屉式设计。上门体为长方形，下抽屉为方形；上门体左侧中部有一把手及显示屏，其外轮廓形状为长方形；下抽屉上端中间位置设计有一把手；底端左右各有一支脚。侧面上门中部有一条状把手。从俯视图看，整体外轮廓形状呈长方形，下端是略有弧度的门体，右下角有一方形装置

续表

相同点	1. 外轮廓形状相同； 2. 上门体外轮廓形状相同
不同点	1. 上下门体表面设计不同（对比文件6的下部为抽屉式设计）； 2. 把手设计及位置不同； 3. 显示屏设计及位置不同； 4. 俯视图所示设计不同

针对6个对比文件分别与本专利存在的相同点和不同点，合议组认为：冰箱类产品在使用状态下，具有一定的方向性。通常情况下，面向一般消费者的是冰箱主视图和侧视图所示的外观设计形状，因此主视图和侧视图所示的外观设计形状通常会对冰箱类产品整体外观设计产生较为显著的影响。就本案而言，二者的不同点主要集中在主视图和侧视图所示外观设计形状上。根据整体观察、综合判断的原则，二者的不同点使一般消费者在整体视觉效果上产生明显差别，足以导致一般消费者明显地将二者区分开。就二者在外轮廓形状上的相同而言，由于二者的整体及上门体外轮廓形状均为立方体和长方形，并无异形设计，属于常规下的几何形状。所以，二者相同的外轮廓形状不是判断二者相近似性的主要依据，判断二者的相近似性应以二者给一般消费者的整体视觉效果为判断依据。就二者的把手而言，在冰箱整体形状中，把手设计属于局部设计，不足以使一般消费者对二者的整体形状产生相同的视觉效果。

综上所述，本专利与6个对比文件分别属于不相同且不相近似的外观设计。因此，合议组作出了维持本专利权有效的审查决定。双方当事人均服从该决定，未向法院提起行政诉讼。

【案例评析】

本案焦点在于本专利与对比文件是否属于相近似的外观设计，主要涉及两个要点：一是产品外观设计使用时容易看到部位对整体视觉效果的影响；二是公认惯常设计在相近似判断中的作用。

就第一个要点而言，《审查指南》明确规定，使用时容易看到部位的设计变化相对于不容易看到或看不到部位的设计变化，通常对整体视觉效果更具有显著的影响。本专利和对比文件所示外观设计产品使用时容易看到的部位均在于产品的主视图所表示的内容（即：产品的门体所示的面板部分形状）和左右视图所表示的内容（即：产品的侧面形状），这两部分内容产生的视觉效果较其他部位产生的视觉效果，对外观设计整体视觉效果更具有显著的影响。上述部分内容作为外观设计相近似判断的部位，不仅仅源于《审查指南》的规定，更是由于该类产品实际存在的状态决定的。一般情况下，这类产品在市场展示或者使用时的摆放均有一定的方向性，产品的顶部、底部和后部很少表露于一般消费者的视觉范围内，并且，识别这类产品的主要设计内容也往往表现于产品的门体部位和侧面。所以，在整体观察、综合判断的前提下，以上述两部分外观设计形状作为相近似性判断的部位所作出的分析与判断是妥当的。

就第二个要点而言，本案所涉及的产品外轮廓形状为长方体。从目前的市场看，该类产品的外轮廓形状基本是长方体形状，且在外轮廓形状上做出异形设计是很少见的。所以，当外轮廓形状是构成外观设计整体形状的一部分，而这一部分形状属于该类产品外观设计的常规设计形状时，就不能作为相近似判断的主要依据。这类产品相同和相近似判断的主要依据无疑是能够吸引一般消费者注意力的、使其产生深刻视觉印象的设计内容，这些设计内容往往能够使一般消费者对该类产品产生明显的视觉差别。

案例4　电视机（第7245号无效决定）*

2005年6月7日，专利复审委员会作出第7245号审查决定，

* 本案例由张雪飞撰写。

涉及名称为“电视机”的外观设计专利，申请号为03349636.6，申请日为2003年12月17日，授权公告日为2003年12月17日。

针对上述外观设计专利（下称本专利），请求人提出的无效宣告请求的理由是：本专利不符合《专利法》第23条的规定。请求人认为在本专利申请日以前已有与其相同或者相近似的外观设计在出版物上公开发表过，并提交了2002年2月期 *Asian Sources Electronics* 杂志作为证据，在该杂志内页中记载了一款“电视机”的外观设计（下称对比文件）。

合议组经过审查认为，该杂志属于《专利法》第23条所规定的本专利申请日以前公开的出版物，适用于本案，将本专利与对比文件进行了分析比较。

本专利	对比文件
 主视图 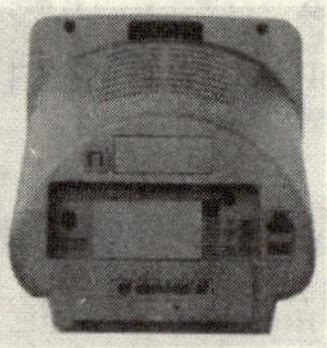 后视图 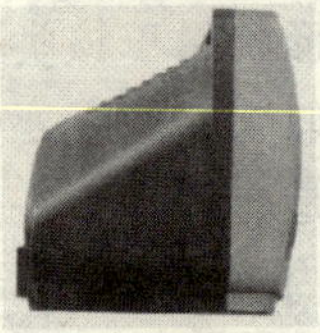 左视图  俯视图	
相同点	正面的形状和布局设计相同
不同点	对比文件侧后部未充分公开其外观设计

经整体观察、综合判断，合议组认为，应当认定本专利与对比文件属于相近似的外观设计，故作出宣告本专利无效的审查决定。双方当事人均服从该决定，未向法院提起行政诉讼。

【案例评析】

本案的焦点在于电视机类产品的相同和相近似的判断。

对于电视机这类有一定的视觉朝向的产品而言，其屏幕和控制台所在的正面是最易引起一般消费者瞩目的部位，而本专利和对比文件在正面的形状和布局设计上是基本相同的，导致一般消费者从电视机的视觉朝向面观察已足以对二者产生相同的视觉印象，且本专利在正面之外的其他面的设计上也承袭了大体积后箱这一传统的设计风格，其具体形状的变化未能改变传统电视机后部的惯常设计的视觉印象，因此本案电视机后部的设计不会对相同和相近似的判断产生显著性的影响，可以判定二者属于相近似的外观设计。

在判断对比文件相关部位是否公开充分时，往往要分析本专利在相应部位是否有视觉瞩目的独特设计，如果本专利与在先设计的不同点主要是公众视觉不易见到的部分或者是采用了公知设计的部分，则本专利并未在相关领域的产品设计上作出实质性的创新，因而不符合专利法鼓励发明创造的宗旨，不应被授予专利权。

案例5　电动剃须刀（第5073号无效决定）*

2003年5月30日，专利复审委员会作出第5073号无效宣告请求审查决定，涉及名称为“电动剃须刀”的外观设计专利，其申请号为01309113.1号，申请日为2001年4月25日，授权

---

* 本案例由王霞军撰写。

公告日为2002年1月2日。

请求人请求宣告本专利权无效的理由是：早在1997年请求人就向中国专利局申请了97302220.5号外观设计专利，并于1998年3月25日授权公告。该专利与本专利产品整体形状相近似，仅有的差别是本专利的开关在侧面，刀头与请求人特有的双头剃须刀头造型相同，只是功能部位为脱毛器刀头。由于两专利产品在实际销售时都有一个上盖，两产品的上盖形状完全相同，盖上盖后，两者外观几乎毫无差别。因此，本专利权的授予不符合《专利法》第23条的规定。与此同时，请求人提交了97302220.5号中国外观设计专利公报作为本专利的对比文件。

专利权人认为：本专利与对比文件是不相近似的设计。本专利整体比较细长，而对比文件设计整体比较宽矮，本专利刀头是双刀头款式，而对比文件是脱毛器刀头，中间是细缝，两头是圆肩过渡，所以视觉效果完全是两样的。本专利与对比文件在刀头部位、开关推板设计、底面插座等多处存在差异，一般消费者能明显将二者区分开来，二者产品不相同也不相近似。

合议组经过审查认为：请求人提交的对比文件授权公告日早于本专利的申请日，故属于《专利法》第23条所规定的出版物，适用于本案。对比文件公开了一款名称为“电脱毛器”的产品外观设计，其与本专利属于相同类别的的产品，合议组对二者进行了相近似性的比较。

本专利	对比文件
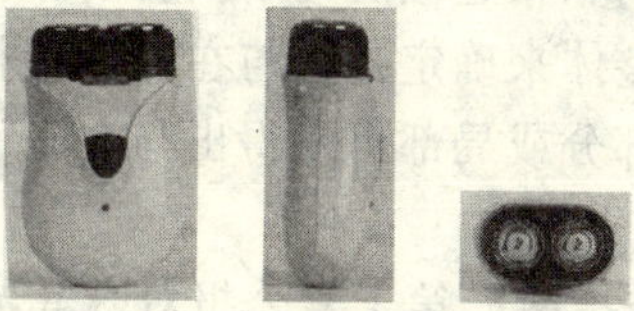	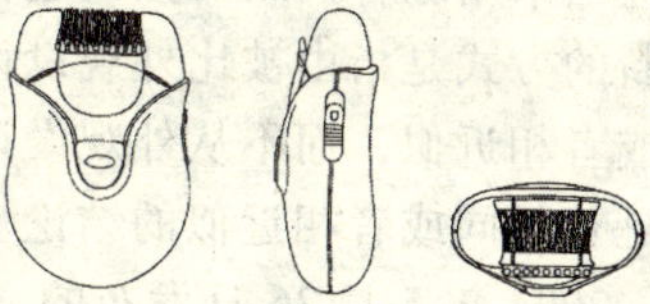
相同点	1. 整体设计风格相同； 2. 刀柄的外观形状及图案相近似
不同点	1. 刀头的形状不同； 2. 刀头与刀柄的中连接处不同； 3. 侧面图案不同； 4. 插座不同； 5. 指示灯的设计位置和形状不同

整体观察、综合判断，合议组认为本专利与对比文件的区别在整体视觉中不具有显著性的影响，二者属于相近似的外观设计，因此，本专利不符合《专利法》第 23 条的规定，宣告本专利权无效。双方当事人均服从该决定，未向法院提起行政诉讼。

【案例评析】

本案主要涉及剃须刀类产品如何进行相同和相近似的判断。

2001 年版《审查指南》第四部分第五章第 6.6 节关于综合判断规定：经过对产品进行整体观察，仍难以确定该产品中容易引起一般消费者注意的部位的，对其外观设计可以使用综合判断的方式进行相同和相近似的判断。所谓综合判断的方式是指由被比外观设计的全部来确定是否与在先设计相同或者相近似，而不从外观设计的部分或局部出发得出与在先设计是否相同或者相近似的结论，也不把外观设计的各个部分分割开来与在先设计进行对比判断。2004 年 5 月 26 日发布的《审查指南》第 1 号公报对上述内容进行了修改，具体内容为：对于一般产品，对其外观设计应当采用综合判断的方式进行相同和相近似的判断。所谓综合判断的方式是指由被比外观设计的整体来确定是否与在先设计相同或者相近似，而不从外观设计的部分或局部出发得出与在先设计是否相同或者相近似的结论。

2004 年 5 月 26 日发布的《审查指南》第 1 号公报对《审查指南》第四部分第五章第 5 节的判断原则进行了修订，其内容为：如果一般消费者经过对被比外观设计与在先外观设计的整体观察可以看出，二者的差别对于产品的整体视觉效果不具有显著的影响，则被比外观设计与在先外观设计相近似。

剃须刀类产品的外观设计相同和相近似的判断同一般产品有所不同，具有其独特之处。一般情况下，电动剃须刀的整体形状均由刀头和刀柄两部分组成，刀头的外观设计形状依赖于刀头的结构和功能，结构和功能的不同，必然带来产品刀头部分外观设计形状的变化，即：形状的变化随功能而变。从本案涉及的两个外观设计产品的形状设计可以看出，主要问题在于如何看待本专利和对比文件之间存在的区别点。依据上述《审查指南》的相关规定，二者是否构成相近似，关键在于二者的差别对两项外观设计产品的整体是否具有显著影响。从二者整体形状上观察，刀柄部分的形状设计呈半椭圆体，其上的线条设计相近似，会给人留有相同的视觉印象。刀头部分的形状设计属于整体中的局部形状，给人留下的视觉印象并不显著，也就是说，该部位的形状所产生的视觉效果远远没有达到影响整体外观设计形状的结果。一般消费者会对二者的整体形状产生误认和混同。在使用状态下，由于两项外观设计在刀柄部位的形状极相近似，在刀头部位仅是剃须刀与脱毛器的不同，会使一般消费者将两产品误认为仅仅是在功能上存在不同的同一系列产品。所以，本案涉及的两项外观设计之间存在的差别不足以影响二者整体形状的相似性，对整体视觉效果不具显著影响。

案例6　饮水机（第5622号无效决定）*

2003年12月16日，专利复审委员会作出第5622号无效宣告请求审查决定，涉及名称为“饮水机”的外观设计专利（下称本专利），其专利号为02329537.6，申请日为2002年5月28日，授权公告日为2003年1月29日。

请求人请求宣告本专利无效的理由是：本专利与其申请日前公告的97320482.6号外观设计专利（公告日为1998年4月29日）相近似，因此，本专利不符合《专利法》第23条的规定。

经核实确认，请求人提交的专利号为97320482.6的外观设计专利系在本专利的申请日之前授权公告，可以作为本专利的对比文件。将本专利与对比文件列表进行分析。

由比较可知，本专利与对比文件的饮水机从主视图外观分布上看存在很大的差异，左右视图和俯视图也存在局部差异，二者的差别在视觉效果上对一般消费者产生了显著的影响，不构成相同或相近似。合议组认为，本专利是关于饮水机的外观设计，饮水机在使用时有明确的方向性，它的正面是容易引起一般消费者视觉上瞩目的部位，其他部位在使用时相对不易被察觉，因此饮水机的正面的显著差异会对产品的整体外观设计产生显著的影响。合议组经过审查认为，在本专利的正面视图与对比文件的正面视图不相同和不相近似的情况下，本专利请求保护的外观设计与对比文件的外观设计是不相同且不相近似的。因此，决定维持第02329537.6号外观设计专利权有效。双方当事人均服从该决定，未向法院提起行政诉讼。

---

* 本案例由张沧撰写。

本专利	对比文件
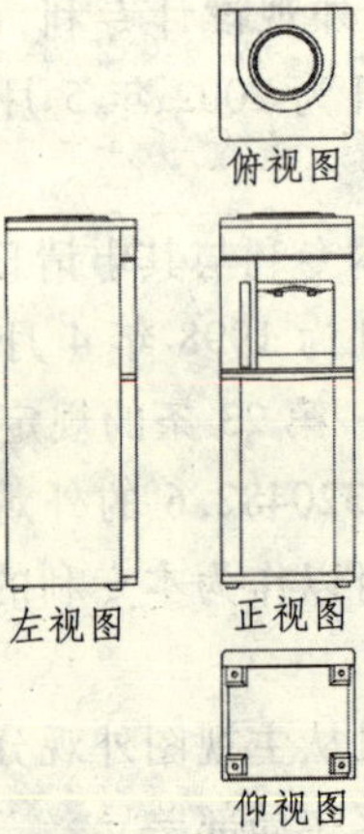	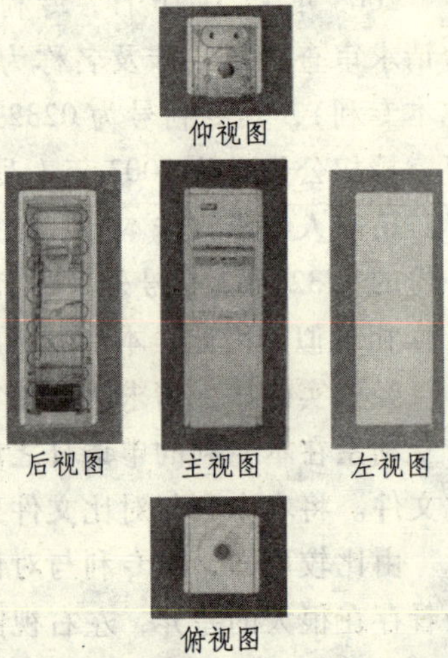
相同点	产品总体均为长方体结构，其正面视图、左右视图均为长方形设计
不同点	1. 主视图显示的正面的分区布局完全不同； 2. 本专利正面自上而下分为 5 个区，而对比文件正面两侧有两条上下贯通的立柱，在立柱之间分为 4 个区；本专利相对于对比文件而言其前额面板高度尺寸小、下面板高度尺寸大； 3. 本专利接水区为“左右不对称”设计，而对比文件为“左右对称”设计，并且本专利相对于对比文件的接水区小，靠左侧还另有一贮杯区，就接水区而言，本专利为两层凹槽设计，第一层面下部为曲面有两个出水孔、无功能键，对比文件为 3 层凹槽设计有 3 个功能键和 3 个出水孔。 4. 本专利与对比文件的左右视图和俯视图存在局部差异，例如本专利的左右视图有侧立柱投影，对比文件的左右视图为光板，俯视图均为正方形，但内部线条图案完全不同

【案例评析】

本案涉及饮水机产品外观设计相同和相近似的判断。

众所周知，饮水机在使用时有明确的方向性，它的正面朝向使用者，是容易引起一般消费者瞩目的部位；它的背面、上面和底面，在使用时由于不易看见而不易被一般消费者关注；它的左、右侧面，虽处于一般消费者可以看见的部位，但除非有特定的设计而吸引一般消费者的目光，通常情况下也不易被一般消费者所察觉。

因此，对于饮水机产品，它的正面相对于其他部位通常对整体视觉效果更具有显著的影响，饮水机正面部位上的差别，也更容易被一般消费者所瞩目。本案中，本专利与对比文件的饮水机的左右侧面均没有特别的设计，而正面视图却存在很大差别，这种差别对饮水机产品整体视觉效果上具有显著的影响，因此，本专利与对比文件的外观设计不相同也不相近似。

案例 7　波轮式全自动洗衣机（第 4373 号无效决定）*

2002 年 8 月 23 日，专利复审委员会作出第 4373 号无效宣告请求审查决定，涉及产品名称为“波轮式全自动洗衣机（3）（神州龙系列）”的外观设计专利（下称本专利），其专利号为 00326364.9，申请日为 2000 年 9 月 27 日，授权公告日为 2001 年 6 月 20 日。

请求人请求宣告专利权无效的理由是：本专利与其申请日前在国内、国外出版物上公开发表的外观设计相同、相近似，因而不符合《专利法》第 23 条的规定。请求人提供的证据包括：专利号为 99309930.0 的中国外观设计专利公报（下称对比文件），其公告日为 2000 年 4 月 5 日。

经审查，合议组认为：请求人提交的对比文件是由国家知识产权局公开发行的外观设计专利公报，且其公告日期早于本专利

* 本案例由于萍撰写。

申请日，属于《专利法》第23条所述的在专利申请日前国内外出版物上公开发表的外观设计。该对比文件涉及的洗衣机产品与本专利涉及的产品类别相同，故该对比文件可以作为评价本专利是否符合属于《专利法》第23条规定的对比文件。合议组将该对比文件的外观设计与本专利进行了相近似性对比判断。

本专利	对比文件
 主视图 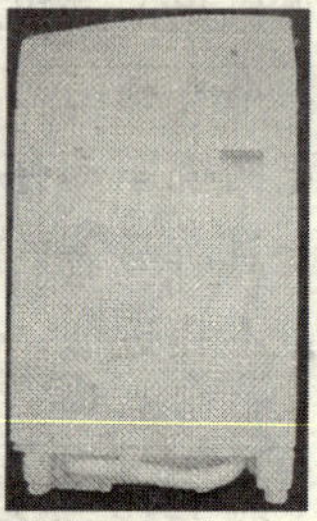 右视图 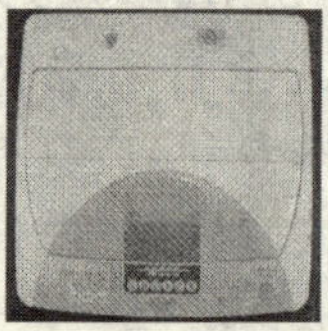 俯视图 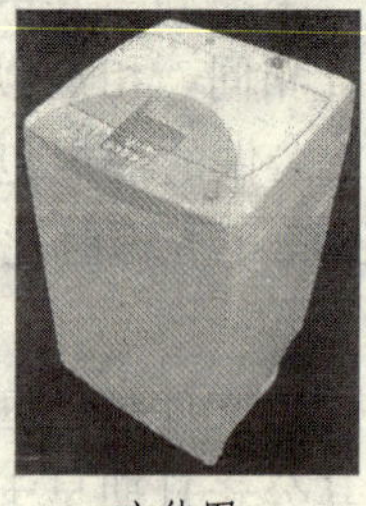 立体图	 主视图  右视图 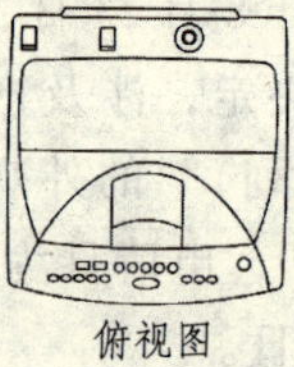 俯视图 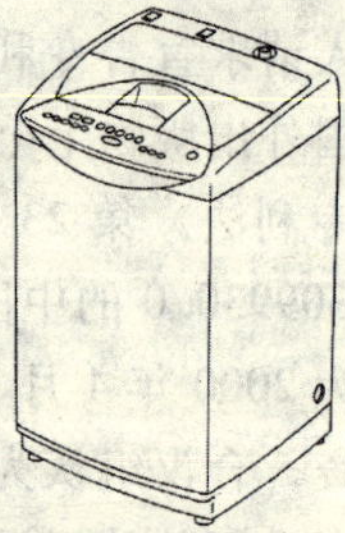 立体图

续表

 左视图	 左视图
本专利涉及波轮式全自动洗衣机，其授权公告的外观设计照片共5张，分别为主视图、俯视图、左视图、右视图、立体图。从立体图可以看出，本专利的外形为近似长方体。从俯视图可见，机身的顶面前部为控制面板区，中间部位设有上盖。上盖左、右边为圆弧形，前、后边均为近似直线形，且中间有一条供上盖打开时折叠的折缝。上盖前部设计有一个圆弧部分，该圆弧部分和机身顶面前部的控制面板区的圆弧相吻合，两者形成一半圆。在上盖圆弧部分设置一个长方形凹陷，上盖把手设置在该凹陷部分。从主视图可见在前侧面沿顶面向下形成一圆弧。从立体图可进一步看到，该前侧面顶部的圆弧与上盖和顶面的半圆在棱边处自然衔接，形成协调的统一体。在前侧面圆弧中部有一个“DD”标志。从左视图及右视图可见，机身的左右侧面为近似长方形，只是后端略高于前端，即机身的顶面不是水平	对比文件中的产品也是洗衣机。该公告的外观设计共有9幅视图，分别为主视图、俯视图、仰视图、左视图、右视图、立体图、后视图、上盖打开时的俯视图、上盖打开时的右视图。从立体图可以看出，该对比文件中洗衣机的外形为近似长方体。从俯视图可见，机身的顶面前部为控制面板区，中间部位设有上盖，上盖左、右边为圆弧形，前后两边均为近似直线形，且中间有一条供上盖打开时折叠的折缝。上盖前部设计有一个圆弧部分，该圆弧部分和机身顶面的控制面板区的圆弧相吻合，两者形成一半圆。在上盖圆弧部分设置一个长方形凹陷，上盖把手设置在该凹陷部分。从主视图及立体图可见在前侧面沿顶面向下形成一圆弧，该前侧面顶部的圆弧与上盖和顶面的半圆在棱边处自然衔接，形成协调的统一体。从左视图及右视图可见，机身的左右侧面近似为长方形，只是后端略高于前端。另外，前侧板上部一窄条

续表

的，而是略有自后向前的倾斜。左右侧板靠后上部设有内凹的长圆形提手，底板的四角设有近似圆柱形支脚。从右视图可见，下水管收藏于底部支脚之间的凹进处	略向前倾。从仰视图及主视图、左右视图可见，近似方形的底板四角设有近似圆柱形支脚
相同点	外观造型均为立方体，且长宽高的比例相近似； 两者机身的顶面上盖左右两边均为圆弧形； 上盖前部均设计有一个圆弧部分，该圆弧部分和机身顶面的控制面板的圆弧相吻合，两者形成一半圆； 机身的前侧面沿顶面向下形成一圆弧，该前侧面顶部的圆弧与上盖和顶面的半圆在棱边处自然衔接，形成协调的统一体
不同点	本专利中下水管收藏于底部支脚之间的凹进处，而对比文件没有示出这一设计； 本专利在前侧面圆弧中部有一个“DD”标志，而对比文件中没有此标志； 本专利左右侧板靠后、上部设有内凹的长圆形提手，而对比文件中没有示出此把手； 本专利的前侧面是平的，而对比文件中的前侧板上部有一略向前倾的窄条

经比较，合议组认为：本专利与对比文件共同具有的上述外观设计整体形状和风格，会给一般消费者留下深刻的视觉印象。而上述区别属于局部细微差别，不足以对二者整体产生明显的视觉影响。经整体观察、综合判断，两者属于相近似的外观设计，故本专利不符合《专利法》第 23 条的规定，宣告 00326364.9 号外观设计专利权无效。双方当事人均服从该决定，未向法院提起行政诉讼。

【案例评析】

本案涉及波轮式洗衣机产品外观设计的相同和相近似的判断。波轮式洗衣机产品，特别是全自动波轮式洗衣机产品受产品功能的限制，其产品的外观轮廓一般为立方体形，但其整体比例也呈现不同的设计。因此，产品的长、宽、高的视觉比例、上盖的轮廓及其图案，以及控制面板区域的图案设计便成为影响这类产品的外观视觉效果的重要部分。其不仅是使用状态下最易被一般消费者关注的部分，同时常常也是体现创作设计的重要部分。本案中，由于本专利在上述最容易引起一般消费者关注的部分均与对比文件相同或相近似，而两者的不同点仅在于一些局部的细微差别，对产品外观设计的整体视觉效果并不具有显著的影响，当采用整体观察、综合判断的方式进行相同和相近似的判断时，一般消费者会将两者误认、混同。

案例8　台扇（第4765号复审决定）*

2004年6月10日，专利复审委员会作出第4765号复审请求审查决定，涉及名称为“台扇”的外观设计专利权，其申请号为99305019.0号，申请日为1999年4月23日，授权公告日为2000年3月22日。

针对上述专利权，撤销请求人向国家知识产权局提出撤销本专利权的请求，其理由是本专利不符合《专利法》第23条的规定，并提交了两份证据。2002年3月22日国家知识产权局专利局撤销审查小组作出“撤销专利权请求的审查决定书”，认为本专利与其中证据2（日本1027449号意匠公报，公开日为1998年12月10日）相比，两者属于相近似的外观设计，因此作出撤销本专利权的决定。

专利权人（下称复审请求人）对上述撤销决定不服，向专利复审委员会提出复审请求。复审请求人认为，本专利的六面视图与证据2中的对应视图相比明显不相同也不相近似，并将本专

---

* 本案例由温丽萍撰写。

利台扇的主要部分包含网罩、电机、支柱和底座与证据 2 的对应部分进行一一对比。

合议组经审查认为，证据 2 的公开日早于本专利的申请日，复审请求人没有对证据 2 的适用性提出任何异议，因此，证据 2 已构成《专利法》第 23 条意义上的公开出版物，且其公开的外观设计与本专利属于同类产品，在相同和相近似的判断中与本专利具有可比性，适用于本案。合议组将本专利与证据 2（下称对比文件）公开的台扇进行了相同和相近似性的比较。

本专利	对比文件
 立体图　后视图　主视图 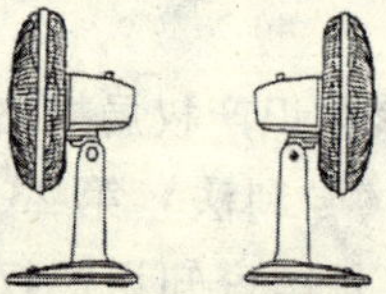 右视图　左视图	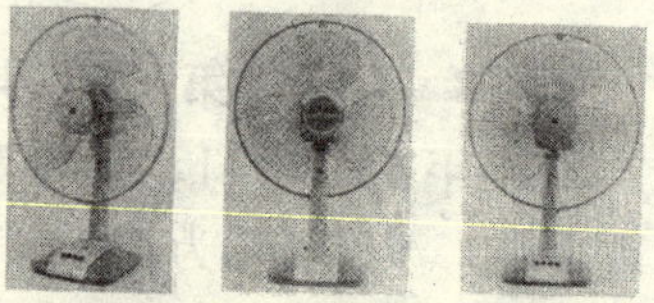 立体图　后视图　主视图 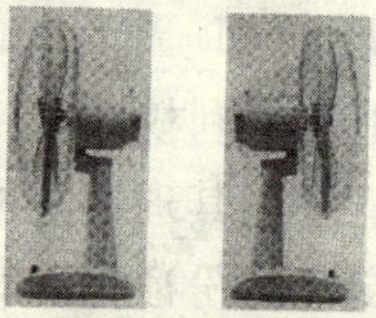 右视图　左视图
本专利的“台扇”包括网罩及扇叶、电机、支柱和底座 4 部分，其网罩为圆形，中央有辐条，且辐条是从中央向四周呈发射状排列，网罩正前方的中央外凸饰板上有沿其圆周等距分布排列的装饰物；从其侧面图看，其电机部分的形状就是我们日常生活中的电扇通常采用的电机形状，在电机上部的中后部处设置一控制摆动的钮；其支柱上	对比文件公开的“台扇”同样包括网罩及扇叶、电机、支柱和底座 4 部分，其网罩为圆形，中央有辐条，且辐条是从中央向四周呈发射状排列，网罩正前方的中央外凸饰板上有沿其圆周等距分布排列的装饰物，中央有一中心装饰物；从其侧面图看，电机部分的外形就是日常生活中的电扇通常采用的电机形状，且在电机上部的中后部处设置

续表

小下大，并且与底座中心嵌板相连成为一个整体；其底座部分为正方形形状，在底座中间有一个自后贯通至前的嵌板，将底座表面纵分为3部分，且在其中央前方设有4个圆形控制钮，从侧面图看，底座呈中部高、两头低的坡面形		一控制摆动的钮；其支柱为上小下大，并且与底座中心嵌板相连成为一个整体；其底座部分为近似长方形形状，在底座中间有一个自后贯通至前的嵌板，将底座表面纵分为3部分，且在其中央前方设有4个圆形控制钮，从侧面图看，底座呈中部高、两头低的坡面形
相同点	1. 两者均为台扇产品； 2. 两者的整体形状相近似； 3. 两者的网罩及扇叶、电机、支柱和底座4个部分形状也是相近似的	
不同点	1. 本专利的扇叶为不透明的，对比文件中的扇叶是透明扇叶； 2. 两者的电机在电机的散热面、控制摆动的钮以及电机托座与支柱下端之间的空隙等方面存在细微区别； 3. 本专利的台扇支柱呈方圆柱前后支立，只是在底座连接处呈弧形过渡，而对比文件的支柱则呈蛋状截面外形，且自上至下端直立后端呈外斜锥形，在支柱上部分设有后承托柱位； 4. 两者的底座部分存在诸多差异之处，比如本专利的底座呈正方形，而对比文件产品的底座呈长方形；本专利从支柱连接处向前后两端过渡是不对称的，而对比文件中是呈中心对称的弧形过渡	

经整体观察、综合判断，合议组认为本专利与对比文件属于相近似的外观设计，遂维持了原撤销请求审查决定。双方当事人均服从该决定，未向法院提起行政诉讼。

【案例评析】

本案争论的焦点在于：在外观设计相同和相近似判断中如何判断二者差别对整体视觉的影响。

本案中，复审请求人强调本专利与对比文件存在上述诸多不同，因此，认为两者不相同也不相近似。合议组经审查认为，复审请求人强调的扇叶是否透明的特征是关于外观设计产品材料方面的特征，按照2001年版《审查指南》第四部分第五章“5判断原则（4）”的规定，在外观设计相同或者相近似的判断中对于产品的大小、材料、功能等因素是不予考虑的，当然我们也知道对于通过透明材料能够看到的部分仍然属于外观设计专利的保护范围，这一点是毋庸置疑的。至于复审请求人所强调的两者电机部分在外观、电机的散热面、控制摆动的钮以及电机托座与主体下端之间的空隙等方面的差异，合议组认为所述差异为局部细微差别，如果不经过认真观察不易为一般消费者识别并记忆，而且还需要一般消费者从台扇的背面和侧面来作仔细观察，故这些部分均没有构成主要判断部分。相反，本专利和对比文件在电机部分的大致形状和设计上是相近似的。至于复审请求人所述的两者在电扇支柱部分的区别，合议组认为一般消费者要从台扇侧面非常仔细地观察立柱才能辨别出复审请求人所述的差异，由于两者在支柱的形状上、与台扇整体比例上以及与台扇其他部分的比例配合上都十分相近似，因此，两者的立柱部分也是相近似的。复审请求人还强调两者在底座部分存在诸多差异。合议组认为，对于台扇类产品，对一般消费者来说，最影响视觉效果的是支柱和底座部分的设计，但是合议组经比较之后认为，两者底座部分的形状具有很多共同之处，比如两者底座均大致呈方形形状，其表面均被纵向分成3部分，且都在其中央前方设有4个圆形操作钮，因此，二者的底座风格大致相同，给予一般消费者的印象也比较类似，而复审请求人强调的上述二者底座部分的几个差异均为几乎不为一般消费者察觉和关注的微小差别。因此，按照该复审决定作出时所依据的2001年版《审查指南》的规定，一般消费者仅施以一般注意力的情况下，很容易将两者混同或者误认。

案例9　吸油烟机（第2100号无效决定）*

2000年4月26日，专利复审委员会作出第2100号无效宣告请求审查决定，涉及名称为“吸油烟机（深型）”的外观设计专利，其申请号为97306445.5，申请日为1997年1月9日，授权公告日为1998年1月21日。

请求人请求宣告本专利无效的理由是：本专利与其申请日之前在出版物上公开的产品形状相近似。本专利不符合《专利法》第23条的规定。为支持其主张，请求人提交了95244246.9号实用新型专利公报作为对比文件。

合议组经过审查认为，请求人提交的对比文件是一篇实用新型专利公报，属于《专利法》第23条规定的出版物，其授权公告日早于本专利申请日，适用于本案。对比文件的发明名称为“一种吸排油烟机”，与本专利属于同类的产品，合议组对二者进行了相近似性的比较。

将本专利与对比文件进行比较可以看出，二者均有吸风口、照明灯、集油罩、集油杯等零部件，但其形状均不相同。合议组认为，吸油烟机的吸烟装置、照明灯具及集烟罩的形状均是一般消费者在购买时最为关注的部位，上述这些区别使二者的整体外观形状产生明显的不同。经整体观察、综合判断，本专利与对比文件不相同也不相近似。请求人提交的证据不能证明本专利不符合《专利法》第23条的规定。该决定为终局决定。

---

* 本案例由王霞军撰写。

本专利	对比文件
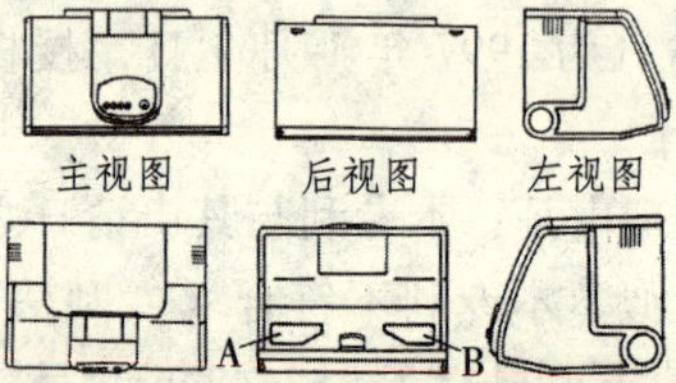主视图 后视图 左视图 俯视图 仰视图 右视图	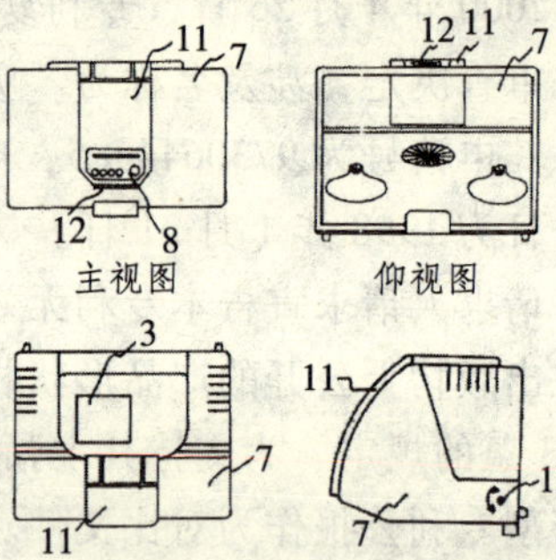主视图 仰视图 俯视图 右视图

相同点	本专利与对比文件均为深型吸油烟机，吸油烟机外形轮廓相近似
不同点	构成产品特征图案的各部位零件如吸风口、照明灯、集油罩、集油杯均不同。 （1）本专利灯罩形状呈缺角扁矩形，集油杯距集烟罩边缘有一定的距离，而对比文件灯罩形状为中央上凸的椭圆形，集油杯及集烟罩相连； （2）本专利吸风口为方形，而对比文件吸风口为圆形； （3）从主视图和左右视图观察，本专利与对比文件的集烟罩形状也有区别，本专利集烟罩前面板平直，而对比文件此部位呈弧形； （4）本专利周边均为双线框，而对比文件边框均为单线，吸油烟机开关面板的形状也有区别

【案例评析】

本案主要涉及的问题是：产品使用时易见部位在相近似判断中所起的作用。

通常，吸油烟机类产品的固定安装高度为便于烹饪操作并保证抽排烟气效果的适宜高度，具有较强的方向性，安装后处于使用状态时，一般消费者会对吸油烟机按键操作部位、吸烟装置和照明设施较为关注，注意力较集中于吸油烟机的正面和下部。吸油烟机左右视图显示的产品侧面形状则往往不为使用者所注意；吸油烟机后部因与墙壁连接，顶部由于安装位置高于使用者的视线范围，所以均不易观察到，因此判断其外观设计是否相近似时，应主要考虑一般消费者在使用状态下比较关注的和易见的部位的形状是否相近似。

第二节 交通工具

案例1 轻型客车车壳（第3941号无效决定）*

2001年9月6日，专利复审委员会作出第3941号无效宣告请求审查决定，涉及名称为“轻型客车车壳”的外观设计专利，其申请号为99329208.9，申请日为1999年3月31日，授权公告日为1999年11月10日。

请求人请求宣告本专利无效的理由是：本专利与其申请日前出版物上公开发表的请求人定型投产的轻型客车车壳外观设计相近似，因此，本专利不符合《专利法》第23条的规定。为支持其提出的有关出版物方式公开的主张，请求人提交了证据4即1998年*AUTO KATALOG*（《汽车目录》）杂志原件。请求人认为证据4的公开发表日在本专利申请日前，并且在证据4的第292页记载了一“中华CHT6401型客车”的外观设计，证据4上发表的客车的外观设计可以作为与本专利进行相近似性对比的对比文件。

合议组经过审查认为，请求人提交的证据4即1998年*AUTO KATALOG*（《汽车目录》）杂志的第308页载明了出版商的名称和地址以及版权号，专利权人也未对证据4真实性提出异议，故

* 本案例由卞永军撰写。

认为证据 4 是真实有效的证据，可以确认证据 4 的公开日期在 1998 年度，早于本专利申请日，属于《专利法》第 23 条所规定的出版物。在证据 4 中的第 292 页公开了一“中华 CHT6401 型客车”的外观设计照片，该客车中的车壳与本专利属于相同类别的产品，合议组对二者进行了相同和相近似的比较。

<table>
<tr><th colspan="2">本专利</th><th>对比文件</th></tr>
<tr><td colspan="2">
立体图</td><td>
立体图</td></tr>
<tr><td colspan="2">本专利是双排座旅行客车车壳。保护的范围是形状设计，整体形状由进气孔格栅、前部灯孔、车前机盖、前后保险杠、车门、车窗、车风挡玻璃、尾箱等主要部分构成</td><td>对比文件所示的是双排座旅行客车，从立体图可以观察该客车车壳的外观设计，并以其车壳作为评述的对象</td></tr>
<tr><td>相同点</td><td colspan="2">1. 纵向左右对称；
2. 前后保险杠、车门、车窗、车前机盖、车风挡玻璃的形状相同；
3. 上述相同部件的相对接合位置和尺寸比例关系相同；
4. 车壳的顶部较车身收缩从而呈现出一定的弧度</td></tr>
<tr><td>不同点</td><td colspan="2">1. 前进气孔格栅：本专利为较宽的倒梯形，对比文件为横向较窄的倒梯形；
2. 两侧的前大灯及转向灯组成的长方形轮廓；
3. 尾箱的形状设计：本专利后视图公开了全部的外观设计，对比文件仅公开部分外观设计，并显示了车尾灯位于后车窗处</td></tr>
</table>

合议组根据综合判断的方式，认为本专利与对比文件容易造成一般消费者的混同，二者属于相近似的外观设计，因此，在本

专利申请日之前，在出版物上公开发表过与本专利相近似的外观设计，本专利不符合《专利法》第23条的规定。专利权人不服该决定，提起行政诉讼，一审法院维持了该决定。一审判决生效。

【案例评析】本案主要涉及3个焦点问题。

第一，客车能否作为客车车壳的对比文件。本案的对比文件为双排座旅行客车，公开了客车的整体外观设计包括车壳、车玻璃、车灯、轮子等部件，而本专利是双排座旅行客车车壳，在外观设计专利相同和相近似的判断比较前，首先要明确本专利保护范围，从而确定被比较的客体，并在确定了客体的基础上，再确定外观设计比较的要素，根据《专利法实施细则》第2条第3款的规定，专利法所称的外观设计是指对产品的形状、图案或者其结合以及色彩与形状、图案的结合所作出的富有美感并适于工业应用的新设计。由此可以得出6种保护客体：（1）单纯形状的外观设计；（2）单纯图案的外观设计；（3）形状和图案结合的外观设计；（4）形状和色彩结合的外观设计；（5）图案和色彩结合的外观设计；（6）形状、图案和色彩结合的外观设计。本专利是以客车车壳的形状作为专利的保护范围，在确认了本专利的保护客体之后就确定了对比判断的客体，因此，本案对比文件仅以立体图可以观察到的该客车车壳的外观设计作为评述的对象，进行相近似性的判断对比得出审查结论，对比文件中的车壳作为客车的一个部件，反映了客车的主要的形状造型，应该说，对比文件中的车壳部件与本专利具有相同的属性，在这种情况下，本专利与对比文件存在进行相比较的前提，从而可以进行对比判断。

第二，对比文件中的车壳没有公开尾箱后部的全部形状特征，无法看到后视图的外观设计，这样的视图或者照片能否作为与本专利进行比较的对比文件。在出版物上公开的在先设计产品大多都是立体图或者是主视图，那么在确定信息载体记载的图片或照片所反映的在先设计时，如果图片或照片未反映产品的各面视图，应当依一般消费者的认知能力，根据信息载体所获得的信息以及本专利和在先设计的特点进行判断。在与本专利进行相同和相近似比较判断时，在先设计在如下几种情形下视为已经公开：（1）依一般消费者的认知能力根据在先设计立体图或附图已经公开的内容即可推定出产品整体外观设计，如在轴对称、面对称或中心对称的情况下，如果立体图或附图中公开了产品外观设计的一个对称面，则其余对称面也视为已经公开；（2）如果在先设计立体图或附图中未公开的部分属于该类产品使用状态下不会被一般消费者关注的部位，并且本专利在此部位的设计不会对产品的整体视觉效果产生显著影响，例如冷暖空调扇，如果立体图或附图中没有公开冷暖空调扇的底面和背面，本专利在底面或背面的设计不会对产品整体视觉效果产生显著影响，则仍然认为其能够清楚地反映出产品的外观设计；（3）如果本专利的设计中对应于在先设计立体图或附图中未公开的内容仅仅是惯常设计并且不受一般消费者关注。本案中的对比文件是一张从客车右前方的角度拍摄的照片，在照片上透过车窗，车尾部车窗的轮廓清晰可见，而车尾部右侧轮廓线在照片上已有显示，因车身是左右对称的，由此，可知车尾部左侧的轮廓线，实际上，车尾部的外观设计的主要特征也已公开，属于上述情形中第（1）、（3）的情况，因此可以作为本案的对比文件。

第三，相近似性评述的主要理由。本专利与对比文件的整体造型相同，都呈纵向左右对称，其车壳车身、车前机盖、车门、车窗、车风挡玻璃、前后保险杠等的形状均相同，且这些组成部件的相对位置和尺寸比例关系都是相同的；二者的不同在于，二者的进气孔格栅设计不同，二者前车灯轮廓的弧度略有不同。本专利进气孔格栅轮廓横向较宽，对比文件中的车壳进气孔格栅没有清晰反映出如本专利那样的两横一竖格栅条。对车壳类产品的外观设计而言，其由各部件组成后的整体造型具有最为醒目的视觉效果。上述关于前进气格栅的不同点相对于二者存在相同点而言，属于局部的差异，不足以导致一般消费者对二者的外观设计产生明显不同的视觉效果；关于车灯轮廓存在的不同点，仅是长条形边角过渡线略有不同，合议组认为其属于细微的差别，并没有在整体上产生明显不同的视觉差异，因此，二者会使一般消费者产生混同。

案例2 卡车（第3749号无效决定）*

2002年5月9日，专利复审委员会作出第3749号无效宣告请求审查，该决定涉及产品名称为“卡车”的99304333.X号外观设计专利（下称本专利），其申请日为1999年4月19日，优先权日为1998年10月19日，授权公告日为2000年2月23日。

请求人请求宣告本专利无效的理由是：在本专利申请日前已有与其相近似的外观设计产品被公开发表并公开使用过，因此，本专利不符合《专利法》第23条的规定。请求人同时提交了7份附件作为证据，其中附件2为河北省衡水市公证处出具的公证书，该公证书包括：附件2-1，发证日期为1998年7月26日、产品型号为“TFR17HDL”的产品合格证复印件；附件2-2，1998年11月16日福建某公司购买“庆铃皮卡车TFR17HDL”的销售发票复印件；附件2-3，登记日期为1998年11月18日、厂牌型号为“五十铃TFR17HDL”的机动车登记表复印件；附件2-4，发证日期为1998年12月7日的、厂牌型号为“五十铃TFR17HDL”的机动车行驶证照片；附件2-5，附件2-3中的产品照片翻拍放大图。

---

* 本案例由徐清平撰写。

经过双方书面意见陈述和口头审理程序，合议组经审查认为：请求人提交的作为证据的附件2是河北省衡水市公证处出具的公证书，该公证书包括附件2-1～附件2-5分别所示的产品合格证、销售发票、机动车登记表复印件及机动车行驶证照片、照片翻拍放大图等材料，其公证内容为“证明前述影件与被保存于河北省衡水市公安局车辆管理所的档案号为33347的机动车档案中的材料相符。所附照片是在衡水市公证处公证员李东彬、句晓霞现场监督下，由上述机动车档案中的照片翻拍、放大而成。”上述证据材料均来自国家职能机关所建立的专门档案，并且各证据之间均以相同的汽车底盘号码、发动机型号或产品型号相联系，相互印证，故这些证据的真实性应予以确认。其中附件2-3所示机动车登记表记载了其所登记的“五十铃TFR17HDL”汽车的出厂日期为1998年7月，由此可认定附件2中所指汽车出厂日期为1998年7月。根据《审查指南》规定，认定一项外观设计是否公开，关键是要认定公众中任何人想要得知该设计就能够得知的状态是否存在。其中使用公开的方式包括能够使公众获知该外观设计的制造、使用、销售、进口、交换、馈赠、演示、展出等方式，所有这些都是通过使用的方式来使公众获知该外观设计，只要公众想了解就能得知，至于实际上是否有公众得知无关紧要。对于本案，上述附件2中所示汽车一经出厂，即进入了公众中的任何人只要想得知该汽车就能得知的状态，因此，附件2中所示汽车从出厂日期开始即已构成在国内公开使用，而其出厂日期在本专利申请日（指优先权日，下同）之前，故其属于《专利法》第23条所指的在本专利申请日前已于国内公开使用的外观设计。

合议组将本专利与该证据2所示的外观设计进行了如下相同和相近似对比判断。

本专利	对比文件
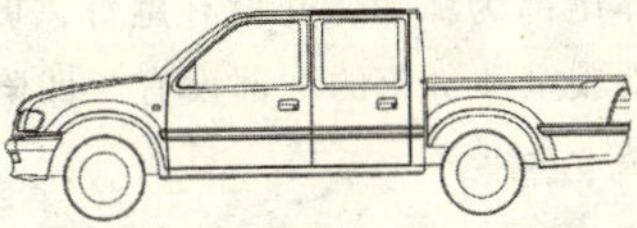 主视图 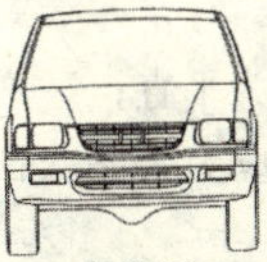 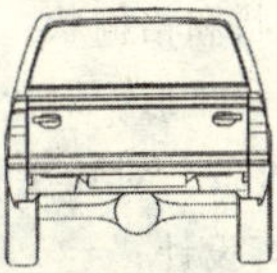 左视图 右视图 	
本专利所示卡车为双排座四轮轻型载货汽车，主要由车头、驾驶室、货箱等几部分组成。车头部分采用常见的汽车外观布局，具有弧面发动机罩、呈“U”形的格栅状散热罩、凸出的条状保险杠、凹陷的前大灯、转向灯、侧面较小的矩形定位灯等装置；驾驶室正面为近似梯形的弧面挡风玻璃窗，侧面形状为近似直角梯形，驾驶室两侧各有前后两扇车门，车门上部分别有一近似直角梯形和长方形的车窗，车窗下各设有矩形轮廓的把手；货箱与驾驶室下部连为整体，为近似矩形箱体，箱体侧面上沿设有凹	对比文件所示汽车为双排座四轮轻型载货汽车，主要由车头、驾驶室、货箱等几部分组成。车头部分采用常见的汽车外观布局，具有弧面发动机罩、呈“U”形的条栅状散热罩、凸出的条状保险杠、凹陷的前大灯、转向灯、侧面较小的矩形定位灯等装置；驾驶室正面为近似梯形的弧面挡风玻璃窗，侧面形状为近似直角梯形，驾驶室两侧各有前后两扇车门，车门上部分别有一近似直角梯形和长方形的车窗，车窗下各设有矩形轮廓的把手；货箱与驾驶室下部连为整体，为近似矩形箱体，箱体侧面上沿设有凹槽，

续表

	槽，箱体尾部为弧形，并设有尾灯，箱体后挡板设有两个锁扣装置，贯穿驾驶室和货箱的下部设有防撞条；驾驶室顶部设有长条纹	箱体尾部为弧形，并设有尾灯，贯穿驾驶室和货箱的下部设有一凹陷长条
不同点	1. 二者的散热罩分别为条栅状和格栅状； 2. 本专利的保险杠中部略为凹弧形，对比文件为平直； 3. 本专利车身两侧设有防撞条，对比文件相应为长条状凹陷，对比文件无本专利所示尾灯设计； 4. 二者的挡泥板、车窗比例等设计略有所不同； 5. 对比文件未显示出其车辆后部的外观情况	
主要相同点	除上述不同之外，二者在车头、驾驶室、货箱等各部分的装置和形状以及各部件之间比例关系和布局都基本相同	

经过上述对比，合议组认为本专利与对比文件属于相近似的外观设计，即在本专利申请日前已有与其相近似的外观设计产品于国内公开使用过，因此，本专利不符合《专利法》第23条的规定。据此，专利复审委员会作出决定，宣告本专利无效。双方当事人均服从该决定，未向法院提起行政诉讼。

【案例评析】

本案例涉及卡车外观设计的相近似性对比判断，包括对比文件仅有立体图时如何进行对比认定的问题。

对于汽车中的卡车货车外观设计的对比，应当遵循整体观察、综合判断的判断方式，卡车的整体造型、车头正面设计、车身两侧面等部位的设计都可能对整体视觉效果构成显著影响，应予综合考虑。卡车的整体造型即整体外形形状设计，一般说来，整体造型通过侧面视图、正面视图或者结合立体图即可清楚表达，而卡车的整体造型设计往往突出于驾驶室和车头部分的变化，其货箱形状则常采用惯常的类似矩形箱体设计，不过，即使是惯常的货箱形状设计，也得考虑与车头、驾驶室的整体搭配比例关系，其同样也可能对整体造型构成较大影响。在卡车的各个面设计中，主要涉及各种配置组装件（如车灯、格栅、车窗等）本身的形状及其搭配比例关系的设计，从而形成不同视觉印象，其虽对整体造型不会构成影响，但同样是决定车的整体视觉效果的重要方面。卡车的正面的外观效果主要包括"前脸"格栅、车灯、保险杠、进气口、引擎盖、挡风玻璃等各组成部分的造型设计及其组合搭配设计；卡车的侧面外观效果主要包括车门、车窗、轮眉、轮毂、反光镜等造型设计，及车身凹凸条等线条设计；汽车车尾部的外观主要包括车灯、后保险杠、后窗等设计，而卡车的尾部往往为货箱后挡板，其变化较小；至于卡车顶面，在使用状态下一般消费者不易见到，其对整体视觉效果影响较小。

本案例中，二者卡车车头、驾驶室、货箱等各主要组成部分的整体外形是基本相同的；正面、侧面设计上"前脸"部的散热罩栅条虽有不同，但其整体呈"U"形的格栅状散热罩仍是相近似的，其他有关保险杠中部的凹弧形、防撞条、挡泥板、尾灯、车窗比例的不同明显为局部的细微差异，即"前脸"格栅、前大灯、保险杠、进气口、引擎盖、前挡风玻璃、车门、车窗、轮眉等各组成部分的造型设计及其组合搭配关系设计均极相近似，故正面和侧面设计是相近似的；由所述整体外形、正面和侧面设计形成的二者相近似的整体视觉效果，容易导致一般消费者误认、混同。对比文件虽未显示出车辆后部的外观情况，但本专利在相应视觉面并无显著的外观设计特征，其中后部货箱挡板为常见的平板状设计，对二者的整体视觉效果不会构成较大影响。因此，通过整体观察、综合判断，本专利与对比文件所示卡车属于相近似的外观设计。

本案例决定是依据2001年版《审查指南》作出的，当时《审查指南》中虽没有2006年版《审查指南》关于在先设计未反映产品各个面视图时如何进行外观设计对比的规定，但该决定与2006年版《审查指南》规定的宗旨是一致的。2006年版《审查指南》规定：如果被比设计中对应于在先设计图片或者照片未公开的内容仅仅是该类产品的惯常设计并且不受一般消费者关注，例如在先设计图片或者照片未公开的部分是货车车厢的后挡板，而当被比设计中货车车厢的后挡板仅仅是这类产品的惯常设计时，则不影响对二者进行整体观察、综合判断。本案例中，对比文件未公开的卡车后部设计主要是货箱后挡板设计，如前述其为常见的平板状设计并带有拉扣，对于本专利所示卡车设计，其后部设计相对于正面、侧面也是次要视觉面，不会受到一般消费者关注，即符合2006年版《审查指南》所规定的上述情况。

案例3　摩托车（第4825号无效决定）*

2003年3月26日，专利复审委员会作出第4825号无效宣告请求审查决定，涉及名称为“摩托车（LB150T-4）”的外观设计专利（下称本专利），其申请号为01352451.8，申请日为2001年11月1日，授权公告日为2002年5月22日。

请求人请求宣告本专利无效的理由是：在本专利申请日前，请求人在专利局申请并已经授权的外观设计专利中已经公开了本专利所要求保护的全部内容，因此，本专利不符合《专利法》第23条的规定。为支持其无效宣告请求的主张，请求人提供了如下一份证据即专利号为00308359.4、授权公告日为2000年11月29日的外观设计专利公报。

该证据是专利文献，其公开日早于本专利的申请日，属于

---

* 本案例由徐嫒嫒撰写。

《专利法》第23条所规定的公开出版物。

本专利与证据专利都是摩托车，属于同一类别产品，故合议组将两者进行了如下相同和相近似的分析、比较判断。

本专利	对比文件
 主视图  后视图  仰视图  俯视图  左视图  右视图	 左视图  右视图 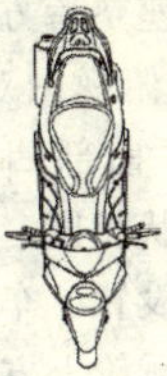 俯视图 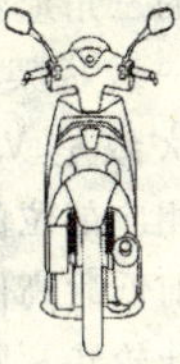 仰视图 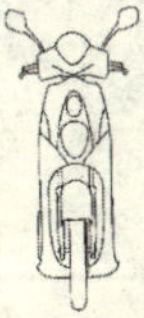 主视图 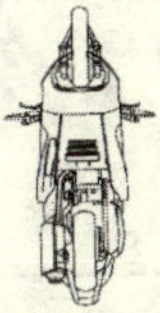 后视图
本专利包括车头以及车身两部分。车头部分由车把、车把护罩、反光镜、仪表盘罩组成。车把中部套有车把护套。护套两侧是外伸的近似梯形反光镜，护套中部面向驾驶者的表面具有一倒置的近似三角形仪表盘罩。从主视图观察，车身前部是向前鼓出的流线形，从左视图观察（即摩托车正面观察），车身前部呈盾牌形，下方具有一个方	证据专利包括车头以及车身两部分。车头部分由车把、车把护罩、反光镜、仪表盘罩组成。车把中部套有车把护套，护套两侧是外伸的近似梯形反光镜，护套中部面向驾驶者的表面具有一倒置的近似三角形仪表盘罩，车把是类似于自行车的弯把状。从主视图观察（即摩托车正面观察），车身前部呈盾牌状，尾端翻翘，下方具有一个方形凹陷，

续表

形凹陷，凹陷部两侧向车后部延伸与踏板相接，凹陷部上方具有一个大致呈半长椭圆形的罩，罩中上下排列一小一大大致呈圆形的灯，罩左右两侧间隔一定距离对称设置扇形转向灯。车身后部也是流线型，从右视图观察，车身后部具有一梯形尾灯，尾灯左右两侧各设置一中部凹进的三角形灯。座垫后方斜向上伸出一载货架，从俯视图观察，载货架大致呈 V 形，前部凹陷部与座垫相应部位的形状相同。脚踏底板为前低后高倾斜设置。车轮轮辋呈花叶轮状，紧邻后轮上方的后轮挡泥板的下表面之尾部具有一呈明显折角	凹陷部上方具有一个大致呈半长椭圆形的罩，罩中上下排列一小一大两个灯，小灯为圆形，大灯近似为半椭圆形，罩左右两侧间隔一定距离对称设置扇形转向灯。从左视图观察，车身前部是向前鼓出的流线型，凹陷部两侧向车后部延伸与踏板相接。车身后部也是流线型，从后视图观察，车身后部具有一梯形尾灯，尾灯左右两侧各设置一柱状灯。从左视图观察，座垫后方斜向上伸出一载货架，从俯视图观察，载货架大致呈 V 形，前部凹陷部与座垫相应部位的形状相同。脚踏底板为前低后高倾斜设置。车轮轮辋呈圆盘状，紧邻后轮上方的后轮挡泥板的下表面之尾部具有一呈明显折角

合议组认为，对于摩托车类产品的外观设计相同和相近似的比较应当遵从整体观察、综合判断的原则，并据此认为本专利与证据专利所示产品在视觉印象上足以引起消费者的混淆和误认，本专利和证据专利属于相近似的外观设计，其授权不符合《专利法》第 23 条的规定。专利权人不服该决定，提起行政诉讼，两审法院均维持了该决定。二审判决生效。

【案例评析】

本案涉及问题主要是判断原则的适用及掌握。所谓整体观察、综合判断，是指由被比外观设计的全部来确定是否与在先设计相同或者相近似，而不是从外观设计的部分或局部出发得出与在先设计是否相同或者相近似的结论，也不是把外观设计的各个部分分割开来与在先设计进行对比判断。

专利权人在意见陈述以及口头审理过程中列举了本专利和证据专利多达20处的不同，并据此20处不同认为两者属于不相近似的外观设计。合议组在评述时认可了专利权人所称的诸多不同并将其分为两类：第一类是在证据外观设计中不存在，而在本专利中存在的零部件，如油泵、停车支撑架、机油表等；另一类是两者零部件形状存在差异，其包括滤清器、尾灯、前挡泥板等。但同时认为上述不同与整体外观设计相比均属于不瞩目的局部细微差异，尚不能使得两者在整体外观设计上给人留下显著的视觉差异。由此可见，在进行外观设计相同和相近似的比较判断时，被比外观设计以及在先外观设计之间所存在差异的数量对外观设计相同和相近似的判断并不起决定性的作用，而两者差别之处能否给判断主体带来视觉上的显著影响才是判断的关键。换言之，即使两者的差别之处很少，但是所述差别对两者的整体视觉效果带来了明显的不同，则两者也属于不相同或者不相近似的外观设计；即使两者的差异很多，但是差异对判断主体而言并未在视觉上产生显著的影响或不同，则两者也属于相同或者相近似的外观设计。

案例4　电动自行车（第1835号复审决定）*

2000年9月1日，专利复审委员会作出第1835号复审请求审查决定，涉及名称为“电动自行车（1）”的外观设计专利（下称本专利），其申请号为98313437.5，申请日为1998年5月11日，授权公告日为1999年4月14日。

撤销请求人向国家知识产权局提出撤销本专利权的请求，其

---

*　本案例由卞永军撰写。

提出的撤销请求的事实和理由是：本专利与其申请日前已获得外观设计专利权的电动自行车的外观设计极为近似，故本专利不符合《专利法》第23条的规定。同时，撤销请求人提交了专利号为96313510.4的外观设计专利公报作为证据。经国家知识产权局专利局审查部门审理，认定本专利与撤销请求人提供的证据属于相近似的外观设计，本专利不符合《专利法》第23条的规定，从而撤销了本专利权。

专利权人不服该撤销请求审查决定，向专利复审委员会提出复审请求，其复审请求的事实和理由是：首先，电动自行车不能超出传统自行车所涉及的科学原理的允许范围，不同电动自行车应该体现在产品的细部，本专利与撤销请求人的产品在细部的处理上完全不同，电动自行车的外观设计应该由其功能来决定，因此，它必须建立在传统自行车的基础上。其次，在不改变传统自行车整体结构的造型基础上，电池盒的安放位置仅限于整车车架的斜杠立管，本专利在电池盒的设计上，在能够处理的部位均进行了处理，如折线的夹角、坡面的斜度及修饰线等，均与撤销请求人产品的设计不同。在仪表盘及连同其依附的车把的设计上，本专利的车把完全被塑料包裹，整个车头部位的形状显得十分饱满，仪表盘显示孔为梯形，而撤销请求人的产品车头仅包裹车把一部分，整个车头部位显得削瘦、单薄，仪表盘显示孔为圆弧形。综上所述，本专利完全出自独立设计，体现了传统自行车灵巧的造型和功能，回避了以往电动自行车外观设计的主要特征。

专利复审委员会经审查认为：撤销请求程序中撤销请求人提交的附件2是专利号为96313510.4的中国外观设计专利公报，经本案合议组核实，其申请日为1996年9月26日，授权公告日为1997年8月13日，授权公告号为“CN3062143D”，产品名称为“电动自行车”，该公报公告了一电动自行车的六面视图和立体图，由于其授权公告日早于本专利申请日，合议组进行了如下相近似性的对比。

本专利	对比文件
 立体图	 立体图
本专利是电动自行车，其主要由车把、电瓶车架、前叉、后叉、车轮、车座等主要部件构成，还有车筐、工具箱、后视镜等附件	对比文件是电动自行车，其主要由车把、电瓶车架、前叉、后叉、车轮、车座等主要部件构成，还有车筐、工具箱等附件
相同点	1. 二者的车把、电瓶车架、前叉、后叉、载物架和链条盒形状基本相同； 2. 组成部件的连接关系相同
不同点	1. 把上的仪表盘设计不同； 2. 电池盒的折线的夹角、坡面的斜度不同； 3. 筐、工具箱设计不同

合议组经过整体观察、综合判断认为，在本专利申请日前已有与之相近似的外观设计在出版物上公开发表过，本专利不符合《专利法》第 23 条的规定。故维持撤销请求审查决定，撤销了本专利权。该决定为终局决定。

【案例评析】

本案涉及的焦点问题是自行车类产品的相近似性判断。电动自行车由多个机械零件组成，对于由多个零部件组成的产品的相近似性判断，第一要以能反映其整体形状特征的零部件外观设计作为评判的主要部分，分清零部件的外观与整体形状之间的主次关系；第二，可以排除公知的零部件的外观设计，例如某些零部件的外观是国家标准的通用件或者是广为熟知的形状设计等。本专利所示的电动车产品并不能算作是传统的、成熟的产品，其是在传统自行车的基础上，加上电动力装备而实现行驶功能的，就不能只看产品的细部，作为电动自行车，其安装电池的位置不仅限于整车车架的斜杠立管，有的还可以安装在座位下的立柱上，即使大多数的电动自行车的电池盒安装在斜杠立管上，但电池盒的设计也是千变万化的。因此，合议组认为：本案的相近似性判断应以车把、电瓶车架、前叉、后叉、载物架和链条盒形状作为比较的重点，这些设计均是申请人投入精力的主要设计部位，而像车轮、车筐、车挡泥板、后工具箱、后视镜等零部件，有的是采用标准件，有的是可以更换的附件，其形状不是识别电动自行车品牌的主要部分，也没有对电动自行车的整体造型产生显著性视觉影响。

由此可知，电动自行车类产品外观设计的相同和相近似的比较，不能仅仅着眼于零部件的细部的差别。因为本专利保护范围不只是涉及零部件的外观形状，应详细对比本专利与对比文件的形状设计。二者的主要部件车把、电瓶车架、前叉、后叉、载物架和链条盒形状所设计的位置及连接是相同的。虽然二者的车架电池曲线设计存在不同点，如折线的夹角、坡面的斜度及修饰线存在不同，但其整体的造型在视觉上给人的印象是相同的，这些夹角、坡面的不同是细小的。如果仅凭视觉观察而不借用测量工具，一般消费者也不会特别注意到这些区别。二者的车把也存在不同，本专利略鼓，对比文件稍扁，该差别相对于诸多的相同点显然不具有显著的视觉影响。综上所述，二者属于相近似的外观设计。

案例5 汽车（第6867号无效决定）*

2005年2月24日，专利复审委员会作出第6867号无效宣告

---

* 本案例由张雪飞撰写。

请求审查决定涉及名称为“汽车（T11）”的外观设计专利，其申请号为03315232.2，申请日为2003年3月21日，授权公告日为2004年3月3日。

针对上述外观设计专利（下称本专利），请求人提出的无效宣告请求的理由是本专利不符合《专利法》第23条的规定。请求人认为在本专利申请日以前已有与其相近似的外观设计在出版物上公开发表过，并提交了00301221.2号外观设计专利和98305740.0号外观设计专利的公告文本作为证据，其上分别在先公开了两款轿车的外观设计（下分别称对比文件1和对比文件2）。附图如下：

本专利	对比文件1	对比文件2
 主视图  后视图  右视图 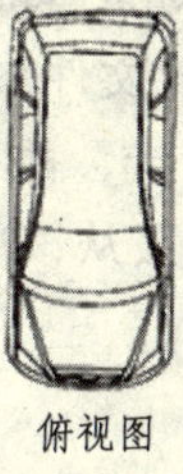 俯视图	 左视图  右视图  主视图 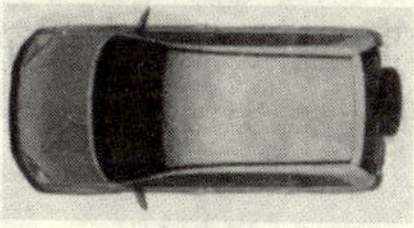 俯视图	 主视图  后视图  右视图  俯视图

续表

本专利是轿车的外观设计，为两厢式车型；前部机盖中部呈梯形凸起，前车窗为近似梯形，前端中上部为近似倒梯形的散热格栅，其左、右各有近似水滴状的前灯罩，前端下部为保险杠，其中间呈梯形凹进；侧部排列两门三窗，两门整体呈凸起弧面；后车窗为近似梯形，后端中部偏右有备胎位；其他另有各类灯具、后保险杠和车轮等部件	对比文件1是轿车的外观设计，为两厢式车型；前部机盖较平滑，前车窗为近似梯形，前端中上部为近似梯形的散热格栅，其左、右各有近似四边形的前灯罩，前端下部为保险杠，其中间为近似矩形的格栅；侧部排列两门三窗，中部有凸条；后车窗为近似梯形，后端中部偏右安有备胎；其他另有反光镜、各类灯组、后保险杠和车轮等部件	对比文件2是轿车的外观设计，为两厢式车型；前部机盖有近似“山”形的结构，前车窗为近似梯形，前端中上部为两个近似倒梯形的散热格栅，其左、右各有近似四边形的前灯罩，前端下部为保险杠，其中间呈梯形凹进；侧部排列两门三窗，中部有凹槽；后车窗为近似梯形；其他另有反光镜、各类灯具、后保险杠和车轮等部件

合议组经过审查认为，请求人提交的证据均属于《专利法》第23条所规定的在本专利申请日以前公开的出版物，适用于本案；将本专利分别与对比文件1和对比文件2进行对比，虽然其在车型、车体的组成部件类型和比例等方面的设计相同或者相近似，但是由于其在前部机盖、散热格栅、前灯罩和前保险杠处的造型设计均明显不同，侧部车门整体设计也明显不同，导致车体前部及侧部产生了明显不同的视觉效果，从而足以对整体轿车的外观设计产生显著性的区别影响，因此本专利与对比文件1和对比文件2均属于不相同且不相近似的外观设计，故维持03315232.2号外观设计专利权有效。双方当事人均服从该决定，未向法院提起行政诉讼。

【案例评析】

在进行外观设计相近似性判断时遵循整体观察、综合判断的原则，应分析从各个局部所得出的不同点是否对整体外观设计产生了足够的视觉影响。本案由于本专利与在先设计的区别均处于一般消费者容易见到的轿车正面和侧面，因此其在上述部位的设计差异足以导致一般消费者对整体轿车的外观设计产生显著的视觉差别，从而得出上述判断的结论。

第三节　家　　具

案例1　防盗门（第4369号无效决定）*

2002年8月29日，专利复审委员会作出第4369号无效宣告请求审查决定，涉及名称为“防盗门”的外观设计专利（下称本专利），其申请号为00310073.1，申请日为2000年2月12日，授权公告日为2001年8月1日。

请求人请求宣告本专利无效的理由是：在本专利申请日之前，已经有与该外观设计相近似的外观设计向国家专利局提出申请，并获得国家专利局的专利授权，因此该项外观设计专利已经被出版物公开，其授予不符合《专利法》第23条的规定。

为支持其提出的主张，请求人提交了一份证据：授权公告日为1998年12月30日的97315438.1号中国外观设计专利公报。

合议组经过审查认为，请求人提交的证据即1998年12月30日公开的97315438.1号中国外观设计专利公报，其真实性可以认定，该专利产品名称为“浮雕门”，国际分类号与本专利相同，公开日期在本专利申请日之前，可以作为本专利的对比文件。

---

* 本案例由王霞军撰写。

本专利	对比文件
 主视图	 主视图

相同点	1. 门的形状均为长方形； 2. 门上的3个围框设计均近似于“品”字形布置； 3. 门的下半部围框均为两个长方形组成
不同点	1. 上半部围框形状不同； 2. 门上花装饰不同； 3. 申请文件中反映二者门的部分使用了不同材料

经整体观察、综合判断，合议组认为本专利与对比文件产品不相同也不相近似，遂维持了本专利权有效。双方当事人均服从该决定，未向法院提起行政诉讼。

【案例评析】

本案主要涉及两个法律问题：其一是怎样理解外观设计专利不保护材料，其二是相近似判断。

对于第一个问题，《专利法实施细则》第 2 条规定：“……专利法所称外观设计，是指对产品的形状、图案或者其结合以及色彩与形状、图案的结合所作出的富有美感并适于工业应用的新设计。”法律明确规定外观设计保护范围不包括材料。但是在实践中，材料的特性有时是产品构成的要素之一。其中最典型的就是钟表，人们为了便于观察表盘刻度和指针的位置，就必须使用透明材料制作表面保护罩。这时表面保护罩不会在人们视觉中留下明显的印象，在人们视觉中形成明显印象的，是表面保护罩后的表盘、指针构成的形状和图案。但此时钟表的整体形状是没有改变的。因此，改变的只能是产品的图案。基于这个道理，在无效宣告审理中，透明材料制作的产品，其透明材料部位反映出的透明材料后部形状图案，均构成产品整体图案的组成部分，予以整体考虑。这在 2001 年版《审查指南》第四部分第五章第 6.5 节中有明确规定。关于这项内容，在 2006 年版《审查指南》的第四部分第五章第 5.5.3 节中有明确规定。

需要指出的是，对于有透明材料制作的产品，透明材料后部形状图案不特定的情况下（例如玻璃窗），在进行相近似对比时，应将透明材料部位视为空洞。

第二个法律问题涉及相近似判断。门的形状因受到使用功能的限制，基本形状均为长方形，这一点是很难改变的。在实际生活中，人们对门的外观设计创新主要体现在门的图案上。在本专利与对比文件的对比中，主要对比的应该是位于产品视觉要部的门上的图案设计。分析二者均由围框构成的图案，虽然二者的围框设计均为“品”字形布置，下半部围框形状相同，但上半部分主要围框的形状不相同，从申请文件照片中可知，本专利防盗门上品字型围框内为不透明材料制作；而对比文件浮雕门上品字型围框内为透明材料制作。合议组认为，使用透明材料使得视觉能观察到的位于透明材料后部的形状、图案和色彩，也构成该产品外观设计的一部分，本案对比文件由于占据产品主要部分的3个围框所呈现出的图案与本专利产品的图案存在显著区别，产生了巨大的视觉差异，使得一般消费者在购买上述两者产品时会轻而易举地把它们区分开，所以对比文件与本专利既不相同也不相近似。

案例2 伸缩门（第5926号无效决定）*

2004年3月12日，专利复审委员会作出第5926号无效宣告请求审查决定，涉及名称为“伸缩门”的外观设计专利（下称本专利），其申请号为01334342.4，申请日为2001年8月7日，授权公告日为2002年3月13日。

请求人提起无效宣告请求的理由是：本专利与00316874.3号外观设计相近似，因此本专利不符合《专利法》第23条的规定。

在口头审理中，专利权人明确本专利与对比文件的区别在于：（1）枪尖部分，本专利为罗马装饰帽，对比文件为四面菱形；（2）横杆部分，本专利雕刻有草叶状花瓣，而对比文件为光滑的大弯臂；（3）高低竖杆的角度，本专利各交叉杆的角度一样，因此整体形状呈圆滑状，而对比文件各交叉杆的角度不一样。

合议组经过核实，00316874.3号外观设计的公告日为2001年5月9日，早于本专利申请日，因此该外观设计可以作为评价本专利是否符合《专利法》第23条的对比文件。

---

* 本案例由钟华撰写。

本专利	对比文件
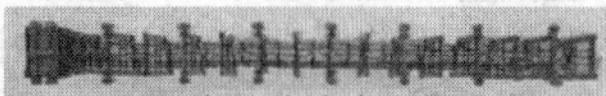 伸展状态仰视图 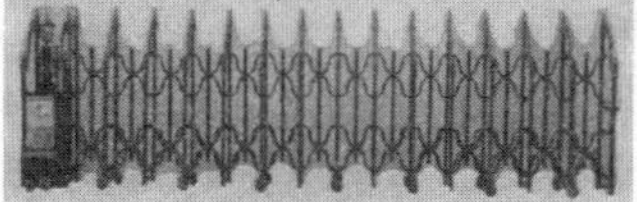 伸展状态主视图 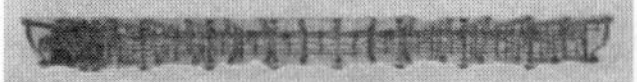 伸展状态俯视图 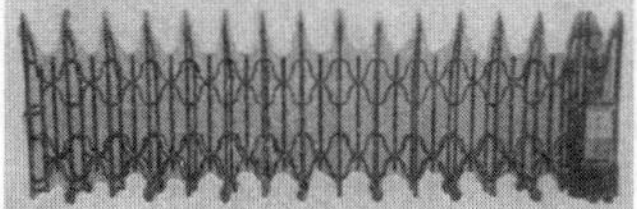 伸展状态后视图 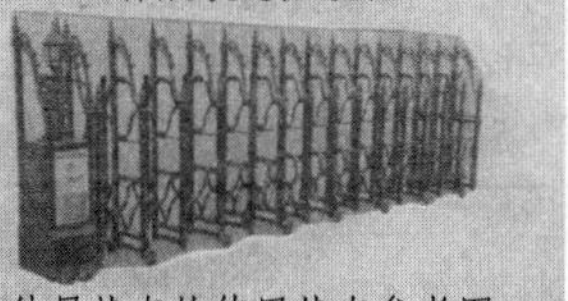 伸展状态的使用状态参考图	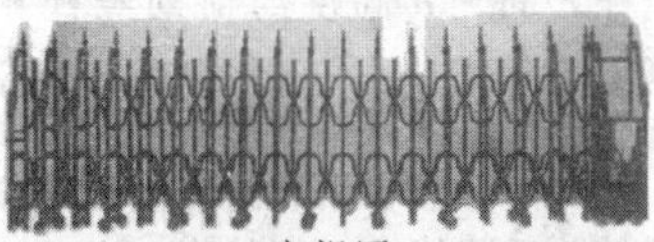 主视图 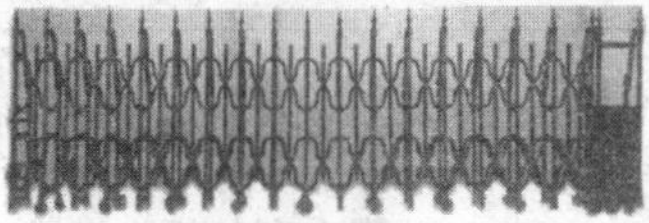 后视图 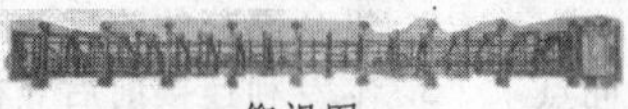 仰视图  俯视图
本专利没有请求保护色彩。由机头及机身两部分组成，其机身部分由前后两列相互平行的竖杆及连接前后竖杆的5排横杆组成。前列竖杆较后列竖杆低，前后对应的两竖杆的上部均以大弯臂相连接，大弯臂上有草叶花瓣状的凸起物，各竖杆的顶端均为罗马装饰帽状的尖状物，各竖杆底端间隔设置有滑轮。最下方的一排横杆为较粗的长方体，其余的4排横杆为较细的圆柱，上方的两排细横杆及下方的两排细横杆均连接有两列由若干大括号状的细弯杆组成的连接杆，连接	对比文件是电控伸缩门，也由机头及机身两部分组成，其机身部分由前后两列相互平行的竖杆及连接前后竖杆的5排横杆组成。前列竖杆较后列竖杆低，前后对应的两竖杆的上部均以光滑的大弯臂相连接，各竖杆的顶端均为四面菱形的枪尖状物，各竖杆底端间隔设置有滑轮。最下方的一排横杆为较粗的长方体，其余的4排横杆为较细的圆柱，上方的两排细横杆及下方的两排细横杆均连接有两列由若干大括号状的细弯杆组成的连接杆，各括号状细弯杆的连接处设置有一列长方状竖

续表

杆上有草叶花瓣状的凸起物，各括号状细弯杆的连接处设置有一列长方状竖杆，该列竖杆居于前后两列竖杆之间，其高度与前列竖杆相近。本专利的机头设在右侧，其下方类似长方体，长方体上方设置有如机身部分形状相同的连接有大弯臂的前后竖杆及一灯状物	杆，该列竖杆居于前后两列竖杆之间，其高度与前列竖杆相近。对比文件的机头设置在左侧，其下方类似长方体
相同点	1. 机头的整体形状相似； 2. 机身的整体形状相似
不同点	1. 本专利的机头设置在右端，对比文件的机头设置在左端； 2. 机身部分的前后两列竖杆顶端的尖状物形状不同； 3. 本专利连接前后竖杆的大弯臂上以及连接细横杆的连接杆上均有草叶花瓣状的凸起物；对比文件连接前后竖杆的大弯臂上以及连接细横杆的连接杆上均无草叶花瓣状的凸起物

由于本专利未请求保护色彩，因此进行相近似比较的时候，仅将本专利的形状与对比文件进行对比。合议组经过审理，认为：本专利与对比文件相比较，整体形状相似，其区别仅为局部的细微的改变，不能引起一般消费者视觉上的注意，这种改变不能使两个外观设计在整体视觉效果上产生明显的差异，应认定本专利与对比文件相近似。专利复审委员会作出了宣告本专利无效的审查决定。专利权人不服该决定，提起行政诉讼，一审法院维持了该决定。一审判决生效。

【案例评析】

本案主要涉及如何对变化状态的产品的外观设计进行相近似比较。

根据2006年版《审查指南》第四部分第五章第7.3.2节的

规定，变化状态的产品是指在销售和使用时呈现不同的形状的产品。对于变化状态的产品而言，在相近似比较的时候，在先设计的不同的变化状态下的外观均可用作与本专利进行比较的对象，而本专利应该以其使用状态的外观作为与对比文件进行比较的对象，产品的相近似性取决于产品使用状态的外观设计的相近似性。本专利为伸缩门，其在使用时具有收缩和展开两种状态，本专利公开了收缩状态和展开状态的各视图，由于展开状态下更能全面地反映伸缩门的整体形状，因此进行相近似比较的时候，应将本专利的展开状态图与对比文件公开的各视图进行比较。本专利与对比文件相比，虽然存在4个不同点，但是对于伸缩门而言，机头均设置于一边，设置在左边或者右边不易为一般消费者注意，因此这种位置的变化不能给产品的外观设计带来显著的影响，而其余的3个区别点相对于伸缩门的整体而言均属于局部的细微的变化，也不能给产品的外观设计的整体视觉效果带来显著的影响，因此应认定本专利与对比文件相近似。

案例3 床（第5096号无效决定）*

2003年6月6日，专利复审委员会作出第5096号无效宣告请求审查决定，涉及产品名称为“床（3）”的01309777.6号外观设计专利（下称本专利），其申请日为2001年5月20日，授权公告日为2002年1月16日。

请求人请求宣告本专利无效的理由是：本专利所示外观设计在其申请日之前已经是全国市场上普遍存在的产品，并且其与在先公开的4件专利所示外观设计在局部上相同，整体上相近似，因此，本专利不符合《专利法》第23条的规定。为此，请求人提交了95303932.3、94301152.3、90302450.0、96307474.1号外观设

---

* 本案例由徐清平撰写。

计专利的公报复印件作为证据。

合议组经过审查认定：请求人提交的4件对比专利分别为床或床头的外观设计专利，其授权公告日均在本专利申请日之前，可适用《专利法》第23条的规定作为本案有效证据。合议组将该4件外观设计专利作为对比文件分别与本专利进行了相同和相近似的对比判断。

本专利	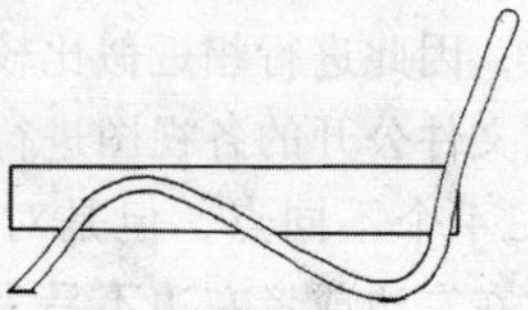 左视图 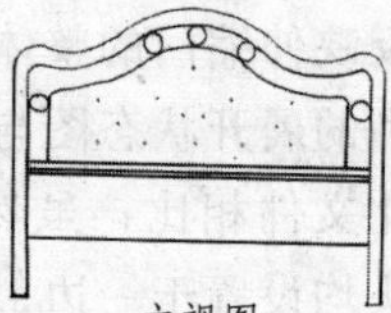 主视图
	本专利所示床包括床架和床垫两部分，床垫由床架支撑相连，床架从侧面观察整体造型呈“S”形，将床腿、床头融为一体，床架前端延伸为前床腿，向后弯曲着地处成为后床腿，再向后并斜向向上延伸形成床头，床头顶部呈弧线形，由中间一段较大凸弧线和两边各一段对称的较小凹弧线相切连接而成，床靠背形状与床头顶部弧形相对应
对比文件1	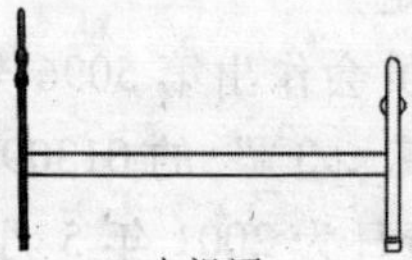 右视图  主视图  后视图
	对比文件1所示床包括床头、床尾和床架，其床头、床尾整体造型均为拱形架，其中床头的拱形是由左右两段小弧和中间一段大弧线相交而成，床尾仅由一段弧线形成拱形，拱形架的左右两段直管延伸为床腿，床头较床尾高，床头、床尾的上部均设有左右对称的近似“S”形及其他造型的管架图案，矩形床架呈直角将床头、床尾连为一体

续表

<table>
<tr><td rowspan="2">对比文件2</td><td> 主视图  立体图</td></tr>
<tr><td>对比文件2所示床也包括床头、床尾和床架，其床头、床尾均以两个相同的拱形靠背和3根立柱通过横杆相连形成双拱形架，3根立柱分别延伸为床腿，拱形靠背由拱形杆和拱形靠垫在顶部以球体相连而成，床头尺寸较床尾高，矩形床架呈直角将床头、床尾连为一体</td></tr>
<tr><td rowspan="2">对比文件3</td><td>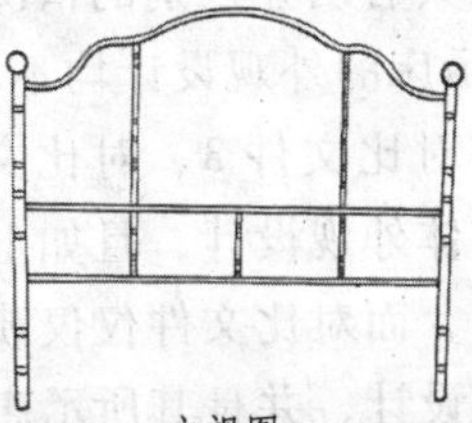 主视图</td></tr>
<tr><td>对比文件3所示“床架端头”即床头的外观设计，其顶部整体呈弧线形，由中间一段较大弧线和两边对称的多段较小弧线相切连接而成，两边各有一根顶端带球体的立柱，向下延伸为床腿，床腿和床头弧形顶之间再以多根横杆和竖杆垂直相交形成格状床头架</td></tr>
<tr><td rowspan="2">对比文件4</td><td> 主视图  左视图</td></tr>
<tr><td>对比文件4所示床头整体造型近似矩形，由水平顶杆、垂直立柱、矩形靠背和横杆相连而成，矩形靠背上有格状图案，其与顶杆之间以多个球体相连</td></tr>
</table>

将本专利分别与对比文件1、对比文件2所示床进行比较，其床头顶部均包含有弧形造型，但其弧形的整体形状具有较大差异，特别是对比文件2所示床头的双拱形与本专利床头的弧线形存在明显差别，而且本专利的床靠背与对比文件1、2所示带图案造型的靠背相比较也具有明显差别，除此之外，本专利与对比文件1、2所示床在整体造型上更存在明显区别：对比文件1、2所示床均包括独立的床头、床尾，并以矩形床架呈直角连为一体，床腿为明显的多根立柱，而本专利将前述相应的床头、床架、床腿融为一体，各部分无明显划分，且整体造型为“S”形，由此形成了显著不同的整体造型和醒目的视觉效果。在上述整体造型和局部形状具有明显区别的情况下，合议组认为本专利与对比文件1、2所示床的外观设计均不相同也不相近似。

将本专利分别与对比文件3、对比文件4所示床头相比较，本专利是关于床的整体外观设计，且如上所述，其在整体造型上具有醒目的视觉效果，而对比文件仅仅涉及床头的外观设计，其未公开床的整体外观设计，并且其所示床头形状和靠背设计与本专利也存在明显差别，因此，本专利与对比文件3、4所示外观设计不相同也不相近似。

综上所述，请求人提交的证据所示外观设计与本专利均不相同也不相近似。据此，专利复审委员会作出决定，维持本专利有效。双方当事人均服从该决定，未向法院提起行政诉讼。

【案例评析】

本案例涉及床类产品外观设计的相同和相近似的判断。床类产品一般包括床头、承放床垫的床架，部分床还包括床尾的床屏设计。一般说来，床头是体现床的外观视觉效果的主要部分，因为其不仅是使用状态下最易被一般消费者所关注的部分，也往往是体现主要创作设计的部分。但并不能由此排斥对床类产品的整体观察和综合判断，因为：床的床架部分在体量上占有相当大的比例，在整体视觉效果中其不可能被一般消费者所忽略，床架与床头和床尾的整体搭配组合关系对整体视觉效果的影响也是较大的；而某些类型的床，比如采用平台式床架、宽体软包床架的床，其床架部分在使用状态下也不被床单所遮盖，同样是床的视觉效果重要组成部分；即使是常见的在使用状态下被床单所遮盖的床架，其在覆盖床单后的形状同样也是受到床架本身形状影响的。因此，对于床类产品外观设计的相近似性判断，同样应当采用整体观察、综合判断的判断方式。当然在具体对比时，还应当考虑床架或床头部分是否为惯常设计、床架相对于床头对整体视觉效果的影响程度等因素。采用整体观察、综合判断的判断方式并不是说在具体外观设计中床头和床架部分对视觉效果的影响是同等不作区分的。如前所述，一般床头和床尾的床屏设计对整体视觉效果具有显著影响，而床头为惯常设计时则可能不会产生相应的强烈视觉效果，某些类型的床其床架部分同样也会对整体视觉效果产生显著影响，应视具体设计作出判断。本案例正是采用整体观察、综合判断，将本专利床头和床架均与对比文件作相应对比，并认为其差异共同对整体视觉效果产生了显著影响；特别是对于对比文件3、4仅有床头外观设计，本专利作为包括床头和床架的整体设计，该对比文件显然不能成为与本专利相近似的外观设计。

案例4　电脑桌（第2328号无效决定）*

2000年7月13日，专利复审委员会作出第2328号无效宣告请求审查决定，涉及名称为“电脑桌”的外观设计专利（下称本专利），其申请号为97330592.4，申请日为1997年12月22日，授权公告日为1998年11月18日。

---

* 本案例由钱亦俊撰写。

请求人请求宣告本专利无效的理由是：本专利与申请日以前在中国台湾地区授权公告的专利及刊登在德国销售海报上的图片相近似。与此同时，请求人提交了4个证据。

本案合议组经审查认为，请求人提交的证据1是中国台湾地区新式样申请案号为85306776的授权公报（复印件），经与原件核对无误，真实可信；其产品名称为："电脑桌（一）"（下称对比文件），与本专利为同类产品；其公开日期为1997年6月11日，在本专利申请日（1997年12月22日）之前。因此，该证据属于《专利法》第23条中所述的公开出版物。合议组通过整体观察，运用综合判断的方法，将本专利与对比文件图片进行了相近似性比较分析（见下表）。

本专利	对比文件
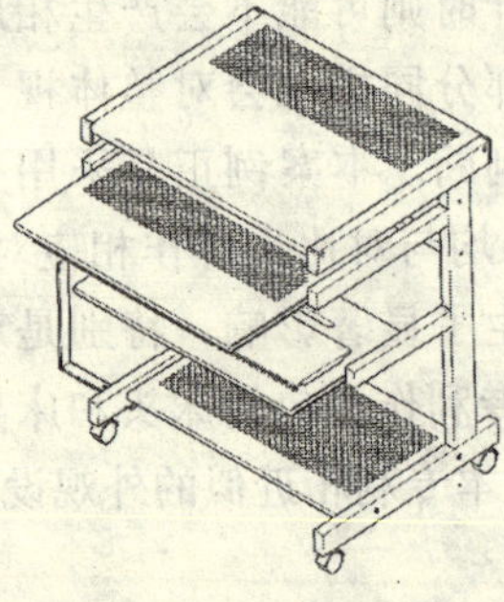	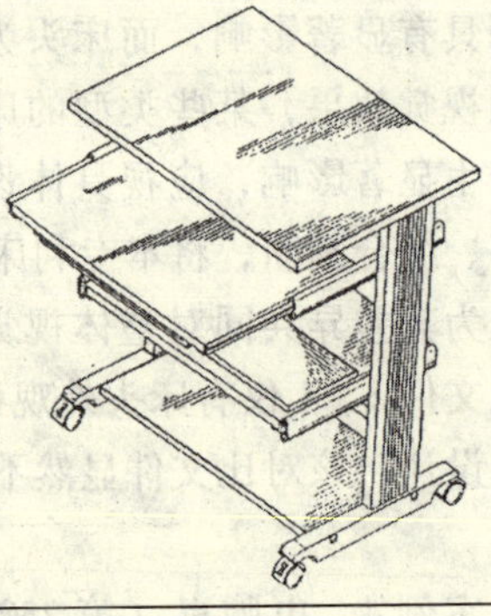
产品为4层结构的桌子，每层左右两侧边均为方棱柱，其截面为长方形。第二层与第三层板可拉出。第一层与第二层板之间距离较近。在第二层板拉出后，右侧有一可向右抽出的侧板。每层层面上有排列整齐的圆形饰纹。在桌子左侧、与	产品为4层结构的桌子，第二层可拉出，两侧设有导轨凹槽。第三层两侧也有导轨凹槽。拉出后，其右侧有一可向右抽出的侧板。第4层板两侧为方形棱柱，在4个角的万向轮处分别有1个凹槽，桌子的脚——4个万向轮安装在其中。在

续表

<table>
<tr><td colspan="2">最底层板同样高度位置，伸出两个“L”形托架。桌子的支柱位于其两侧，各有1个，从上到下贯通，在桌子外侧两顶角处，其形状为方棱柱状。有平行的方棱柱水平连接在该支柱间。在第三层下方吊有粗铁丝编成的篮筐。桌的4个脚为4个转向轮，固定于底层两侧的棱柱上</td><td>该对比文件中，桌子的支柱为从上到下带有纵向装饰条的通柱，在其两侧各有1个，略靠中部。形状类似于较厚的板状</td></tr>
<tr><td>相同点</td><td colspan="2">均为4层结构，二者各层间隔的比例相近似。且第二层拉出后，其右侧均有一可向右抽出的侧板。二者两侧立柱均为上下贯通的单立柱</td></tr>
<tr><td>不同点</td><td colspan="2">1. 两侧立柱形状不同，本专利为方棱柱状，对比文件为较宽的板状。
2. 在一些细节设计上不相同，如：桌面的处理方式。再如本专利增加了一些附件——在底层左侧设有“L”形机架等</td></tr>
</table>

经比较，合议组认为：本专利与对比文件的视觉要点为，其整体框架形状的构成及各层次的排列（空间的分隔）上，如其支柱及层面的设置。但二者的不同点属于细节上的变化，不能改变二者整体上相近似的视觉印象，容易使普通消费者在视觉上产生混淆，故二者属于相近似的外观设计。基于上述分析，合议组判定对比文件与本专利属于相近似的外观设计，本专利不符合《专利法》第23条的规定。该决定为终局决定。

【案例评析】

本案的争议焦点在于，电脑桌类产品的相同和相近似比较判断。

本案涉及的产品是桌类产品，在进行相近似性比较时，应着眼于整体形状，包括其整体框架的构成及各层次的排列（空间的分隔）方式，例如其支柱（桌子腿）的分布及桌子层面的设置，这些均对整体形状起着决定性的作用。当桌面及支柱的饰纹等局部细节的变化，或因功能所限而产生的附件变化，均不能使其从整体形状上产生显著差别时，二者属于相近似的外观设计。

对比文件与本专利整体形状均为四层结构，二者各层间隔的比例相近似。且第二层拉出后，其右侧均有一可向右抽出的侧板。二者两侧立柱均为上下贯通的单立柱，只是本专利为方棱柱状，对比文件为较宽的板状。尽管在一些细节上本专利与对比文件有所不同，如桌面的处理方式。再如本专利增加了一些附件——在底层左侧设有“L”形机架，在第三层下方吊有篮筐等。但这些细节上的变化不足以改变二者整体相近似的视觉印象，

对于左侧的“L”形支架，由于是功能所限增加的设计内容，不能作为相同和相近似比较的重点，本案应以电脑桌主体为比较对象，即使将该附件与上述不同点结合看，也不足以改变二者整体带给一般消费者的相近似的视觉印象。

第四节 玩 具

案例1 玩具（第3139号无效决定）*

2001年3月2日，专利复审委员会作出第3139号无效宣告请求审查决定，涉及产品名称为“玩具（铁胆火车侠快速魔头号）”的外观设计（下称本专利），其申请号为99330880.5，申请日为1999年6月3日，授权公告日为2000年2月16日，简要说明中写明请求保护色彩。

请求人以本专利的授权不符合《专利法》第23条的规定为由，向专利复审委员会提出无效宣告请求。其理由是：本专利和1998年1~12月的*TOMY*玩具样本第35页编号为JHR007的立

* 本案例由颜广成撰写。

体图表现的玩具产品是完全相同的，而 *TOMY* 玩具样本的公开发表日在本专利的申请日之前。

本专利	对比文件

本专利的玩具为火车模型，该火车模型具有原型和两种变型共 3 种形态。原型的整体形状接近流线型电气火车头，车头前端为周边带有棘齿的圆锥形冲头状，车窗分为左、右两块，为对称的菱形，有 8 个车轮。第一种变型为机器人形，以车头前端的圆锥形冲头为腹部，两块车窗为两眼，脑后有高耸的尾，两足均为两趾状，两手为软管支撑的水雷状。第二种变型亦为机器人形，两眼为圆筒状，两足不分趾，两臂为圆柱状，腹部为方形，有两个圆灯对称地横列	对比文件所示玩具产品为火车模型，视图表现了原型和变型两种形态。 原型的整体形状接近流线型电气火车头，车头前端为周边带有棘齿的圆锥形冲头状，车窗分为左、右两块，为对称的菱形，有 8 个车轮。变型后为机器人形，以车头前端的圆锥形冲头为腹部，两块车窗为两眼，脑后有高耸的尾，两足均为两趾状，两手为软管支撑的水雷状

相同点	1. 都是类似于火车的基本形状； 2. 本专利玩具的两种形态与证据玩具的两种形态相同
不同点	本专利第一种形态中，火车头在类似眼睛的部位为红色设计，而对比文件无此色彩变化。本专利第二种变型机器人形态是两眼为圆筒状，两足不分趾，两臂为圆柱状，腹部为方形，有两个圆灯对称地横列，脑后无尾。而对比文件未显示该变形

合议组认为，请求人提交的证据是1998年1～12月的*TOMY*玩具样本。该样本的公开出版日在本专利的申请日之前，属于《专利法》第23条所述的本专利申请日之前的公开出版物，可以作为评价本专利的对比文件，合议组对本专利与其中第35页的JHR007玩具产品进行了相同和相近似的比较判断。

根据整体观察、综合判断的原则，合议组经比较认为，本专利与对比文件玩具属于相近似的外观设计，不符合《专利法》第23条的规定，宣告本专利权无效。该决定为终局决定。

【案例评析】

将本专利的玩具与对比文件的玩具进行比较，本专利的玩具为火车模型，该火车模型具有原型和两种变型共3种形态。而对比文件玩具产品为火车模型，视图表现了原型和变型两种形态。

本专利玩具的前两种形状使用状态与证据玩具的两种形态相同。二者的不同在于本专利本专利第一种形态火车头类似眼睛部位为红色设计，而对比文件无此色彩变化。本专利第二种变型机器人形态是两眼为圆筒状，两足不分趾，两臂为圆柱状，腹部为方形，有两个圆灯对称地横列，脑后无尾。而对比文件未显示该变形。根据整体观察、综合判断的原则，合议组认为，由于本专利和对比文件图片均为火车，火车是此类玩具的基本形态，也是产品销售展示时的形态，故应认为是该产品的主要形状。在本专利玩具的主要形态及一种变型形态与证据中的玩具相同的情况下，应认为两者外观设计相近似。

案例2　玩具小汽车（第7959号无效决定）*

2005年12月14日，专利复审委员会作出第7959号无效宣

* 本案例由钟华撰写。

告请求审查决定，涉及名称为“玩具小汽车”的外观设计专利，其申请号为01340505.5，申请日为2001年8月9日，授权公告日为2002年7月10日。

请求人提起无效宣告请求的理由是：本专利与在先公开发表的外观设计专利相近似，因此不符合《专利法》第23条的规定。请求人同时提交了如下相关附件作为证据。

附件2：99332640.4号外观设计专利公报复印件。

合议组经过审查，认为附件2的内容真实，其公开日为2000年3月29日，早于本专利申请日2001年8月9日，因此附件2上记载的外观设计可以作为评价本专利是否符合《专利法》第23条的规定的在先设计（下称对比文件）。

合议组认为：将本专利与对比文件相比，两者整体形状不相似，各部分的形状也区别明显，对二者的整体视觉形象带来显著的影响，应认定本专利与对比文件不相同且不相近似，因此请求人提交的证据不能证明本专利不符合《专利法》第23条的规定。专利复审委员会作出了维持本专利有效的审查决定。双方当事人服从决定，未提起专利行政诉讼。

本专利	对比文件
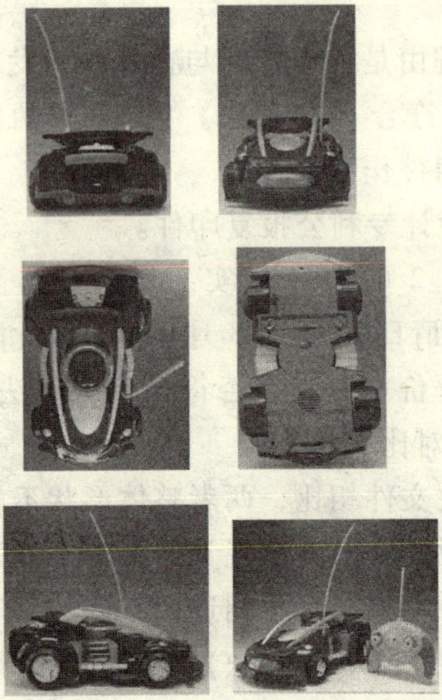	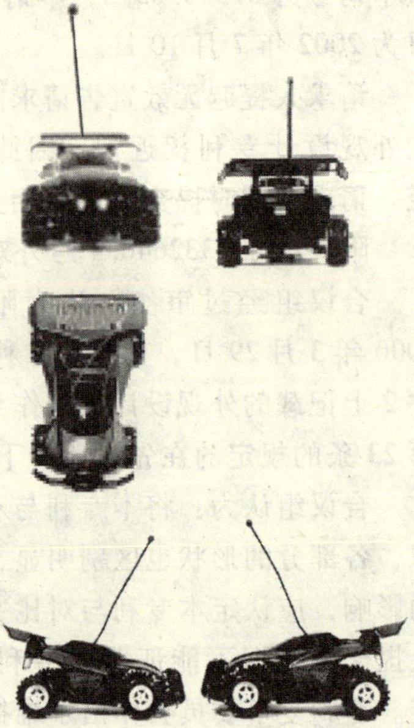
本专利为一种玩具车，车尾宽于车头，车身中段和车头宽窄大致相当。从俯视图看，车尾呈翼状张开，两翼尾端连接有圆环，车身中段的两侧外缘为凸出的齿轮，中段微突出有一短圆柱形，车尾与车头部的上方设置有两条连接杆，车头顶端略尖向前凸出	对比文件为一种玩具车，整体形状近似昆虫，车尾宽于车头，车尾至车身中段逐渐弧线收缩至最窄，车头比车身中段宽，比车尾窄。从俯视图看，车尾为外缘平直的三角形，车头外缘呈弧线形，车条前端设置有“昆虫头”及两触角

相同点	1. 整车结构相似，均由车头、车体中段、车尾、车轮、天线构成； 2. 车尾宽于车头
不同点	1. 两者整体形状不相似； 2. 各部分的形状区别明显

【案例评析】

本案主要涉及玩具车外观设计的相同和相近似的判断问题。

玩具车外观设计的相近似性比较，主要比较玩具车的整体形状以及各部分的形状给予一般消费者的整体视觉印象。本案中，两玩具车的外观设计除了车尾宽于车头这一构成比例上近似外，其整体轮廓形状以及各部分的形状均区别明显，这些不同足以给一般消费者的整体视觉印象带来显著的影响，因此应认定两外观设计不相同且不相近似。

第五节　日 用 品

案例1　牙刷（第4849号无效决定）*

2003年3月10日，专利复审委员会作出第4849号无效宣告请求审查决定，涉及名称为“牙刷”的外观设计专利，其申请号为98327523.8，申请日为1998年10月16日，优先权日为1998年4月17日，授权公告日为1999年11月3日。

请求人请求宣告本专利权无效的理由是：在本专利申请日以前，在中国台湾地区新式样专利公报上公开发表过与本专利相近似的外观设计，因此，本专利不符合《专利法》第23条的规定。为支持其提出的有关出版物方式公开的主张，请求人提交了证据1，即公告号为316159的中国台湾新式样专利公报；还提交了证据2，即公告号为316158的中国台湾新式样专利公报。请求人认为证据1和证据2的公开发表日在本专利申请日前，并且在证据中记载了与本专利相近似“牙刷”的外观设计。

合议组认为：请求人提交的证据1和证据2的公开日期均早于本专利优先权日，属于《专利法》第23条规定的出版物，可

* 本案例由卞永军撰写。

以作为评价本专利的对比文件。合议组将二者分别与本专利进行如下相同和相近似性的比较。

本专利	 主视图  仰视图
对比文件 1	 仰视图 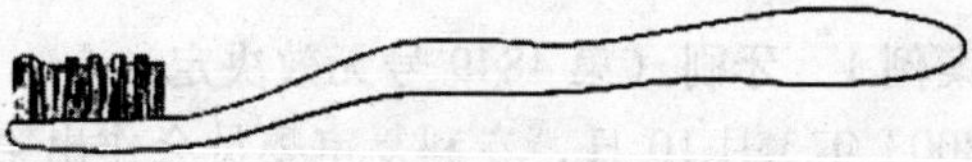 主视图
对比文件 2	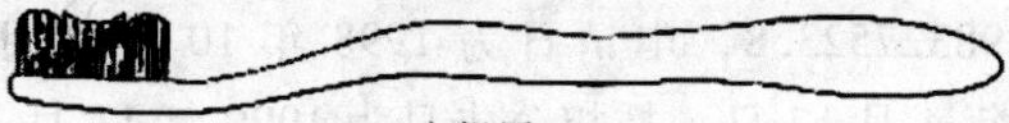 主视图 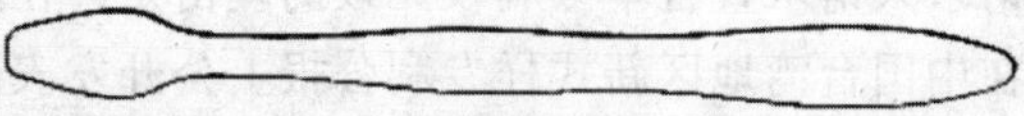 仰视图
相同点	刷柄的形状设计相同
不同点	刷头、刷毛部分形状设计不同

经整体观察，综合判断，合议组认为：本专利与对比文件1、对比文件2相比，属于不相同和不相近似的外观设计，故作出维持本专利权有效的审查决定。专利权人不服该决定，提起行政诉讼，一审法院维持了该决定。一审判决生效。

【案例评析】

本案主要涉及牙刷的相同和相近似判断问题。

本专利与对比文件 1 相比较，刷柄设计相同，刷毛设计相近似，刷头完全不同，本专利刷头底面设计有浅槽、两条横坑、一条弧形曲线和一个圆点，这属于牙刷在功能上提高其舒适度的形状设计，但实现牙刷这种功能可以有多种形状设计来实现，本专利实现这种功能的形状设计并不是惟一的特定形状设计，因此，是相同和相近似判断中应予以考虑的因素。以一般消费者作为判断主体，用综合判断的方法，二者应属于不相同和不相近似的外观设计。本专利与对比文件 2 比较，其刷毛和刷头设计完全不同，参考本专利与对比文件 1 进行比较的基础，显然，本专利与对比文件 2 也属于不相同和不相近似的外观设计。

案例 2　上衣（第 2634 号无效决定）*

2000 年 9 月 11 日，专利复审委员会作出第 2634 号无效宣告请求审查决定，涉及名称为“上衣（A）”的外观设计专利（下称本专利），其申请号为 97325367.3，申请日为 1997 年 10 月 26 日，授权公告日为 1998 年 11 月 25 日。

请求人请求宣告本专利无效的理由是：本专利与在先公开的外观设计相近似，因此，不符合《专利法》第 23 条的规定，为支持其主张，请求人提交了 3 份证据。其中证据 2 是《让男士更美——男士服装裁剪编织百例》（黑龙江人民出版社出版，1990 年 9 月第 1 版第 1 次印刷）第 67 页，一款名为“小开襟衬衫”的外观设计图样（复印件）。

合议组经过审查认为，该证据（所示外观设计下称对比文件）属于《专利法》第 23 条规定的公开出版物。其所示产品与

---

* 本案例由李巍巍撰写。

本专利属同类产品，具有可比性。遂作出如下相近似比较。

本专利	对比文件

本专利是一款长袖T恤衫：起墙式尖领；自领口向下至胸部有开襟，开襟有长方形外贴边；贴边上有自上而下均匀排列的4个扣眼；在衬衫开襟左侧，与第四个扣子等高处水平开有兜口，有长方形外贴边；绱袖、绱袖口；与袖口相连的袖子部分有开口，开口下端呈较小的弧形；袖口处有一颗纽扣。在衬衫的领子、袖口、下摆均有缝纫明线	对比文件也是一款长袖T恤衫：起墙式尖领；自领口向下至胸部开襟，有长方形外贴边；贴边上有自上而下均匀排列的3个扣眼；在衬衫开襟左侧，与第三个扣子等高处有一上底边水平的五边形兜盖，其下底边呈钝角形，顶角处有一颗纽扣；兜盖的两侧边与上底边垂直；整个衬衫绱袖、绱袖口。与袖口相连的袖子部分有开口，开口下端呈尖角形；袖口处有一颗纽扣；在衬衫的领子、袖口、下摆处均有明显的缝纫线
相同点	1. 二者均为长袖T恤衫，整体款式相近似； 2. 领形、前开襟、袖口及各部分的比例、形状均相近似
不同点	1. 开襟左侧兜不同； 2. 开襟上的纽扣数量不同； 3. 袖口开口下端形状不同

合议组经整体观察，综合判断，认为：本专利与对比文件的

不同点属于局部细微差别，极易造成一般消费者视觉上的混淆。因此，在本专利申请日之前，在出版物上公开发表过与本专利相近似的外观设计，本专利不符合《专利法》第 23 条的规定。该决定为终局决定。

【案例评析】

本案主要涉及的焦点问题是衬衫的相同和相近似的判断。

由上述描述可知，上述 3 点不同之处相对于整体来说，属于细微差别，二者的整体形状、各部分的视觉比例均给人以极为相近似的视觉印象，一般消费者很难将二者区别开，极易引起混淆，因此，根据“整体观察，综合判断”的原则，二者的外观整体形状相近似，故属于相近似的外观设计。

服装类产品具有流行周期短、设计空间大等特点，这类产品的相近似判断具有其特殊性。本案涉及的 3 个不同点在决定中被定义为局部差别是准确的。首先，就第一个不同点而言，兜的设计均属于暗兜，从本专利的外翻贴边和对比文件的兜盖可以判断出该部位设计有兜，兜的位置处于相同的部位，且在整体中所占面积较小，区别仅在于一个是长方形贴边，一个是五边形兜盖。从视图所示该部位的形状上看，二者均呈现长条状，在视觉上产生的差别并不明显。其次，就第二个不同点而言，因纽扣具有装饰作用，有时其位置排列、大小、数量等方面的设计对服装的款式影响较大，可以起到区别服装样式的作用。但本案涉及的区别点，仅是 4 个纽扣和 3 个纽扣的区别，在设计上没有区别，均为“1”字纵向均匀排列，在视觉上不能产生明显差别。再次，就第三个不同点而言，在使用状态下，一般消费者需要投入特别的关注才能分辨出该部位的形状设计，该不同之处不足以使二者在整体形状上产生显著视觉差别。

案例3　保温瓶（第3265号无效决定）*

2003年3月10日，专利复审委员会作出第3265号无效宣告请求审查决定，涉及名称为“保温瓶”的外观设计专利，其申请号为97313701.0，申请日为1997年9月29日，授权公告日为1999年2月24日。

请求人向专利复审委员会提出无效宣告请求的事实和理由是：在本专利申请日以前，已有他人向专利局递交了相近似的外观设计专利申请，并被授予专利权，故本专利根据《专利法》第9条和《专利法实施细则》第13条的规定，不应再被授予专利权。为支持其关于重复授权的主张，请求人同时提交了97306546.X号外观设计专利公告作为证据。

合议组经审查认为，对比文件的申请日早于本专利的申请日，而授权公告日在本专利申请日之后，对比文件的申请人又与本专利的申请人不同，故该证据应适用《专利法》第9条对本案进行审理。本专利和对比文件属于相同类别的产品，合议组对二者是否属于同样的发明创造进行了判断。

根据整体观察、综合判断的原则，合议组认为本专利与对比文件容易被一般消费者区分开，故二者属于不相近似的外观设计，不是同样的发明创造，从而作出了维持本专利权有效的审查决定。双方当事人均服从该决定，未向法院提起行政诉讼。

---

* 本案例由卞永军撰写。

本专利	对比文件
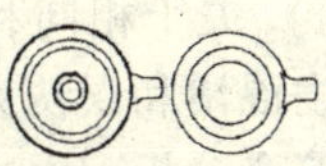 仰视图　俯视图 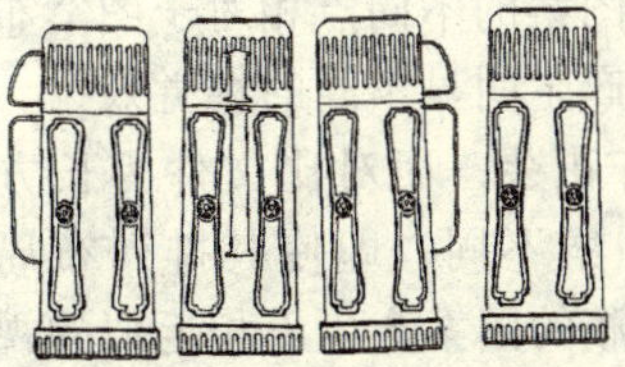 后视图　右视图　主视图　左视图	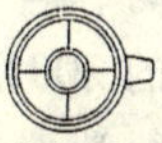 仰视图  右视图　主视图　左视图 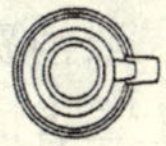 俯视图
本专利涉及保温瓶的形状和图案的设计，形状的设计包括瓶盖、瓶体和把手等部位的设计，图案设计在瓶体上	对比文件以六面视图（后视图与主视图对称）显示了保温瓶的形状和图案的外观设计
相同点	1. 瓶体的形状相同； 2. 把手的形状和位置设计相同； 3. 图案的布局排列相同
不同点	1. 瓶盖形状的设计不同； 2. 单元图案的设计不同

【案例评析】

本案主要涉及两个法律问题。

第一，对同样的发明创造的理解。在解决外观设计专利重复授权时，同样的发明创造不仅是指相同的外观设计，还包括相近似的外观设计。

第二，相同和相近似比较判断。本案涉及的产品是“保温瓶”，在对这类产品外观设计进行相同和相近似比较判断时，不仅应当关注其形状的变化，同时还要注意其图案和色彩（如请求保护色彩的话）的变化。在本专利和对比文件进行相同和相近似的判断时，合议组认为二者既有相同之处也存在一定的差别。修改前的2001年版《审查指南》关于相同和相近似的判断原则是以一般消费者的水平是否产生混淆和误认为标准。合议组对二者存在的相同和不同点进行了综合分析。本专利与对比文件的瓶体形状相同；再有，本案单元图案的不同点相对于图案布局的相同点而言，单元图案的不同会产生明显不同的视觉效果，本专利为线条“纺锤”设计，中间有花朵，而对比文件为长方形点状的块图案，由于二者的单元图案不同，即使其排列布局相同，也会使一般消费者对二者保温瓶的图案产生不相近似的视觉感受；再加上二者的瓶盖设计不同，本专利是瓶盖与瓶体直径相同的直筒型，对比文件是瓶盖直径小于瓶体直径的带有瓶肩的圆柱形。本案合议组认为：本专利与对比文件保温瓶的瓶体设计为常规设计，瓶盖设计和图案设计的不同对其整体形状产生了一定的影响，根据综合判断的方式，这些不同点足以使一般消费者将二者区分开，故二者不相同且不相近似，即不属于同样的发明创造。

案例4　闹钟（第2881号无效决定）*

2001年2月1日，专利复审委员会作出第2881号无效宣告请求审查决定，涉及名称为“闹钟”的外观设计专利，其申请号为98302637.8，申请日为1998年5月28日，授权公告日为1999年2月24日。

请求人请求宣告本专利无效的理由是：本专利与申请日以前在中国国境内出版物上公开发表的外观设计相同，因此本专利的授权不符合《专利法》第23条的规定。为支持其主张，请求人提供了2份证据。

附件1：台湾文笔国际贸易杂志，第1~2页及第43~44

---

* 本案例由钱亦俊撰写。

页，公开日期 1997 年 11 月（原件及复印件）；

附件 2：中阿商业杂志，第 1 页及第 26 页，公开日期：1996 年 8 月（原件及复印件）。

针对上述无效宣告请求，专利权人认为，对比文件公开的是产品在非正常使用状态下盖合后的外部形状参考图，其与不是本专利主要特点的本专利产品外部轮廓相近似，但根本没有涉及本专利所要保护的主要部位的形状和图案，更没有涉及产品外观设计正面或在使用状态朝向使用者的显著部位的内容。作为闹钟，其主要部位是主视图所揭示的内容，也是一般消费者视觉效果的感应部位、引人注意之处。根据对比文件，任何人都无法得知本专利产品要部的具体形状和图案设计内容，因此对比文件没有披露本专利的外观设计图。

本专利	对比文件
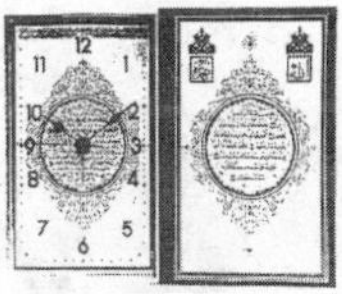 主视图  后视图  立体图  右视图 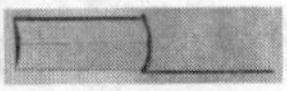 仰视图	
本专利包括产品的六面视图及使用状态立体图、盖合后立体图。 其产品外观设计在显示钟点时呈一本翻开的辞书状。主视图显示了该状态，呈长边相连的两个长方形，其中左侧是钟表表盘，表盘带有	对比文件所示外观设计为一本盖合的书，书的封面绘有类似地毯的图案，以长方形中心点为中心呈中心对称，外

续表

深色框。有4根指针，其中3针略粗略短，并有两针带有装饰结，另一针略细且没有装饰结；钟点以12个阿拉伯数字表示，位于长方形边框内侧，其排列方式为：数字1~5和数字7~11各为一竖列，分别列于边框内左右两侧，数字6和12分别位于长方形上下两边的中点；表盘中心绘有圆形图案，半径为从中心到数字3和9的距离，圆形内部有数排阿拉伯文字，文字与圆形之间布满装饰性花纹；圆形外侧有菱形装饰花纹。右侧长方形的四周也带有深色框。中间绘有与左侧表盘上绘制的图案相同的、由圆形、菱形、阿拉伯文字、花纹所组成的图案；长方形上方两顶角内侧绘有图案，该图案分为上下两部分，上方为排列成三角形的绳结图案，下方为正方形方框，框内有阿拉伯文字；两侧图案相同，不同之处是方框内的阿拉伯文字不同。 本专利的后视图为大小相同、并排竖立的长方形，中间部分类似书脊，可以看出像一本竖立起来的、打开的书。左侧长方形中绘有图案，类似地毯图案，以长方形中心点为中心呈中心对称，外围花纹形成长方形环带，向内依次为菱形、八角形、圆形花纹，圆形内侧为阿拉伯文字。右侧长方形的左上方有圆形排布的孔。 本专利左视图及右视图均为长方形，左侧均有类似书皮形成的暗色；长方形有上下对称的条形花纹。 本专利的俯视图及仰视图类似打开封皮的书，书页部分左侧有一方形按钮。 本专利的立体图为类似一本打开的书，书页部分为表盘部分，打开的书皮上绘有图案。本案外观设计盖合后的立体图为一本盖合的书		围花纹形成长方形环带，向内依次为菱形、八角形、圆形花纹，圆形内侧为阿拉伯文字
相同点	盖合状态外观设计相同	
不同点	对比文件仅有盖合状态，未显示闹钟状态外观设计	

经书面审查，合议组认定上述证据属于《专利法》第23条所称的出版物，适用于本案。由于两份证据图片相同，反映的是相同的外观设计，故合议组将该图片（下称对比文件）与本专利进行了如下相同和相近似性比较判断。

合议组根据整体观察、综合判断的原则，认为就对比文件公开的内容不能确认本专利与所公开的闹钟相近似，对比文件不能证明本专利不符合《专利法》第23条的规定。该决定为终局决定。

【案例评析】

本案涉及的问题是关于变化状态的物品相近似性的比较问题。根据2006年版《审查指南》第四部分第五章“5.4.2 变化状态的产品”规定，“变化状态的产品是指在销售和使用时呈现不同状态的产品。对于在先设计而言，所述产品在不同状态下的外观设计均可用作与被比设计进行比较的对象。对于被比设计而言，应当以其使用状态图所示的外观设计作为与在先设计进行比较的对象，产品的相同或者相近似取决于产品各种使用状态的外观设计的相同或者相近似”。就本专利而言，产品名称为闹钟，其使用状态也是以闹钟状态为主，并且，在申请文件中显示的也是这一状态，因此，应以闹钟为使用状态，并作为分析比较的基本形态。观察对比文件发现，图片仅反映出闹钟产品在非使用的盖合状态下的外观设计，而没有公开有关该闹钟产品在使用状态下的主视图所反映的形状、图案或者它们与色彩结合的外观设计。

就闹钟这类产品而言，尤其是使用和非使用时状态不同的闹钟，通常情况下，除了观察其整体形状、图案、色彩以外，其主视图是产品外观设计的主体。特别是在使用状态下的主视图，它所反映的是该外观设计在人的视觉上最为瞩目的部位，也是一般消费者借以区别该类产品的引人注意的部位。所以，产品的整体外观设计以及显示有指针、钟盘的主视图是该类产品外观设计相同和相近似判断的重点内容。

本案中，在对比文件图片均没有公开闹钟产品的主视图，即对比文件显示不够充分的情况下，无法断定二者在使用状态下是否相同或相近似，因此对比文件不足以证明本案外观设计同申请日以前在国内外出版物上公开发表过的外观设计相同或者相近似，无效宣告请求不能成立。

第六节 包装装潢类产品

案例1 创可贴包装盒（第3021号无效决定）*

2001年3月7日，专利复审委员会作出第3021号无效宣告请求审查决定，涉及名称为“包装盒（创可贴）”的外观设计专利，其申请号为98330920.5，申请日为1998年11月6日，授权公告日为1999年8月11日。

请求人向专利复审委员会提出无效宣告请求的事实和理由是：在本专利申请日前的出版物上公开发表过与本专利相近似的外观设计，故本专利不符合《专利法》第23条的规定。请求人为支持其提出的有关出版物方式公开的主张，提交了证据2即1990年第7期刊载有“邦迪牌”创可贴包装盒广告的《大众医学》杂志原件。请求人认为，证据2中所示包装盒的形状与本专利相同，其视图中所构成的图案的内容及其组合方式、布局也分别是相同的，尤其是在主要视图上都带有食指呈动态的手的图形，再有汉语拼音、英文和汉语名称文字的字体的大小、位置、比例皆是相同的，只是具体的名称不同，显然，它们属于相近似

---

* 本案例由卞永军撰写。

的外观设计。

针对该无效宣告请求，被请求人认为本专利与对比文件图案不相同也不相近似。其原因是：本专利产品的品牌为“MIAO－SHOU”和“妙手牌”，由此所构成的图案有显著的区别性；“MIAO－SHOU”所占的面积约是黑线边框上面的1/2左右，“妙手牌”3个字所占的面积约是黑线边框的1/4，因此，除了黑线边框和OK手指图案外，其品牌图案占据了主视图相当的面积，而且是一般消费者瞩目的部位，更加形成一种具有显著区别的感觉。由于所占的面积较大、位置显著和重要，因而突出地反映了本专利图案的品牌特点。无论从近处或远处看，“MIAO－SHOU”绝对不会与“BAND－AID ”相混淆，“妙手牌”绝对不会与“邦迪牌”相混淆，并与其他图案共同构成此类产品外观设计的要部，造成消费者感觉到是不同品牌图案的产品。更何况证据2的视图右上方还有一条飘带，更显得有所不同。在本专利的仰视图和侧视图的设计上从商标的角度看也完全不同。

合议组经审查后认为，请求人提交的证据2是国内公开发行的月刊杂志，公开日期在1990年7月6日，早于本专利申请日，属于《专利法》第23条所规定的出版物。在证据2中的封底刊载有一“包装盒”的广告图片，该包装盒与本专利属于相同类别的产品，合议组对二者进行了相近似性的比较。

合议组根据整体观察、综合判断的方式，认为本专利与对比文件容易造成一般消费者的混同，二者属于相近似的外观设计，由于在本专利申请日之前，在出版物上公开发表过与本专利相近似的外观设计，本专利不符合《专利法》第23条的规定。该决定为终局决定。

本专利	对比文件
	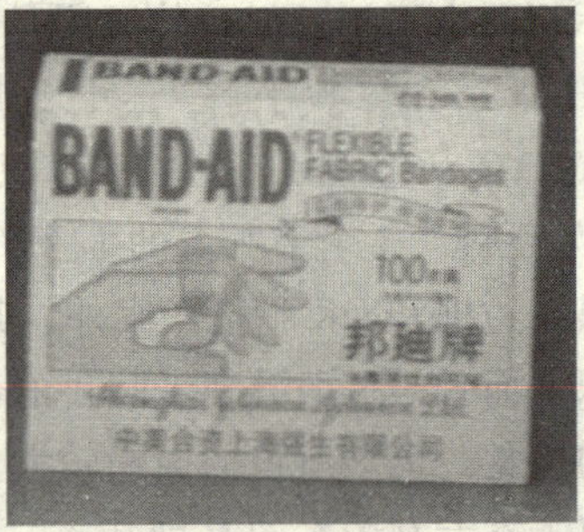
本专利是包装盒的外观设计。保护的范围是形状、图案相结合的外观设计	对比文件所示的是包装盒，从立体图可以观察该包装盒的正面和顶面的外观设计
相同点	1. 形状相同，都是扁长方体； 2. 图案的内容及其组合方式、布局相同； 3. 均有特定性的图案
不同点	1. “OK 手形”不同，本专利比对比文件少了一个阶段的手指； 2. 产品名称文字图案不同； 3. 对比文件正面视图右上方有一条飘带设计，本专利没有

【案例评析】本案主要涉及3个法律问题。

第一，产品名称的文字设计在相同和相近似的判断中的作用。包装盒表面出现的包括产品名称在内的文字是一种图案，在相同和相近似的判断中，应当考虑其作为图案的装饰作用，而不应当考虑其作为文字的字意。本专利图案设计中的“MIAO-SHOU”和“妙手牌”文字设计，均属于印刷体文字设计，虽具有一定的文字含义和寓意，在外观设计专利的相同和相近似的判断中只考虑文字的形，以及文字“MIAO - SHOU”和“妙手牌”的排列位置和表现方式，那么，本专利中的“MIAO - SHOU”和“妙手牌”文字是常见的印刷体设计，因此不考虑这种普通的印刷字体的字形设计。如果上述文字不是印刷体设计，而是草书或者艺术字体的文字设计，这种情况下就应该考虑字形的设计，当然还要排除文字的音和义。

第二，特定的图案具有一定的标志性和识别性。本案中双方当事人主要争议的焦点问题是本专利与对比文件中图案设计差别，本专利中的“OK 手形”的图案是该包装盒产品的特定图案，以左手的大拇指和食指形成字母 O 型，食指逐渐弹开，从而形成食指从弯曲到伸直的 4 个阶段，表示伸缩自如之意。这种带有标志性、识别性的图案构成了本专利图案设计的主要部分，具有醒目的视觉效果，在其四周加上边框和环绕的文字设计就形成了本专利主视图图案的构图方式。

第三，相近似性判断的主要理由。二者的包装盒形状相同，都是扁长方体；本专利的主视图、俯视图与对比文件的正面视图、侧视图的构成图案的内容及其组合方式、布局分别是相同的，尤其是在本专利的主视图和对比文件的正面视图上的长方形边框内的食指呈动态的手的图形，是二者图案中最具有标志性的图案，而二者在此图案的设计上只是本专利比对比文件少了 1 个阶段的手指，从整体上观察应是细微差别；再有，英文和汉语名称的字体的大小、位置、比例皆是相同的，其中的有些文字说明的内容是完全相同的。就包装盒类产品的外观设计而言，其带有标志性图案和显示产品名称的视图是一般消费者瞩目的部位，该视图是判断此类产品外观设计的主要部分。在“OK 手形”特定图案相近似和其他设计内容的构图方式、设计比例相同的条件下，当一般消费者以一般的注意力对二者进行比较时，品牌的不同不足以在视觉上产生明显不同的效果，对比文件有飘带的设计及二者的文字设计内容的不同，也是局部的差别。基于上述的分析，本专利与对比文件产品相同，形状相同，图案相近似，本案合议组认为：二者属于相近似的外观设计。

案例2 食品饮料瓶（第7014号无效决定）*

2005年3月30日，专利复审委员会作出第7014号无效宣告请求审查决定，涉及名称为“食品饮料瓶”的外观设计专利(下称本专利)，其申请号为98319447.5，申请日为1998年8月7日，授权公告日为1999年5月19日。

请求人提起无效宣告请求的理由是：本专利与在先申请的外观设计专利形状基本相同或者近似，因此不符合《专利法》第9条、《专利法实施细则》第13条第1款的规定，同时本专利与在本专利申请日前公开的外观设计相近似，因此本专利不符合《专利法》第23条的规定。请求人在举证期限内一共提交了16份附件作为证据。

在本案的口头审理过程中，请求人放弃附件2、附件3、附件7、附件9、附件13~16，保留如下附件作为本案的证据。

附件1：98317100.9号外观设计专利公报复印件1页，申请日为1998年3月18日，授权公告日为1999年2月17日；

附件4：93301521.6号外观设计专利公报复印件1页；

附件5：87300276号外观设计专利公报复印件1页；

附件6：85300444号外观设计专利公报复印件1页；

附件8：90301651.6号外观设计专利公报复印件1页；

附件10：90300869.6号外观设计专利公报复印件1页；

附件11：88301463.7号外观设计专利公报复印件1页；

附件12：87300287号外观设计专利公报复印件1页。

---

* 本案例由钟华撰写。

请求人认为，上述各附件所示瓶子的外观设计均与本专利相近似，其中附件1的申请日在本专利申请日前、公开日在本专利申请日之后，可以证明本专利不符合《专利法》第9条和《专利法实施细则》第13条第1款的规定，其余附件的公开日均在本专利申请日前，因此本专利不符合《专利法》第23条的规定。

合议组经过核实，确认附件1和附件4~6、附件8、附件10~12的真实性。对于附件4（见对比文件2附图），其仅公开了不清晰的主视图，合议组经核实其原始申请档案，仍无法确定该外观设计所示瓶的整体形状，从主视图看，其上端有瓶盖，底端和侧面的边沿均不清晰，没有公开如本专利颈部下端所示突出的形状，因此不能证明其与本专利相同或者相近似。

对比文件2

合议组将附件1、附件5、附件6、附件8、附件10~12（以下分别称对比文件1、对比文件3~8）所记载的外观设计与本专利逐一进行了如下相近似性比较。

本专利	对比文件 1
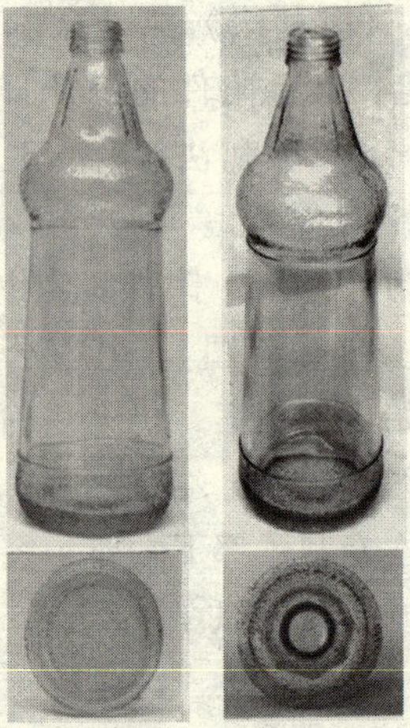	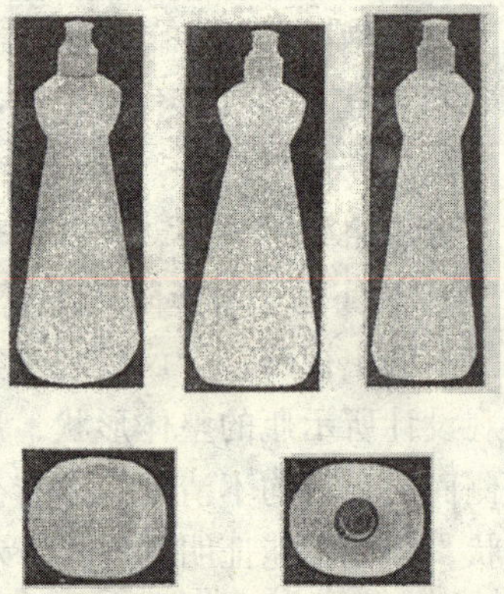
本专利所示瓶子的瓶颈下端连接有扁球状突起，其余部分的整体形状为近似短粗圆锥形，瓶颈表面有棱，瓶口无盖，瓶底面为圆形	对比文件 1 所示瓶子的瓶颈部分有不规则突起，其余部分的瓶体形状为近似细长扁圆锥形，侧表面光滑，瓶口有盖，瓶底面为椭圆形
相同点	本专利与对比文件 1 的下部瓶体均为锥台形，瓶颈、下部瓶体的配合关系相同
不同点	本专利为颈部呈扁圆形突起的短粗状的圆锥体，对比文件 1 为颈部呈不规则突起的细长扁圆锥形
结论	本专利整体给一般消费者以浑厚茁壮的视觉印象，对比文件 1 为颈部呈不规则突起的细长扁圆锥形，整体给一般消费者以修长典雅的视觉印象，因此两者既不相同也不相近似

对比文件 3	对比文件 4	对比文件 5
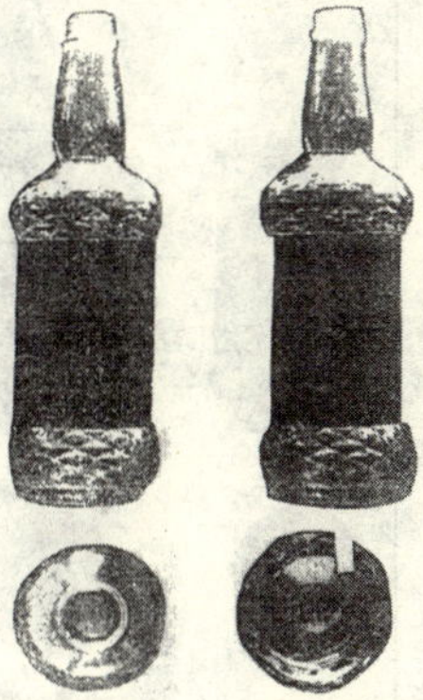	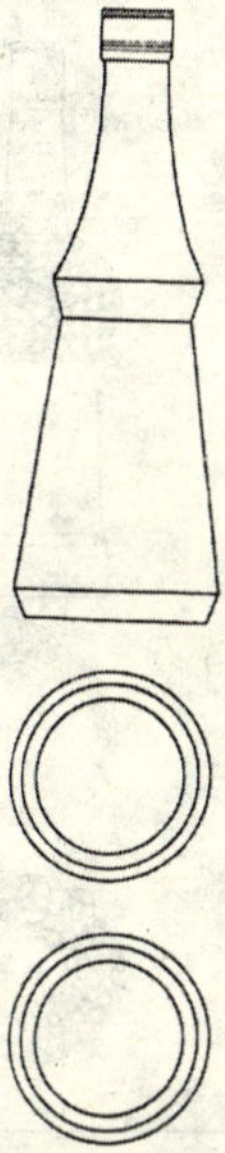	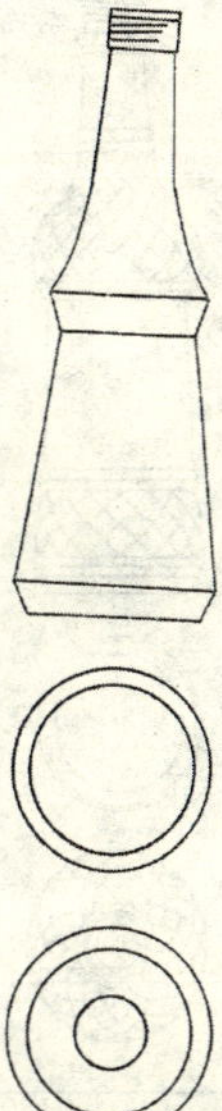
对比文件 3 瓶颈细长，瓶体的上段有类似圆锥形突起，中段为圆柱形，下端为扁球形突起	对比文件 4、5 的瓶体下半段均为类似圆台形，上半段均类似圆锥形，上半段底端均略小于下半段底端，上半段与下半端均为非流线连接	
本专利与对比文件 3 整体形状明显不相同且不相近似，两者给一般消费者的视觉印象相差悬殊，因此属于不相同且不相近似的外观设计	本专利与对比文件 4、5 的整体形状均明显不相同且不相近似，对一般消费者而言，本专利与对比文件 4、5 的整体视觉印象具有显著性差异，因此本专利与对比文件 4、5 相比，均属于不相同且不相近似的外观设计	

对比文件 6	对比文件 7	对比文件 8
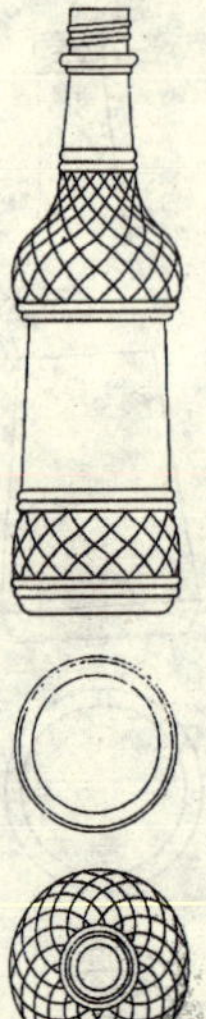	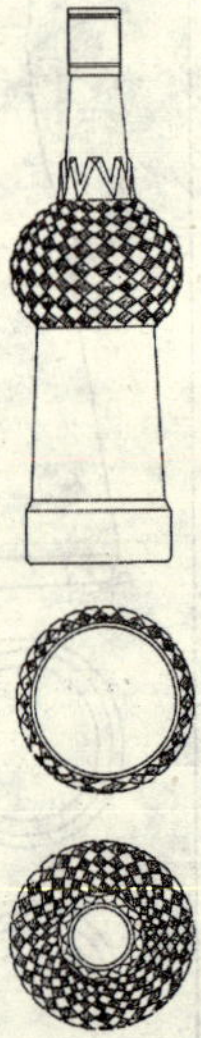	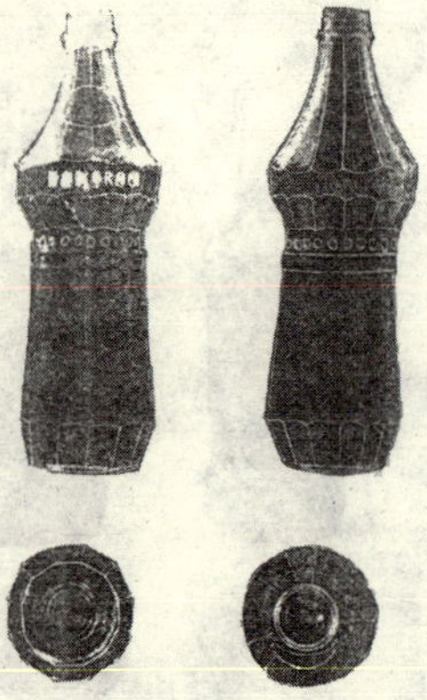
对比文件 6 的瓶体下段和瓶颈下端均有表面呈菱形方格图案的突起，中段为圆台形，各部分连接处有两圈细突起	对比文件 7 的瓶颈下端连接有表面呈菱形凹凸状的圆球状突起，该突起上端连接锯齿形边沿附着于瓶颈，瓶体的下端为圆台状，瓶体的其余部分的形状近似圆锥形，瓶口有盖，瓶底面为圆形	对比文件 8 的瓶颈近似圆锥形，瓶颈下端有突起与瓶体相连，瓶体呈近似圆台状，瓶体下端内缩。圆台状瓶体表面光滑，其余部分表面有规则的凹凸棱
本专利与对比文件 6 的整体形状明显不相同且不相近似，对一般消费者而言，本专利与对比文件的整	本专利与对比文件 7 相比，两者颈部下端的突起的形状不同、本专利突起表面较光滑，而对比文件突起表面呈菱	本专利与对比文件 8 整体形状明显不相同且不相近似，两者给一般消费者的视觉印象相差悬殊，因此属于不相同

续表

体视觉印象具有显著性差异，因此两者属于不相同且不相近似的外观设计	形凹凸并有锯齿形，瓶体的下端不同。上述区别尤其是最引人瞩目部分的颈部突起部分形状的不同，对一般消费者整体视觉印象具有显著性影响，因此两者属于不相同且不相近似的外观设计	且不相近似的外观设计

综上所述，对比文件2仅公开了不清晰的主视图，没有公开如本专利颈部下端所示突出的形状，因此不能证明其与本专利相同或者相近似。本专利与对比文件1、对比文件3～8分别相比均不相同且不相近似，因此请求人的所有证据均不能支持其主张，无效宣告请求不成立，维持98319447.5号外观设计专利权有效。双方当事人均服从该决定，未向法院提起行政诉讼。

【案例评析】

本案所涉及的焦点问题是对瓶子的外观设计的相同和相近似比较的问题。

本专利是对食品饮料瓶的设计，其仅保护产品的形状，没有请求保护产品的图案和色彩，因此相近似性比较时，仅将对比文件所公开的形状与其进行相同和相近似的比较。将本专利与各对比文件相比，其与各对比文件给予一般消费者的整体视觉印象各不相同，因此本专利与各对比文件均不相同和不相近似。

本案中本专利和对比文件形状各异，也说明对于瓶子类外观设计而言，其设计空间是比较大的，除了瓶口较小、瓶底较大的共同点之外，瓶身的形状是可以有各种各样的变化的。因此，一般而言，即使瓶子类的外观设计专利在请求保护形状的同时也请求保护图案和色彩，在其相同和相近似的判断中仍应该重点考虑形状对整体视觉效果的影响。

案例3　包装纸（第4030号无效决定）*

2001年11月27日，专利复审委员会作出第4030号无效宣告请求审查决定，涉及名称为“包装纸（卫生纸）”的外观设计专利，其申请号为99309806.1，申请日为1999年6月26日，授权公告日为2000年2月2日，简要说明中写明请求保护色彩。

请求人请求宣告本专利无效的理由是：在本专利申请日以前，在国家知识产权局专利公报上公开发表了与本专利相近似的产品名称为“包装薄膜”的外观设计专利，因此，本专利不符合《专利法》第23条的规定。为支持其提出的有关出版物方式公开的主张，请求人提交了专利号为96300499.9的外观设计专利公报作为证据。

合议组经过审查认为，请求人提交的证据的授权公告日（公开发表日期）早于本专利的申请日，属于《专利法》第23条所规定的出版物，适用于本案。在证据中公开了一“包装纸”的外观设计，其与本专利属于相同类别的产品，合议组对二者进行了相近似性的比较（见下表）。

---

* 本案例由卞永军撰写。

<table>
<tr><th colspan="2">本专利</th><th>对比文件</th></tr>
<tr><td colspan="2">

主视图</td><td>

主视图</td></tr>
<tr><td colspan="2">本专利保护的是形状、图案和色彩的外观设计，占整体的1/3的中间位置为一长方形图案设计，色彩设计为绿色和蓝色为主</td><td>对比文件所示的外观设计公开了形状、图案和色彩的设计，长条形图案设计，色彩设计以绿色、红色和蓝色为主</td></tr>
<tr><td>相同点</td><td colspan="2">1. 形状基本相同；
2. 图案的题材相同：均由连绵的绿色山脉、蓝天、7朵白云、文字设计组成；
3. 图案的构图方式和布局相同</td></tr>
<tr><td>不同点</td><td colspan="2">1. 具体的文字设计不同；
2. 色彩设计不同</td></tr>
</table>

合议组根据综合判断的方式，认为本专利与对比文件的差别在整体视觉中不具有显著性的影响，二者属于相近似的外观设计，宣告本专利权无效。双方当事人服从决定，未提起专利行政诉讼。

【案例评析】

本案主要涉及如下两个焦点问题。

第一个问题是图案的相同和相近似的判断。2001年版《审查指南》第四部分第五章第7.4节规定（2006年版第四部分第五章第 6.4 节）：图案变换包括题材、构图方法、表现方式及花样大小几个因素的改变，色彩的改变也可能使图案改变；题材相同，而其构图方法、表现方式、花样大小不相同的，也会使图案不相近似，从而使外观设计不相近似。在相同和相近似的判断中，产品外表出现的包括产品名称在内的文字是一种图案，应当考虑其作为图案的装饰作用，而不应当考虑其作为文字的字意。

按照上述规定，本专利与对比文件的题材是相同的，构图方法、表现方式及花样大小也是相同的，仅是文字图案设计具体内容不相同，而文字图案的图案布局、表现方式和大小是相同的，应认为二者的图案设计是相近似的，对于图案设计，合议组认为，外观设计专利中图案设计的意义不同于美术中的图案，不能仅着眼于某一特定的具体图案，而是根据整体观察、综合判断的方式进行观察比较，本专利与对比文件的图案设计是相近似的。

第二个问题是色彩的相同和相近似的判断。2001 年版《审查指南》第四部分第五章第 7.5 节规定（2006 年版第四部分第五章第 6.5 节）：对色彩是否相同、相近似性的判断要根据颜色的色相、纯度和明度 3 个属性以及两种以上颜色的组合、搭配进行综合判断。色相包括赤、橙、黄、绿、青、蓝、紫及其组合；纯度指鲜艳程度；明度指明暗情况，亦即亮度。

对比本专利与对比文件在色彩设计的不同，二者的不同之处仅是对比文件在圆弧状的山脉上的色彩是红色的，但不同仅是在色相类别上增加一种，是局部的改变，没有形成色相的层次感；对比文件和本专利的色彩明暗变化和鲜艳程度相同，因此，二者的色彩是相近的。

第七节 专业设备

案例1 钢丝钳（第3907号无效决定）*

2002年8月14日，专利复审委员会作出第3907号无效宣告请求审查决定，涉及的是00315136.0号名称为“多功能钢丝钳”的外观设计专利权，其申请日为2000年1月26日，授权公告日为2000年10月25日。

针对上述外观设计专利权，请求人于2002年4月8日向专利复审委员会提出无效宣告请求，其理由是：本专利不符合《专利法》第23条的规定。请求人先后提交了6份附件作为证据。

经双方当事人在口头审理中相互质证、由合议组审查核实确认，可以作为与本专利外观设计进行相似性对比的附件如下。

附件1：Wesffalia WERKZEUG 1997年的产品目录的封面及相关页共2页；

附件3：专利号为Des. 369534的美国外观设计专利；

附件5：Asian Sources Hardwares 1997年的产品样本的封面及相关页共2页。

附件6：公告号为215422的中国台湾发明专利说明书。

其中，在口头审理中，双方当事人都认为附件1或3与本专利最相近似。

合议组将本专利与附件1、3、5、6作如下相近似性的比较。

---

* 本案例由白剑锋撰写。

本专利	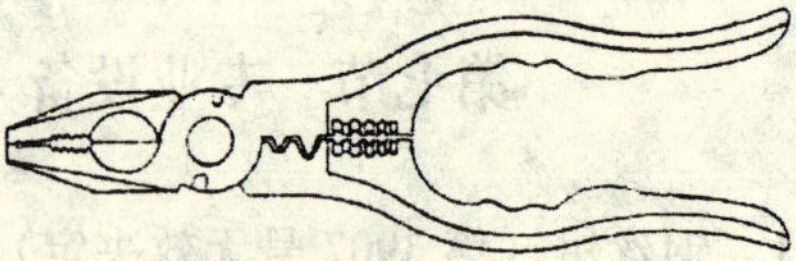
附件 1	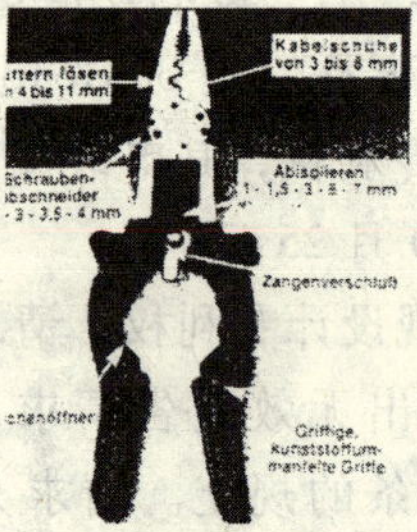
附件 3	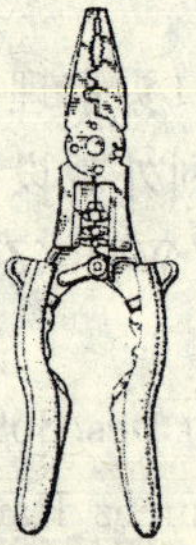
附件 5	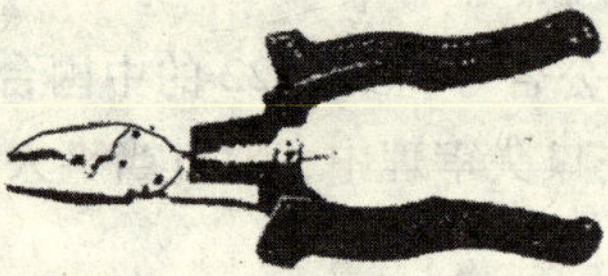
附件 6	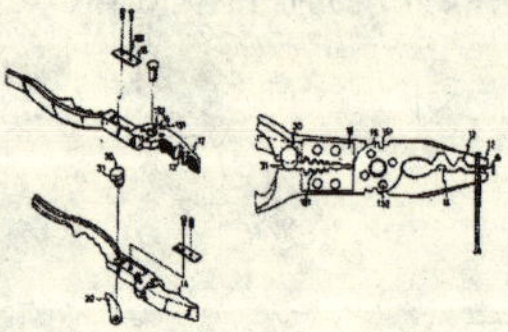

本专利所示的多功能钢丝钳由造型基本对称的两部分在腮部通过销轴枢接而成，其嘴部是老虎钳头，侧面上、下部有斜削面，钳口部分采用齿口组合式结构，为由依次排列的前部细齿、中部的小齿及下部的在腮部的两边缘有两个切线口。在腮部下面的手柄根部依次设置两个大齿和多个剥线孔，手柄根部以下的手柄圆弧先外凸，在接近端部位置内凹，在末端再外张，在手柄内侧有大小波纹状弧形面，直线刃口处凹入形成扁圆形。

附件1和附件3所示的多功能钢丝钳是外形几乎相同的产品，其由造型基本对称的两部分在腮部通过销轴枢接而成，其嘴部是老虎钳头，侧面有斜削面，钳口部分由前部的小齿、中部的中齿及下部的大齿依次组成。在腮部的两边缘有两个切线口，在销轴四周的腮部对称地开设有4个小孔。在腮部下面的手柄根部依次设置直线刃口、3个剥线孔（附件1中的孔数看不清）和1个锁紧栓，该直线刃口和剥线孔附近中央区域的钳体表面相对于其四周区域及腮部的钳体表面内凹，在视觉上形成中间凹的“门”字形。手柄上带有钳套，不能清楚地看到手柄的整个外形，只能由套上钳套后的手柄形状大致推知其走向，即手柄圆弧先外凸，在接近端部位置内凹，在末端呈直线状延伸，在没包钳套的手柄内侧可以看见大小波纹状弧形面。

附件5所示的多功能钢丝钳与附件1、3所示的产品在钳口、腮部、手柄根部的设计相同，只是在手柄部分的形状不同，附件5手柄上带有全包的钳套，不能直接看到手柄内侧的形状，手柄的走向是手柄圆弧先外凸，再较平缓地内凹，末端呈向内的钩状。

附件6所示的多功能钢丝钳由造型基本对称的两部分在腮部通过销轴枢接而成，其嘴部是老虎钳头，侧面有斜削面，钳口部分由前部的小齿、中部的梯状凹槽与半圆状突缘组合及下部的弧状锯齿状边依次组成。在腮部的两边缘有两个切线口，在销轴四周的腮部对称地开设有4个小孔。在腮部下面的手柄根部依次设置多个剥线孔和分别位于该手柄根部上、下部的偏心凸轮轴、摇臂，固设在钳体表面的片状体内侧形成上述剥线孔。手柄根部以下的手柄圆弧先外凸，在接近端部位置内凹，在末端再外张，在手柄内侧有大小波纹状弧形面。

本专利与附件1或3的不同点是：钳口部分的排布有明显区别。本专利的钳口部分采用齿口组合式结构，而附件1或3的钳口部分采用全齿式结构。腮部的设计不同。附件1或3在腮部设置有4个小孔，而本专利在腮部没有设置小孔。手柄根部的设计也不同。本专利的手柄根部依次设置两个大齿和多个剥线孔，两个大齿区域与嘴部和腮部钳体表面在同一平面内，仅剥线孔区域的钳体表面相对于两个大齿区域的钳体表面内凹；而附件1或3的手柄根部依次设置直线刃口、3个剥线孔（附件1中的孔数看不清）和1个锁紧栓，该直线刃口和剥线孔附近中央区域的钳体表面相对于其四周区域及腮部的钳体表面内凹，在视觉上形成中间凹的“门”字形。手柄部分也不同。本专利的手柄上不带钳套，可以清楚地观察到其末端呈削尖状并向外张；而附件1或3的手柄上带有钳套，只能大致推知手柄形状的走向，对手柄局部的外形表示不完整。另外，从整体视觉效果上看，附件1或3的钳头更尖，本专利的手柄部分更修长。根据上述分析可见，上述各部分的区别足以构成整体形状的显著差别，本专利与附件1或3的整体形状的设计不相同也不相近似。

附件5所示的多功能钢丝钳与附件1或3所示的产品在钳口、腮部、手柄根部的设计相同，故其在上述部分与本专利的区别点同附件1或3，在此不再列举。与附件1或3相比，附件5与本专利在手柄部分的形状设计更不相近似。所有局部的区别足以构成整体形状的显著差别，即本专利与附件5的整体形状的设计不相同也不相近似，故二者属于不相近似的外观设计。

本专利与附件6的外观设计产品在钳口、腮部、手柄根部的设计均有明显区别。尤其是附件6的固设在钳体表面的片状体上表面与相邻上表面基本平齐；而本专利的剥线孔区域的钳体表面内凹。虽然附件6的图1示出了没装钳套的整个手柄的外形，但由于该图是分解图，无法观察到装配后手柄的整体外观形状，不能与本专利进行全面的比较。鉴于以上区别，一般消费者不会将本专利与附件6相混淆，即本专利与附件6的整体形状的设计不相同也不相近似，故二者属于不相近似的外观设计。

在此基础上，合议组作出维持本外观设计专利权有效的审查决定。双方当事人服从决定，未提起专利行政诉讼。

【案例评析】

本案涉及了外观设计相同和相近似的判断中经常遇到的几个问题。

第一，单独对比。所谓单独对比是指在相同或相近似判断中，一般只能用一项在先设计与被比外观设计进行单独对比，而不能将两项或者两项以上在先设计结合起来与被比外观设计进行对比。就本案而言，合议组虽然确认4份附件所公开的外观设计可以作为在先外观设计与本专利进行对比，但在相近似比较时，都是分别将某一在先外观设计与本专利的外观设计加以对比，最后得出各在先设计与本专利均不相近似的结论。

第二，综合判断。根据《审查指南》的相关规定，所谓综合判断是指由本专利外观设计的全部来确定是否与在先外观设计相同或者相近似，而不从外观设计的部分或局部出发得出与在先设计是否相同或者相近似的结论，也不把外观设计的各个部分分割开来与在先设计进行对比判断。在本案中，合议组从本专利外观设计的钳头、钳口、腮部和手柄等具体的细部所构成的整体出发与所有在先外观设计分别进行了仔细比对，认定所有的在先外观设计均存在“直线刃口和剥线孔附近中央区域的钳体表面相对于其四周区域及腮部的钳体表面内凹，在视觉上形成中间凹的‘门’字形”等形状差异，这些差异可以给一般消费者以显著的视觉影响；另外，与在先的外观设计相比，从本专利外观设计整体上看，其手柄部分更显修长。因此，本专利外观设计与任一在先外观设计的整体形状之间存在明显差异，从而得出两者不相近似的结论。

案例2　自动磨刀裁剪机（第4413号无效决定）*

2002年9月6日，专利复审委员会作出第4413号无效宣告请求审查决定，涉及名称为“自动磨刀裁剪机”的外观设计专利，其申请号为00339854.4，申请日为2000年11月9日，授权公告日为2001年7月18日，简要说明中写明请求保护色彩。

请求人请求宣告本专利无效的理由是：本专利在申请日前已在中国国际缝制设备展览会公开广告和样品展出，并且在国际上公开广告宣传及公开使用，因此本专利的授权不符合《专利法》第23条的规定。为支持其主张，请求人提供了5份证据，其中包括第二届中国国际缝制设备展览会订货会会刊相关页复印件，时间是1997年。

在对本案进行的口头审理过程中，通过对请求人所提供的证据的质证，合议组认定上述证据属于《专利法》第23条所称的出版物，并将其第106页左侧图片所示的DC—3D大功率自动磨刀裁剪机（下称对比文件）与本专利进行了如下相同和相近似的分析、比较判断（见下表）。

* 本案例由徐媛媛撰写。

本专利	对比文件
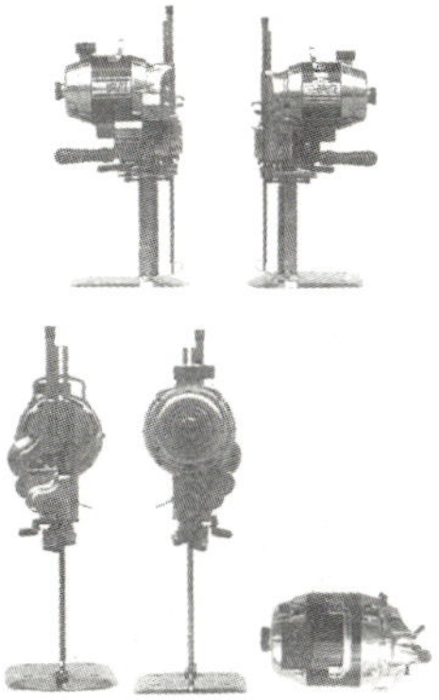	
本专利所示的自动磨刀裁剪机由底板、刀架、电机以及磨刀机等部件组成，其中底板为矩形和弧形的组合体，刀架下端垂直固定于底板矩形部分靠近半圆部分一侧的中间，刀片平行安装在刀架上，压脚杆与刀片平行安装并且间隔一定距离，电机前机闸安装在刀架上方，电机主体成腰鼓形，与底板平行地悬置在底板矩形部分一侧，开关闸安装在电机和刀架所构成的直角处，半纺锤形的手柄与底板平行地安装在开关匣的下方，磨刀机安装在开关匣的正下方，并且套在刀架和压脚杆上，丝杆套管安装在电机前机闸的前部，“弓”形提手安装在电机上方中脊部，插座安装在电机上部靠近左侧后端盖处，圆形调节钮安装在电机左侧中部	对比文件所示自动磨刀剪裁机也是由底板、刀架、电机以及磨刀机等部件组成，其中底板为矩形和弧形的组合体，刀架下端垂直固定于底板矩形部分靠近半圆部分一侧的中间，刀片平行安装在刀架上，压脚杆与刀片平行安装并且间隔一定距离，电机前机闸安装在刀架上方，电机主体大致成腰鼓形，与底板平行地悬置在底板矩形部分一侧，开关闸安装在电机和刀架所构成的直角处，半纺锤形的手柄与底板平行地安装在开关匣的下方，磨刀机安装在开关匣的正下方，并且套在刀架和压脚杆上，丝杆套管安装在电机前机闸的前部，“弓”形提手安装在电机上方中脊部，插座安装在电机上部靠近左侧后端盖处

合议组根据“整体观察、综合判断”的原则，认为本专利

所公开的自动磨刀裁剪机与对比文件所公开的自动磨刀裁剪机属于相近似的外观设计，本专利不符合《专利法》第23条的规定。双方当事人服从决定，未提起专利行政诉讼。

【案例评析】

本案涉及的问题是关于相近似性的比较判断。本专利所示自动磨刀裁剪机与对比文件所示自动磨刀裁剪机的整体构型、色彩及主要部件基本相同，但是对比文件中一些部件的形状的确无法确认，例如电机主体左侧的调节钮。对此，合议组认为，如果对比文件中未披露或无法确认的部件的形状属于该类产品不会为一般消费者关注的部位，并且本专利在此设计上的变化不会对产品的整体视觉效果产生显著影响，则无法确认的部件的形状不影响本专利与对比文件进行整体观察、综合判断。就本案而言，上述表格中所列本专利和对比文件基本相同的部分是影响一般消费者视觉效果的主要部分。而虽然对比文件中存在诸如电机主体左侧的调节钮的具体形状无法确认等的情形，但是其明显属于细节部分，并不影响该自动磨刀裁剪机的整体视觉效果，即其对本专利与对比文件进行相同或相近似的比较不起决定作用，故在此基础上，合议组得出了本专利与对比文件属于相近似外观设计的结论。

案例3　电子提琴（第4813号无效决定）*

2003年2月24日，专利复审委员会作出第4813号无效宣告请求审查决定，涉及名称为“电子提琴”的外观设计专利（下称本专利），其申请号为00323691.9，申请日为2000年7月27日，授权公告为2001年2月28日。

针对本专利权，请求人于2001年10月24日向专利复审委

* 本案例由卞永军撰写。

员会提出无效宣告请求，其理由是：本专利与其申请日之前已经在国外出版物上公开发表的外观设计相近似，本专利不符合《专利法》第23条的规定，应被宣告无效。与此同时，请求人提交了1058618号日本意匠公报作为证据。该意匠（下称对比文件）的公告日早于本专利的申请日，属于《专利法》第23条所规定的出版物，适用于本案。就二者的相同点和不同点合议组作出比较，详见下表。

本专利	对比文件
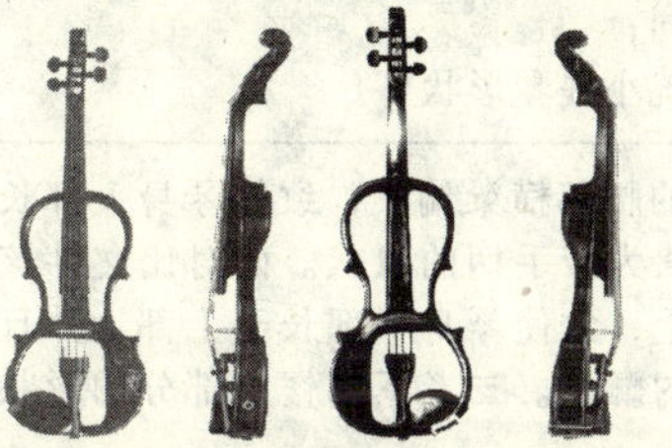 主视图 右视图 后视图 左视图	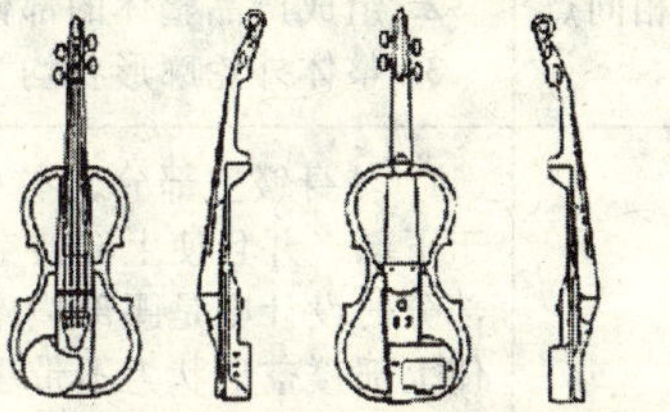 主视图 右视图 后视图 左视图
本专利是一电子提琴，由琴身、琴主杆（琴头把）、琴马桥、拉板、琴弦、弦卷、腮托及电器组件盒组成。琴身为“8”字形，腰部有尖角设计，构成左右对称的“C”形；从侧视图看，琴身中间部位较细，两端较宽。琴主杆（琴头把）的形状为上窄下宽；从侧视图看：琴主杆（琴头把）上端呈流线型的弯头设计。在琴主杆（琴头把）上端左右两侧分别设置两个弦卷；在琴身的腰部横置一琴马桥；拉板位于琴身下部中间位置呈铲状；腮托位于琴身下部左侧呈半月形；电器组件盒位于琴身下部	对比文件是一电子提琴，由琴身、琴主杆（琴头把）、琴马桥、拉板、琴弦、弦卷、腮托及电器组件盒组成。琴身为“8”字形，腰部有尖角设计，构成左右对称的“C”形；从侧视图看，琴身形状为不规则形状。琴主杆（琴头把）的形状为上窄下宽且贯穿至琴身底部；从侧视图看：琴主杆（琴头把）上端呈流线型的弯头设计。在琴主杆（琴头把）上端左右两侧分别设置两个弦卷；琴主杆的下部横置一琴马桥；拉板位于琴主杆下部中间位置呈铲头状；腮托位于琴身下部左侧呈圆形（有凹口）；电器组件盒位于琴

续表

右侧，其上有两个圆形调音钮；琴身中部镂空，在“8”字形的上部镂空部分以琴主杆为中轴左右对称，呈侧置的瓢状；在“8”字形的下部镂空部分，由于拉板、电器组件盒和腮托的设置，致使下部镂空部分为不对称且不规则设计	主杆下部（体现在后视图中）；琴身中部镂空，在“8”字形的上部镂空部分以琴主杆为中轴左右对称，呈侧置的瓢状；在“8”字形的下部镂空部分，由于主杆和腮托的设置，致使下部镂空部分一侧为侧置的瓢状，另一侧为不规则形状
相同点	1. 均为电子提琴，产品类别相同； 2. 组成产品整体的部件相同； 3. 整体外轮廓形状均为传统小提琴形状
不同点	1. 琴身镂空部分，本专利的腰部横梁偏下，致使琴身上部长于下部，并且使上部镂空形状为带手柄的瓢状。而对比文件该部分的设计则是腰部横梁偏上，致使琴身下部长于上部，并且使上部镂空形状为不带手柄的瓢状。二者下部镂空部分的形状不同； 2. 琴主杆部分（包括琴头把），本专利主杆位于琴身腰部横梁处，而对比文件的主杆贯穿至琴身底部； 3. 腮托的形状不同； 4. 电器组件盒设置的位置不同

针对上述二者之间存在的相同点和不同点，本合议组认为：当两项外观设计的整体外轮廓相同以及所构成产品的部件相同时，判断二者是否构成相近似，应当判断各组成部件的形状及二者给一般消费者留下的视觉印象是否构成相近似，而不能仅以二者相同的外轮廓形状作为判断二者相近似的主要依据。就本案而言，虽然二者的整体外轮廓形状均为传统小提琴形状，琴身均为“8”字形，所构成小提琴的部件均相同。但是，由于二者各组成部件的形状存在差别，致使从整体形状上一般消费者对二者产生明显不同的视觉差别。特别是在使用状态下，二者之间存在的

不同点足以使二者产生显著差别。所以，二者相比较属于不相同且不相近似的外观设计。

综上所述，请求人提交的证据不足以证明在本专利申请日之前已有与之相近似的外观设计在出版物上公开发表过。所以，维持本专利权有效。双方当事人服从决定，未提起专利行政诉讼。

【案例评析】

本案焦点在于本专利与对比文件相比较是否属于相同和相近似的外观设计。本专利与对比文件均为提琴的外观设计，均属于单纯形状的外观设计产品，相近似性比较判断集中于形状是否构成相近似。本案相近似性判断的基础在于外轮廓形状能否作为判断两项外观设计是否构成相近似的主要依据。

首先，我们需要明确轮廓的概念。其次，需要判断该轮廓的形状是否属于常规形状。构成物体外缘的线条为轮廓。外轮廓形状即为以线条勾勒出的物体的外缘形状。本案所涉及的产品外轮廓形状为传统产品的设计（即：8 字形设计）。无论是从小提琴制作与使用的漫漫历史长河看，还是从目前的市场看，该类产品的外轮廓形状基本是 8 字形。特别是在一般消费者的消费过程中，该类产品在外轮廓形状上做出其他形状是很少见的。在一般消费者的视觉印象中，8 字形设计已经成为这类产品外轮廓形状的典型代表，8 字形虽然不是自然界中司空见惯的几何形状，但属于小提琴的常规性设计是无可争议的。当外轮廓形状是构成外观设计整体形状的一部分，而这一部分形状属于该类外观设计产品的常规设计形状时，就不能作为相近似判断的主要依据，这类产品相近似判断的主要依据是在这一常规形状中所表现出的能够刺激一般消费者注意力的、使其产生深刻视觉印象的设计内容，这些设计内容往往能够使一般消费者对该产品产生明显不同的视觉印象。

案例4 窗锁（第4517号无效决定）*

2002年9月23日，专利复审委员会作出第4517号无效宣告请求审查决定，涉及名称为“窗锁（2）”的外观设计专利（下称本专利），其申请号为99323663.4，申请日为1999年6月9日，授权公告日为2000年3月1日。

请求人请求宣告本专利无效的理由是：在本专利申请日之前，已有与之相近似的96310803.4号外观设计专利公开，本专利不符合《专利法》第23条的规定。请求人认为，本专利首先映入消费者眼帘的是窗锁的月牙形状，并非是锁上的细微变化，而月牙形窗锁也不是这类窗锁的常规设计，无论在锁上设置旋钮或者是防滑齿纹，在时间和空间的变化上，一般消费者是难以将其区分开来的。

请求人提交的对比文件96310803.4号外观设计的申请日为1996年12月30日，授权公告日为1997年10月29日，名称为“新型自动月牙锁”。该专利公开日期早于本专利的申请日，属于《专利法》第23条规定的出版物，故适用于本案。

本专利是一窗锁，由底座、转动锁头及保险锁组成。底座中部为橄榄形，沿一侧边缘连接有一两端为圆弧的条状安装装置，该装置两端各有一圆形孔。转动锁头呈半月状，中部有圆形壁，外侧为锁沟壁，两壁之间形成锁沟，锁沟上端有一圆点。锁沟壁与锁柄相连接近似于“q”字形，锁柄为底端呈圆弧状的条状，从左右视图看，锁柄形状呈长方形。保险锁为圆柱形，位于转动锁头中部，周壁有条棱，顶面有两个圆点，从左右视图和俯仰视图看，保险锁突出于转动锁头。

对比文件是一窗锁，由底座、转动锁头组成。底座中部为橄榄形，沿一侧边缘连接有一两端为圆弧的条状安装装置，该装置

---

* 本案例由许静华撰写。

两端各有一圆形孔。转动锁头呈半月状，外侧为锁沟壁，锁沟壁与锁柄相连接近似于“q”字形，锁柄底端呈圆柱形，从左右视图看，锁柄形状为不规则长方形，靠近锁头部位为斜线设计。

二者均为窗锁的外观设计，具有相同的外观设计分类号，属于相同类别产品，在相近似判断中具有可比性。具体相近似比较见下表。

本专利	对比文件
 右视图 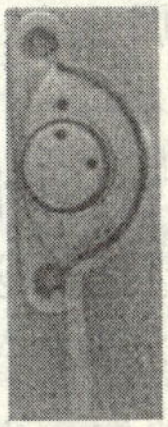 主视图  左视图  仰视图  俯视图	 主视图 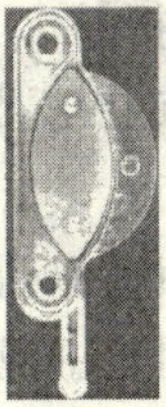 后视图  左视图  右视图  仰视图  俯视图
相同点	二者底座形状相同
不同点	1. 本专利在转动锁头中部设计有圆形壁，而对比文件没有这一设计； 2. 本专利设计有保险锁，对比文件没有这一设计； 3. 二者锁柄形状有所区别

对于二者之间存在的相同点和不同点，合议组认为：就窗锁产品而言，转动锁头是该产品视觉瞩目的部位，特别是在一般消

费者购买和使用过程中，该部位的形状是易见到的部位。所以，在整个产品的形状设计中该部位的形状设计处于重要的地位。就本案而言，二者之间的不同点主要存在于转动锁头部位，该部位的差别容易使一般消费者就二者整体产生明显不同的视觉效果，致使一般消费者对二者不易产生混淆。所以，二者属于不相同且不相近似的外观设计。双方当事人服从决定，未提起专利行政诉讼。

【案例评析】

本案焦点在于本专利与对比文件是否属于相近似的外观设计。

本案在相近似判断过程中的难点在于：二者的外轮廓形状基本一致，特别是主视图所示的外轮廓形状。但是，这类产品在使用过程中，展现在一般消费者面前的时候，往往不会以其正面面对消费者，而是以其斜侧面面对消费者，这就使突出于表面的保险锁的设计，即转动锁头部位的设计，产生醒目的视觉效果，从而给这类外观设计产品的整体形状带来显著性的影响。本案所强调的是在外观设计相同和相近似的判断中一定要坚持整体观察、综合判断的原则，分析的两项外观设计之间存在的不同点，及其对产品的整体形状产生的作用，从而得出公正、客观的结论。

第八节　零部件及原材料

案例1　汽车排挡头（第6213号无效决定）*

2004年6月22日，专利复审委员会作出第6213号无效宣告请求审查决定，涉及的是一项名称为“附锁固装置的汽车排挡

* 本案例由白剑锋撰写。

头”的外观设计专利，其申请号为 01330181.0；申请日为 2001 年 6 月 22 日，授权公告日为 2002 年 1 月 30 日。

针对上述外观设计专利权，请求人于 2003 年 8 月 7 日向专利复审委员会提出无效宣告请求，理由是：本专利与一在先外观设计相同，不符合《专利法》第 23 条的规定。请求人同时提供一篇申请号为 00300686.7 的外观设计专利公报（授权公告日 2000 年 9 月 27 日）作为对比文件使用。

合议组认为：在对比文件中公开了一种名称为：“自动排挡杆握柄”的外观设计，文件的公开日早于本专利的申请日。虽然对比文件与本专利产品的名称不同，但“排挡杆握柄”与“排挡头”在本案中实属对同类产品的不同称谓，故对比文件与本专利属于就相同类别产品的外观设计，适用于本案。合议组将本专利与对比文件进行相近似性的比较（见下表）。

本专利	对比文件
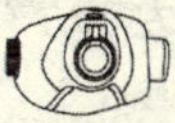 仰视图  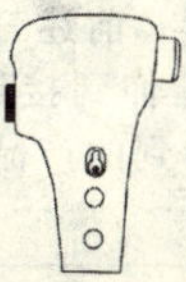  右视图　主视图　左视图 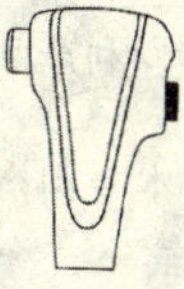 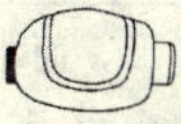 俯视图 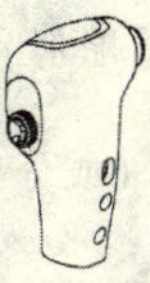 后视图　立体参考图	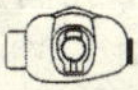 仰视图    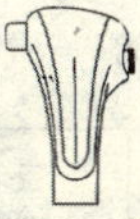  立体图　后视图　右视图　主视图　左视图  俯视图

续表

1. 该产品从主视图、后视图看略呈上宽下窄的近似截头锥形；从主视图看，位于产品右侧的按键的位置较位于左侧的锁头为高；产品杆部具有3个纵向排列的孔，其中最上面的为立椭圆形的钥匙孔，下方为两个圆形安装孔。从后视图可看到从产品顶部向下延伸的上宽下窄的钝尖三角形凸出部，该凸出部边缘为双线。 2. 该产品从左、右视图看略呈曲边立长方形（底边为直边）；从左视图所看到的锁头呈圆形，锁头与产品本体之间有一环状分界线；从右视图所看到的按键呈圆形；锁头孔与按键孔下缘均有小槽。 3. 该产品从俯、仰视图看其主体略呈横椭圆形；前述三角形凸出部在俯视图中延伸到接近产品前侧；从仰视图所看到的产品中央部具有圆形孔洞	1. 该产品从主视图、后视图看略呈上宽下窄的近似截头锥形；从后视图看，位于产品右侧的按键的位置较位于左侧的锁头为高；产品杆部具有3个纵向排列的圆形安装孔，该3个安装孔附近区域与产品本体之间具有一近似枪尖形的分界线；产品顶部与产品本体之间也具有分界线。从主视图中可以看到从产品顶部向下延伸的上宽下窄的钝尖三角形凸出部，该凸出部边缘为单线，凸出部中间有一条竖对称线，凸出部下部外面环绕有一U形折线。 2. 该产品从左、右视图看略似Z形；从右视图所看到的锁头呈圆形，锁头与产品本体之间有一环状分界线，该分界线下部外面环绕有一V形折线；从左视图所看到的按键呈横长圆形，其左下方有一条斜向下的折线。 3. 该产品从俯、仰视图看其主体略呈横椭圆形；前述三角形凸出部在俯视图中延伸到接近产品后侧；从仰视图所看到的产品中央部具有圆形孔洞
相同点	二者主视图和后视图正投影轮廓有相似之处
不同点	1. 对比文件产品从左、右视图看略似Z形，而本专利产品基本上不具这一形状； 2. 对比文件产品各侧面多折线（或分界线），而本专利产品基本上呈圆滑状； 3. 对比文件产品中的按键为椭圆形，而本专利产品中的按键为圆形； 4. 本专利产品杆部具一钥匙孔而对比文件杆部无钥匙孔

将本专利与对比文件的产品的外观相对比，可以看出两者的形状具有诸多不同。对于一般消费者来说，上述的区别已足以使其产生明显不同的视觉差别。故合议组认为本专利与对比文件的外观设计不相同且不相近似，本专利符合《专利法》第23条的规定。双方当事人服从决定，未提起专利行政诉讼。

【案例评析】

本专利外观设计所要求保护的“附锁固装置的汽车排挡头”与对比文件的“自动排挡杆握柄”之间，虽然产品名称有所不同，但两者实际上用途相同，属于相同类别的产品，因此对比文件的外观设计可以用于与本专利外观设计进行相近似性的比对。

合议组经过整体观察，发现二者存在诸多不同（如决定中提到的1、2、3、4点主要形状区别），经过综合判断，就整体外观设计而言，二者仍给人以明显不相同且不相近似的视觉印象。因此，本专利与对比文件外观设计不相同也不相近似。

案例2　花布（第6365号无效决定）*

2004年8月30日，专利复审委员会作出第6365号无效宣告请求审查决定，涉及产品名称为“花布（A）”的01334675.X号外观设计专利（下称本专利），其申请日为2001年9月1日，授权公告日为2002年3月27日。

请求人请求宣告本专利无效的理由是：在先公开的对比文件所示面料花样图案与本专利虽有细微差异，但是从整体构图看其实质内容已基本覆盖了本专利的主要设计构图特征，因此，本专利与在先公开的对比文件相近似，不符合《专利法》第23条的规定。为支持其主张，请求人提交了证据1即《印花美术图案集（1）》第357页和其他相关页复印件、证据2即《中国轻纺

---

* 本案例由徐清平撰写。

面料花样图集（四)》第 241 页和其他相关页复印件。

经过审查，上述证据复印件与原件内容相符；其中证据 1 所示图案集由西泠印社出版社出版发行，1999 年 8 月第 1 版、第 1 次印刷；证据 2 所示图集由中国纺织出版社出版，1999 年 1 月第 1 版、第 1 次印刷。据此，合议组认为上述证据 1、证据 2 所示图集均属于本专利申请日前的公开出版物，能够适用《专利法》第 23 条的规定。合议组将证据 1、证据 2 所刊载的两款面料设计分别与本专利进行了相近似性对比判断。

本专利	对比文件 1	对比文件 2
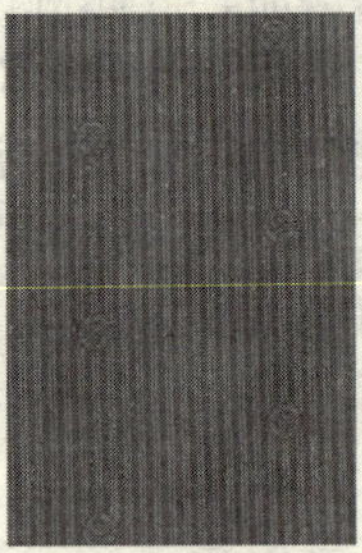	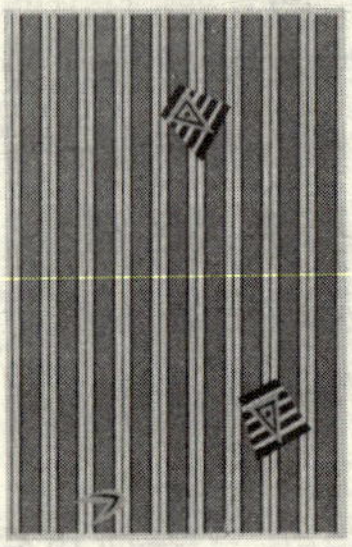	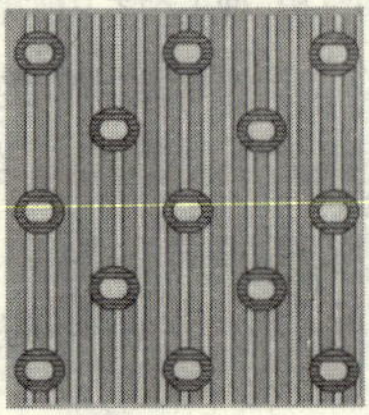
本专利未要求保护色彩，所示花布图案为四方连续设计，其花布底纹为条纹设计，具体由一条较宽的深色条纹和两条较窄的浅色条纹组成单元纹样并作二方连续，在条纹底纹上均布有圆形图案，其在相邻行和相邻列交错排列并作四方连续	对比文件 1 所示面料设计仅表示出单元纹样，未表达连续方式，其面料底纹为条纹设计，具体由一条较宽的深色条纹和两条较窄的浅色条纹且在宽窄条纹的两边设有深色线条，由此组成底纹单元纹样并作二方连续；在条纹底纹上分布有近似梯形和“V”形的图案	对比文件 2 所示面料设计为四方连续设计，其花布底纹为条纹设计，具体由一条较宽的深色条纹和一条较窄的浅色条纹且在宽窄条纹的两边设有深色线条，由此组成底纹单元纹样并作二方连续；在条纹底纹上均布有近似圆环形图案，其在相邻行和相邻列交错排列并作四方连续

将本专利与对比文件 1 相比较，由于本专利未要求保护色彩，故不进行色彩对比。二者均采用由宽窄条纹形成的底纹设计，并在底纹上插入图案；其不同之处在于对比文件宽窄条纹的两边设有深色线条，而本专利无此设计，二者插入的图案不相同且对比文件未表达出插入图案的连续方式。合议组认为，对比文件在底纹上插入的是近似梯形和“V”形的两种图案，而本专利为圆形的一种图案，二者存在显著差别，且对比文件未表达该图案的连续方式对整体视觉果也会带来较大的不确定性，同时构成二者条纹底纹的单元纹样具有一定差异，形成了条纹视觉效果的差别。因此，二者虽均采用了在条纹底纹上插入图案的设计方式，但上述不同点导致了其所形成的整体视觉效果具有明显区别，故二者属于不相同且不相近似的外观设计。

将本专利与对比文件 2 相比较，由于本专利未要求保护色彩，故不进行色彩对比。二者均采用由宽窄条纹形成的底纹设计，并在底纹上插入近似圆形的图案，且连续方式基本相同；其不同之处在于对比文件为宽窄条纹各一条作交替连续，且有深色线条边，而本专利为一条宽条纹和两条窄条纹作交替连续，且无深色线条边，二者插入的图案也不相同。合议组认为，二者底纹虽均为宽窄条纹设计，但其单元纹样中宽窄条纹的数量搭配不同所导致的连续效果具有较大差别，而对比文件在条纹上的深色线条边设计使其整体明暗对比效果更强烈，同时二者插入的图案虽外形均近似圆形但其内的图案存在明显差别，且圆形的比例关系不同。因此，二者虽均采用了在条纹底纹上插入图案的设计创意，且图案连续方式基本相同，但上述不同导致了其所形成的整体视觉效果具有明显区别，故二者属于不相同且不相近似的外观设计。双方当事人服从决定，未提起专利行政诉讼。

【案例评析】

本案例涉及单纯图案的花布产品外观设计相同和相近似的判断。花布属平面产品，其图案作四方连续时属不限定边界情况，即不涉及形状设计；此产品的外观设计专利未请求保护色彩，即为单纯图案的外观设计。本专利为单纯图案的外观设计，无论对比文件是否涉及形状或色彩设计，在相同和相近似的判断时都仅作图案对比，因此图案决定了花布产品的整体外观视觉效果。在图案对比上，既要考虑单元图案本身的异同，还要考虑单元图案的组合、连续方式，二者之一发生较大变化，均有可能对整体效果产生显著影响。本案例中，本专利与对比文件 1 在花布底纹设计上虽均采用深浅宽窄条纹设计，但其单元条纹图案存在有无深色线条边之不同，二者插入花布底纹上的单元图案存在明显差别，且对比文件未表达出该插入图案的连续方式，上述单元图案和连续方式的差别对二者整体视觉效果产生了显著影响；本专利与对比文件 2 所示花布底纹在单元条纹图案数量搭配上、宽窄比例上、有无深色线条边上均存在较大差别，且插入的单元图案也存在差异，由此虽二者连续方式相同，但所述单元图案的差别对二者整体视觉效果产生了显著影响。因此，本专利分别与对比文件 1 和对比文件 2 所示花布外观设计均不相同也不相近似。

案例 3　皮革面料（第 4118 号无效决定）*

2002 年 1 月 16 日，专利复审委员会作出第 4118 号无效宣告请求审查决定，涉及产品名称为“皮革面料”的 99337568.5 号外观设计专利（下称本专利），其申请日为 1999 年 10 月 27 日，授权公告日为 2000 年 6 月 21 日，简要说明中写明请求保护色彩。

---

* 本案例由徐清平撰写。

请求人请求宣告本专利无效的理由之一是：在本专利申请日之前出版的产品目录和宣传材料已经公开了本专利外观设计，因此，本专利不符合《专利法》第23条的规定。为支持该主张，请求人提交的证据是证据6——请求人1998年的产品宣传材料整本原件。

合议组经过审查认为：请求人提交的证据6是其产品宣传材料的整本原件，其版权页上记载该产品宣传材料的出版时间在1998年，由此可认定该产品宣传材料属于本专利申请日前的公开出版物，能作为本案的有效证据。合议组将证据6所刊载的一款手提包所使用的面料与本专利进行了相同和相近似的判断。

本专利	对比文件

本专利请求保护色彩，其所示皮革面料的外观设计底色为深褐色，其上设有“V”“L”字母相交错形成的文字图案、十字花瓣状图案、圆形梅花状图案、菱形花瓣状图案等4种单元图案，这些单元图案分别交错呈四方连续排列，其色彩近似为黄色	对比文件手提包所用面料底色为深褐色，其上设有“V”“L”字母相交错形成的文字图案、十字花瓣状图案、圆形梅花状图案、菱形花瓣状图案等4种单元图案，这些单元图案分别交错呈四方连续排列，其色彩近似为黄色

将本专利与对比文件相比较，合议组认为：对比文件所示手提包使用的面料与本专利所示皮革面料属于相同类别的产品，二

者所示面料的色彩相同，所采用的单元图案及其排列、连续方式均相同，因此，本专利与对比文件所示面料的外观设计是相同的。双方当事人服从决定，未提起专利行政诉讼。

【案例评析】

本案例涉及布料类产品外观设计的相同和相近似的判断，此类产品的外观设计相同和相近似的判断一般应注意以下两个方面：

布料类产品属平面产品，在厚度方向上无设计内容，另外，这种平面产品设计往往也不涉及形状的设计，故在相同和相近似的判断中不涉及形状对比。不过也有少量布料类产品比如花边布料，其在左右方向作无限延伸，但在相应的上下边是有花边形状设计的，这种情况则须作形状对比。

图案和色彩一般决定了布料类产品的整体视觉效果，是这类产品相同和相近似的判断的考虑重点。在图案对比上，不仅要考虑单元图案本身的异同，还要考虑单元图案的组合、连续方式，即使单元图案相同，若其组合、排列方式有较大差异，则往往可能对整体效果产生显著影响。在是否作色彩对比方面，应遵循"被比外观设计仅以部分要素限定其保护范围的情况下，其余要素在与在先外观设计比较时不予考虑"，即本专利未请求保护色彩的情况下，即使对比文件包含色彩设计也不作考虑，而如本案所示本专利请求保护色彩，则须考虑色彩对整体视觉效果的影响，对色彩进行对比。

另外，布料类外观设计涉及的产品是布料，在确定对比文件产品类别时只需考虑布料，而与对比文件中具体使用该布料的产品无关，如本案中并不以采用了相关面料的手提包作为对比外观设计的产品。

案例4　磁砖（第5924号无效决定）*

2004年3月16日，专利复审委员会作出第5924号无效宣告审查决定，涉及名称为“磁砖（65205）”的外观设计专利，其申请号为01334796.9，申请日为2001年9月9日，授权公告日为2002年4月24日。

请求人请求宣告本专利无效的理由是：（1）本专利图案仅是一种简单的几何图案，并在许多产品上已被大量使用。在2001年2月由中国建筑工业出版社出版、公开发行的《建筑构成系列图集……铁艺》中公开了一种铁大门的设计，这一设计图案中作为铁门上下沿结构部分的双菱形交叉组合图案与本专利产品主视图中间突起的双菱形图案完全一致。（2）中国外观设计专利97318999.1号公报中公开了一种磁砖，主视图均为长方形，中间有一突起的交叉双菱形，双菱形面积几乎占了磁砖的全部，与本专利差别在菱形交叉部位有稍许不同。本专利的授予不符合《专利法》第23条的规定。

为支持其提出的主张，请求人提交了两份证据，其中包括97318999.1号中国外观设计专利公报。

针对该证据，专利权人认为：本专利与对比文件构图不同，本专利是由上、下对称的一对弧线与左右对称的一对箭头形成，而对比文件则由双菱形金属条构成。本专利设计要部在中部，图形由一对上、下对称的弧线构成，而对比文件则由一对上、下对称的箭头和位于两箭头之间的一小菱形构成。

经核实，97318999.1号专利产品名称为“面砖（金属面十六）”，外观设计分类号与本专利相同，公开日期在本专利申请日之前，可以适用《专利法》第23条评价本专利的专利性，合议组作出如下比较。

---

* 本案例由王霞军撰写。

本专利	对比文件
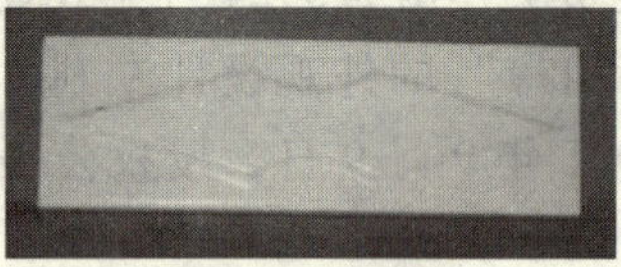	
相同点	整体形状相同，磁砖表面均有菱形图案
不同点	本专利磁砖表面为一个大菱形，菱形的上下两角改变为两条向内凹进的弧线；而对比文件磁砖表面的图案为两个相互交叉的菱形

经将本专利与对比文件进行比较，合议组认为本专利与对比文件产品外观设计不相同也不相近似。本专利授予符合《专利法》第23条的规定。双方当事人服从决定，未提起专利行政诉讼。

【案例评析】

磁砖产品在使用时受朝向的限制，磁砖表面所展示的图案是购买者最为瞩目的。通常情况下磁砖的形状均为长方体或正方体，这是公知的常识。判断磁砖是否相近似，主要以磁砖表面图案为判断依据。本专利为一个菱形图案，对比文件磁砖表面为两个交叉的菱形，二者的差别虽然只是菱形数量的不同，但是本专利该图案占据了整个产品的大部分位置，而对比文件为两个相交的菱形，且相交部位又组成了一个小菱形。与本专利一个菱形图案相比，对比文件产品主视图几何图案比较复杂。综上，二者的不同点足以使它们在整体上形成完全不同的视觉效果，二者属于不相同也不相近似的外观设计。

案例5　铝型材（第5606号无效决定）*

2003年12月9日，专利复审委员会作出第5606号无效宣告

* 本案例由王霞军撰写。

请求审查决定，涉及名称为“铝型材（8801）”的外观设计专利，其申请号为00324690.6，申请日为2000年3月23日，授权公告日为2000年10月18日。

请求人请求宣告本专利无效的理由是：在本专利申请日之前，已经有与该外观设计专利相近似的外观设计向国家知识产权局提出申请，并获得专利授权，本专利权的授予不符合《专利法》第23条的规定。请求人同时提交了98325689.6号外观设计专利公报作为证据。

合议组经过审查认为，请求人提交的证据即1999年6月2日授权公开的中国外观设计专利产品名称为“异型铝框条8601”，可以作为本案相近似比较的对比文件。

<table>
<tr><th colspan="2">本专利</th><th>对比文件</th></tr>
<tr><td colspan="2">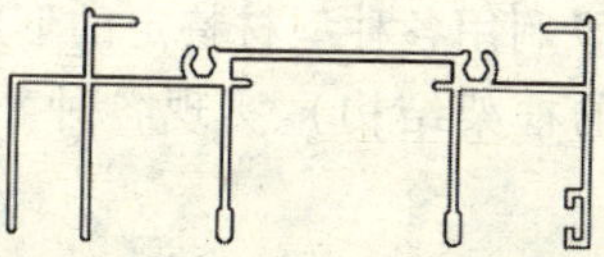</td><td>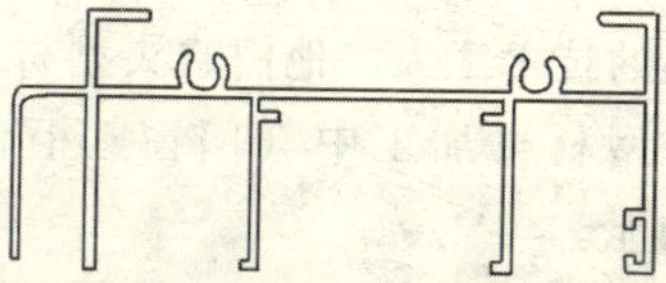</td></tr>
<tr><td>相同点</td><td colspan="2">二者型材的整体框架基本形状相同，均由5条竖板和1块横板组成</td></tr>
<tr><td>不同点</td><td colspan="2">1. 本专利橡胶防盗器装配处与两边不处于同一平面，对比文件此处于同一平面；
2. 本专利螺丝孔为六角形，而对比文件螺丝孔为圆形；
3. 本专利第二块竖板和最右边的竖板顶端的横板与顶点存在一点距离；而对比文件这两块竖板顶部为直角；
4. 本专利中间两块竖板底部为椭圆形设计，而对比文件相应部位是直角弯折状</td></tr>
</table>

根据整体观察、综合判断原则，对于型材产品而言，其横截面周边构成惯常的矩形的情况下，型材横断面其余部分的变化通常更具有显著的影响。二者产品的截面形状应属于相近似产品，

本专利的授予不符合《专利法》第23条的规定。双方当事人服从决定，未提起专利行政诉讼。

【案例评析】

本案例涉及的焦点问题是型材类产品外观设计的相同和相近似判断。

第一，型材类产品的截面设计是主要考虑的因素。

本专利请求保护的主题是型材，型材类产品形状特征的变化基本局限于型材截面的变化。因型材类产品的设计要点体现在横截面形状，因此，型材截面形状是判断外观设计是否相同或相近似的主要考虑因素。

第二，型材类产品的判断主体。

型材作为中间产品，其购买者、使用者应是专业从事型材加工的技术工人，他们购买型材是为了利用各种型材特定的形状，在型材再加工中（门窗、柜台等的框架结构）实现各种特定功能。

第三，本专利与对比文件的相同和相近似比较判断。

本专利与对比文件二者整体框架基本形状相同，均由5条竖板和1块横板组成，虽然两者存在4点不同处，但区别点2、3、4三点差异与产品整体截面形状相比，过于细微。对于区别点1，虽然本专利横板中部略高，但高出的幅度不大，并没有带来二者整体形状上的显著差别，消费者易产生混淆误认，因此本专利与对比文件为相近似的外观设计。

第四章　权利冲突与重复授权

第一节　权利冲突*

所谓“权利冲突”，是指不同权利的权利客体彼此重叠、交叉，多个权利人能够对包含相同内容的权利客体主张其权利，在行使权利时出现谁的权利优先的问题。❶ 传统意义上的权利冲突是指依据不同法律合法存在的不同权利之间的冲突。具体表现为经法定程序取得的在后权利的行使侵犯他人合法存在的在先权利而发生的冲突。由于这些不同权利之间存在相互交叉、重叠的情形，在实施一种权利的同时也实施了其他的权利，导致在后存在的权利侵害在先权利的情形。由于一项外观设计上可能同时存在商标权、著作权、企业名称权、肖像权、知名商品特有包装或者装潢使用权等，当权利主体不同时，这些权利一旦实施就很可能导致权利冲突的问题，所以作为外观设计专利授权条件的《专利法》第23条在2001年增加了“授予专利权的外观设计不得与他人在先取得的合法权利相冲突”这一规定。

根据《最高人民法院关于审理专利纠纷案件适用法律问题的若干规定》第16条规定，《专利法》第23条所称的在先取得的合法权利包括：商标权、著作权、企业名称权、肖像权、知名商品特有包装或者装潢使用权等。所谓在先取得，是指该权利的

---

* 本节综述由张跃平撰写。

❶ 国家知识产权局条法司．新专利法详解［M］．北京：知识产权出版社，2001：164.

产生之日早于外观设计专利的申请日或优先权日。根据相关法律规定，对于注册商标权、企业名称权等需要登记注册才能产生的权利，注册日或者登记日为权利取得之日。对于未注册驰名商标，法律规定他人不予注册并禁止使用，对于未注册非驰名商标，法律禁止他人以不正当手段抢先注册，由此可见，法律仅赋予未注册商标一定程度的保护，其是否属于合法权利的范畴还值得商榷。对于自动产生的著作权，作品创作完成之日即为该权利取得之日。肖像权，作为一种人格权，权利自人出生即取得。知名商品特有的包装或者装潢使用权，其形成需要具备两个要件，其一，商品必须是知名商品，其二，包装装潢必须是特有的，只有当包装装潢成为该知名商品的显著区别性标志时，相应权利才得以产生。

《专利法》第23条的设置使得在先权利人取得了保护其合法利益、宣告与其在先取得的合法权利相冲突的外观设计专利权无效的法律依据。其立法目的似乎在于防止一旦实施就会导致发生权利冲突的在后权利的取得，从根源上消灭在后权利的取得。但同时生效的《专利法实施细则》第65条第3款又规定，以授予专利权的外观设计与他人在先取得的合法权利相冲突为理由请求宣告外观设计专利权无效的，必须提交生效的能够证明权利冲突的处理决定或者判决，否则专利复审委员会不予受理。该条规定显然又说明权利冲突必须基于既已实施的侵害行为及由此造成的损害后果而作出的侵权认定才能确定。

在审查实践中，权利冲突的认定是否必须建立在本专利的实施已经侵犯他人在先取得的合法权利的基础上，还是界定在在后权利一旦实施就会侵犯他人在先权利的基础上即可？判决中认定的侵犯他人合法取得的在先权利的被控侵权产品与本专利产品之间的关系要满足何种条件，才能依据《专利法》第23条中有关权利冲突的规定宣告本专利权无效？请求人提出的无效宣告请求理由除权利冲突外还包括其他理由，专利复审委员会是否受理？本节试图通过审查实践中的部分案例对这些问题进行诠释和说明，并客观说明审查实践中遇到的困惑和亟待解决的问题。

一、请求人提交了生效的法院判决

案例1　包装盒（第5921号无效决定）*

2004年3月12日，专利复审委员会作出第5921号无效宣告请求审查决定，涉及名称为“包装盒（A）”的01307024.X号外观设计专利，其申请日为2001年4月16日，授权公告日为2001年11月21日。

请求人提出的无效宣告请求的理由是本专利不符合《专利法》第23条的规定。请求人认为本专利侵犯了其在先拥有的注册商标专用权，并提交了如下相关证据：

证据2：第115507号商标注册证复印件和由中国国家工商行政管理总局商标局签章的核准续展注册证明复印件；

证据3：某中级人民法院作出的第14号一审民事判决书复印件；

证据4：某省高级人民法院作出的第431号二审民事判决书原件。

合议组经过审查认为，证据4为法院的生效判决，其中认定了：北京酒厂（本案请求人的简称）的“中华”牌葡萄酒类商标于1959年获得国家工商行政管理总局商标局（下称国家商标局）注册，1979年该“中华”牌葡萄酒类产品注册商标转为“中华”牌酒类注册商标，北京酒厂即为“中华”牌酒类注册商标的商标专用权人，并依法享有法律赋予商标专用权人的各种权利。2001年11月21日，阳某（即本案专利权人）的中华酒外

* 本案例由张雪飞撰写。

包装盒虽获得了国家知识产权局授予的外观设计专利权（即本专利），但根据《专利法》第23条规定“授予专利权的外观设计，应当同申请日以前在国内外出版物上公开发表过或者国内公开使用过的外观设计不相同和不相近似，并不得与他人在先取得的合法权利相冲突”，阳某的外观设计专利不得侵害他人的在先权利。北京酒厂1959年即取得了“中华”牌注册商标，其“中华”牌酒类注册商标初步审定公告日期也先于荣成华公司（专利权人经营的公司）外观设计申请日期，故北京酒厂的在先权利应当受到法律的保护，荣成华公司在其生产销售的白酒包装上使用了“中华”文字，构成了对北京酒厂注册商标专用权的侵害，应承担侵权的民事责任。上诉人荣成华公司关于其中华酒包装盒获得了外观设计专利权，且与北京酒厂的商标完全不同，故不构成商标侵权的上诉理由也依法不能成立。

合议组认为：生效判决已认定荣成华公司使用的中华酒包装盒侵害了请求人在先取得的商标专用权，并且合议组经核实确认了上述判决中所述的包装盒即为本专利，基于生效判决的认定结论，合议组作出如下认定：本专利与请求人在先取得的合法权利相冲突，本专利不符合《专利法》第23条的规定，宣告本专利权无效。当事人未针对该决定提起专利行政诉讼。

【案例评析】见案例2

案例2　包装箱（第6081号无效决定）*

2004年5月19日，专利复审委员会作出第6081号无效宣告请求审查决定，涉及产品名称为“包装箱”的01357499.X号外观设计专利（下称本专利），其申请日为2001年11月22日，授权公告日为2002年8月21日。

---

* 本案例由徐清平撰写。

请求人请求宣告本专利权无效的理由是：本专利包含了请求人在其申请日以前已经获准注册的商标标识图案，即与请求人在先取得的合法权利产生冲突，因此，本专利不符合《专利法》第23条的规定。请求人提交的相关证据包括：

证据2：第1554460号商标注册证复印件1页；

证据3：2001年第2期（总第767期）《商标公告》相关页复印件2页；

证据4：某中级人民法院第98号一审民事判决书；

证据6：某高级人民法院第163号二审民事判决书；

证据7：某公证处出具的第06968号公证书。

合议组经过审查认为：请求人提交的证据6为已经生效的法院判决；证据7所示公证书内容涉及证据保全公证，公证人员对经其现场监督于当日购买的一箱“金娃牌”果冻进行了封存拍照，公证书中附有所购果冻外包装箱的照片。由证据6判决书可知，法院经审理查明：原告（本案请求人）于2001年4月14日获准注册了第1554460号商标，原告为取得被告（本案专利权人）使用其商标的证据，申请某公证处作出了证据7所示公证书。基于证据7公证书所附的被告使用的果冻包装箱照片，法院判决认为：被告公司未经原告公司许可，在与原告公司生产的同一种产品的外包装上使用了与原告公司已注册的“CiCi”商标相同的字样及图案并予销售，构成了对原告商标专用权的侵害。

证据7公证书中照片所示产品即为侵权产品，本案合议组将侵权产品外观设计与本专利进行对比，二者均为包装箱外观设计，属同类产品，其形状均为相同的扁长方体，二者包装箱相应的前侧面、左侧面和顶面均有相同的“CiCi”和“金娃”变形文字以及其他文字图案，且文字图案的大小、布局均相同，因此，合议组认为二者属于相同的外观设计。

综上所述，合议组认为，由于证据6中生效判决已认定证据

7照片所示产品构成了对请求人的第1554460号商标权的侵害，而本专利与生效判决中认定的侵权产品外观设计相同，且第1554460号商标权的获准注册商标审定公告日（2001年1月14日）和获准注册日（2001年4月14日）均在本专利申请日（2001年11月22日）之前，由此足以证明本专利与请求人在先取得的商标权相冲突，因此，本专利不符合《专利法》第23条的规定，宣告本专利权无效。当事人未针对该决定提起专利行政诉讼。

本专利	对比文件 （法院判定侵犯商标权的产品）
 主视图 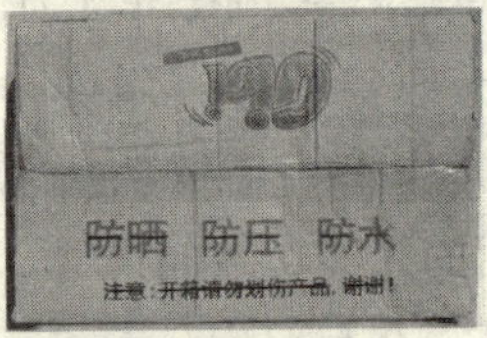 俯视图  左视图	  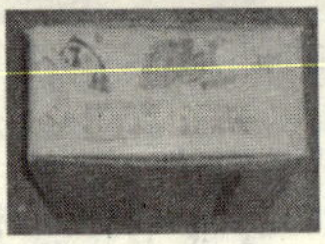

【案例评析】

《专利法》第23条规定，授予专利权的外观设计不得与他人在先取得的合法权利相冲突。上述两个案例均涉及外观设计专利权与他人在先注册商标权相冲突而不符合《专利法》第23条规定的审查。

上述第二个案例中，根据人民法院的生效判决认定被告生产、销售的产品构成了对原告注册商标权侵权的事实，以及原告提交给法院的作为被告侵权产品证据的公证书，确认生效判决中认定的侵权产品的外观，并进一步将该被控侵权产品与本专利对比。经过对比判断得出该被控侵权产品与本专利外观设计相同，并且由于所述注册商标权是相对于本专利在先取得的合法权利，由此认定本专利与判决中原告在先取得的商标权相冲突，因此，本专利不符合《专利法》第23条的规定。而第一个案例中人民法院的终审判决已判定专利权人的外观设计专利产品侵犯了北京酒厂在先取得的商标权，在核实了上述判决中涉及的外观设计专利即为本专利后，已无需将本专利与侵权产品进行对比。因此，合议组根据上述判决直接认定本专利与他人在先取得的合法权利相冲突，不符合《专利法》第23条规定，并作出宣告本专利权无效的决定。

案例3　延生护宝液包装盒（第2599号无效决定）*

2000年9月11日，专利复审委员会作出第2599号无效宣告请求审查决定，涉及名称为“延生护宝液包装盒”的外观设计专利，其申请号为92303004.2，申请日为1992年1月7日，授权公告日为1993年5月26日，简要说明中写明请求保护色彩。

请求人请求宣告本专利权无效的其中一个理由是专利权人未经请求人许可，擅自将请求人于80年代初创作的《嫁妹》人物画中最主要部分或者说实质性部分原封不动地搬到其外观设计专利产品包装盒上，已构成侵犯著作权的行为，其外观设计违反我

* 本案例由张跃平撰写。

国著作权法，所以，该专利权的授予不符合《专利法》第5条的规定。与此同时，请求人提交了如下证据：

证据1：1982年10月荣宝斋出版的《人物画扇集》中相关页的复印件一式两份；

证据2：荣宝斋出版的《人物画扇集》中“嫁妹”画页的彩照1张；

证据3：某中级人民法院的受理案件通知书1份。

随后请求人向专利复审委员会提交意见陈述书，认为：在关于请求人就延生护宝液、延生护宝胶囊诉专利权人的两件著作权侵权纠纷案的判决书中，法院认定被告（本案专利权人）主张的原告（本案请求人）于1993年年底默认被告的延生护宝液产品的外包装盒上继续使用中国画《嫁妹》作品的事实不成立。请求人继续提交了作为证据的下列附件：

证据4：某中级人民法院第308号一审民事判决书一式两份；

证据5：某中级人民法院第309号一审民事判决书一式两份。

合议组经审查认为：请求人提交的证据4即第308号一审民事判决书，经法院证实其已生效。在该民事判决书第8页中提到：依照《中华人民共和国著作权法》的规定，公民对其所创作的作品，依法享有著作权。原告系中国画《嫁妹》的作者，对《嫁妹》作品依法享有除了专有出版权之外的署名权、使用权和获得报酬权等著作权。被告未经原告许可，以营利为目的，擅自将中国画《嫁妹》的主要部分作为产品外包装装潢，使用在其生产、销售的“延生护宝液”产品的外包装盒上，被告的行为侵害了原告对《嫁妹》作品依法享有的署名权、使用权和获得报酬权。合议组经核实，确认判决中认定的被控侵权产品就是本外观设计专利产品。

专利权和著作权是重要的知识产权，分别受《专利法》和《著作权法》的保护。这些权利的取得，应当遵守《民法通则》中的诚实信用原则，不得侵害他人合法取得的在先权利。《专利法》第 5 条规定：“对违反国家法律、社会公德或者妨害公共利益的发明创造，不授予专利权。”因本专利外包装盒上的主要图案取自请求人享有著作权的作品，法院已作出上述判决，因而专利权人对本专利的使用必然侵害请求人对《嫁妹》作品依法享有的著作权。因此，本专利的授予不符合《专利法》第 5 条的规定，应当被宣告无效。本决定为终局决定。

本专利	对比文件
 包装盒主视图	 《嫁妹》作品

【案例评析】

本案例属于 2001 年修改《专利法》之前作出的无效宣告请求审查决定。

在审查实践中遇到有些外观设计专利申请人未经许可，擅自将他人已经注册的商标或者享有著作权的美术作品与产品结合后申请外观设计专利的情形。在这种情况下，外观设计专利权和注册商标专用权、著作权之间会发生一定冲突，但 2001 年修改前的《专利法》对权利冲突的情形没有可以适用的法律条款。因此，对于权利冲突的情形只能适用《专利法》第5条进行审查。但《专利法》第5条中所指的“国家法律”是指全国人民代表大会或者全国人民代表大会常务委员会依照立法程序制定和颁布的法律，不包括行政法规和部门规章，显然，用《专利法》第5条解决权利冲突的问题只不过是当时的权宜之计。

在本案例中，法院生效判决已经认定，被告（本案专利权人）未经原告（本案请求人）许可，以营利为目的擅自将中国画《嫁妹》的主要部分作为产品外包装装潢，使用在其生产、销售的“延生护宝液”产品的外包装盒上。被告的行为侵害了原告对《嫁妹》作品依法享有的署名权、使用权和获得报酬权。由于判决中认定的被控侵权产品就是本专利产品，因此，可以证明被告专利的实施已经侵犯了原告依法享有的著作权，因此，依据《专利法》第5条的规定宣告其无效。需要指出的是，专利复审委员会适用《专利法》第5条审查权利冲突的案件时，没有对本专利与在先著作权是否构成权利冲突的法律问题进行直接审查，而是以法院作出的生效判决作为依据。这种做法与适用2001年修改后的《专利法》第23条审查权利冲突的做法是类似的。

案例4　包装袋（第5230号无效决定）*

2003年9月11日，专利复审委员会作出第5230号无效宣告请求审查决定，涉及名称为“包装袋（麦麸）”的外观设计专利，其申请号为01324048.X，申请日为2001年5月11日，授权公告日为2001年11月28日。

请求人请求宣告本专利权无效的其中一个理由是与本专利设

---

* 本案例由张跃平撰写。

计要部完全相同的图案已经在本专利申请日之前公开，另一个理由是本专利与请求人在先取得的商标权、著作权和企业名称权相冲突，因此，本专利不符合《专利法》第 23 条的规定。为支持其提出的有关权利冲突的主张，请求人提交了证据 7 即中国版权保护中心版权鉴定委员会出具的关于本案请求人的第 926893 号和第 1306242 号“金苑 JINYUAN 及图”商标与某经营部（业主为本案专利权人）的第 1666667 号“金苑 JINYUAN 及图”商标图案异同性鉴定报告和法律意见书，鉴定材料包括某经营部使用的本专利包装袋。鉴定结论认为，某经营部申请注册的第 1666667 号商标以及专利权人申请的本专利侵犯了请求人拥有的第 926893 号和第 1306242 号“金苑 JINYUAN 及图”注册商标中的商标图案的著作权。并且本专利的设计要部完全抄袭了第 926893 号和第 1306242 号“金苑 JINYUAN 及图”商标，这两个商标核定使用的商品为第 30 类，本专利使用在麦麸包装袋上，其使用必将在消费者中造成混淆，因此，本专利侵犯了请求人的在先商标专用权。此外，请求人的名称经过了合法登记手续，其企业名称权应该受到相关法律的保护。中文“金苑”是请求人区别于其他经营者的字号，是请求人企业名称的主体部分，而本专利的设计要部包含了请求人的字号“金苑”两字，本专利的专利权人对“金苑”二字不享有任何在先权利，因此，本专利侵犯了请求人的企业名称权。在口头审理过程中请求人提交了进一步证明权利相冲突的证据 12 即某中级人民法院的一审民事判决书复印件（请求人随后提交了该判决书的原件），之后请求人又提交了证据 13 即某高级人民法院的二审生效民事判决书。

合议组经过审查认为：请求人提交了证据 12 和证据 13 的原件，专利权人对此没有异议，本案合议组经过核实可以确认其真实性，其可以作为证明本专利是否符合《专利法》第 23 条的证据。此外，合议组进一步核实了上述法院出具的被控侵权产品的图片（见被控侵权产品附图）。

生效判决书即证据13认定，原判决认定事实清楚。根据原判决即证据12的记载，法院经审理查明：杨某完成设计的“金苑”商标由同心圆、平行线段、“金苑”字样及其拼音组合而成。2000年8月28日，国家商标局核准原郑州金苑面粉厂享有专用权的第926893号、第1306242号商标转让注册，受让人为请求人。2000年9月，被告即某经营部（业主为专利权人）向国家商标局提出第1666667号商标注册申请，其申请注册的“金苑”商标图案亦由同心圆、平行线段、“金苑”汉字字样及其拼音组合而成。2001年5月，专利权人个人以印制有“金苑”商标图案的麦麸包装袋向国家知识产权局申请外观设计专利，并于2001年11月获得外观设计专利证书。上述生效判决书即证据13还认定，上诉人某经营部（业主为专利权人）擅自将被上诉人杨某的“金苑”图案作品作为商标申请注册，并在商品上复制使用，其行为构成了对杨某著作权的侵权。

由于上述生效的民事判决书中已认定，上诉人即某经营部（业主为本案专利权人）擅自将被上诉人杨某的“金苑”图案作品作为商标申请注册，并在商品上复制使用，其行为构成了对杨某著作权的侵权。而且法院已查明上诉人在申请注册“金苑”商标的同时，其经营者又以个人的名义将印制有“金苑”商标图案的麦麸包装袋向国家知识产权局申请外观设计专利，并于2001年11月获得外观设计专利权即本专利。由此可知，本专利中包含有杨某合法享有著作权的“金苑”图案，本专利与杨某合法取得的在先权利——著作权相冲突，不符合《专利法》第23条的规定，宣告本专利权无效。当事人未针对该决定提起专利行政诉讼。

本专利	被控侵权产品

【案例评析】

本案主要涉及下列问题。

第一个问题是请求人提交的生效判决能否证明本专利与他人在先取得的著作权相冲突。

合议组在审查过程中调取了判决中涉及的被控侵权产品的照片，其与本专利所示包装袋不同（见附图）。那么该判决能否证明本专利不符合《专利法》第23条的规定？生效判决书（证据13）认定，上诉人某经营部（业主为专利权人）擅自将被上诉人杨某的“金苑”图案作品作为商标申请注册，并在商品上复制使用，其行为构成了对杨某著作权的侵犯。合议组注意到虽然被控侵权产品的麦麸包装袋与本专利包装袋不完全相同，但其上采用的“金苑”图案是完全相同的。在生效判决中进一步查明：杨某完成设计的“金苑”商标由同心圆、平行线段、“金苑”字样及其拼音组合而成。2000年9月，上诉人某经营部向国家商标局提出商标注册申请，其申请注册的“金苑”商标图案亦由同心圆、平行线段、“金苑”汉字字样及其拼音组合而成。2001年5月，专利权人个人以印制有“金苑”商标图案的麦麸包装袋向国家知识产权局申请外观设计专利，并于2001年11月获得外观设计专利证书。而所述专利即为本专利。由此可知，生效判决中也已经查明专利权人申请外观设计专利的包装袋上印制有与杨某享有著作权的“金苑”图案完全相同的图案。由于生效判决已经认定在商品上复制使用杨某享有著作权的“金苑”图案这一行为构成对杨某著作权的侵犯，因此，实施采用了他人享有著作权的同样的“金苑”图案的本专利必将侵犯杨某的著作权，由此，决定认为：本专利中包含有杨某合法享有著作权的“金苑”图案，在生效判决已认定上诉人某经营部擅自将被上诉人杨某的“金苑”图案作品作为商标申请注册并在商品上复制使用这一行为构成对杨某著作权的侵犯的前提下，本专利与杨某合法取得的在先权利——著作权相冲突，不符合《专利法》第23条的规定。

第二个问题是请求人提出了本专利已经在其申请日之前被公开和本专利与他人在先取得的合法权利冲突这两个无效宣告请求理由，在请求人没有按照《专利法实施细则》第65条第3款的规定提交生效的能够证明权利冲突的处理决定或者判决的情况下，专利复审委员会能否受理该无效宣告请求。本案中，由于请求人提出了上述两个无效宣告请求的理由，并且提交了本专利已在其申请日之前被公开的一系列证据，因此，即使请求人在提出无效宣告请求时没有提交生效的能够证明权利冲突的处理决定或者判决，专利复审委员会依据其提出的第一个理由也应受理该无效宣告请求。

案例5 招牌（第8726号无效决定）*

2006年10月11日，专利复审委员会作出第8726号无效宣

* 本案例由徐清平撰写。

告请求审查决定，该决定涉及产品名称为“招牌（西餐厅）”的99330367.6号外观设计专利（下称本专利），其申请日为1999年5月12日，授权公告日为2000年1月19日。

请求人向专利复审委员会提出无效宣告请求的理由之一是：法院的民事判决已判定本专利对请求人在先注册商标权构成侵权和不正当竞争行为成立，由此可证明本专利与请求人的注册商标专用权等在先合法权利相冲突。因此，本专利不符合《专利法》第23条的规定。请求人同时提交了作为证据的“（2002）一中民初字第8951号”民事判决书。

专利复审委员会依法成立合议组对本案进行审理，合议组经审查认为请求人提交的“（2002）一中民初字第8951号”民事判决书为生效判决。该民事判决认定：原告（即本案请求人）分别于1994年和1995年开始对第769447号“SHANGRI－LA”和第777861号“香格里拉”两文字商标享有商标专用权，被告（本案专利权人）则于1999年申请涉案的两外观设计专利（即本专利和另一外观设计专利），故原告对“SHANGRI－LA”和“香格里拉”商标享有的专用权相对于被告的外观设计专利权是合法的在先取得的权利；并认定如果被告将两外观设计投入实际使用，将足以导致一般消费者对服务的来源产生混淆和误认，给原告对“SHANGRI－LA”和“香格里拉”享有的商标专用权造成损害；由此判定被告不得使用第99330367.6号名称为“招牌（西餐厅）”和第99330420.6号名称为“招牌（西餐厅）”的外观设计专利产品。

合议组认为，请求人提交的生效民事判决已明确认定专利权人使用本专利外观设计产品将导致对请求人的在先商标专用权造成损害，并判定专利权人不得使用本专利产品，由此足以证明本专利与请求人在先取得的商标权相冲突，因此，本专利不符合《专利法》第23条的规定，宣告本专利权无效。当事人未针对该决定提起专利行政诉讼。

【案例评析】

根据《专利法实施细则》第65条的相关规定，以授予专利权的外观设计与他人在先取得的合法权利相冲突为理由请求宣告外观设计专利权无效的，必须提交生效的能够证明权利冲突的处理决定或判决。请求人提交的生效判决或处理决定能否证明权利冲突，还有待合议组进一步作出认定。最简单的情形是有关机关或人民法院对某外观设计专利权与他人在先权利相冲突作出了直接认定，据此则可直接作出宣告该专利无效的决定。不过此情形在审查实践中是比较少见的，因为这就意味着请求人在提出无效宣告请求之前需事先提出一个类似关于权利冲突的确认之诉，但是申请外观设计专利的行为本身并不属于侵权行为，因此，在尚未发生侵权行为的前提下，对是否存在权利冲突的判断实际上建立在虚拟的事实基础上。目前人民法院对此种诉讼是否受理尚无统一认识，但在实践中已作出了一定的探索。本案中请求人提交的"（2002）一中民初字第8951号"民事判决书中法院认为，"在人民法院关于权利冲突的判决是提起此类无效宣告程序的前提条件的情况下，人民法院应可以对专利权人未投入使用的外观设计专利是否与他人在先取得的合法权利相冲突作出判决。""被告在其申请的两项外观设计专利中，以原告在先注册的商标作为主要设计要素……如果被告将外观设计专利投入实际使用，将足以导致一般消费者对服务的来源产生混淆和误认，给原告享有的商标专用权造成损害。虽然原告没有举证证明被告实际使用了两外观设计，但被告申请两外观设计专利的目的就是为在市场经营中使用。如果不及时制止被告的行为，势必将给原告的商标专用权造成难以弥补的损害。因此，原告有权要求判令禁止被告使用两外观设计。"该判决中人民法院对某外观设计专利权与他人在先权利相冲突已经作出了直接认定，据此则可直接作出宣告该专利无效的决定。

在审查实践中最常见情形是，当请求宣告无效的外观设计专利在内容上包含了他人合法取得的在先权利的内容时（比如商标、作品等），请求人提交涉及该在先权利的侵权纠纷处理决定或判决，其中被认定为侵权产品的外观设计往往与请求宣告无效的外观设计专利相同或相近似。对此，从传统民法理论考虑，决定或判决是基于被告既已实施的侵害行为及由此造成的损害后果而作出的侵权认定，在专利未被实施的情况下，仅有专利权的存在并未产生实际损害后果。但是，专利权人将包含他人在先合法权利内容的外观设计申请专利并获得专利权，则存在一旦把该专利付诸实施，就会对在先权利造成损害后果的可能，从而构成学术界所谓的“即发侵权”。

因此，如果请求人提交的生效判决或处理决定中所认定的外观设计专利与请求宣告无效的外观设计专利相同，则可推定该专利如果被投入使用将对他人在先权利造成损害而构成“即发侵权”，亦即构成权利冲突。在“即发侵权”理论中实际上将外观设计专利视为传统民法理论中的被控侵权产品。“即发侵权”理论的合理性似乎可以在针对商标、企业名称与在先权利的权利冲突的相关处理中找到相应的依据，最高人民法院于2008年2月出台了《关于审理注册商标、企业名称与在先权利冲突的民事纠纷案件若干问题的规定》，其中第1条规定：“原告以他人注册商标使用的文字、图形等侵犯其著作权、外观设计专利权、企业名称权等在先权利为由提起诉讼，符合民事诉讼法第108条规定的，人民法院应当受理。”上述规定中的“使用”即为“包含”的意思，也就是说上述规定明确了在已注册的商标中只要包含有他人在先权利保护的作品、外观设计专利、企业名称字号等，就允许以侵犯他人在先权利为由提起诉讼。

二、请求人提交了生效的行政处罚决定

案例1 包装罐（第4850号无效决定）*

2003年3月11日，专利复审委员会作出第4850号无效宣告请求审查决定，涉及名称为“包装罐”的外观设计专利，其申请号为00303877.7，申请日为2000年3月21日，授权公告日为2000年9月13日，简要说明中写明请求保护色彩。

请求人提出的宣告本专利权无效的事实和理由是：在本专利申请日以前，请求人在河北省版权局登记的油漆包装桶设计与本专利是相近似的外观设计，且本专利与请求人在先取得的合法权利相冲突，故本专利不符合《专利法》第23条的规定。为支持其提出的有关权利冲突的主张，请求人提交了如下附件作为证据：

附件1：请求人的商标注册证书；

附件2：河北省版权局颁发的《冀作登字03－97－A－0043号著作权登记证》；

附件3：河北省版权局颁发的《冀作登字03－97－F－0045号著作权登记证》及晨虹牌油漆包装桶装潢设计图核对文本；

附件4：《吉工商稽字（2000）第23号行政处罚决定书》（有吉林省工商行政管理局盖章）；

附件5：请求人的产品获河北省产品质量免检产品的证书；

附件6：请求人的产品获河北省名牌产品的证书；

附件7：请求人与专利权人所使用的油漆包装罐对比照片（见附图）。

此后，专利复审委员会又收到请求人提供的由吉林省工商行政管理局经济违法稽查分局盖章的照片，证明此照片系《吉工

* 本案例由卞永军撰写。

商稽字（2000）第 23 号处罚决定书》所指的商品。

请求人提交的上述附件 4 涉及的当事人是本案中的专利权人，专利权人对此附件的真实性没有异议，并在其意见陈述中说明该处罚已执行。该处罚决定中查明的事实是：当事人自 2000 年 3 月开始生产使用与“河北晨虹油漆集团有限公司”产品相近似的包装，构成使用与知名商品相近似的名称、包装、装潢，造成和他人的知名商品相混淆，使购买者误认为是该知名商品。

经过口头审理查明，该处理决定已经生效。而照片中被查处的包装罐产品就是本专利产品，故本专利构成与请求人在先取得的作为知名商品的包装罐包装装潢的合法权利相冲突，本专利不符合《专利法》第 23 条的规定，宣告本专利权无效。当事人未针对该决定提起专利行政诉讼。

本专利（被处罚的产品）	享有在先合法权利的产品

【案例评析】

本案主要涉及下列问题：

第一，关于在先合法权利。

本案附件1是请求人的商标注册证书，该商标权核准注册日期在本专利申请日以前，相对于本专利而言，属于在先的合法权利。附件2和附件3是请求人在河北省版权局登记的著作权登记证，该晨虹牌油漆包装桶装潢设计图登记日期在本专利申请日以前，相对于本专利而言，属于在先的合法权利。附件5和附件6分别是请求人的产品获河北省产品质量免检产品的证书和获河北省名牌产品的证书。该证书至少可以证明请求人的产品自获证书之日起已具有一定的市场知名度，为相关公众所熟悉，已成为知名商品。该知名商品的包装装潢是否是特有的？按照《专利法实施细则》第65条第3款规定，专利复审委员会对此不予直接认定，而是依据行政机关或者法院的生效处理决定或者判决作出决定。

第二，请求人提交的证据能否证明本专利与他人在先取得的权利相冲突。

《专利法实施细则》第65条第3款规定：以授予专利权的外观设计与他人在先取得的合法权利相冲突为由请求宣告外观设计专利权无效，但是未提交生效的能够证明权利冲突的处理决定或者判决的，专利复审委员会不予受理。由此可知，外观设计专利权解决权利冲突问题，是把生效的能够“证明权利相冲突的处理决定或者判决”作为专利复审委员会受理无效宣告请求的前提条件。因权利冲突仅是本无效宣告请求的理由之一，故专利复审委员会依据请求人提出的其他理由受理了本无效宣告请求，而关于权利冲突的理由，由于请求人没有提交生效的能够证明与其著作权、商标权权利冲突的处理决定或者判决，故合议组对此不予审理。关于包装装潢使用权，由于请求人提交的附件4是已经生效的《吉工商稽字（2000）第23号行政处罚决定书》，专利权人对此附件的真实性没有异议，而且该处罚决定涉及的当事人就是本案专利权人，故合议组认为附件4是真实可信的。口头审理过程中，专利权人确认所述处罚决定已经执行，所以，附件4所述处罚决定已经生效。由该生效的处罚决定可知吉林省工商行政管理局是以本案专利权人（河北省某公司）侵犯了请求人在先取得的知名商品特有包装或者装潢使用权作出的，照片中被查处的包装罐产品就是本专利产品，故本专利构成与请求人在先取得的作为知名商品的包装罐包装装潢的合法权利相冲突，本专利不符合《专利法》第23条的规定。

案例2　食品包装罐（第4861号无效决定）*

2003年3月11日，专利复审委员会作出第4861号无效宣告请求审查决定，涉及名称为“食品包装罐（1）”的外观设计专利，其申请号为00332620.9，申请日为2000年6月29日，授权公告日为2001年2月21日。

请求宣告专利权无效的理由之一是：请求人于本专利申请日之前在中国注册的多个商标中的卡通人物与本专利中的卡通人物从形状到神态均相近似，特别是二者卡通人物的躯体及头的形状、神态几乎完全相同，根据国家工商局的重点商标保护名录，请求人的卡通人物商标受到重点保护，本专利使用与请求人的卡通人物相同或相近似的卡通人物，侵犯了请求人在先取得的注册商标专用权。另外，本专利还构成对请求人著作权的侵犯。根据国务院《关于实施国际著作权条约的规定》，请求人的作品受著作权法保护，本专利使用与请求人的卡通人物相同或相近似的卡通人物，侵犯了请求人在先拥有的著作权。专利权人明知或应知请求人对卡通人物的知识产权，其申请这种足以造成混淆的外观设计误导消费者，构成对请求人的不正当竞争，侵犯了请求人合

* 本案例由卞永军撰写。

法取得的在先权利。故本专利与请求人在先取得的商标权、著作权相冲突。

为支持该主张，请求人同时提交了下列证据：

证据2：请求人在国家商标局注册的54个注册商标的商标注册证复印件；

证据3：1999年庵埠知识产权研讨会材料复印件；

证据4：请求人的卡通人物使用手册复印件；

证据5：请求人使用的外包装（包装袋）及宣传材料复印件；

证据6：国家工商总局文件《全国重点商标保护名录》复印件；

证据7：请求人的著作权登记证书复印件；

证据8：国家版权局的《国权（2000）28号行政处罚决定书》复印件；《海工商标处字（2000）5号海丰县工商行政管理局处罚决定书》复印件；《沪工商普案处（2000）456号上海市工商行政管理局普陀分局行政处罚决定书》复印件；《庵工商检处字（2000）第01、02、03号工商行政管理机关处罚决定书》复印件；《汕工商升（商标）处字（2000）第3号汕头市工商行政管理局升平分局行政处罚决定书》复印件；请求人在中国查处侵权卡通人物的行动统计复印件。

请求人于2002年12月23日提交了证据2中涉及的第29类、第30类卡通人物注册商标的9个商标注册证复印件，并在口头审理中声明以此9个商标注册证代替原证据2，即放弃证据2中除上述9个注册商标以外的其他注册商标。

在口头审理过程中，请求人还提交了盖有上海市工商行政管理局普陀分局档案室材料证明章的《沪工商普案处（2000）456号上海市工商行政管理局普陀分局行政处罚决定书》。专利权人对该证据的真实性没有异议。

证据8中的《沪工商普案处（2000）456号上海市工商行政管理局普陀分局行政处罚决定书》中载明：上海谷平实业有限公司用于两种威化饼干包装上的卡通图形与美国马斯公司（本案请求人）的“卡通小人”图形注册商标极其近似，侵犯了美国马斯公司的注册商标专用权。经专利复审委员会审理，合议组认为，上述处罚决定中涉及到的侵权产品包装图案中的“卡通小人”与本专利中的“卡通小人”有明显差别，该处罚决定中证明侵权产品包装中的“卡通小人”与请求人的“卡通小人”图形注册商标极其近似，侵犯了其注册商标专用权，不能当然得出本专利中的“卡通小人”和请求人的“卡通小人”图形注册商标极其近似的结论。也就是说该行政处罚决定针对的产品不是本专利的产品，而且二者所采用的“卡通小人”有明显差别，因此，不能依据该行政处罚决定书得出本专利与请求人在先取得的注册商标专用权相冲突的结论。故请求人的该主张不能成立，维持本专利权有效。当事人未针对该决定提起专利行政诉讼。

【案例评析】

本案的焦点问题是：请求人提交的行政处罚决定书能否证明本专利与他人在先取得的注册商标专用权相冲突？

请求人虽然提交了证据2即请求人在国家商标局注册的商标注册证复印件，但根据《专利法实施细则》第65条第3款的规定，请求人还应当提交生效的能够证明权利冲突的处理决定或判决，在没有提交能够证明权利冲突的处理决定或判决的情况下，请求人仅凭这些商标注册证还不能够证明本专利与请求人在先合法取得的商标权和著作权相冲突。与前述第6081号无效宣告请求审查决定类似，请求人提交的证据8中的《沪工商普案处（2000）456号上海市工商行政管理局普陀分局行政处罚决定书》并没有直接针对本外观设计专利权与在先权利相冲突作出处理决定，而是认定上海谷平实业有限公司使用的巧克力威化饼干包装上使用的卡通图形与美国马斯公司的“卡通小人”图形注册商标极其近似，侵犯了美国马斯公司的注册商标专用权。将行政处罚决定书中认定侵权的上海谷平实业有限公司用于威化饼干包装上的卡通图形与本专利进行比较后可知，侵权产品包装中的“卡通小人”的图案是类似鸡蛋造型的身体加上两只手，而本专利的“卡通小人”的设计是柠檬水果造型的身体加上柠檬树叶子的耳朵和两只手、两只脚，二者有明显的区别，也就是说，处罚决定中涉及的产品包装图案中的“卡通小人”与本专利中的“卡通小人”有明显差别，虽然该处罚决定证明侵权人的“卡通小人”与请求人的“卡通小人”图形注册商标极其近似，侵犯了其注册商标专用权，但不能当然得出本专利中的“卡通小人”和请求人的“卡通小人”图形注册商标极其近似的结论，因此，也就不能依据该行政处罚决定书得出本专利与请求人在先取得的注册商标专用权相冲突的结论。

三、请求人未提交生效的能够证明权利冲突的判决或处理决定

案例　食品包装袋（第5004号无效决定）*

2003年4月8日，专利复审委员会作出第5004号无效宣告请求审查决定，涉及名称为“食品包装袋”的外观设计专利，其申请号为00333559.3，申请日为2000年11月21日，授权公告日为2001年8月8日。

请求人请求宣告本专利权无效的理由之一是：本专利与他人在先取得的合法的著作权及商标权相冲突，因而不符合《专利法》第23条的规定。为支持其权利冲突的理由请求人提交了如

* 本案例由张荣彦撰写。

下附件作为证据：

附件2：《21－2000－F－（0516）－0103号著作权登记证》复印件；

附件3：有四川省版权局盖章，证明好棒包装图案已登记著作权的证明材料；

附件4：H&PP International Inc 好棒食品公司商标注册委托书复印件；

附件5：中国贸促会专利商标事务所盖章的国内商标受理通知书复印件；

附件6～附件17：证明公开使用证据；

附件18：请求人于2000年10月25日在美国获得的著作权登记证复印件。

请求人认为：郝某于2000年11月6日在四川省版权局办理了著作权登记手续，该取得著作权的图案与本专利的图案相同；成都三友百货有限公司于2000年4月28日受H&PP International Inc好棒食品公司的委托，于2000年11月1日就“好棒”的文字和拼音的图案向国家商标局进行了商标注册，故本专利侵犯了他人在先取得的合法的著作权和商标权，以上事实有附件2～附件5作为证据。请求人还提交了附件6～附件17，以证明本专利在其申请日前已经公开使用过，本专利不符合《专利法》第23条的规定。专利权人的主要观点是：请求人没有提交生效的能够证明权利冲突的处理决定或者判决，因此权利冲突的理由不成立。关于著作权所有权的归属还有待于法院的判决，附件18是境外证据，应经公证和认证程序。

请求人在随后进一步提交的意见陈述中指出：专利权人就该外观设计的著作权的归属纠纷向某市中级人民法院起诉请求人，请求人在诉讼过程中向法院提供了本无效宣告请求受理时的有关证据，为此，专利权人向法院申请撤诉，某市中级人民法院对此作出《民事裁定书（2002）民初字第650号》并已生效，因此，本专利侵犯了他人在先取得的合法权利的理由已经法院作出的民事裁定证明成立，与此同时，请求人又提供了如下证据：

证明文件1：专利权人关于著作权归属纠纷的民事起诉状复印件；

证明文件2：某市中级人民法院《民事裁定书（2002）民初字第650号》复印件；

证明文件3：经美国公证和中国驻洛杉矶总领事馆证明的美国著作权登记复印件以及经成都市公证处证明复印件与原件相符的《（2002）成证字第21971号公证书》；

证明文件4：经美国公证和中国驻洛杉矶总领事馆证明的H&PP International Inc好棒食品公司与郝某的著作权转让书的复印件以及经成都市公证处证明复印件与原件相符的《（2002）成证字第21972号公证书》。

经审理，合议组认为：

1. 请求人没有提供有关证据的原件，而复印件不能作为认定事实的有效证据；

2. 请求人应当提交生效的能够证明与本专利相冲突的处理决定或判决，在没有提交能够证明权利冲突的处理决定或判决的情况下，不能够证明本专利与他人在先合法取得的商标权和著作权相冲突；

3. 请求人提交的公开使用证据均与出口至境外的销售、使用行为有关，而《专利法》第23条所规定的公开使用是指授予专利权的外观设计，应当同申请日以前国内公开使用过的外观设计不相同和不相近似。出口至国外的销售、使用行为不构成《专利法》第23条所规定的在国内公开使用。

基于上述理由，决定维持本专利有效。当事人未针对该决定提起专利行政诉讼。

【案例评析】

本案的争议焦点问题是本专利是否与他人在先取得的商标权、著作权相冲突。此外，在请求人没有按照《专利法实施细则》第65条的规定提交生效的能够证明权利冲突的处理决定或判决但又提出了其他无效宣告理由的情况下，专利复审委员会能否受理该无效宣告请求？

请求人以其在无效宣告请求中提交的附件2~5作为证明本专利不符合《专利法》第23条中关于权利冲突规定的证据，其中附件2、附件3证明如下事实：郝某于2000年11月6日将与本专利相同的图案在四川省版权局办理了著作权登记手续，且四川省版权局盖章证明了好棒包装图案已登记著作权。附件4、附件5证明如下事实：成都三友百货有限公司受H&PP International Inc好棒食品公司的委托，于2000年11月1日就“好棒”的文字和拼音的图案向国家商标局进行了商标注册。基于上述事实，请求人认为本专利侵犯了他人在先取得的合法的著作权和商标权。

本案合议组认为，根据《专利法实施细则》第65条第3款的规定，请求人应当提交生效的能够证明权利冲突的处理决定或判决，在没有提交能够证明权利冲突的处理决定或判决的情况下，仅凭著作权登记证明不能够证明本专利与他人在先合法取得的著作权相冲突。另外，附件4和附件5所证明的商标权，请求人提交的仅是商标受理通知书，没有提交其所申请的商标被授权的证明文件，因此，上述商标权能否获准注册还是待定的。请求人提出的本专利与他人在先取得的商标权、著作权相冲突的无效理由不成立。

关于请求人提交的附件18以及请求人后补充的证明文件1~4，其中证明文件1是关于著作权归属纠纷的民事起诉状，其原告是本专利权人，被告是本案请求人，由于专利权人向法院申请撤诉，故法院作出民事裁定书即证明文件2，由此可见，这两份证据同样不能证明本专利与他人在先取得的著作权相冲突。由于附件18和证明文件3、证明文件4是在美国登记的著作权及其转让证明文件，其同样也不能够证明本专利与他人在先权利相冲突，故请求人提出的该无效请求理由不能成立。

此外，根据《专利法实施细则》第65条的规定，以授予专利权的外观设计与他人在先取得的合法权利相冲突为由请求宣告外观设计专利权无效，但是未提交生效的能够证明权利冲突的处理决定或者判决的，专利复审委员会不予受理。本案中，请求人虽未提交生效的能够证明权利冲突的处理决定或者判决，但是除权利冲突外，请求人还提出了本专利在其申请日前已公开使用因而不符合《专利法》第23条规定的无效理由，并结合所提交的相应证据进行了详细说明，因此，专利复审委员会受理了该无效宣告请求。

第二节　重复授权*

禁止重复授权原则是专利制度的基本原则。如果对同样的发明创造授予两项以上的专利权，则必然造成专利权之间的冲突。《专利法》第9条和《专利法实施细则》第13条第1款规定了不能对同样的发明创造重复授予专利权。《审查指南》第四部分第七章规定：“专利法第9条和专利法实施细则第13条第1款所述的‘同样的发明创造’，对于发明和实用新型而言，是指要求保护的发明或者实用新型相同……对于外观设计而言，是指外观设计相同或者相近似……”

---

* 本节综述由张跃平撰写。

按照上述规定，同样的外观设计的判断实质上是两项外观设计之间相同或相近似的判断，那么在审查实践中如何适用这两个条款、应当注意哪些问题？此外，适用这两个条款与适用《专利法》第23条进行审查时有何区别？在请求人提交的证据与其无效宣告请求理由不相对应的情况下，审查员如何进行审查？外观设计与发明实用新型所要求保护的技术方案之间能否构成重复授权？本节试图通过审查实践中遇到的案例对这些问题加以诠释。

一、"同样的发明创造"的认定

（一）相同或者相近似的外观设计专利属于"同样的发明创造"

案例　可摺式吹发筒（第6079号无效决定）*[*]

2004年5月14日，专利复审委员会作出第6079号无效宣告请求审查决定，涉及名称为"可摺式吹发筒（5401FD）"的外观设计专利，其专利号为99305335.1，申请日为1999年5月4日，授权公告日为1999年12月22日。

针对上述专利权（下称本专利），请求人向专利复审委员会提出无效宣告请求，其无效宣告请求的理由之一是本专利不符合《专利法》第9条的规定。请求人提交了附件1即99302362.2号外观设计专利授权公告文本复印件作为证据。

在无效宣告请求审查过程中，专利权人提出：《专利法》第9条规定的是"同样"的发明创造而非"相似"的发明创造，本专利与附件1的发明创造比较，可清楚显示两者并非"相同"，而且即使进行相近似性比较，两者也不属于相近似的外观

---

* 本案例由张沧撰写。

设计。

经审理查明，附件1是申请日为1999年2月3日、授权公告日为1999年12月29日的99302362.2号外观设计专利文献，该外观设计专利的专利权人不同于本专利权人。因此，附件1属于他人在本专利申请日前提出申请并在后公开的外观设计专利，可以评价本专利是否符合《专利法》第9条的规定。

根据《专利法》第9条的规定，两个以上的申请人分别就同样的发明创造申请专利的，专利权授予最先申请的人。2001年版《审查指南》第一部分第三章第4.5.1节明确规定："同样的外观设计是指两项外观设计相同或者相近似。外观设计相同或者相近似的含义包括产品相同（相近似）、设计相同（相近似）两个方面的内容。"据此，合议组将本专利与附件1所示外观设计（下称对比文件）进行了相同和相近似性比较，认为两者构成相近似，本专利不符合《专利法》第9条的规定，宣告本专利权无效。

专利权人对第6079号无效宣告请求审查决定不服，起诉至一审法院。专利权人的起诉理由之一是：专利复审委员会对《专利法》第9条作出了扩大和不正确的理解，《专利法》第9条中的"同样"就是相同，而不能解释为"相近似"。

一审法院经审理后作出判决，支持专利复审委员会对《专利法》第9条所作的解释。一审判决（该判决已生效）认为，《专利法》第9条的规定是为了避免重复授权，对于外观设计而言，如果两个相近似的外观设计均被授予专利权，将导致二者之间产生权利冲突，因此，《审查指南》根据立法宗旨规定"同样的外观设计是指两项外观设计相同或者相近似"符合立法精神。当事人对本案未提出上诉。

本专利	对比文件
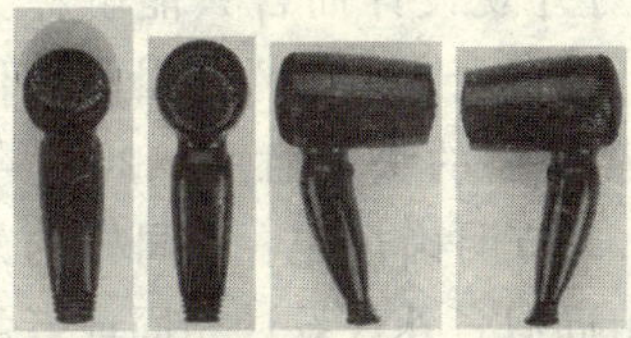 主视图 后视图 左视图 右视图 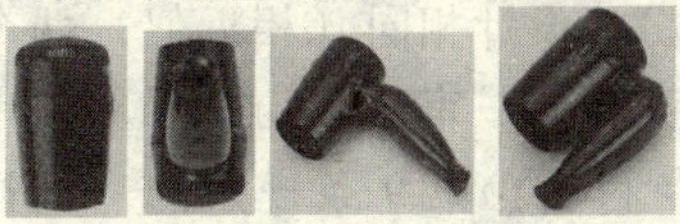 俯视图 仰视图 立体图 使用状态图	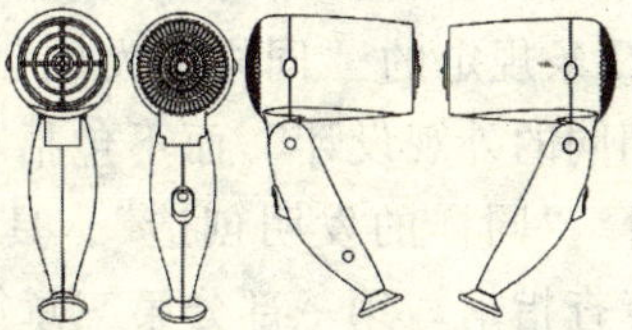 主视图 后视图 左视图 右视图 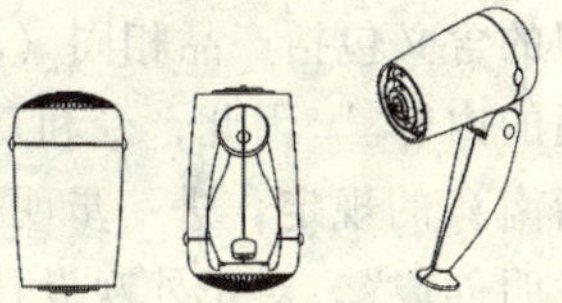 俯视图 仰视图 立体图

【案例评析】

本案例涉及外观设计专利之间“同样发明创造”的认定。

同样的发明创造对于外观设计专利而言，是指两项外观设计相同或者相近似，此规定最早出现于1995年9月28日的第6号《审查指南公报》，2001年《审查指南》修改后在第四部分第六章第3节作了相应规定。不过，上述规定均是仅针对原《专利法实施细则》第12条第1款（修改后的《专利法实施细则》第13条第1款）作出的，而涉及《专利法》第9条的相应规定是在2001年修改后《审查指南》的第一部分第三章第4.5.1节作出的，即在“外观设计专利申请初步审查”章节中作出了相关规定。2006年《审查指南》修改后在“复审和无效宣告请求审查”部分针对《专利法》第9条、《专利法实施细则》第13条第1款作了相应明确规定。无论是对《专利法》第9条还是《专利法实施细则》第13条第1款作出的规定，“同样发明创造”的含义均是相同的。

本案中，请求人提交的附件1属于他人在本专利申请日前提出申请并在后公开的外观设计专利。被请求人主张《专利法》第9条规定的“同样的发明创造”对外观设计而言只能解释为“相同的外观设计”而不包括“相近似的外观设计”，因此如何解释“同样的发明创造”，具有非常重要的法律意义。2001年《审查指南》第一部分第三章第4.5.1节明确规定：“同样的外观设计是指两项外观设计相同或者相近似。外观设计相同或者相近似的含义包括产品相同（相近似）、设计相同（相近似）两个方面的内容。”因此，专利复审委员会和一审法院均重申了《审查指南》的规定，进一步明确《专利法》第9条规定的“同样的发明创造”，对于外观设计而言，是指外观设计相同或者相近似。本案中，一审判决在肯定《审查指南》规定的同时，认为《专利法》第9条的立法目的，即为了避免重复授权，避免产生权利冲突。

（二）外国专利与中国专利之间不存在重复授权

案例　冲击式压实机轮（第3309号无效决定）*

2001年5月29日，专利复审委员会作出第3309号无效宣告请求审查决定，涉及名称为“冲击式压实机轮”的外观设计专利（下称本专利），申请日为1995年8月21日，授权公告日为1996年5月15日。

请求人请求宣告本专利权无效的理由是：在本专利申请日以前，已有与之相近似的专利在美国提出申请，并且该专利的优先权日比本专利早了两年多。本专利的存在影响了他人在先取得的合法专利权，故本专利不符合《专利法》第23条、第9条以及《专利法实施细则》第12条第1款（修改后《专利法实施细则》

---

* 本案例由钱亦俊撰写。

第13条第1款）的规定。与此同时，请求人提交了专利号为US5562365的美国专利作为证据。

基于请求人提出的理由及上述证据，合议组进行了审查。

《专利法》第23条规定：授予专利权的外观设计，应当同申请日以前在国内外出版物上公开发表过或者国内公开使用过的外观设计不相同或者不相近似。

《专利法》第9条规定：两个以上的申请人分别就同样的发明创造申请专利的，专利权授予最先申请的人。

修改前《专利法实施细则》第12条第1款规定：同样的发明创造只能被授予一项专利。

合议组在对证据进行审查时发现，请求人提供的证据，即专利号为US5562365的美国发明专利，其公开日期是1996年10月8日，优先权日是1993年5月17日，亦即该专利公开日在本专利申请日（1995年8月21日）之后，不能适用《专利法》第23条的规定评价本专利的专利性。而该专利又不属于在中国专利局申请的在先专利，不存在重复授权问题，故既不能适用《专利法》第9条的规定，也不能适用修改前《专利法实施细则》第12条第1款的规定评价本专利的专利性。因此，合议组认为请求人提供的证据未能支持其主张，其无效宣告理由不成立，作出了维持专利权有效的审查决定。本决定为终局决定。

【案例评析】

本案涉及的焦点问题是：在本专利申请日以前在美国申请且在本专利申请日之后授权公开的美国专利能否适用我国《专利法》第9条及《专利法实施细则》第13条第1款的规定评价我国外观设计专利的专利性。

从地域上讲，本案请求人提交的证据是美国专利，根据专利权的地域性特点，美国专利权实施的地域范围是在美国。本专利是专利权人在中国取得的专利权，该专利权产生效力的地域范围仅限于中国境内，不会影响他人在国外取得的专利权的实施。地域的不同使得这种重复的权利并不存在实施的冲突，也就不存在专利法意义上的重复授权问题。中国《专利法》第9条及《专利法实施细则》第13条第1款所称的“同样的发明创造”仅指在中国专利局提出的中国专利申请。

（三）发明、实用新型专利与外观设计专利之间不存在重复授权

案例　鞋带扣具（第2260号无效决定）*

2000年6月30日，专利复审委员会作出第2260号无效宣告请求审查决定，该决定涉及专利局1996年12月18日授权公告的95320054. X号外观设计专利（下称本专利），其名称是“鞋带扣具”，申请日为1995年12月20日。

本决定共涉及两个无效宣告请求。第一请求人提出的其中一个无效宣告理由是：在本专利的申请日之前，US5171033号美国专利已经公开了与本专利具有相同几何形状、构造和连接关系的部件，所以本专利不符合《专利法》第23条的规定。第一请求人提交了US5171033号美国专利文件（发明专利）部分内容的复印件和中文译文。关于该美国专利文件，合议组对其进行了核实，虽然其授权公告日在本专利的申请日之前，但是该证据的附图中并没有清楚地显示出鞋带扣具的具体形状，因而依据该证据无法判定其与本专利是否相同或者相近似，第一请求人提交的证据不能支持其主张。

第二请求人提出的其中一个无效宣告请求理由是：专利权人

---

* 本案例由吴大章撰写。

就同一产品同时申请了实用新型和外观设计专利，本专利的授权不符合《专利法实施细则》第 13 条第 1 款的规定。第二请求人提交了本专利权人申请的 95250093.0 号实用新型专利授权公告文本复印件。合议组对该证据进行了核实，该实用新型专利的申请日和授权公告日均与本专利相同，其名称是“鞋带扣扣带带座的固定装置”。关于专利权人就同一产品同时申请实用新型专利和外观设计专利，专利复审委员会认为，专利法不禁止申请人就同一产品同时申请实用新型专利和外观设计专利，因为实用新型专利和外观设计专利保护的客体是不相同的。因此，本专利与 95250093.0 号实用新型专利不属于同样的发明创造，第二请求人的主张不能成立。遂作出维持本专利有效的审查决定。本决定为终局决定。

<table>
<tr><th>本专利</th><th>95250093.0 号实用新型专利</th></tr>
<tr><td>
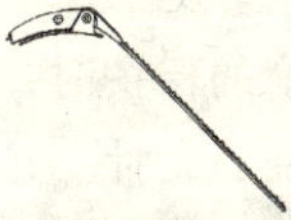
主视图

左视图

右视图

俯视图
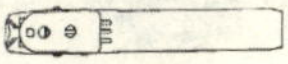
仰视图

立体图
</td><td>
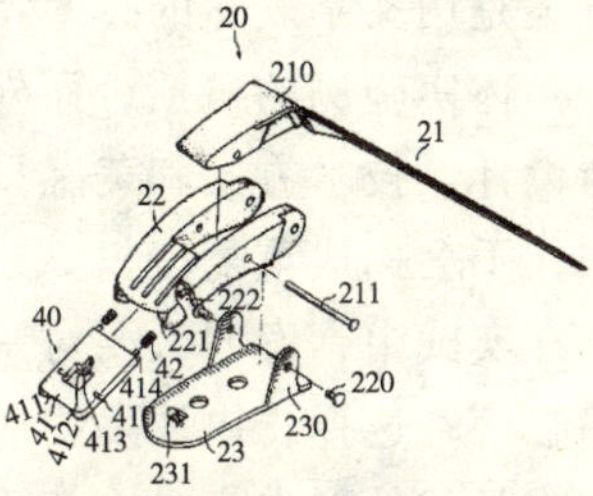

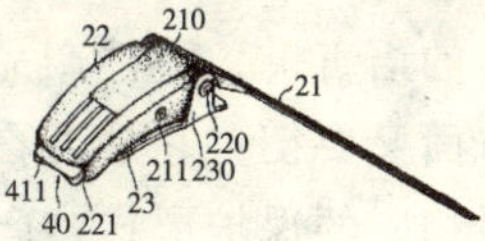

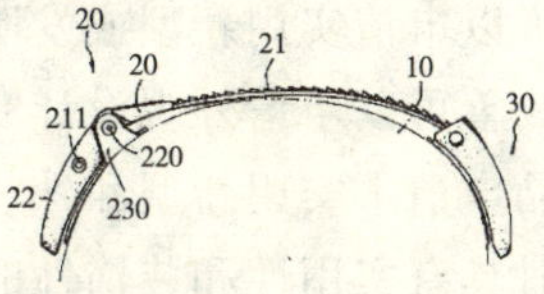

</td></tr>
</table>

【案例评析】

上述案例涉及的法律问题是：发明或者实用新型专利与外观设计专利之间是否存在重复授权？

根据《专利法》第2条的规定，专利法所称的发明创造是指发明、实用新型和外观设计。根据《专利法实施细则》第2条的规定，发明专利所保护的是对产品、方法或者其改进所提出的新的技术方案，实用新型专利保护的是对产品的形状、构造或者其结合所提出的适于实用的新的技术方案，外观设计专利保护的是对产品的形状、图案或者其结合以及色彩与形状、图案的结合所作出的富有美感并适于工业应用的新设计。发明或实用新型专利与外观设计专利相比，虽然有一定的共性，它们都属于知识产权，所保护的都是无形的人类智力劳动成果，但又有着本质的区别，实用新型或发明专利主要保护的是一种新的技术方案，技术方案是用文字表达的技术特征所限定的产品或方法，其通常是若干具体实施例的概括，而外观设计专利保护的是一种富有美感的新设计。技术方案和美感设计属于不同类型的权利，二者截然不同，不会构成重复授权。

在实践中，发明人要对一件产品寻求专利制度的保护时，经常面临两种选择，申请发明或实用新型还是申请外观设计。这是因为产品的外形本身具有双重性，既有实用功能又有装饰功能。用通俗的语言讲，一件产品一方面要看它是否好用，性能如何，另一方面又要衡量它是否看上去顺眼，吸引目光。专利制度为此设计了相应的保护形式：产品因形状或构造改进而获得性能的优势可以申请实用新型或发明专利，产品因形状改进而获得装饰性的改善可以申请外观设计专利。本案例中的专利权人同时对同一产品申请了实用新型和外观设计两项专利，正是表明产品的外形同时具有实用性和装饰性的双重属性。

二、依据《专利法》第9条的审查

案例1　瓶盖（第3293号无效决定）*

2001年5月14日，专利复审委员会作出第3293号无效宣告请求审查决定，该决定涉及产品名称为“瓶盖（4）”的95313606.X号外观设计专利（下称本专利），其申请日为1995年11月29日，授权公告日为1996年11月20日。

请求人请求宣告本专利无效的理由之一是：在本专利申请日之前，已有他人于1995年7月6日就相同的发明创造向国家知识产权局申请了名称为“封盖”的外观设计专利，并已于1996年12月4日授权公告，其专利号为95306532.4（下称对比文件），将该对比文件与本专利相比，二者产品相同，主视图、左视图、右视图、俯视图相同，后视图相近似，二者属于相近似的外观设计。因此，本专利违反了《专利法》第9条、《专利法实施细则》第12条（1993年）的规定。为支持该主张，请求人提交了对比文件即95313298.6号外观设计专利的公报复印件。

合议组经过审查认为：请求人提交的对比文件所示外观设计属于与本专利不相同的申请人在本专利申请日之前申请、之后授权公告的外观设计专利，可用于评价本专利是否符合《专利法》第9条的规定。合议组将本专利与对比文件所示外观设计进行了相近似性对比判断。

---

* 本案例由徐清平撰写。

本专利	对比文件
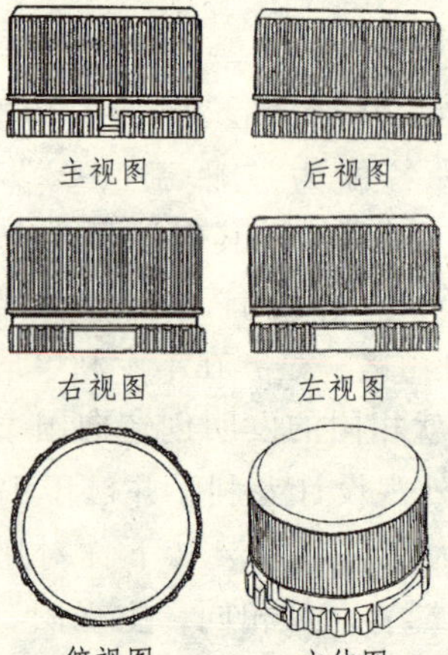 主视图　后视图　右视图　左视图　俯视图　立体图	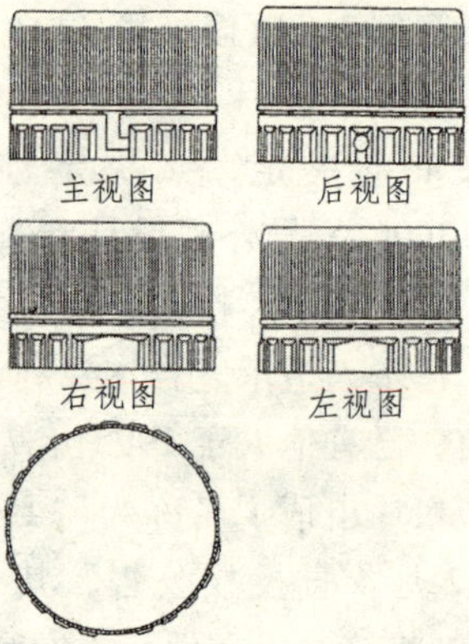 主视图　后视图　右视图　左视图　俯视图
本专利所示瓶盖由盖体、防盗环以及将此二者联为一体的易断连接筋组成。盖体形状为圆柱形，其下部有一较窄的凸缘，从盖体靠近顶部处至凸缘之间的圆柱面上均布着密集的纵向细棱；易断连接筋较稀疏地分布在盖体的凸缘与防盗环之间，防盗环形状为比盖体较短的圆柱状，其圆柱面下部约占整个防盗环柱面 3/4 的部分上分布着若干凸台，其中左右方的两个凸台明显较宽且顶部边缘为直线形，最前方的两个凸台之间有一“L”形凹槽	对比文件所称的“封盖”，即为瓶盖，其由盖体、防盗环以及将此二者联为一体的易断连接筋组成。盖体形状为圆柱形，其下部有一较窄的凸缘，从盖体靠近顶部处至凸缘之间的圆柱面上均布着密集的纵向细棱；易断连接筋较稀疏地分布在盖体的凸缘与防盗环之间，防盗环形状为比盖体较短的圆柱状，其圆柱面下部约占整个防盗环柱面3/4的部分上分布着若干凸台，其中左右方的两个凸台明显较宽且顶部边缘为弧形，最前方的两个凸台之间有一“L”形设计，最后方的凸台中部有一圆形设计

将对比文件与本专利所示瓶盖相比较，二者都由盖体、防盗环以及将此二者联为一体的易断连接筋组成，其盖体和防盗环都

分别设有基本相同的纵向细棱和凸台，盖体和防盗环的整体形状、位置及比例关系基本相同；二者不同之处主要在于：盖体上的纵向细棱的疏密度有所差异；防盗环上左右两个较宽的凸台顶部边缘前者为弧形，后者为直线形；前者最后方凸台的中部有一圆形设计，后者无。合议组认为，按照《审查指南》规定的整体观察、综合判断原则进行比较判断，二者整体形状、总体视觉效果基本相同，前述不同之处仅属于该外观设计的局部细节部分，不能使二者整体视觉效果产生显著差异，二者属于同类产品，一般消费者容易将其混同，因此，本专利与对比文件所示瓶盖的形状属于相近似的外观设计。依照1995年第6号《审查指南公报》的规定，同样的发明创造对外观设计是指两项外观设计相同或者相近似，本专利不符合《专利法》第9条的规定。据此，专利复审委员会作出决定，宣告本专利权无效。本决定为终局决定。

【案例评析】

《专利法》第9条是规范不同申请人就相同的发明创造申请专利的法律条款，该条款规定了我国专利制度的“先申请制”原则。

对于发明或者实用新型，鲜有适用《专利法》第9条的复审请求或无效宣告请求的案例，原因是我国《专利法》第22条第2款规定的新颖性，包含了不同申请人在先提出的专利申请所构成的“抵触申请”的情形，所以，两个以上的不同申请人分别就同样的发明创造提出专利申请的，通常直接适用《专利法》第22条第2款的规定而不适用《专利法》第9条的规定。对于外观设计，《专利法》第23条规定的外观设计的授权条件，并不涉及不同申请人在先提出的外观设计专利申请构成“抵触申请”的情形，因此，对于外观设计而言，两个以上的不同申请人分别就同样的发明创造先后提出专利申请的，只能适用《专利法》第9条的规定。《专利法》第9条规定：两个以上的申请人分别就同样的发明创造申请专利的，专利权授予最先申请的人。

本案中，请求人提交的对比文件属于他人在本专利申请日前提出申请并在后公开的外观设计专利。本决定是在2001年《审查指南》修改之前作出的，决定中引用了《审查指南公报》对"同样的发明创造"的解释性规定。在审查实践中，不少当事人认为"同样的发明创造"对外观设计而言，是指相同的外观设计，以为只有相同的外观设计才可能构成重复授权，这是对"同样的发明创造"含义的错误理解。上述案例中，对比文件所示专利为他人在先申请、在后授权公告的专利，因此，应适用《专利法》第9条相关规定判断是否构成重复授权。本案例的外观设计专利与相应的对比文件虽为不相同的外观设计，但两者属于相近似的外观设计，应宣告在后申请的本专利无效。

案例2 包装袋（第5598号无效决定）*

2003年12月8日，专利复审委员会作出第5598号无效宣告请求审查决定，涉及名称为"包装袋（石人山麻辣鲜）"的外观设计专利（下称本专利），其申请号为01300702.5，申请日为2001年1月3日，授权公告日为2001年9月19日，简要说明中请求保护色彩。

请求人提出的宣告本专利权无效的事实和理由是：在本专利的申请日前的2000年12月25日，他人已向国家知识产权局提交了申请号为00350379.8的包装袋的外观设计专利，该专利与本专利相比属于相近似的外观设计，故本专利与在先取得的合法权利相冲突，因此，本专利不符合《专利法》第23条的规定，应宣告本专利权无效。同时，请求人提交了00350379.8号外观

* 本案例由卞永军撰写。

设计专利公报作为证据。

专利权人提交意见陈述书指出：请求人所称的在先专利与本专利是两个不同的专利，两个专利的图案有些近似，但主要的设计思路不一样，具有不同的底色，二者的专利图片不同，况且在先专利的权利人已经将专利权转让给本专利权人，根本不存在权利冲突的问题，同时提交了支持其上述主张的相关证明文件即专利权转让证明。

双方当事人在口头审理中对彼此提供的证据的真实性均没有异议，请求人当庭提出依据《专利法》第9条的规定，本专利不应授予专利权。

<table>
<tr><th colspan="2">本专利</th><th colspan="2">对比文件</th></tr>
<tr><td>
主视图</td><td>
后视图</td><td>
主视图</td><td>
后视图</td></tr>
<tr><td colspan="2">本专利请求保护色彩，主要涉及形状、图案和色彩相结合的外观设计。占据主视图图案大部分的是一花边盘子，盘子内装有辣椒、肉块等食物，并有较大字体的“麻辣鲜”3个文字设计，整体背景为蓝色</td><td colspan="2">对比文件显示了该包装袋的形状、图案和色彩相结合的外观设计。占据主视图图案大部分的是一花边盘子，盘子内装有辣椒、肉块等食物，并有较大字体的“麻辣鲜”3个文字设计</td></tr>
<tr><td>相同点</td><td colspan="3">1. 形状相同；
2. 图案设计构图、纹样基本相同</td></tr>
<tr><td>不同点</td><td colspan="3">本专利请求色彩保护，对比文件没有请求保护色彩</td></tr>
</table>

合议组经过审查认为：证据中的产品外观设计与本专利属于

同样的发明创造，本专利不符合《专利法》的授权规定，应当被宣告无效。当事人针对该决定未提起专利行政诉讼。

【案例评析】

本案主要涉及《专利法》第9条的适用问题。

《专利法》第9条规定：两个以上的申请人分别就同样的发明创造申请专利的，专利权授予最先申请的人。请求人提交的证据即00350379.8号外观设计专利的申请日是2000年12月25日，并于2001年7月11日被授权公告，本专利的申请日是2001年1月3日，并于2001年9月19日被授权公告。虽然在2003年2月9日，作为证据的00350379.8号外观设计专利的专利权人将专利权转让给本专利的申请人，但该转让日期在其专利权的授权公告日之后，也就是说在该专利授权公告日之前，00350379.8号在先外观设计专利的申请人并不是本专利的申请人，专利权的转让并未涉及申请人的变更，因此，本专利与00350379.8号在先外观设计专利相比，两者的申请人不同，申请日不同，应适用《专利法》第9条对本案进行审查。

案例3　食品包装罐（第4815号无效决定）*

2003年3月25日，专利复审委员会作出第4815号无效宣告请求审查决定，涉及名称为“食品包装罐（海苔肉松1）”的外观设计专利（下称本专利），其申请号为00350212.0，申请日为2000年12月29日，授权公告日为2001年9月12日，专利权人为上海新东阳食品有限公司（下称专利权人），简要说明中请求保护色彩。

请求人请求宣告本专利权无效的理由是：本专利与请求人在

---

* 本案例由钱亦俊撰写。

先申请的 00349013.0 号外观设计专利为相近似的外观设计，本专利权的授予不符合《专利法》第 9 条及《专利法实施细则》第 13 条第 1 款的规定，与此同时，请求人提交了 00349013.0 号外观设计专利公报（复印件）作为对比文件。其申请日为 2000 年 12 月 25 日，授权公告日为 2001 年 7 月 25 日。

针对请求人的无效宣告请求，专利权人提交意见陈述，声明其已经放弃本专利权。合议组经核实，专利权人并没有主动声明放弃本专利权，而是本专利权因未缴纳年费于 2003 年 2 月 12 日被公告终止。

基于请求人提出的理由及其提交的证据，合议组进行了审查。

《专利法》第 9 条规定：两个以上的申请人分别就同样的发明创造申请专利的，专利权授予最先申请的人。

经核实，请求人提交的证据真实可以被采信，该专利申请日是 2000 年 12 月 25 日，在本专利申请日（2000 年 12 月 29 日）之前，而其授权公告日是 2001 年 9 月 12 日，在本专利申请日之后。专利权人是福州新捷扬食品有限公司，该专利不请求保护色彩。由此可知，对比文件的专利申请在先，而公开在本专利申请日之后。属于他人在先申请在后公开的外观设计。本专利是包装罐，对比文件是罐贴，属于相近似的物品类别，具有可比性。据此，合议组认为，请求人提交的证据可用于评价本专利是否符合《专利法》第 9 条的规定。合议组将本专利与对比文件作了相近似性比较（见下表）。

本专利	对比文件
主视图 左视图 右视图 后视图 仰视图 俯视图	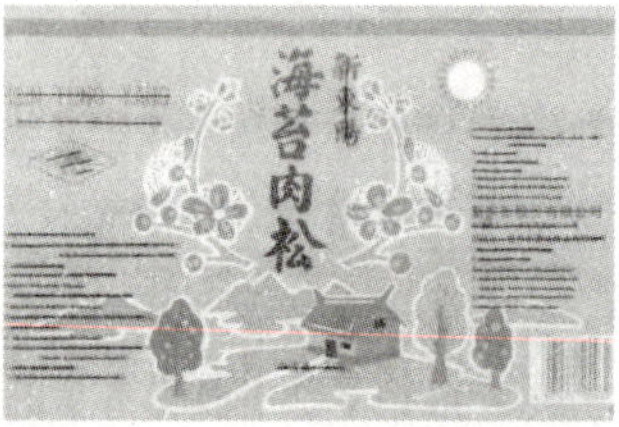
产品形状为普通的易拉罐形，要求保护色彩，其设计要点在于与色彩相结合的图案设计。 从各视图观察其图案：背景色采用的是黄色，从主视图看，上部正中是纵向排列的黑色文字“海苔肉松”4个大字和“新东阳”3个小字，其左右是橙色梅花和绿色树枝的图案。下方是绿色的山、地面、树和红色的房子与树的图案。从右视图看，梅花的右上方有白色的太阳。在太阳下方及整个图案的左下方有几行经覆盖的黑色小字	产品形状为长方形，没有要求保护色彩，其设计要点在于图案的设计。 从主视图看，上部正中是纵向排列的深色文字“海苔肉松”4个大字和“新东阳”3个小字，其左右是梅花和树枝的图案。下方是深色的山、地面、树和房子的图案。从右视图看，梅花的右上方有浅色的太阳。在太阳下方及整个图案的左下方有几行经覆盖的深色小字

相同点	1. 均用于包装罐的装潢； 2. 图案基本是相同的
不同点	1. 本专利产品形状是易拉罐状，要求保护色彩； 2. 对比文件产品形状呈片材，没有要求保护色彩

经过比较分析，合议组认为，对比文件与本专利属于相近似的外观设计。《审查指南》第四部分第六章规定，同样的发明创造对于外观设计而言，是指外观设计相同或相近似。请求人提交的证据能够证明本专利权的授予不符合《专利法》第9条的有关规定，遂作出宣告专利权无效的决定。当事人针对该决定未提起专利行政诉讼。

【案例评析】

上述案例涉及的问题之一是：在无效宣告请求程序中专利权已经终止的情况下无效宣告程序如何进行？由此引申的另一个问题是：在适用《专利法》第9条时是否需要考虑在先申请的状态？

专利权终止包括3种情况：一是专利权的法定期限届满而终止；二是专利权人没有按照规定缴纳年费专利权终止；三是专利权人书面声明放弃专利权，在该放弃专利权的声明不是涉及《专利法实施细则》第13条第1款的相关规定而作出的情况下，其放弃专利权的生效日为手续合格通知书的发文日，即自该生效日专利权终止。在专利权终止的情况下，由于其自授权日至终止日之间这段期间内专利权仍是有效的，因此任何人可以针对已经终止或者被放弃的专利权提出无效宣告请求。上述案例中，专利权人在意见陈述中称其已放弃被请求宣告无效的专利权，但实际情况是因其未缴纳年费而导致专利权终止，因此，合议组对所述专利权的无效宣告请求继续进行审理。对此，2001年版《审查指南》第四部分第三章第4.2节亦明确规定："请求人可以针对已经终止或者被放弃的专利权提出无效宣告请求。"2006年版《审查指南》第四部分第三章第3.1节进一步规定："无效宣告请求的客体应当是已经公告授权的专利，包括已经终止或者放弃（自申请日起放弃的除外）的专利。"

本案例中，如果请求人提交的作为证据的在先申请已经被无效、放弃或因其未缴纳年费而导致专利权终止，是否可以适用《专利法》第9条的规定宣告在后申请无效？《专利法》第9条的目的之一在于防止重复授权，但其同时规定了先申请原则，也就是说专利权仅授予最先申请的人，即使在先申请因各种原因不再处于有效状态，但其在先申请的事实是不会改变的，因此，在适用《专利法》第9条的规定时不应考虑在先申请的状态。而《专利法实施细则》第13条第1款的立法宗旨仅在于防止重复授权，故适用该条款时要考虑专利的状态。这也是适用《专利法》第9条和《专利法实施细则》第13条第1款审查时的区别之一。

三、依据《专利法实施细则》第13条第1款的审查

（一）专利权人在同日申请多项外观设计专利

1. 专利权人未选择放弃其外观设计专利

案例　干式剃须刀（第6137号无效决定） *

2004年5月14日，专利复审委员会作出了第6137号无效宣告请求审查决定，该决定涉及名称为“干式剃须刀”的外观设计专利（下称本专利），其申请号为95318096.4，申请日为1995年11月10日，授权公告日为1996年12月25日。

请求人以本专利的授予不符合《专利法》第23条和《专利法实施细则》第13条第1款的规定为由，向专利复审委员会提出无效宣告请求。请求人认为：本专利与在其申请日前公开的外观设计相比较，不仅整体形状相同，而且具体局部都接近相同，在视觉效果上没有明显差别，属于相近似的外观设计。与此同时，请求人提交如下证据。

---

* 本案例由颜广成撰写。

证据1：中国89300490.1号外观设计专利公报；

证据2：前苏联29175号外观设计专利公报；

证据3：中国89300490.1号外观设计专利公报；

证据4：中国95318095.6号外观设计专利公报；

证据5：中国95318090.5号外观设计专利公报。

合议组对本案进行了口头审理，双方当事人均出席了口头审理。合议组经审查认为：本专利与95318095.6号和95318090.5号外观设计专利相比较，三项外观设计为相近似的外观设计，属于重复授权，因上述专利权的权利人相同，申请日相同，因此，本专利违反了《专利法实施细则》第13条第1款的规定。根据《审查指南》第四部分第六章第3.1.1节的规定，合议组当庭告知专利权人，可以在上述的3项专利权中选择1项专利权，放弃其余专利权。

专利权人提交了答复意见，主动放弃95318095.6号和95318090.5号外观设计专利，并于2004年1月14日在国家知识产权局专利公报上公告。

后请求人再次对本专利提出无效宣告请求，请求人提交95318099.9号外观设计专利公报作为主张本专利不符合《专利法实施细则》第13条第1款规定的证据。

请求人认为：本专利与95318099.9号外观设计专利相比较，二者的刀头、鬓刀、插头和握柄设计是完全相同的，二者在“刀体尾部、正面装饰带、两侧装饰块等部位”的差别属于细微差别，容易使一般消费者在购买上述产品时产生视觉混淆，属于同样的发明创造。因此，本专利权的授予不符合《专利法实施细则》第13条第1款的规定，应当被宣告无效。

专利权人认为，本专利与95318099.9号外观设计专利不相同也不相近似。本专利的设计要点集中在刀体两侧的椭圆形装饰块和刀体底部的独特设计上，而在95318099.9号专利中，其设计要点为占据刀体 2/3 的装饰带。上述差别已成为区别两专利的显著性差别，消费者对于如此明显的差别完全可以区分开。所以，本专利和 95318099. 9 号外观设计专利不论在整体形状上还是在局部形状设计上都既不相同也不相近似。

合议组在审查后向各方当事人发出了“无效宣告请求审查通知书”，其内容是：经合议组进行比较后认为，本专利与 95318099. 9 外观设计专利属于相近似的外观设计。因两者的专利权人相同，申请日相同，故应根据《专利法实施细则》第 13 条第 1 款和《审查指南》第四部分第六章第 3. 1. 1 节的规定对本案进行审理。并告知专利权人自收到通知之日起 1 个月内可以在上述 2 项专利权中选择 1 项专利权，放弃另外 1 项专利权。专利权人在规定的期限内未答复。

合议组对两项外观设计进行相同和相近似比较。

本专利	95318099. 9 号专利（对比文件）
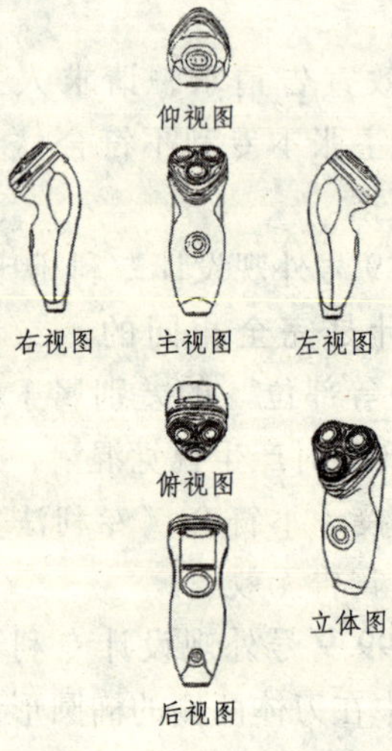	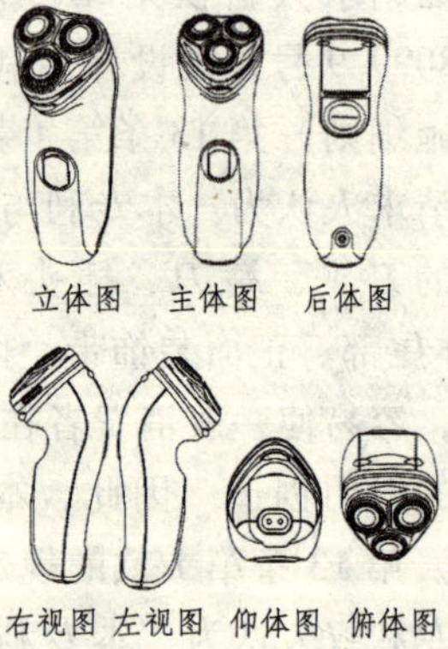

续表

本专利剃须刀是由刀柄和三角形刀头两部分组成。三角形刀头由三角刀架与其上三个圆形固定刀组成，三角刀架呈柱状凸起，其横截面为圆角的等边三角形。刀柄上部与三角刀头的结合部分，横截面亦为圆角的等边三角形，刀柄下端部分近似于舌状。左视图和右视图所示刀柄的上部向按钮所在面弯曲；主视图和后视图所示，刀柄的上部弯曲部位宽度略窄比刀柄下部宽度收缩，形成腰部。刀柄外壳由前壳和后壳结合而成，结合线位于刀柄两侧，位于刀体左右两侧中心位置各有的一个椭圆。前壳中部有一剃须刀开关，开关形状为圆形。后壳中上部有一长方形鬓刀，鬓刀下是一椭圆形开关。仰视图所示刀柄侧下端有一椭圆的凹槽，凹槽内有电源插头	对比文件的剃须刀是由刀柄和三角形刀头两部分组成。三角形刀头由三角刀架与其上三个圆形固定刀组成，三角刀架呈柱状凸起，其横截面为圆角的等边三角形。刀柄的上部与三角刀头的结合部分，横截面亦为圆角的等边三角形，刀柄下端部分近似于舌状。左视图和右视图所示刀柄的上部向按钮所在面弯曲；主视图和后视图所示，刀柄的上部弯曲部位宽度略窄比刀柄下部宽度收缩，形成腰部；刀柄外壳由前壳和后壳结合而成，结合线位于刀柄两侧。前壳中部有一剃须刀开关，开关形状为长方形按钮，按钮外为圆形。开关至刀柄下端有向外凸起的装饰包条，后壳中上部有一长方形鬓刀，鬓刀下是一椭圆形开关。仰视图所示，刀柄侧下端有一椭圆的凹槽，凹槽内有电源插头
相同点	1. 产品整体形状相同； 2. 刀头部分的形状相同； 3. 刀头与刀柄的连接部位形状及前倾角度均相同； 4. 二者开关的位置相同； 5. 二者在后壳中上部均有一长方形鬓刀
不同点	1. 开关的形状不相近似； 2. 椭圆形线条不同； 3. 装饰包条不同

合议组采用整体观察、综合判断的方式进行比较，认为本专利与对比文件所示外观设计没有明显差别，为相近似的外观设计，因而属于同样的发明创造。根据《审查指南》第四部分第

六章第3.1.1节的规定，同一专利权人的具有相同申请日的两项专利权，如果该两项专利权属于同样的发明创造，专利权人应当通过放弃另一项专利权的方式来维持本专利有效。如果专利权人不作出选择，在另外一项专利权有效的情况下，则应当宣告本专利权无效。因此，依据《专利法实施细则》第13条第1款的规定，专利复审委员会宣告本专利权无效。

专利权人不服该决定向一审法院提起专利行政诉讼。经过审理，一审法院判决维持专利复审委员会作出的决定。专利权人对一审法院判决仍不服，上诉至二审法院。二审法院作出终审判决，驳回上诉，维持原判。

【案例评析】

本案主要涉及如何处理同一专利权人同日申请多项相同或相近似的外观设计专利的问题。

2001年版《审查指南》第四部分第六章第3.1.1节规定：任何人认为属于同一专利权人的具有相同申请日的两项专利权不符合《专利法实施细则》第13条第1款规定的，可以请求专利复审委员会宣告其中一项专利权无效。同时规定，专利权人欲通过放弃另一项专利权的方式来维持本专利权有效的，应当提交放弃其另一项专利权的书面声明，由专利局予以登记和公告。本案中，合议组经审查认为本专利与95318099.9号外观设计专利属于相近似的外观设计，按照《审查指南》的相关规定，给予专利权人选择其中一项专利权、放弃另一项专利权的机会，但专利权人并未作出选择，合议组经过核实，在另一项专利权仍有效的情况下，作出宣告本专利权无效的第6137号无效宣告请求审查决定，后经一、二审法院审理，最终维持第6137号决定。

2. 无效程序中专利权人主动放弃本专利

案例　行李箱握把拉杆座体（99308226.2 号外观设计专利无效宣告请求）*

本无效宣告请求涉及的是国家知识产权局于 2000 年 3 月 15 日授权公告、名称为“行李箱握把拉杆座体（六）”的外观设计专利（下称本专利），其申请号为 99308226.2，申请日为 1999 年 6 月 10 日，授权公告日为 2000 年 3 月 15 日。

针对本专利权，请求人向专利复审委员会提出无效宣告请求，其理由之一是：本专利与 99308227.0 号外观设计专利相比，二者属于相近似的外观设计，属于重复授权，本专利不符合《专利法实施细则》第 13 条第 1 款的规定。与此同时，请求人提交了如下附件作为证据：

附件 1：99308227.0 号外观设计专利公报复印件。

对此，专利权人认为：附件 1 所述专利与本专利系在形状上不同且具有显著差异的两项外观设计专利，不能互相否定，请求人所述各视图构成近似的证据不充分。

专利权人于 2004 年 5 月 26 日在另一个专利的无效宣告请求审查程序中向国家知识产权局提出放弃本专利权的请求。国家知识产权局在《外观设计专利公报》第 20 卷 34 期上予以公告，准予专利权人自该专利授权公告之日起放弃其外观设计专利权。

对于请求人提交的附件 1（99308227.0 号《外观设计专利公报》复印件），合议组进行了核实，该复印件与原件相符。该专利的申请日是 1999 年 6 月 10 日，授权公告日是 2000 年 3 月 15 日。本专利的专利权人、申请日和授权公告日均与其相同，即二者属于同一专利权人同日申请并同日被授权公告的外观设计专利。由于专利权人已提出书面声明主动放弃本专利权，其主动放弃已于 2004 年 8 月 25 日在第 20 卷 34 期《外观设计专利公

---

* 本案例由请静华撰写。

报》中公告，本专利权自授权公告日起放弃，至此，《专利法实施细则》第13条第1款所述情形（即：重复授权）已消除。

最终，本案合议组以结案的方式终止了本无效宣告请求程序。

【案例评析】

本案值得探讨的问题在于：专利权人自愿放弃被请求宣告无效的专利权后如何处理涉及该项专利权的无效宣告请求？

本案的起因在于请求人同时分别对两项外观设计专利权提出无效宣告请求，所涉及的两项外观设计专利属于同一申请人在同一日申请并同时获得授权的专利。专利权人在其另一个专利的无效宣告请求审查程序中主动放弃本专利。根据国家知识产权局专审发【2003】第6号文件的相关规定：任何人认为属于同一专利权人的具有相同申请日的两项专利权不符合《专利法实施细则》第13条第1款规定的，可以请求专利复审委员会宣告其中一项专利权无效。在这种情况下，专利权人欲通过放弃另一项专利权的方式来维持该项专利权有效的，应当提交自授权之日起放弃其另一项专利权的书面声明，由专利局予以登记和公告。根据上述规定，以往审查的此类案件，在被提出无效宣告请求的专利与另一项专利相近似的情况下，专利权人往往会采取放弃另一项专利权的方式达到保护被请求宣告无效的专利权的目的，在不存在其他无效理由或者其他理由不成立的情况下，合议组即会作出一个维持被请求宣告无效的专利权有效的决定。本案所不同的是：本专利权在无效程序中已被专利权人主动声明放弃，在这种情况下合议组如何进行进一步的审理（即：以何种方式结案）？针对这个问题，存在两种不同观点：一是不考虑本专利权的法律状态，直接作出无效宣告请求审查决定；二是以结案的方式终止无效宣告请求程序。本案最终的处理采用了第二种方式。前者观点的主要理由在于：无效宣告请求是针对本专利提出的，而对本专利的放弃是专利权人在另一案件中声明放弃的，本专利的无效宣告请求是独立的审查程序，其审理与另案无关。案件审理所依据的应是请求人提交的证据和理由，因此，被请求宣告无效的专利权的法律状态不能影响该案件的审理，合议组应当作出一个无效宣告请求审查决定。在本案审理过程中合议组认为：无效宣告请求程序的启动要求请求人只能针对一项被授权公告的专利提出无效宣告请求，而对未经授权的专利申请是不能提出无效宣告请求的。无效宣告请求程序一经启动，从开始到终止，始终以一项既存权利为中心。只有权利存在，才会针对该项专利权作出无效宣告请求审查决定。如果一项权利自授权之日起已经不存在，无效程序也就失去意义。对于本专利而言，当请求人以重复授权为由提出无效宣告请求时，专利权人为了保障另一项外观设计专利不被无效，而选择主动声明自授权之日起放弃该专利权，致使无效请求审查的客体不复存在，所谓重复授权的情形也随即被消除，无效宣告程序继续进行下去已无实际意义。基于上述论述，第二种处理方式是客观妥当的。2006 年版《审查指南》对于为克服不符合《专利法实施细则》第 13 条第 1 款规定的缺陷而放弃专利权的处理方式作了修改，其第四部分第七章对同一专利权人的两项以上同样的发明创造的处理作出明确规定，即以向当事人发出结案通知书的方式处理专利权人主动放弃被请求宣告无效的专利的情形。但需要注意的是，专利权人欲放弃被请求宣告无效的专利的，应当向专利复审委员会提交自申请日起放弃该项专利权的书面声明。

3. 无效程序中专利权人主动放弃对比专利

案例 牙刷（第 5446 号无效决定）*

2003 年 9 月 18 日，专利复审委员会作出第 5446 号无效宣告

---

* 本案例由徐清平撰写。

请求审查决定，该决定涉及产品名称为“牙刷”的96318712.0号外观设计专利（下称本专利），其申请日为1995年8月24日，授权公告日为1997年10月22日。

请求人请求宣告本专利无效的理由之一是：本专利与专利权人同日申请的其他多件外观设计专利基本相同，因此，本专利不符合《专利法》第9条及《专利法实施细则》第13条第1款的规定。为支持其主张，请求人提交了证据2~证据5，分别为中国95309339.5号、96318714.7号、96318715.5号、96318716.3号外观设计专利公报复印件。

在审理过程中，合议组向专利权人发出“无效宣告请求审查通知书”，告知其若欲通过放弃证据2~证据5所示专利的方式来维持本专利有效的，应在指定期限内提交放弃专利权的书面声明。专利权人根据合议组发出的审查通知书提出了自1997年7月18日起放弃证据2~证据5所示外观设计专利权的“放弃专利权声明”，国家知识产权局经审查认为专利权人提交的上述放弃专利权声明符合《专利法》及《专利法实施细则》的有关规定，准予其按照声明放弃所述专利权，并在第19卷第43号专利公报上公告该声明。

请求人提交的作为证据2~证据5所示外观设计专利与本专利的申请日、专利权人相同，合议组认为其均与本专利相近似，系《专利法实施细则》第13条第1款所规定的同样的发明创造，但专利权人已经提交了自1997年7月18日（本专利颁证日）起放弃证据2~证据5所示专利权的声明，并经审查准予按照该声明放弃所述专利权，因此，请求人以证据2~证据5所示外观设计专利证明本专利不符合《专利法实施细则》第13条第1款规定的事实已经消除，其据此宣告本专利无效的理由已经不能成立。

同时，由于证据2~证据5所示外观设计专利与本专利的申请日、专利权人相同，因此，其不能作为评价本专利是否符合《专利法》第9条规定的证据。

综上所述，请求人请求宣告本专利无效的主张不能成立。专利复审委员会作出决定，维持本专利有效。当事人未针对该决定提起专利行政诉讼。

【案例评析】

本案例涉及以重复授权作为无效宣告请求理由的问题，具体涉及专利权人相同、申请日相同的多项外观设计专利是否构成重复授权的认定及其处理程序。

2001年版《审查指南》第四部分第六章规定，任何人认为属于同一专利权人的具有相同申请日的两项专利权不符合《专利法实施细则》第13条第1款规定的，可以请求专利复审委员会宣告其中一项专利权无效。在这种情况下，专利权人欲通过放弃另一项专利权的方式来维持该项专利权有效的，应当提交自授权之日起放弃其另一项专利权的书面声明，由专利局予以登记和公告；欲维持的专利权的授权日较晚的，可以声明自欲维持的专利权授权之日起放弃。在不存在针对该项专利权的其他无效宣告请求的理由或者其他理由不成立的情况下，专利复审委员会作出维持该项专利权有效的审查决定。在放弃声明中，专利权人可以声明自某个日期起放弃其某项专利权，符合规定的，专利局应当将专利权人声明的该日期作为“专利权放弃日”，予以公告。

本案审理中合议组向专利权人发出“无效宣告审查通知书”，告知其可依据上述规定通过放弃证据2~证据5所示专利的方式来维持本专利有效。专利权人提交了自本专利授权日起放弃证据2~证据5所示专利权的声明，并经专利局审查准予按照该声明放弃所述专利权，且在专利公报上予以公告。请求人证明本专利不符合《专利法实施细则》第13条第1款规定而构成重复授权的事实已经消除，该无效宣告请求的理由不能成立。对于本案例所述情况在以下两个方面值得注意：

一是关于放弃专利权声明的提交手续。该声明应当是向国家知识产权局专利局和专利复审委员会提交，并经专利局相关审查部门审查批准、予以登记和公告方能生效。提交放弃专利权的声明还应满足《审查指南》第五部分第九章第2.3节相关规定，应当提交放弃专利权的书面声明，并附具全体专利权人签字或者盖章同意放弃专利权的证明材料，或者仅提交由全体专利权人签字或者盖章的放弃专利权声明。主动放弃专利权的声明不得附有任何条件。放弃专利权只能放弃一件专利的全部，放弃部分专利权的声明视为未提出。

二是关于放弃专利权的起始时间。按照《审查指南》第四部分第六章关于无效程序中“专利权放弃日”的解释，放弃专利权声明应明确指出起始时间，这是审查实践中当事人容易疏漏的情形，符合规定的，专利局应当将专利权人指明的该日期作为“专利权放弃日”。放弃专利权的具体起始时间，一般是自授权之日起放弃，若本专利的授权日较晚，也可以声明自本专利权授权之日起放弃另一项专利权。这样被放弃的专利在其授权日与本专利授权日期间是有效的，但在时间上并不存在与本专利权利共存的情况，消除了可能造成的重复授权。需要指出的是，2006年版《审查指南》规定，一经发现相同专利权人存在有多项同样的发明创造，专利权人欲通过放弃另外专利权的方式来维持其中一项专利权有效的，其只能向国家知识产权局专利局和专利复审委员会提交自申请日起放弃另外专利权的书面声明，此后由专利局予以登记和公告。

4. 与本专利属于同样发明创造的另一项专利已被宣告无效

案例 面包炉（第6823号无效决定）*

2005年2月2日，专利复审委员会作出第6823号无效宣告请求审查决定，该决定涉及产品名称为“面包炉（TXT—022）”的02338627.4号外观设计专利（下称本专利），其申请日为2002年9月17日，授权公告日为2003年3月19日。

请求人请求宣告本专利无效的理由之一是：本专利和与其具有相同申请日的02338621.5号外观设计专利完全相同，因此，本专利不符合《专利法》第9条及《专利法实施细则》第13条第1款的规定。为支持该主张，请求人提交了证据2即02338621.5号外观设计专利的公报复印件。

在审理过程中，合议组于2004年1月14日向专利权人发出“无效宣告请求审查通知书”，告知其若欲通过放弃证据2所示专利的方式来维持本专利有效，应在指定期限内提交放弃该专利的书面声明。专利权人逾期未作答复。合议组查明，请求人提交的证据2所示02338621.5号外观设计专利已被专利复审委员会于2004年2月25日作出的第5886号无效宣告请求审查决定宣告无效，该决定已生效。因此，本专利和该证据所示专利共存的情况已经消除，请求人认为本专利不符合《专利法实施细则》第13条第1款规定的无效宣告请求理由不能成立，合议组作出维持本专利有效的审查决定。当事人没有针对该决定提起专利行政诉讼。

【案例评析】

本案审理中，合议组依据2001年版《审查指南》第四部分第六章第3.1.1节相关规定向专利权人发出“无效宣告请求审查通知书”，告知其可通过放弃证据2所示专利的方式来维持本专

---

* 本案例由徐清平撰写。

利有效，专利权人未提交放弃相关专利权的声明。本案的特殊之处在于，证据2所示专利在专利复审委员会也被提出无效宣告请求，专利复审委员会该案合议组已作出了宣告该专利无效的第5886号审查决定。在第5886号决定生效的情况下，本专利和证据2所示专利权共存的情况已经消除，即已不存在重复授权问题，故以该证据证明本专利不符合《专利法实施细则》第13条第1款规定的无效宣告请求理由不能成立。

（二）专利权人在不同日申请多项外观设计专利

案例1 钓竿导引环（第4597号无效决定）*

2002年11月8日，专利复审委员会作出第4597号无效宣告请求审查决定，该决定涉及产品名称为“钓竿导引环”的99301232.9号外观设计专利（下称本专利），其申请日为1999年2月23日，授权公告日为1999年11月10日。

请求人请求宣告本专利权无效的理由之一是：专利权人在本专利申请日前申请了与本专利相同的98326438.4号外观设计专利，属于同一申请人以相同或基本相同的设计申请两件外观设计专利的情形，因此，本专利不符合《专利法实施细则》第13条第1款的规定。为支持该主张，请求人提交了98326438.4号外观设计专利的著录项目表及其视图复印件作为证据。

合议组经审查认为：

请求人提交的作为证据的98326438.4号外观设计专利的专利权人与本专利的专利权人相同，申请日为1998年12月9日，授权公告日为1999年9月1日，其属于本专利权人在本专利申请日之前提出申请并在之后被授权公告的外观设计专利。合议组将本专利与证据所示外观设计（下称对比文件）相比较，二者

---

* 本案例由徐清平撰写。

不同之处主要在于：后者在顶部形状上的圆弧较本专利大，从而其侧壁的斜度相对较小；前者曲面支架的宽度较小，从而较对比文件细长，相应地其侧壁上所设的导引孔也较狭长，而后者的导引孔较短粗。除前述不同之外，二者整体形状均为近似倒“V”形，其顶部均为圆弧状且两侧壁向外斜向分开至末端水平延伸成定位部，均在一侧壁上设有几乎相同的导引轮架和导引轮，均在侧壁上开有导引孔。合议组认为，二者所示钓竿导引环在顶部圆弧度、侧壁斜度和支架宽度比例上的前述不同仅是较小的量的变化，其仍是在整体形状明显相似的范围内所作的细微变化，侧壁上的导引孔虽有狭长与短粗之别，但其仍是两端为半圆弧的长椭圆近似形状，在此情况下，二者前述相似的各部分形状、相同的组成部分及其相对位置关系已经构成了其相似的整体外观效果，一般消费者极易将二者混同，因此，本专利与对比文件所示钓竿导引环属于相近似的外观设计。本专利不符合《专利法实施细则》第13条第1款的规定。据此，专利复审委员会作出决定，宣告本专利权无效。当事人未针对该决定提起专利行政诉讼。

<table>
<tr><th>本专利</th><th>对比文件</th></tr>
<tr><td>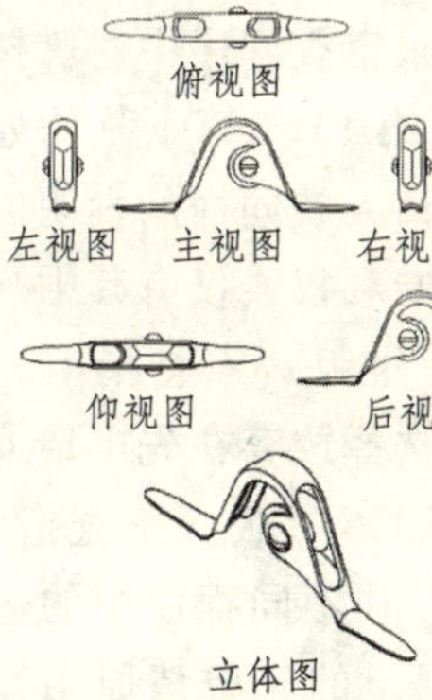
</td><td>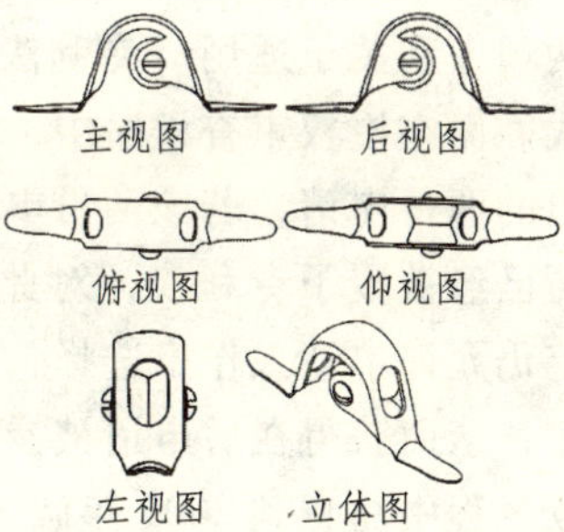
</td></tr>
</table>

【案例评析】

本案例涉及在无效效宣告请求审查程序中，同一专利权人先后申请的两项外观设计专利如何适用《专利法实施细则》第 13 条第 1 款规定的问题。

1993 年《审查指南》第 6 号公报对此情况作出的规定是，任何人认为属于同一专利权人的两项专利权不符合《专利法实施细则》第 12 条第 1 款规定的，可以请求专利复审委员会宣告“其中一项专利权”无效，而专利权人可以通过选择放弃其中一项专利权来维持另一项专利权有效，若被放弃的专利权的授权日较早，应自欲维持的专利权的权利生效日起予以放弃。可见，在此情况下专利权人可以选择放弃在先申请的专利权，来维持在后申请的专利有效。但 2001 年版的《审查指南》对此作了修改，其允许在“属于同一专利权人的具有相同申请日的两项专利权”的情况下，专利权人享有上述选择机会；而对于非同日申请的两项专利，其规定为，“任何人认为某项专利权与申请在先的另一专利权属同样的发明创造而不符合实施细则第 13 条第 1 款的规定的，可以请求专利复审委员会宣告该项专利权无效”，但未规定专利权人是否具有上述选择机会。

需要强调的是，以上是在无效宣告请求审查程序中对已授权的两项专利关于适用《专利法实施细则》第 13 条第 1 款的处理方式。而在授权审查程序中，对于同一申请人就同样的发明创造提出的两份申请，若该两份申请均未授予专利权或仅有其中一份申请已经被授予专利权，对此情况，2001 年版《审查指南》的规定仍允许申请人作出选择，即可以自由选择放弃在先申请或专利权，从而获得在后申请被授予专利权。2006 年版《审查指南》修改过程中注意到 2001 年版《审查指南》在不同程序中的这种不同处理方式，认为《专利法》第 9 条规定的先申请原则针对的是不同申请人的情形，对于专利权人相同的情形，同授权审查程序一样，专利权人有选择权且其选择权不受申请日先后的限制。为此2006年版《审查指南》作出如下修改：

“任何人认为属于同一专利权人的具有相同或者不同申请日的两项专利权不符合《专利法实施细则》第13条第1款规定的，可以请求专利复审委员会宣告其中一项专利权无效。

在这种情况下，专利权人欲通过放弃另一项专利权的方式来维持该项专利权有效的，应当向专利复审委员会提交自申请日起放弃另一项专利权的书面声明，由专利局予以登记和公告。自申请日起放弃专利权的，该专利权视为自始不存在。在不存在其他无效宣告理由或者其他理由不成立的情况下，专利复审委员会应当维持该项专利权有效。

专利权人欲放弃被请求宣告无效的专利的，应当向专利复审委员会提交自申请日起放弃该项专利权的书面声明，专利复审委员会根据当事人处置原则终止该无效宣告程序，并向双方当事人发出结案通知书，由专利局予以登记和公告。

专利权人未进行选择的，专利复审委员会应当宣告被请求宣告无效的专利权无效。”

案例2 瓷砖（第11698号无效决定）*

2008年6月17日，专利复审委员会作出第11698号无效宣告请求审查决定，该决定涉及名称为“瓷砖（精典石）”的外观设计专利（下称本专利），其申请号为00341292.X，申请日为2000年11月13日，授权公告日为2001年6月20日。

请求人认为本专利与在先申请的外观设计专利所示瓷砖形状相同，图案相近似，区别仅在于图案的细微纹理，二者属于相近似的外观设计，因此，本专利违反了《专利法实施细则》第13

* 本案例由张跃平撰写。

条第 1 款的规定，应被宣告无效。请求人同时提交了专利号为 00342286.0 的外观设计专利公报复印件作为证据。

专利复审委员会成立合议组对本案进行审理，于 2008 年 3 月 21 日向专利权人发出“无效宣告请求审查通知书”。合议组认为本专利与该证据所示专利属于《专利法实施细则》第 13 条第 1 款规定的同样的发明创造，根据《审查指南》第四部分第七章第 2 节的相关规定，专利权人欲通过放弃前述作为证据的专利的方式来维持本专利有效的，应当在指定期限内提交自该专利申请之日起放弃其专利权的书面声明，由专利局予以登记和公告，未在指定期限内提交上述书面声明的，专利复审委员会将宣告本专利权无效。专利权人在指定期限内未作答复。

合议组经审查认为，请求人提交的作为证据的 00342286.0 号外观设计专利，专利权人与本专利权人相同，与本专利属于同一专利权人不同申请日申请的两项外观设计专利，可以用于评价本专利是否符合《专利法实施细则》第 13 条第 1 款的规定。

将本专利与对比设计相比较，二者均为矩形薄片设计，正面有纵向、横向仿砌缝凹槽，均有长方形交错拼贴单元，其交错单元的排列方式相同。二者不同之处主要在于：本专利采用了仿大理石纹理图案，对比设计为竖向条纹，二者的仿砌缝凹槽截面形状分别为近似圆弧槽和矩形槽。本专利和对比设计所示瓷砖均为基本相同的常见长方形薄片形状，其表面的仿砌缝交错排列效果基本相同，虽有仿砌缝凹槽的截面形状不同，但明显属于局部的细微差异；二者虽分别采用仿大理石纹理和竖向条纹，但其均为常见的不规则自然纹理，在此情况下，本专利与在先设计所示瓷砖均采用的纵向、横向仿砌缝凹槽设计，所形成的长方形单元交错拼贴排列具有显著视觉效果，上述纹理图案设计差异对整体视觉效果不具显著影响，因此，二者属于相近似的外观设计。

因此，本专利不符合《专利法实施细则》第 13 条第 1 款的规定，应宣告其无效。当事人未针对该决定提起专利行政诉讼。

本专利	附件 1
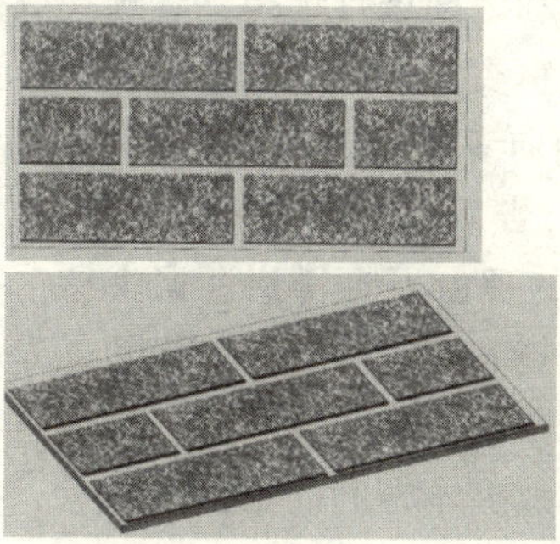	

【案例评析】

本案例与前面第 4597 号无效宣告请求审查决定涉及的法律问题完全相同，即同一专利权人先后申请的两项外观设计专利如何适用《专利法实施细则》第 13 条第 1 款规定。所不同的是本决定的作出日在 2006 年 7 月 1 日之后，而第 4597 号无效宣告请求审查决定的作出日在 2006 年 7 月 1 日之前。

本案例是 2006 年 7 月 1 日之后作出的，所以适用 2006 年 7 月 1 日起施行的《审查指南》的相关规定。正如第 4597 号无效宣告请求审查决定案例评析中所述，对于专利权人相同、申请日不同的两项以上同样的发明创造，专利权人欲通过放弃另一项专利权的方式来维持该项专利权有效的，应当向专利复审委员会提交自申请日起放弃另一项专利权的书面声明，由专利局予以登记和公告。专利权人未进行选择的，专利复审委员会应当宣告被请求宣告无效的专利权无效。也就是说，2006 年 7 月 1 日起施行的《审查指南》允许同一专利权人在其申请日不同的多项同样的发明创造之间进行选择。

本案合议组经过审理认为本专利与附件1所示外观设计属于相近似的外观设计，所以向专利权人发出审查意见通知书，告知专利权人在本专利和附件1所示专利之间进行选择，若选择放弃附件1所示专利，则需要向专利复审委员会提交自申请日起放弃该项专利的书面声明（同时还应当向专利局提交该声明），专利局对被放弃的专利权予以登记和公告后，本专利不符合《专利法实施细则》第13条第1款规定的理由不再得到证据支持，在不存在其他无效理由的情况下，维持本专利权有效。当然，专利权人也可以直接放弃被请求宣告无效的本专利，此时，合议组将在收到专利权人提交的自申请日起放弃本专利的书面声明后，发出结案通知书终止该无效宣告程序。

案例3　蚊香盒（第6058号无效决定）*

2004年4月21日，专利复审委员会作出第6058号无效宣告请求审查决定，该决定涉及名称为“蚊香盒”的外观设计专利（下称本专利），其申请号为00305143.9，申请日为2000年3月31日，授权公告日为2000年11月1日，简要说明中写明请求保护色彩。

请求人提起无效宣告请求的理由为：与本专利相近似的“万紫千红润肤脂”的包装盒早在20世纪80年代就已经在市场上广泛销售，因此本专利不符合《专利法》第23条的规定；本专利与专利权人在先申请的另一专利属于同样的发明创造，因此不符合《专利法实施细则》第13条第1款的规定，请求人同时提交了下列附件作为证据：

附件1：“万紫千红润肤脂”的包装盒的照片的复印件1张；

* 本案例由钟华撰写。

附件 2：99315760.2 号外观设计专利授权图片复印件 2 页。

在意见陈述中，专利权人认为附件 1 中缺乏有关证实其公开时间的信息。附件 2 无论是整体还是局部都与本专利明显不同，因此不属于相同的发明创造。

在口头审理中，请求人出示了附件 1 照片中所示的包装盒实物，并坚持其关于本专利与附件 1 属于相同的发明创造的主张，专利权人未参加口头审理。

经审查，合议组认为附件 1 的真实性及公开时间不能确认。附件 2 是本专利权人申请的另一外观设计专利（下称对比文件）的专利公报复印件。其与 99315760.2 号外观设计专利公报一致，可以确认其真实性。其申请日为 1999 年 9 月 28 日，早于本专利申请日 2000 年 3 月 31 日，而公开日为 2000 年 4 月 28 日，迟于本专利申请日，因此其可用于评价本专利是否符合《专利法实施细则》第 13 条第 1 款的规定。

<table>
<tr><th>本专利</th><th>对比文件</th></tr>
<tr><td>

仰视图

左视图

主视图

状态图

后视图
</td><td>

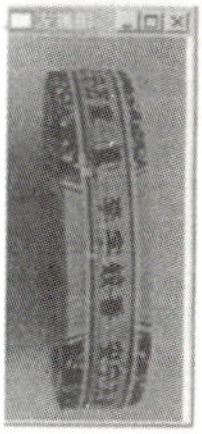
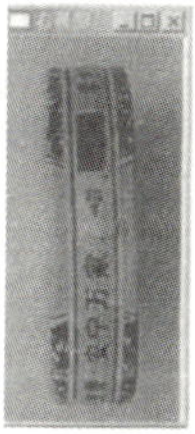
</td></tr>
</table>

续表

本专利为一种蚊香盒，其形状为扁平的圆柱形，蚊香盒的上下表面均略呈内凹状的圆形，图案及色彩设计如上图所示	对比文件为一种蚊香盒，其形状为扁平的圆柱形，蚊香盒的上下表面均为圆形，图案设计如上图所示
相同点	1. 整体形状均为扁平圆柱形； 2. 下表面构图及图案相似
不同点	1. 本专利保护色彩，对比文件未公开色彩； 2. 本专利的上下表面略内凹，对比文件的上下表面大致水平； 3. 上表面、侧面的形状、构图不同：本专利的上表面为中间圆形，外侧为两重圆环图案，对比文件的上表面为上下球冠形，中间为腰鼓形；本专利的侧面为一个整体的圆环，在先申请由三个圆环组成； 4. 上表面、侧面的具体图案不同，本专利主要图案为深蓝底色上散布有草叶花朵图案，对比文件除了深底色上散布有草叶花朵图案外，还有“李字蚊香”等字样居于引人瞩目的部位

由于本专利请求保护色彩，因此进行相近似比较的时候，应将本专利的形状、图案与色彩分别与对比文件进行对比。

合议组经过审理，认为：本专利与对比文件的上述形状、图案、色彩的区别足以使本专利与对比文件的整体视觉效果产生明显的差异，因此本专利与对比文件不相同且不相近似，附件2不能证明本专利不符合《专利法实施细则》第13条第1款的规定，专利复审委员会作出了维持本专利权有效的第6058号无效宣告请求审查决定。当事人未针对该决定提起专利行政诉讼。

【案例评析】

本案主要涉及如何适用《专利法实施细则》第13条第1款的问题。

《专利法实施细则》第13条第1款为禁止重复授权原则的规定，该规定解决了《专利法》第9条所不能解决的同一申请人先后申请同样的发明创造的情况。本案中对比文件和本专利的专利权人为同一申请人，且对比文件的申请日在本专利申请日前，公开日在本专利申请日之后，故可用于评价本专利是否符合《专利法实施细则》第13条第1款的规定。本案审理过程中，合议组认为本专利与对比文件属于不相同且不相近似的外观设计，二者的共存不构成重复授权，因此，专利权人无需在本专利和对比文件之间进行选择。在其他无效宣告请求理由不成立的情况下，维持本专利权有效。

值得注意的是，如果对比文件的申请日和公开日均在本专利申请日之前，请求人同时提出《专利法》第23条和《专利法实施细则》第13条第1款为无效宣告的理由，则应当优先适用《专利法》第23条进行审查。

（三）不同申请人在同一申请日申请多项外观设计专利

案例 餐台（第9787号无效决定） *

2007年5月8日，专利复审委员会作出第9787号无效宣告请求审查决定，该决定涉及名称为“餐台（OD303）”的外观设计专利（下称本专利），其申请号为200430064346.5，申请日为2004年8月18日，授权公告日为2005年4月13日。

请求人针对本专利提出无效宣告请求的理由之一是：本专利与其同日申请的200430064040.X号外观设计相近似，因而其授权不符合《专利法》第9条和《专利法实施细则》第13条第1款的规定。请求人同时提交了专利号为200430064040.X的外观设计专利公报复印件作为证据。

在口头审理过程中，请求人明确上述证据适用《专利法实施细则》第13条第1款。

专利复审委员会成立合议组对本案进行审查后认为，200430064040.X号外观设计专利虽由不同申请人提出，但其与本专利在同日申请，因而不能适用《专利法》第9条进行审理。口头审理时请求人明确对该证据按照《专利法实施细则》第13条第1款处理，因此合议组适用《专利法实施细则》第13条第1款进行审查。

合议组将本专利与证据所示专利进行了相同和相近似比较后认为：

本专利与证据所示专利相比，区别在于：首先，台面板不同。本专利的台面板为无框的长方形板体，证据所示专利的台面板外沿有长方形框体。其次，台脚形状不同。本专利由4根圆柱形台脚组成，而证据所示专利由两组“U”形台脚组成。再从两

---

* 本案例由张跃平撰写。

侧面观察，本专利的台脚通过设于其上的横担与台面板连接，而证据所示专利的台面与台角直接连为一体。通过整体观察，上述差别足以使一般消费者在视觉上产生明显不同的外观设计效果，因此二者属于不相同且不相近似的外观设计，不属于同样的发明创造。该证据不能证明本专利不符合《专利法实施细则》第13条第1款的规定。当事人未针对该决定提起专利行政诉讼。

本专利	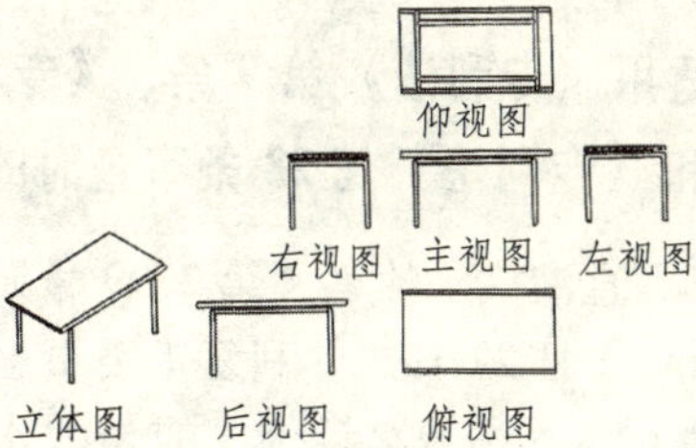
证据所示专利	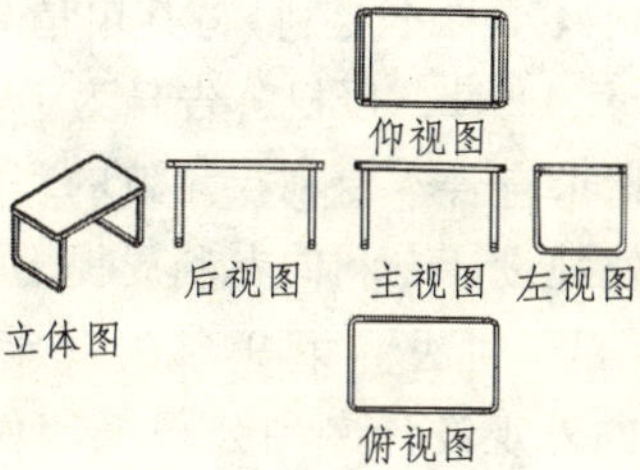

【案例评析】

《专利法》第9条和《专利法实施细则》第13条第1款均属于“禁止重复授权”的法律条款。《专利法实施细则》第13条第1款的适用范围较宽，不能适用《专利法》第9条解决的重复授权问题，都可以适用《专利法实施细则》第13条第1款，但能够适用《专利法》第9条的应优先适用该条款。

本案例涉及不同申请人同一申请日申请多项外观设计专利的情形。请求人在提出无效宣告请求时提交的证据是不同申请人同一日申请的外观设计，据此提出的无效宣告请求理由是《专利法》第9条和《专利法实施细则》第13条第1款，后明确放弃《专利法》第9条，合议组依据《专利法实施细则》第13条第1款的规定进行了审查。因《专利法》第9条规定：两个以上的申请人分别就同样的发明创造申请专利的，专利权授予最先申请的人。对于两个以上申请人同日申请两项以上的外观设计专利，只能适用《专利法实施细则》第13条第1款的规定进行审理。

四、适用《专利法》第9条、《专利法实施细则》第13条第1款和《专利法》第23条审查时的区别

案例1　直液式水性笔（第2399号无效决定）*

2000年12月27日，专利复审委员会作出第2399号无效宣告请求审查决定，涉及名称为“直液式水性笔（CLD2801）”的外观设计专利（下称本专利），其申请号为99305655.5，申请日为1999年5月11日，授权公告日为1999年11月10日。

请求人请求宣告本专利权无效的理由是：在本专利申请日前已有同样的外观设计专利向专利局提出申请并被授予专利权，本专利不符合《专利法》第9条的规定。同时提交了专利号为98332846.3的外观设计专利公报复印件作为证据。请求人进一步认为：本专利与证据中公开的外观设计属于同一类别，可以进行相同和相近似比较，属于相近似的外观设计。且请求人提供的证据是本专利的成套物品中的组成部分。专利权人在陈述意见时认为二者不是相同的物品，本专利保护的范围主要是将该款笔作为一个整体来保护。而请求人提供的外观设计只提供了笔帽的有关视图，只表现出了笔帽的形状特征。故本专利与请求人提供的外观设计不相同也不相近似。

---

* 本案例由陈迎春撰写。

本专利	对比文件
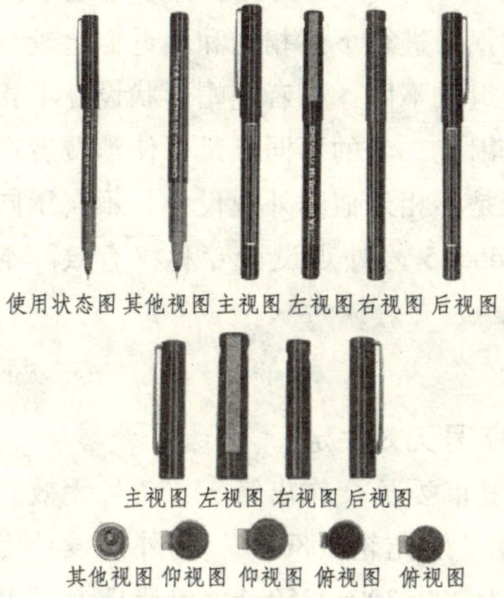	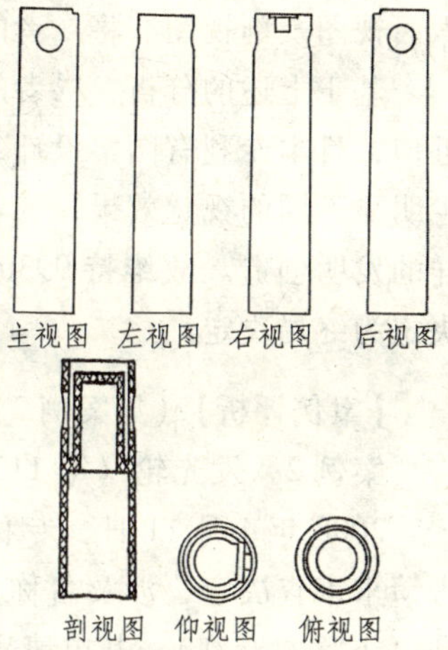
相同点	笔帽的形状都是圆柱体，在靠近笔帽的上端对称地设计有两个圆形凹陷
不同点	1. 本专利是笔帽和笔杆两部分组合后的笔的形状及图案设计，在其笔帽上有一笔卡，而对比文件中涉及的外观设计仅仅是笔帽的形状设计，没有笔杆和笔卡的设计； 2. 从二者笔帽的形状设计上来观察，本专利在边棱处有光滑的圆角过渡，而对比文件中涉及的笔帽是有棱有角； 3. 对比文件在其上端设计有一“T”型的向里凹的开口，本专利则是在笔帽的上端（与上端有一小段距离）处有一笔卡，且本专利在笔杆上有方框图案和文字图案设计

合议组对请求人提交的证据进行了核实，确认其分类号为19－06，申请日为1998年12月3日，其申请日在本专利申请日（1999年5月11日）之前，其授权公告日在本专利申请日之后，申请人与本专利申请人不同。因此该证据可以作为评价本专利是

否符合《专利法》第9条的证据采用。证据中涉及的外观设计产品名称为“针管墨水笔笔套（A1）”，视图有该墨水笔笔套的六面视图及剖视图。将二者的视图进行下述相同和相近似比较。

基于上述的分析，二者的组成不同，二者笔帽形状设计不相近似，且本专利有图案设计，因此二者的不同点足以使消费者产生明显不同的视觉效果，二者是不相近似的外观设计，不属于同样的发明创造。故维持99305655.5号外观设计专利权有效。本决定为终局决定。

【案例评析】（见案例2）

案例2　发光轮（第11337号无效决定）*

2008年4月11日，专利复审委员会作出第11337号无效宣告请求审查决定，涉及名称为“发光轮（809）”的外观设计专利（下称本专利），其申请号为200530067350.1，申请日为2005年8月29日，授权公告日为2006年4月5日。

针对本专利，请求人请求宣告本专利权无效的理由之一是：本专利不符合《专利法》第9条的规定。请求人认为证据1所示的是名称为后轮式旱冰鞋的外观设计组件产品，鞋轮的外观设计与本专利相同，因此在本专利申请日之前已有与之同样的发明创造被授予专利权。

专利复审委员会依法成立合议组对本案进行审查，合议组认为请求人提交的证据1是申请日为2005年5月16日、授权公告日为2006年5月31日的外观设计专利。该证据所示外观设计专利的申请日在本专利申请日（2005年8月29日）之前，授权公告日在本专利申请日之后，二者申请人不同，可以作为评价本专利是否符合《专利法》第9条的证据。

---

* 本案例由张跃平撰写。

请求人以证据1中所示旱冰鞋的一个轮子作为与本专利进行相同和相近似比较的在先设计。对此合议组认为，外观设计是否属于同样的发明创造的对比判断，应当以外观设计专利的保护范围为基础，将两件专利所要求保护的外观设计整体进行对比。因此，只能将本专利与证据1所示的后轮式旱冰鞋整体进行对比，而不能仅与旱冰鞋的一个轮子进行对比。

证据1所示的是后轮式旱冰鞋的外观设计，其包括两个鞋轮和将轮子连接在一起的鞋架，鞋架包括两个侧壁与侧壁之间的鞋架底板。（详见证据1附图）

本专利是发光轮的外观设计，实际上是旱冰鞋轮芯的外观设计。（详见本专利附图）

将本专利与证据1的后轮式旱冰鞋比较可知，本专利仅相当于证据1旱冰鞋中的一个轮子，是其中的一部分，对于一般消费者而言，证据1的后轮式旱冰鞋中的鞋架及两个轮子与鞋架一起形成的旱冰鞋的整体视觉效果与轮子整体的视觉效果有显著差异，二者属于不相同也不相近似的外观设计。因此，二者不属于同样的发明创造，遂作出维持本专利权有效的审查决定。当事人未针对该决定提起专利行政诉讼。

本专利	证据1
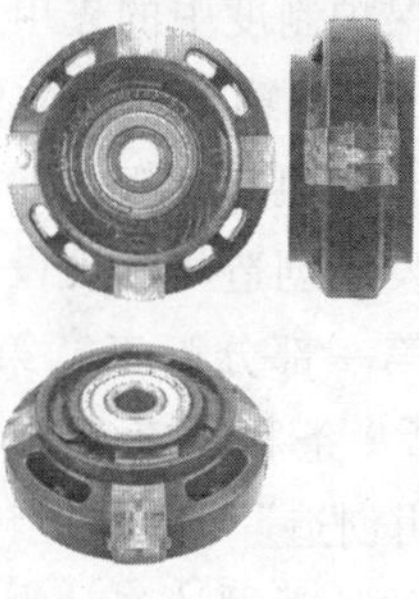	

【案例评析】

上述两个案例涉及依据《专利法》第23条和第9条及《专利法实施细则》第13条第1款审查时的异同。

《专利法》第23条规定："授予专利权的外观设计，应当同申请日以前在国内外出版物上公开发表过或者国内公开使用过外观设计不相同和不相近似。"从该条款中可以看出，作为现有设计的必要条件是其公开日应当在已授予外观设计专利权的专利申请日前，其可以是专利文献，也可以是非专利文献，可以是出版物公开，也可以是使用公开，可以是他人的外观设计专利，也可以是同一人的外观设计专利。依据《专利法》第23条审查时，应当将本专利所要求保护的外观设计与在先公开的对比文件中的相应设计进行比较，只要在先设计中公开了与本专利相同或相近似的外观设计，本专利就不符合《专利法》第23条的规定。与发明实用新型不同的是，《专利法》第23条中没有《专利法》第22条中抵触申请的相应规定，外观设计审查中出现他人在先申请在后公开的对比文件，只能适用《专利法》第9条进行审查。

《专利法》第9条规定："两个以上的申请人分别就同样的发明创造申请专利的，专利权授予最先申请的人。"该条款的目的一方面在于保护在先申请，体现专利保护制度中的先申请制原则，另一方面与《专利法实施细则》第13条第1款的立法目的相同，都在于避免就同样的发明创造授予多项专利权，即避免重复授权，也就是说，避免多项属于同样发明创造的外观设计专利权之间发生冲突。为此，《审查指南》第一部分第三章第6.5.1节规定：在判断是否构成《专利法》第9条和《专利法实施细则》第13条第1款所述的"同样的发明创造"时，应当以表示在两份专利申请或专利的图片或照片中的外观设计产品为准。因此，在依据《专利法》第9条和《专利法实施细则》第13条第1款进行审查时，审查的是两项或两项以上外观设计专利或专利申请所要求保护的外观设计之间是否相同或者相近似。

案例1中的本专利是由笔帽和笔杆两部分组成的直液式水性笔的形状及图案设计，对比文件仅仅是笔帽的外观设计，依据《专利法》第9条审查时，比较的是两个专利所要求保护的外观设计，即由笔帽和笔杆两部分组成的笔和对比文件的笔帽之间相比较。案例2中本专利请求保护的是旱冰鞋轮子的外观设计，证据1所示专利请求保护的是包含有鞋轮的旱冰鞋的外观设计，因此，依据《专利法》第9条审查时，进行相同和相近似比较的对象是两个专利所要求保护的外观设计，即本专利的轮子和证据1所示专利的旱冰鞋是否属于相同的相近似的外观设计。值得注意的是，在无效宣告请求审查程序中，如果案例2中证据1的公开日期在本专利申请日之前，请求人提出的无效理由为《专利法》第9条和第23条，则应当优先适用《专利法》第23条，此时，案例2中进行相同和相近似比较的对象应当是本专利的轮子和证据1中公开的与本专利相应的旱冰鞋中的轮子，显然与适用《专利法》第9条时的比较对象完全不同。

五、无效宣告请求理由与证据明显不相对应的处理

（一）依职权变更无效宣告请求理由

案例1　食品包装盒（第4841号无效决定）*

2003年2月24日，专利复审委员会作出第4841号无效宣告请求审查决定，涉及名称为“食品包装盒”的外观设计专利（下称本专利），其申请号为01319833.5，申请日为2001年6月11日，授权公告日为2002年1月23日，本专利简要说明中写明

* 本案例由张跃平撰写。

请求保护色彩。

请求人请求宣告本专利权无效的理由是：本专利与请求人于2001年1月15日在先申请，并于2001年9月26日授权公告的名称为“口服液包装盒”的01314071.X号外观设计专利无论从色彩的搭配还是图案及落在图案中的立体字型均非常近似。因此，本专利不符合《专利法》第23条的规定，请求专利复审委员会依法宣告本专利权无效。与此同时，请求人提交了专利号为01314071.X的外观设计专利授权公告文本复印件作为证据。专利权人认为本专利与请求人提交的证据中的包装盒相比，无论是图案还是色彩均存在差异，二者既不相同也不相近似。此外，请求人提到文字字体近似，而文字不属于外观设计专利的保护内容。

合议组经过核实，请求人提交证据的申请日为2001年1月15日，授权公告日为2001年9月26日，简要说明中写明请求保护色彩，其申请日在本专利申请日2001年6月11日之前，授权公告日在本专利申请日之后，而且申请人不同，故该证据（下称对比文件）可以作为评价本专利是否符合《专利法》第9条的对比文件。但请求人提出的无效宣告请求理由为本专利不符合《专利法》第23条的规定。合议组合议审查后，认为本专利与对比文件属于相近似的外观设计，为此，向双方当事人发出“无效宣告请求审查通知书”，告知双方当事人合议组将依职权引入《专利法》第9条对本案进行审理。

在引入新的无效宣告请求理由后，合议组进一步对二者是否属于同样的发明创造，即是否相同或者相近似进行了比较判断。

本专利	对比文件
 主视图 立体图 左视图  仰视图 俯视图	 主视图 立体图 左视图  俯视图 仰视图 右视图
1. 包装盒呈长方体形状。 2. 主视图和后视图对称，该包装盒的图案集中在主视图和后视图上。 3. 从主视图看其图案部分可以分成3个区域，下部区域是其上边为弧形的红色色块，色块中间有一个矩形块，色块弧形边外有一圈黄色边；中间区域有若干朵粉色花朵；上部区域是由天蓝色和粉色两种颜色构成的不规则模糊图案，在其左上部有4个红色小气球，右边有一竖长条，两个红色“皿尔”大字位于包装盒主视图正中央，覆盖所述3个区域。 4. 左右视图上是由红色和粉色两种颜色构成的不规则色块。俯仰视图为红色。从本专利的立体图看，带有“皿尔”两个大字的主视图面向消费者	1. 包装盒呈长方体形状。 2. 主视图和后视图对称。 3. 主视图图案部分可以分成3个区域，下部区域是其上边为弧形的红色色块，色块中间有一个花边矩形块，红色色块弧形边外有一圈黄色边；中间区域有若干朵粉色花朵和两朵小黄色花朵；上部区域是由粉色和少量黄色两种颜色构成的不规则模糊图案，在其左上部有一个蓝色小图案和一个红色“心”形，右边有一竖长条，两个红色“血尔”大字位于包装盒主视图正中央，覆盖所述3个区域。 4. 左右视图基本相同，图案为下部有3个人的上半身图像，上部为多行被划掉的文字。从其立体图看，带有“血尔”两个大字的主视图面向消费者

将本专利食品包装盒与请求人提交的对比文件中的包装盒进行比较，包装盒均为长方体，形状相同，二者主视图和后视图的

图案部分构图非常相似，均包括3个区域，每个区域的图案色调搭配均相近似，位于主视图和后视图正中间覆盖3个区域的两个红色大字字体基本相同，极为近似，虽然二者的左右视图构图不同，俯仰视图也有一定差异，但包装盒的主视图在使用状态下面向消费者，是最容易引起一般消费者瞩目的部位，在二者主视图和后视图图案如此近似的情况下，一般消费者仅给以一般的注意力，是不会注意到二者其他视图的差异的，很容易将它们混同。因此，本专利与对比文件中的包装盒属于相近似的外观设计，不符合《专利法》第9条的规定，宣告本专利权无效。当事人未针对该决定提起专利行政诉讼。

【案例评析】

本案主要涉及的问题是在何种情况下，合议组应依职权引入请求人未提及的理由。

根据2001年版《审查指南》的规定，请求原则和依职权调查原则是专利复审委员会无效宣告请求审查程序中严格遵守的两个审查原则。请求原则强调，在无效宣告程序中，合议组通常仅针对当事人提出的无效宣告请求的范围、理由和提交的证据进行审查。依职权调查原则强调，在无效宣告程序中，必要时，特别是在因专利权存在请求人未提及的缺陷而使合议组不能针对请求人提出的无效宣告理由得到有意义的审查结论的情况下，合议组可以依职权对请求人未提及的理由进行审查。显然这两个原则是一对矛盾，究竟哪个原则优先要具体问题具体分析，两个原则对于不同的案件有不同的优先适用规则。由于专利权是一种排他权，与通常意义上的民事权利有所不同，专利权是否维持有效对公众利益是有影响的，因此，对于请求人提出的无效宣告请求理由与证据明显不对应，而合议组不依职权引入与该证据相对应的理由明显有失公正的情况下，合议组通常会引入新理由，但必须给双方当事人陈述意见的机会。本案中，将本专利与请求人提交的对比文件保护的包装盒进行比较后，合议组认为二者属于相近似的外观设计，即属于同样的发明创造。在这种情形下，属于请求人提出的无效宣告请求理由与证据不对应的情形，所以，合议组依职权引入《专利法》第9条这一新的无效宣告理由，并告知双方当事人在指定期限内陈述意见。最后以本专利不符合《专利法》第9条为由宣告本专利权无效。

需要说明的是，在2006年版《审查指南》中，对于上述理由与证据明显不对应的情形，合议组不再直接依职权引入新理由，而是行使释明权（阐明权）。具体内容见后面相关案例。

案例2　打火机（第6003号无效决定）**

2004年4月12日，专利复审委员会作出第6003号无效宣告请求审查决定，涉及名称为“打火机（H101）”的外观设计专利(下称本专利)，其申请号为99333226.9，授权公告日为2000年5月3日，申请日为1999年8月30日。

请求人以本专利不符合《专利法实施细则》第13条的规定为由，向专利复审委员会提出无效宣告请求，其理由是：本专利与99303313.X号外观设计相比较，两者打火机的整体外观没有明显区别，只是按键上端局部线条略有变化，故两者属于同样的外观设计。与此同时，请求人提交了99303313.X号外观设计专利公报作为证据。

合议组经过审查后认为，请求人提交的对比文件是99303313.X号中国外观设计专利公报，其申请日为1999年2月12日，在本专利申请日之前，其授权公告日为2000年1月12日，在本专利申请日之后，申请人与本专利申请人不同，应当适

---

* 本案例由颜广成撰写。

用《专利法》第9条的规定。为此，合议组向双方当事人发出了“无效宣告请求审查通知书”，通知书内容为：根据《审查指南》相关规定，本案合议组依职权引入《专利法》第9条作为无效宣告理由。

合议组对两者进行了下列相同和相近似性的比较。

本专利	对比文件
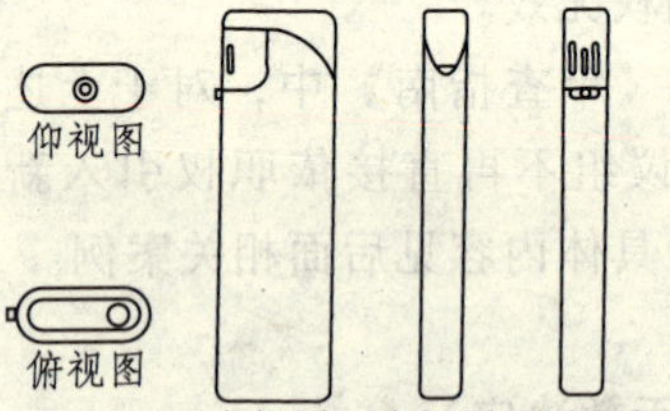 主视图 右视图 左视图	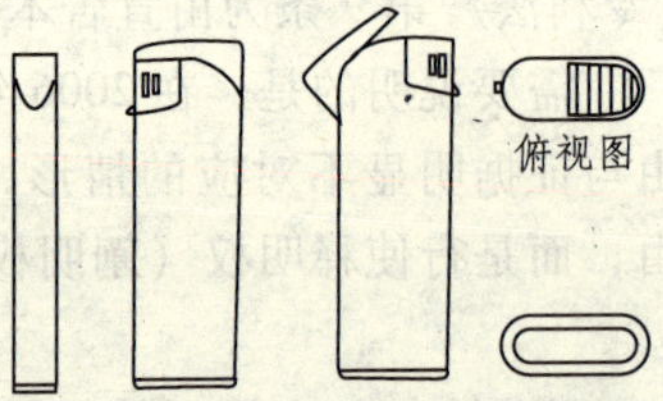 右视图 主视图 使用状态图 仰视图
本专利整体形状设计为近似扁长条体，长条体的两侧面呈半圆形；本专利打火机可分为机头和握柄（壳体）两个部分，其握柄约占整体五分之四；机头上部设有盖板打火键，机头左下部为风罩，风罩上有通风孔，从主视图观察，可见1个通风孔，从左视图观察，可见3个通风孔；打火机底部正中有气孔	对比文件整体形状设计为近似扁长条体，其两侧呈半圆形；打火机可分为机头和握柄（壳体）两个部分，其握柄约占整体五分之四；机头上部设有盖板打火键，打火键盖板右侧有防滑纹，机头左下部为风罩，风罩上有通风孔，从主视图观察，可见2个通风孔，从左视图观察，可见2个通风孔；打火机底部右侧有气孔
相同点	1. 整体形状设计均为两侧面呈半圆形的扁长条体。 2. 机头上部设有盖板打火键，机头左下部为风罩，风罩上有通风孔。 3. 打火机底部有气孔
不同点	1. 打火键盖板一个有防滑纹，一个没有。 2. 风罩的通风口数量、位置有所不同。 3. 打火机底部气孔位置有所不同

经过整体观察、综合判断，合议组认为，本专利与对比文件所示打火机的构成及整体形状基本相同，上述区别仅是一些局部细微变化，在整体视觉中不具有显著的影响，两者属于同样的发明创造。因此，依据《专利法》第9条的规定，宣告本专利权无效。本决定经过一审、二审专利行政诉讼程序，两审法院均作出维持本决定的行政判决。

【案例评析】

本案主要涉及在何种情况下合议组依职权引入《专利法》第9条作为无效宣告理由这一法律问题。

按照2001年版《审查指南》第四部分第六章的相关规定，如果申请在先的专利权已经构成在本专利申请日之前公开的在先设计，或者属于他人申请在先公布在后的专利，专利复审委员会可以依据《专利法》第23条或者第9条的有关规定进行审查。为此，在外观设计专利权的无效宣告程序中，请求人提交的证据为申请日在先、授权公告日在后的他人外观设计专利，而以本专利不符合《专利法实施细则》第13条第1款的规定作为无效宣告请求理由的，合议组应依职权引入《专利法》第9条作为无效宣告理由，并给予双方当事人就合议组依职权引入的新的无效宣告理由陈述意见的机会。

就本案而言，基于请求人提出的无效宣告请求理由是《专利法实施细则》第13条，根据《审查指南》相关规定，在符合听证原则的前提下，合议组应依职权对本专利是否符合《专利法》第9条的规定进行审查。

需要说明的是，在2006年版《审查指南》中，对于请求人提出的无效宣告理由明显与其提交的证据不相对应的，专利复审委员会不再依职权直接引入与提交证据相对应的新的无效宣告理由，而是行使阐明权，告知请求人相关法律规定的含义，并允许其变更为相对应的无效宣告理由。

(二)行使释明权后变更无效宣告请求理由

案例 自动扶梯梯级踏板后定界(第11073号无效决定)*

2008年2月18日,专利复审委员会作出第11073号无效宣告请求审查决定,涉及名称为“自动扶梯梯级踏板后定界”的外观设计专利,其专利号为02343536.4,申请日为2002年10月24日,授权公告日为2003年5月28日。

请求人请求宣告本专利权无效的理由是:本专利与02338656.8号外观设计专利相比属于相近似的外观设计,因此,本专利的授予不符合《专利法》第23条的规定。同时,请求人提交了02338656.8号外观设计专利著录项目及图片复印件作为证据。专利权人认为,该证据所示外观设计专利的公告日期迟于本专利的申请日,不适用《专利法》第23条的规定。

合议组认为请求人提交的02338656.8号外观设计专利的申请日为2002年9月11日,授权公告日为2003年5月7日,其申请人与本专利的专利权人不相同,针对本专利而言属于由他人在先申请在后公开的专利申请,应适用《专利法》第9条的规定对本案进行审理。为此合议组在转送文件中明确告知请求人提交的证据明显与《专利法》第23条不对应,并向请求人释明条款,允许其将理由变更为《专利法》第9条。

请求人将无效宣告请求理由变更为《专利法》第9条。合议组将请求人的意见陈述书转送专利权人。专利权人对请求人变更无效宣告请求理由无异议,只是认为,本专利和证据所示外观设计专利属于不相同也不相近似的外观设计。

合议组将本专利与证据所示外观设计专利进行了相同和相近

* 本案例由李巍巍撰写。

似比较，认为二者属于不相同且不相近似的外观设计。因此，二者不属于同样的发明创造。维持本专利权有效。当事人针对该决定未提起专利行政诉讼。

【案例评析】

上述案例主要涉及的法律问题是：在何种情况下合议组应行使释明权？

由于专利权是否有效对公众利益具有影响，因此，对于请求人提出的无效宣告请求理由与证据明显不对应的，合议组应根据2006年版《审查指南》（2006年版）中第四部分第七章第3.2节的规定，向请求人释明与该证据相对应的理由，允许请求人变更无效宣告请求的理由，在请求人变更无效宣告理由后，还应给对方当事人陈述意见的机会。上述案例中，合议组经审查认为请求人提出的无效宣告请求理由与所依据的证据明显不对应，故依据《审查指南》的有关规定，告知请求人与其提交的证据相对应的无效理由。

第五章 《专利法》第5条和第33条的适用

第一节 《专利法》第5条的适用*

《专利法》第5条规定：“对违反国家法律、社会公德或者妨害公共利益的发明创造，不授予专利权。”《审查指南》第二部分第一章第3.1节规定，国家法律，是指由全国人民代表大会或者全国人民代表大会常务委员会依照立法程序制定和颁布的法律。它不包括行政法规和规章。《专利法》第5条中的“违反国家法律”是指发明创造的内容违反国家法律，并且发明创造的目的本身为我国法律明文禁止或者与我国法律相违背。《专利法实施细则》第9条又规定，《专利法》第5条所称违反国家法律的发明创造，不包括仅其实施为国家法律所禁止的发明创造。因此，用于国防目的的枪支弹药、各种武器的生产、制造和使用等实施行为虽然受到国家法律的限制，但这些发明创造本身的目的并非为我国法律明文禁止或者与我国法律相违背，因此，这些产品本身及其制造方法，以及生产这些产品的设备等都属于可给予专利保护的客体。

社会公德，是指公众普遍认为是正当的、并被接受的伦理道德观念和行为准则。例如涉及淫秽内容或者违反伦理道德的外观设计被推广应用后会违背社会主义道德风尚。因伦理道德观念的内涵随时间和地域的不同而有所变化，故中国《专利法》中所称的社会公德限于中国境内。

---

* 本节综述由赵嘉祥撰写。

妨害公共利益，是指发明创造的实施或使用会给公众或社会造成危害，或者会使国家和社会的正常秩序受到影响。该条强调的是对公共利益和社会正常秩序的维护，如果某一发明创造的实施会严重污染环境、损害珍贵资源、破坏生态平衡、危害公众健康，就不能被授予专利权。2003年国家知识产权局印发了《涉及奥林匹克标志的专利申请审查规定》，其中对于涉及奥林匹克标志的外观设计专利申请审查作了具体规定：任何人未经奥林匹克标志权利人许可，在其外观设计专利申请中使用《奥林匹克标志保护条例》规定的奥林匹克标志的，其申请属于《专利法》第5条规定的“妨害公众利益的发明创造”。2008年国家知识产权局关于印发《涉及世界博览会标志的专利申请审查规定》的通知中规定：外观设计专利申请中未经世界博览会标志权利人许可而使用世界博览会标志的，属于《专利法》第5条规定的“妨害公众利益的发明创造”，不能被授予专利权。这些规定将带有特定标志的外观设计专利申请均归入《专利法》第5条规定的“妨害公众利益的发明创造”的范畴。

涉及《专利法》第5条的复审和无效案例不是很多，本章节筛选了一些具有典型代表意义的案例供读者更好地理解《专利法》第5条的立法本意。

案例1 红领巾礼仪扣（第1245号无效决定）*

1999年1月15日，专利复审委员会作出第1245号无效宣告审查决定，涉及名称为“红领巾礼仪扣”的外观设计专利，其申请号为91302809.6，申请日为1991年10月25日，授权公告日为1993年2月10日。

请求人请求宣告本专利权无效的理由为本专利不符合《专

---

* 本案例由赵嘉祥撰写。

利法》第5条的规定。请求人认为：

“从1992年7月15日外观设计专利公报所公开的主视图，可看出专利号为91302809.6的‘红领巾礼仪扣’外观设计专利的主题是上面有少先队队徽五星及火炬标志的平面产品。

从图中还可看出此产品对少先队队徽五星及火炬未作任何编排处理，而是将队徽原封不动地搬到一梯形片上，占据幅面的主要位置，作为一主要图案来保护。

根据有关规定标志可分为国家、民族、团体、机关、学校、工矿、事业标志等，但这些都属于国民、公众所有的，具有公用的性质。

现专利权人将本属于国民、公众所有的公共标志作为个人的专利，将社会财富占为己有，已经违反社会公德，因此红领巾礼仪扣不属于外观设计专利保护的范围，不能作为工业产品的外观设计而授予专利权。综上所述，根据《专利法》第5条此专利应为无效专利。”

专利权人辩称：“本发明正面的星星火炬，表达它是少先队员配戴红领巾时专用，以区别其他饰物。它既不能取代设计思想主体，也不存在违反法律、社会公德，并且得到了团中央的批准和配合，所以不存在占有公有财富的问题。”

随该意见陈述，专利权人同时提交了如下相关文件：

附件2：团中央青少年服务部致国防大学政治部宣传部关于向全国少先队员推荐使用红领巾礼仪扣的信函；

附件3：团中央青少年服务部、国防大学第一干休所联合签署的“关于共同向全国少先队员推荐使用红领巾礼仪扣的协议”；

附件4：共青团中央中国青少年社会服务中心关于推荐使用“红领巾礼仪扣”的函；

附件5：浙江省少工委办公室关于使用“红领巾礼仪扣”的函。

合议组认为，本专利产品是由形状、图案二要素结合为一体的产品。主视图为一平面梯形，在平面梯形上的图案仅仅是单一的五角星和火炬。该图案与少先队队徽星星火炬图案相同，而该队徽是少年先锋队一直在使用的标志，属于少年先锋队组织所有，不能归个人专有。如果以专利的形式独占，将妨害公共利益。专利权人在向专利复审委员会提交的意见陈述书中辩称："……并且得到了团中央的批准及配合……"。合议组认真查阅了专利权人提交的附件，这些附件均不能作为本专利符合《专利法》有关规定的依据。基于上述理由，专利复审委员会作出了宣告本专利权无效的终局决定。

【案例评析】

"妨害公共利益"的发明创造，是指发明创造的实施或使用会给公众或社会造成危害，或者会使国家和社会的正常秩序受到影响。本案的申请人为某自然人，其申请的外观设计为平面产品，其上的图案与少先队队徽星星火炬图案相同。也就是说，申请人在其外观设计专利中使用了少年先锋队队徽标志。少先队队徽是少年先锋队的标志，属于少年先锋队组织所有。佩戴少年先锋队队徽标志着其属于少年先锋队组织的一员，佩戴或使用与少年先锋队队徽图案完全相同的标记图案自然会让人认为其代表少年先锋队。专利权是一种私权，是以法律手段实现的垄断权，如果这种富有特定内涵的星星火炬图案以专利的形式为个人独占，则必然会造成这种“垄断权”与少年先锋队所拥有的权利之间的冲突，会在一定程度上影响社会正常秩序，这将妨害公共利益，因此，不能将带有这种图案的产品授予专利权。

案例2　包装袋（第5151号无效决定）*

2003年6月30日，专利复审委员会作出第5151号无效宣告请求审查决定，涉及名称为“包装袋”的外观设计专利，其申请号为97326405.5，申请日为1997年11月5日，授权公告日为1998年10月14日。

请求人宣告本专利权无效的事实和理由涉及：本专利违反了国家法律，其中本专利的包装袋上无生产厂家和厂址，违反了《产品质量法》中的有关规定，其上未注明产品的生产标准，违反了《标准化法》中的有关规定，其代码不符合企业代码的要求，其申请专利的主体存在错误，其包装袋上出现了“昌华食品贸易行”，故本专利违反国家法律、社会公德或者妨害公共利益，不应授予专利权，因此，本专利不符合《专利法》第5条的规定。

专利权人向专利复审委员会提交了意见陈述书，认为请求人指出本专利不符合《产品质量法》、《标准化法》，代码不符合企业代码的要求以及申请专利的主体存在错误，从而认定本专利不符合《专利法》第5条的规定，上述观点与本无效宣告请求的

---

* 本案例由卞永军撰写。

理由无关，与《专利法》第5条的内容不一致。

合议组经过审查认为：请求人不能证明本专利不符合《专利法》第5条的规定，故维持本专利权有效。当事人针对该决定未提起专利行政诉讼。

【案例评析】

本案主要涉及的焦点问题是本专利是否符合《专利法》第5条的规定。

《专利法》第5条规定：对违反国家法律、社会公德或者妨害公共利益的发明创造，不授予专利权。《审查指南》第二部分第一章第3.1节规定，国家法律，是指由全国人民代表大会或者全国人民代表大会常务委员会依照立法程序制定和颁布的法律。它不包括行政法规和规章。显然《产品质量法》和《标准化法》属于《审查指南》中规定的法律。请求人在其无效宣告请求中指出：本专利的包装袋上无生产厂家和厂址，根据《产品质量法》第15条规定：产品或其包装上的标识应当有中文标明的产品名称、生产厂家和厂址，在产品的标识上，拒绝标明生产厂家和厂址，无法对产品质量实施监管和控制，消费者的知情权和保障权无法落实，故其违反了《产品质量法》中的有关规定；本专利中未注明产品的生产标准，违反了《标准化法》中的有关强制性注明的规定。既然本专利包装袋存在上述违反国家法律规定的问题，是否可以直接认定其违反《专利法》第5条？

答案显然是否定的。这是由于“违反国家法律的发明创造”应当理解为一项发明创造的目的本身为我国法律明文禁止或者与我国法律相违背。* 赌博、吸毒、伪造公文印章是我国刑法禁止

---

* 国家知识产权局条法司．新专利法详解［M］．北京：知识产权出版社，2001：26.

的，因此有关专门用于赌博的设备、吸毒的器具、伪造国家货币、票据、公文、证件、印章、文物的设备等都属于违反国家法律的发明创造，不能被授予专利权。《专利法实施细则》第9条规定，《专利法》第5条所称违反国家法律的发明创造，不包括仅其实施为国家法律所禁止的发明创造。例如用于国防的枪支弹药、各种武器的生产、制造和使用等实施行为受到国家法律的限制，但这些发明创造本身的目的是为了国防，并非为我国法律明文禁止或者与我国法律相违背，因此，这些产品本身及其制造方法，以及生产这些产品的设备等都属于可给予专利保护的客体。本专利涉及包装袋的外观设计，其目的是包装产品并对其装饰识别，该发明创造本身的目的显然没有与我国法律相违背，至于包装袋上无生产厂家和厂址，只能造成在包装袋实际使用流通过程中无法对其所包装的产品质量实施监管和控制，这种因实施造成的违法行为不属于《专利法》第5条所称的违反国家法律。

案例3　花篮（第5276号无效决定）*

2000年9月15日，专利复审委员会作出第5276号无效宣告请求审查决定，涉及名称为“方型花边花篮”的01328478.9号外观设计专利，其申请日为2001年5月31日，授权公告日为2002年1月9日。

请求人请求宣告本专利权无效的理由之一是：本专利不符合《专利法》第5条的规定。为支持该主张，请求人提交了证据7和证据8，其中证据7是广西宾阳县部分代表联名签字的报告书，其主要内容是证实与本专利相近似的花篮加工方法在当地早已有之，本专利是将早已公知的外观设计拼凑组成的，在正文之后有数百人签字；证据8是广西宾阳县乡镇企业管理局出具的情

---

* 本案例由钱亦俊撰写。

况说明，也是证实上述内容。在口头审理中，请求人进一步陈述意见阐明观点：该两份证据证明本专利中，篮子和花边都不是专利权人的发明创造，把花边套在篮子上而具有装饰功能，这种简单的做法很久以前已有人做，也不是专利权人的发明。专利权人通过申请专利来垄断市场，必将损害社会公众利益。针对请求人提出的该理由，专利权人称本专利产品社会效益好，应予维持专利权，并附具了两份反证支持其主张。

经审理，合议组认为请求人提交的证据7和证据8不能支持其理由，遂作出维持专利权有效的审查决定。本决定为终局决定。

【案例评析】

本案主要涉及如何适用《专利法》第5条所称的“妨害公共利益”。

根据《审查指南》第二部分第一章第2.3节的规定：“所谓妨害公共利益，是指发明创造的实施或使用会给公众或社会造成危害，或者会使国家和社会的正常秩序受到影响。

例如：

发明创造以致人伤残或损害财物为手段的，如一种目的在于使盗窃者双目失明的防盗装置及方法，不能被授予专利权；

发明创造的实施或使用会严重污染环境、破坏生态平衡的，不能被授予专利权；

专利申请的文字或者图案涉及国家重大政治事件或宗教信仰、伤害人民感情或民族感情或者宣传封建迷信的，不能被授予专利权。

但是，如果因为对发明创造的滥用而可能造成妨害公共利益的，或者发明创造在产生积极效果的同时存在某种缺点的，例如对人体有某种副作用的药品，则不能以‘妨害公共利益’为理由拒绝授予专利权。”

请求人认为本专利是将当地早已公知公用的设计经过简单拼凑而成，不是专利权人的发明创造，专利权人通过申请专利来垄断市场，必将损害社会公众利益。对此合议组认为，《专利法》第5条所称的“妨害公共利益”是指发明创造的实施造成的危害性影响到国家的稳定、人民的正常生活秩序，这种影响是一种社会性的危害，而不是对当地局部经济利益的损害。本专利是一种“方型花边花篮”，该发明创造的实施不会对整个社会公众造成危害或影响国家社会正常秩序。将公知的发明创造申请专利涉及该专利是否具备新颖性，与妨害公共利益无关，因此，本专利不属于该款规定的妨害公共利益的情形。

基于上述分析，合议组维持第01328478.9号外观设计专利权有效。

案例4 包装袋（第12189号无效决定）*

2008年9月1日，专利复审委员会作出第12189号无效宣告请求审查决定，涉及名称为“包装袋（花生牛奶）”外观设计（下称本专利），其申请号为200530121448.0，申请日为2005年8月31日，授权公告日为2006年8月30日。

请求人请求宣告本专利权无效的理由之一是：本专利违反了国家法律，不符合《专利法》第5条的规定。请求人认为专利权人和请求人是合作关系，本专利的外观设计是双方委托他人设计的，专利权人将双方共同使用的包装袋擅自申请外观设计，违反了《民法》的诚实信用的规定。请求人提交了专利权人和请求人签订的两份合同的复印件和费用支出凭证的复印件作为证据支持其主张。

合议组认为，《审查指南》规定，违反国家法律，是指外观

---

* 本案例由吴大章撰写。

设计专利申请的内容违反了由全国人民代表大会或者全国人民代表大会常务委员会依照立法程序制定和颁布的法律。本案请求人的主张并非本专利申请的内容违反了国家的法律，而是主张专利权人申请专利的行为违反了国家法律。因而，请求人请求无效宣告的理由没有法律根据，所提交的上述证据所要证明的事实不涉及本专利申请的内容是否违反了国家法律，与本专利是否违反《专利法》第5条的规定不具有关联性。请求人关于本专利不符合《专利法》第5条规定的理由不能成立。当事人未针对该决定提起专利行政诉讼。

【案例评析】

按照《审查指南》的规定，“违反国家法律”是指申请的内容违反了国家的法律。对于外观设计而言，《审查指南》例举了两种情况，即以国旗作为图案内容的外观设计违反了《国旗法》，以国徽作为图案内容的外观设计违反了《国徽法》。

请求人提出的无效理由不能成立的原因在于，请求人主张专利权人申请专利的行为违反了《民法》中的诚实信用原则，而非申请内容违反相关国家法律。显然，本专利的包装袋外观设计本身没有违反国家法律规定。请求人实质上是对本专利的申请权和专利权归属存在异议。

第二节 《专利法》第33条的适用*

《专利法》第33条规定：申请人可以对其专利申请文件进行修改，但是，对外观设计专利申请文件的修改不得超出原图片或者照片表示的范围。《审查指南》第一部分第三章第6.3节规

---

* 本节综述由张跃平撰写。

定，修改超出原图片或者照片表示的范围，是指修改后的外观设计与原始申请文件中表示的相应的外观设计相比，属于不相同的设计。在审查实践中对修改超范围的审查标准还存在一定分歧，比如修改不得超范围是指不得超出原图片或照片表示的范围还是保护的范围？假如提交的原申请图片为彩色照片，简要说明中未请求保护色彩，那么在随后提交的修改文本中是否可以请求保护色彩？将原申请图片中表示产品外轮廓的虚线修改成实线后是否导致修改前后的外观设计不相同？

《新专利法详解》中对发明和实用新型申请文件的修改原则中载明：之所以规定修改不得超出原说明书和权利要求书记载的范围，是因为我国专利制度采用的是先申请原则。如果允许申请人对申请文件的修改超出原始提交的说明书和权利要求书记载的范围，就会违背先申请原则，造成对其他申请人来说不公平的后果。尽管该部分内容对外观设计专利申请文件的修改原则没有类似的立法解释，但适用同一部法同一法条的外观设计专利申请文件的修改也应适用相同的修改原则。通俗的理解就是只要申请人对申请文件的修改不超出申请日已经完成并记载在申请文件中的发明创造的范围即可。或者说只要申请人在申请日已经完成了修改文件中提交的产品外观设计并记载在申请文件中即可。按照这种立法解释，如果申请人在申请日提交了包括茶壶、茶杯、茶盘一套茶具外观设计的图片或照片，在随后修改文件中删除了茶杯、茶盘外观设计的图片或照片，只保留茶壶的外观设计，并且将产品名称也进行了修改，那么在这种情况下因申请人在申请日已经创作出茶壶的外观设计，删除茶杯、茶盘的外观设计并不会导致茶壶外观设计的变化，显然这种修改是被允许的，但修改后的保护范围仅仅是茶壶的外观设计，而修改前的保护范围不仅包括茶壶的外观设计，还包括茶杯和茶盘的外观设计。由此可见，修改不得超范围指的是修改不得超出原申请图片或者照片表示的范围，而非保护的范围，事实上《专利法》第33条已经明确规定对外观设计专利申请文件的修改不得超出原图片或者照片表示的范围。按照这一修改原则，简要说明中即使未请求保护色彩，只要申请日提交的图片或者照片包含有色彩，则表示申请人在申请日这天已经完成了带有色彩的产品外观设计的创作，在随后提交的修改文本中当然可以请求保护色彩。同样，由于外观设计专利制度的不同，一些国家或地区允许保护部分外观设计，在提交的图片中将请求保护的部分外观设计以实线表示，其余以虚线表示，显然，虚线所表示的外观设计也是原始申请的一部分内容，将虚线修改成实线并没有超出原始图片表示的范围。在审查实践中尤其是一些复审案件中经常会涉及到修改超范围的问题，只要把握前面提到的修改原则，相信许多问题就会迎刃而解。本节试图通过对一些典型案例的分析来诠释外观设计修改超范围的问题，从而有助于更好地理解我国外观设计专利制度，并在具体的外观设计专利申请和无效宣告案件中灵活运用有关知识。

案例1 蒸发式冷却器箱（第4901号无效决定）*

2003年3月18日，专利复审委员会作出第4901号无效宣告请求审查决定，涉及名称为“蒸发式冷却器箱”的外观设计专利，其申请号为93310562.2，申请日为1993年12月30日，授权公告日为1995年5月24日。

请求人请求宣告本专利权无效的其中一个理由是：本专利不符合《专利法》第33条的规定。请求人认为，将本专利授权公告文本中公开的图片与原始申请文件中的图片相比较，可以发现申请人在申请过程中对申请文件设计图片的修改明显超出了原始申请所提交的图片或照片表示的范围，因而不符合《专利法》

---

* 本案例由张跃平撰写。

第 33 条的规定。与此同时，请求人提交了附件 1 即本专利授权公告文本复印件，和附件 3 即本专利申请时提交的 7 幅视图：主视图、左视图、俯视图、仰视图、上部立体图、下部立体图和上角局部放大视图复印件。专利权人认为，在使用和销售状态下，下部视图是看不到的，产品的外观设计主要通过其他面表示，仰视图的不同不影响产品的整体外观设计，因此，这种修改没有构成超范围的修改。

将专利权人申请本专利时提交的 7 幅视图与本专利授权公告文本中的 7 幅视图相比较可以发现，专利权人申请本专利时提交的 7 幅视图中的仰视图和下部立体图的设计与本专利授权公告文本中的仰视图和下部立体图的设计完全不同（见附图）。合议组通过查阅案卷时查明，专利局于 1994 年 7 月 2 日向专利权人发出“补正通知书”，要求其于指定期限内删除各视图中的阴影线和点划线。专利权人于 1994 年 10 月 10 日向专利局提交了补正书，不仅消除了视图中的阴影线和点划线，并替换了仰视图和下部立体图，本专利授权公告文本以该补正书提交的视图作为授权文本进行了公告。

合议组经审查认为，专利权人于 1994 年 10 月 10 日提交的图片已超出了补正书中要求补正的范围，本专利授权公告文本中的仰视图和下部立体图的设计与申请本专利时提交的仰视图和下部立体图的设计属于完全不同的设计，因此，专利权人对专利申请文件的修改已经超出原图片所表示的范围，故本专利不符合《专利法》第 33 条的规定。应当予以无效。

专利权人不服专利复审委员会作出的第 4901 号决定，在法定期限内向一审法院提起诉讼。专利权人进一步强调所争议的仰视图和下部立体图属非关键性视图，蒸发式冷却器箱在使用状态下一般看不到这些部位，即使没有这两幅视图，也不会影响对本专利的授权。另外，专利局在审查过程中要求提交修改文件，但在授权审查期间没能发现修改文件存在的这一错误属专利局的审查失误造成的，故不应以此作为无效本专利的理由。

一审法院经审理认为：《专利法》第33条规定，对外观设计专利申请文件的修改不得超出原图片或者照片表示的范围。《专利法实施细则》第68条规定，在无效宣告请求的审查过程中，外观设计专利的专利权人不得修改图片、照片和简要说明。上述规定均是对专利申请人行使修改权的严格限定。作为申请人，对其修改申请文件的后果应当具有预见性，申请人在提交补正文件时不慎导致图片提交错误，就应对此后果承担责任。审查员依法通知申请人补正缺陷本身即是尽其告知职责，督促申请人避免差错，申请人以此为由主张提交图片错误的过错在审查机关，其主张有悖客观事实，且于法无据。此外，依照当事人申请原则，申请人申请的本专利由7幅视图构成，其中包括仰视图和下部立体图，因此该7幅视图应当视为申请人确认的本专利的保护范围，也是专利局据以审查的范围。但申请人又主张其中的这两幅视图可有可无，此行为势必导致申请人对《专利法》第33条的规避。一审法院最终维持专利复审委员会作出的第4901号无效宣告请求审查决定。当事人对本案未提出上诉。

申请时提交的图片		授权时的图片	
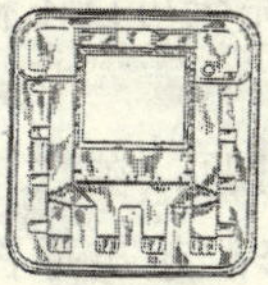	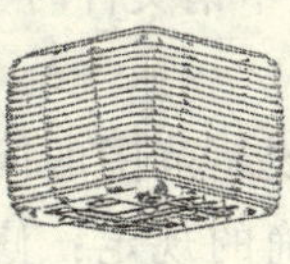	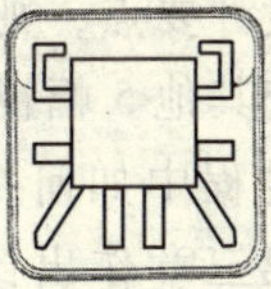	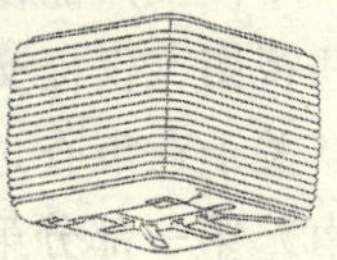
仰视图	下部立体图	仰视图	下部立体图

【案例评析】

本案中，申请人在应审查员发出的“补正通知书”要求对专利申请文件进行修改时，提交的仰视图和下部立体图与原申请文件中的不同，超出了原始申请文件的图片或照片表示的范围，因而导致该专利最终被无效。

尽管专利权人认为本案所争议的仰视图和下部立体图属非关键性视图，蒸发式冷却器箱在使用状态下一般看不到这些部位，即使没有这两幅视图，也不会影响对本专利的授权。也就是说，专利权人认为可以对使用状态下看不到的部位进行随意修改（暂且认为仰视图和下部立体图属于该产品使用状态下看不到的部位）。但根据《专利法》第 56 条的规定，外观设计专利权的保护范围以表示在图片或者照片中的该外观设计专利产品为准。可见，申请人在申请阶段提交的图片或照片不仅是授权审查中的依据，更是授权后确定外观设计专利权保护范围的依据。申请人在申请本专利时，既然提交了蒸发式冷却器箱的仰视图和下部立体图，就表明其请求予以保护的范围应当包括这些视图所表示的范围。一旦删除或修改这两幅视图，蒸发式冷却器箱的外观设计就发生变化，这种修改必然超出原图片或者照片表示的范围。《审查指南》第一部分第三章第 2.2 节规定，就立体外观设计产品而言，产品设计要点涉及六个面的，应当提交六面正投影视图；产品设计要点仅涉及一个或几个面的，可以仅提交所涉及面的正投影视图和立体图。如果专利权人认为上述这些视图可有可无，不涉及产品设计要点，则在提交申请文件时完全可以不提交这些视图，仅提交其他 5 幅视图即可。

关于在审查过程中如何判断修改超范围的问题，在《审查指南》第一部分第三章作出比较明确的规定：修改超出原图片或者照片表示的范围，是指修改后的外观设计与原始申请文件中表示的相应的外观设计相比，属于不相同的设计。比如，原始申请文件中公开了两组成套产品外观设计，修改文本中删除了其中一组成套产品，则认为修改后的外观设计与原始申请文件中表示的相应外观设计相同，修改符合《专利法》第33条的规定。又如，原始申请文件中公开了带有图案和色彩的瓶子，修改后申请人删除了瓶子上的图案和色彩，保留瓶子形状与原始申请文件中表示的形状相同，则认为修改后的外观设计与原始申请文件中表示的相应外观设计相同。再如，原始申请文件中公开了一个带杯盖的杯子，修改后申请人去掉了杯盖，变成了一个不带杯盖的杯子，这种情况下，只要修改后的杯子与原始申请文件中的杯子属于相同的设计，则这种修改就符合《审查指南》的相关规定。但是，如果将原始申请文件中带杯把的杯子（杯把与杯体一体而成）修改成不带杯把的杯子，则认为修改后的杯子与修改前相应的杯子形状设计发生了变化，超出了原始申请文件表示的范围。

案例2 液体分配阀入口（第10311号复审决定）*

2007年3月9日，专利复审委员会作出第10311号复审请求审查决定，涉及名称为“液体分配阀入口”的外观设计专利申请，其申请号为200430088985.5，申请日为2004年9月29日，优先权日为2004年4月2日。

国家知识产权局于2006年3月1日驳回了本申请，理由是申请人原始提交的视图是由虚线和实线结合绘制的，其中真正保护的只是视图中实线的部分，虚线部分不属于其保护范围，请求人在提交的补正书中将原来的虚线部分改为实线，导致与原申请日请求保护的范围不一致，这样的修改属于补正超范围，所以不符合《专利法》第33条的规定。

申请人不服上述驳回决定，向专利复审委员会提出复审请求。理由是在以实线和虚线结合来作为外观设计图片的外观设计申请中，该申请视图的虚线部分表示该申请的特征实线部分与该

---

* 本案例由张跃平撰写。

申请的公共虚线部分所构成的完整产品不是本申请的唯一保护标的，该虚线所表达的内容也是原始公开的内容，所以将虚线修改为实线后在修改文本中没有出现任何原始公开文本中没有记载的设计要素，所以该修改并未超范围。

申请日提交的图片	补正后的图片
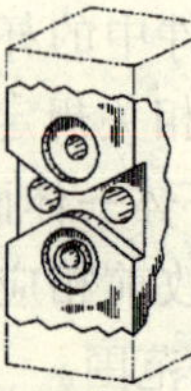 立体图1	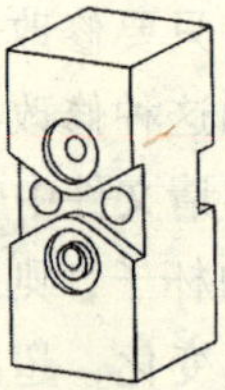 立体图
 俯视图1	 俯视图
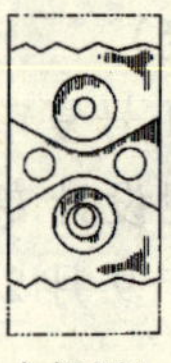 主视图1	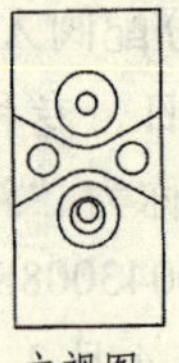 主视图
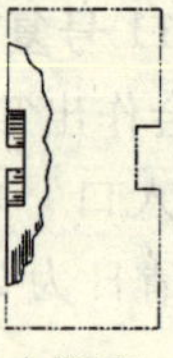 右视图1	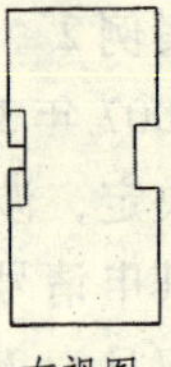 右视图

合议组认为，在原始提交的图片中，产品的局部是以实线表示的，产品的轮廓是用虚线表示的。原始申请文件中的虚线也是原始申请文件公开内容的一部分，从该图片中可以明显看出本专利申请是用实线和虚线结合表示的完整产品，即，原申请有些部分用虚线表示的事实并不妨碍在原始申请的图片中已经清楚表示了一种产品外观设计的事实，即包含虚线的图形也清楚地表示了一种完整的产品。因此，请求人将虚线修改为实线后的产品的外观设计已经明确表示在原申请文件中，这种修改并没有超出原申请所表示的范围，因此符合《专利法》第33条的规定。遂作出撤销国家知识产权局驳回决定的复审请求审查决定。当事人针对

该决定未提起专利行政诉讼。

【案例评析】

本案例涉及《专利法》第33条中修改不得超出原图片或者照片表示的范围的认定。

我国专利制度采用“先申请”原则，先申请原则保护最先提出专利申请的人，因此申请日的确定对发明创造的授权与否至关重要。对申请文件的修改限定在申请日提交的图片或者照片表示的范围内，就是排除申请日后创作的外观设计享受之前的申请日，确保授权文本中表示的发明创造在申请日业已完成，平衡“先申请”制度下申请人与公众利益的关系。

本案驳回决定中认为请求人在提交的补正书中将原来的虚线部分改为实线，导致与原申请日请求保护的范围不一致，认为这样的修改属于补正超范围。因一些国家或地区对部分外观设计实行保护，所以以虚实线来区分哪些设计属于保护范围。申请人的上述修改在这些国家或地区的法律制度下确实造成外观设计保护范围的变化。但我国没有相应的部分外观设计保护制度，以虚线表示产品的外轮廓只是不符合提交图片的格式要求，不会造成保护范围的变化。从申请人提交的视图可知，虽然申请人在申请日提交的视图中产品的部分外轮廓是以虚线表示的，但包含虚线的图形也清楚地表示了产品的外观设计，也就是说申请人在申请日已经完成了该产品的外观设计，将虚线修改成实线并没有添加任何新设计，因此这种修改没有超出申请日提交的图片或者照片表示的范围。